成人高等法学教育通用教材

中国法律思想史

（第三版）

司法部法学教材编辑部编审

主　编　侯欣一
撰稿人　（按编写章节先后为序）
　　　　李　力　孙光妍　陶广峰
　　　　曹全来　袁兆春　高旭晨
　　　　武　乾

中国政法大学出版社

作者简介

侯欣一　辽宁省锦西人,南开大学法学院副院长、教授、法学博士。长期从事中国法律史的教学与研究,先后执教于西北政法大学和南开大学法学院,主要学术兴趣为中国近现代法律史和中国传统法律文化。主要学术兼职:中国法学会理事、教育部法学教学指导委员会委员、中国法律史学会常务理事、中国法制史研究会秘书长、中国法理学研究会理事、天津市法学会副会长、中国农工民主党中央法制委员会副主任等。主要著作有:《从司法为民到人民司法——陕甘宁边区大众化司法制度研究》、《邓小平法律思想研究》、《中国法律思想通史》(第四卷,合著)、《中国法制通史》(第十卷,合著)、《中国共产党廉政法制史研究》(合著)、《中国法制史》(合著)、《中国法律思想史》(主编)等,在《法学研究》、《法律科学》、《法商研究》、《法学》、《中外法学》、《法学家》、《政法论坛》、《法制与社会发展》、《光明日报》等报刊上发表论文30余篇。

李　力　天津市人,中国青年政治学院法律系教授。北京大学法学学士(1985)、法学硕士(1988),中国政法大学法学博士(2006)。中国法律史学会常务理事、民盟中央法制委员会委员。目前从事甲骨文、金文和秦汉简牍法律史料的研究。主要著作有:《出土文物与先秦法制》、《中国法制通史》(第一卷,合著)、《中国法律思想通史》(第一卷,合著)、《法家思想与法家精神》(合著)等。译有《中国家族法原理》(滋贺秀三著,合译)等。

曹全来　河南省人,最高人民法院国家法官学院副教授,硕士研究生导师,法学博士。中国法学会西方法律思想史研究分会理事。著有《西方法·中国法与法律现代化》、《国际化与本土化——中国近代法律体系的形成》、《西方法文化史纲》等,主编、参编《西方法律思想史》、《法理学》等三部教材,自2003年以来在《天津社会科学》、《中国社会科学院研究生院学报》、《比较法研究》等杂志上发表学术论文10余篇。

陶广峰　安徽省人,南京大学法学院教授、博士生导师,中国经济法研究所所长。成果主要有:《经济全球化与中国经济法》、《金融创新与制度创新》、《经济法原理》、《比较侵权行为法》、《法理学》、《文明的脚步——丝绸之路与法律文化研究》、《中西法律学说发展历程》、《中国法律文化名人评传》等专著、教材 10 余部,在《法学研究》、《中国法学》等法学学术刊物发表论文 100 余篇。

孙光妍　黑龙江省哈尔滨市人,法学硕士,哲学博士,黑龙江大学法学院教授、法律史学科带头人,从事中国法律史、中国法律思想史、地方法制史等方面的教学与科学研究。出版《法律视野下先秦和谐思想研究》、《中外古代法比较简论》、《先秦法律思想史论》等著作 8 部,在《法学研究》、《政法论坛》、《人民日报》、《光明日报》等刊物发表学术论文 50 余篇,多次获得省级学术奖励,其主讲的《中国法制史》课程被评为黑龙江省精品课程。

袁兆春　山东省人,曲阜师范大学教授,法学博士,法学院院长,中国法学会会员、中国法律史学会理事。山东师范大学、烟台大学兼职教授、硕士生导师。主要著作有:《华夏法的历史长河——中国律典》、《中国经济立法史》、《传统宗法观念对我国当代法制建设的影响》、《中国土地制度的研究》(点校)、《中国公司法论》(点校)、《教育法学》、《高等教育法学》(主编)等。主要论文有《析孔氏家族宗族法对中国封建国家政权的影响》、《宗法继承对孔氏家族爵位继承的影响》、《孔氏家族经济特权地产考》、《曲阜孔府档案中的传统法律文化》、《中国传统宗法家族观念在当代的表现及影响》等。

高旭晨　北京市人,中国社会科学院法学研究所副研究员,中国法律史学会理事,副秘书长。长期从事中国法律史的教学与研究,主要研究方向为中国近代法制史、近代法律思想史。

武　乾　湖北省仙桃市人,汉族,法学硕士。中南财经政法大学法学院副教授。主要研究方向为中国近代法律史、近代法律思想史。

第三版说明

中国历史上一向不重视法学,法律思想史也很少有人作系统的整理和研究。直至 20 世纪二三十年代,丘汉平、杨鸿烈等人才开始着手对中国法律思想进行系统研究,写出了中国法律思想史专著,创建了严格意义上的中国法律思想史学科。到 60 年代,大陆的高等学校法律院系陆续开设了这门课程。

中国法律思想史是一门涉及法学、哲学、史学等多学科的交叉学科,学术性极强。之所以开设这门课程,其目的在于:首先,批判继承我国历史上的法律思想遗产,吸取历代治乱兴衰的经验教训和智慧,为当前的法制建设和法学学术发展服务。马克思在《路易·波拿巴的雾月十八日》一文中指出:"人们创造自己的历史,但是他们并不是随心所欲地创造,并不是在他们选定的条件下创造,而是在直接碰到的、既定的、从过去继承下来的条件下创造。一切已死的先辈们的传统,像梦魇一样纠缠着活人的头脑。"现实的发展离不开传统,这一点已被世界各国的发展史所反复证明。因而,我国当前进行法制建设,如果不对传统的法律制度和法律思想进行科学的甄别,汲取其精华,剔除其糟粕,现实法制建设难免步入歧途;其次,培养学生的民族自尊心和科学态度。中国传统法律思想独具特色,自成体系,通过系统学习,可以使学生了解其优势所在,养成科学精神,避免妄自菲薄或偏激,增强民族自信心和对未来法制建设的信心;再次,有利于对传统法律观念的改造。传统的法律思想已经解体,但传统的法律观念却仍然存在,其中一些不良的观念,如重礼轻法、视法律为刑罚、法不责众等对于我们今天的法制建设仍起着不容忽视的制约作用。通过中国法律思想史的学习,使其明了这些观念产生的历史原因和文化因素,培养正确的法律观念。

中国法律思想史的教材公开出版的已有数十种,其体例基本上是按照历史顺序将代表人物进行排列。这种结构优点很多,但不足之处亦较为明显,如不易使学生梳理出一条历史发展的线索,显得较为零碎,缺乏整体感;此外不少人物的思想,特别是法律思想大同小异,交叉重复的问题不可避免。实事求是地讲,中国古代法律思想不太发达,除战国时期的法家之外,很少有学派对法律问题感兴趣,如若以科学的眼光来判断,中国古代法学家为数极少,而思想家、政治家对法律问题的看法又较为雷同,因而,按人物进行排列的结构存在着不可避免的缺欠。考虑到本书写作的对象,本书在体例上进行了必要的革新,即在历史顺序的前提下,以派别加统治者进行排列。这种体例的确定既是笔者在长期教学中摸索的结果,同时又吸取了学界其他同仁的一些智慧,如原中国政法大学法律史教研室诸位同仁编写的《中国法律思想发展简史》一书。按照约定俗成的分类标准,将同属一个派别的思想家汇总在一起,集中进行分析。这样做的好处是条理清晰,重点突出。需要指出的是,本书的派别划分标准既有学术的,也有思想上、政治上的,没能做到前后统一,这是从中国历史的实际情况出发做出的一种不得已的选择。这种体例是一种新的尝试,不足之处只有留待今后逐步修正和完善。

本次修订基于前版基础上对一些文献的引用和出处进行了更正和补充,对文中个别观点的表述进行了完善。在体例上,每章前增设"学习目的和要求",每章结尾增设"思考题"以便学生进行归纳和总结。为使学有余力的同学更深入的学习和研究,在每章后又增设了参考书目。

作　者
2007 年 7 月

说　明

　　为了适应我国社会主义现代化建设和实施依法治国方略对法律人才的需要，全面提高法律人才的素质，根据教育部对成人高等教育法学科类主干课程教材的编写要求，我们对原来教材分别作了审定和重新修订，并邀请政法院校的法学教授重新编写了有关教材。

　　这批教材以邓小平理论为指导，力求完整、准确地阐述各学科的基本原理、基础知识，努力做到科学性、系统性和实用性的统一。

　　《中国法律思想史》是该系列之一，由侯欣一教授任主编，并负责全书统稿定稿。另在第三章的写作过程中，杨仕兵同志参加了资料的核查、抄写、校对等工作，在此表示感谢。各章撰稿人如下：

　　侯欣一　序言，各章导语，第二章第一节、第五节，第六章，第七章
　　　　　　第六节。

　　李　力　第一章，第二章第二节。

　　孙光妍　第二章第三节、第四节。

　　陶广峰　第三章。

　　曹全来　第四章。

　　袁兆春　第五章。

　　高旭晨　第七章第一节、第二节、第三节。

　　武　乾　第七章第四节、第五节。

司法部法学教材编辑部
1999 年 3 月

目　　录

绪　　论

中国法律思想史是法学专业的基本课程之一,是一门以中国历史上各种法律理论和观点作为研究对象的专史,属于法律史学的范畴。为了帮助大家更好地学习这门课程,在未进行系统讲述之前,先就本课程涉及的一些基本问题作一必要介绍。

一、研究对象和范围

任何一门学科,都有自己独特的研究对象和范围。顾名思义,中国法律思想史的研究对象是中国历史上的各种法律理论和观点,即通过科学方法揭示这些理论和观点的内容、本质、作用、特点、演变过程和发展规律。

在所有相关学科中,与中国法律思想史关系最为密切,也最容易混淆的是中国法律制度史。众所周知,任何法律制度都是一定的法律思想指导下的产物。同样,一个社会中占统治地位的法律思想,也总是要体现在该社会所制定的法律制度中。因而,研究中国法律思想史,必定要涉及中国法律制度史,相反亦然。法律思想史与法律制度史的融合构成了中国法律史。但若从静止与特定的角度观察,我们又不难将二者的研究对象作出明确的区分。具体而言,中国法律思想史研究的对象是中国历史上的法律思想,包括对法律的起源、本质、特点与作用的看法,对于立法、司法和执法方面的主张;而中国法律制度史研究的对象是中国历史上的法律制度,包括立法、司法和执法制度。显然,从研究对象角度而言,中国法律思想史与中国法制史之间的界限还是很清楚的。值得注意的是,最近几年学术界亦有人主张,应采用动态的、全方位的研究方法,打破制度史与思想史之间的界限,认为惟有如此,才能进一步推动学术的深入发展。此说具有一定的道理,但在未被人们普遍接受之前,本书仍采用传统的学科划分办法。

明确了中国法律思想史的研究对象之后,我们再来看其研究范围。就人类思想产生、形成的一般规律而言,自从法这一社会现象出现的那天起,有关法的观点、看法也就自然会相应而生,并逐渐形成理论。因而,中国法律思想的历史同中国法律制度的历史一样久远。正是出于此种考虑,在断限问题上学术界一般采取了上不封顶的办法,至于下限则大多收于辛亥革命和"五四"运动以前。也就是说,从时间概念上讲,上自夏、商,下迄"五四"运动之前,大凡在这一时间段内由中国人所提出的各种主要法律观点和理论,都将是中国法律思想史所讨论的范围。

法律思想不同于法律制度,其存在不以国家的认可或支持为条件,这一特性决定了法律思想史的研究范围较为宽泛。也就是说,在任何一个社会里,都存在着代表、体现统治阶级意志的法律思想,同时被统治阶级乃至各阶级中的各个不同的阶层、集团、学派及其代表人物,也都可以有体现他们意志的法律思想。具体而言,一个社会的法律思想是由统治者、思想家、法律家及民众的法律思想等四个方面而构成的统一整体,其中统治者及被统治者认可、支持的思想家的法律思想占统治地位,是所谓的正统法律思想。仅仅研究正统法律思想,忽视对非正统法律思想,特别是民众法律思想的研究,显然无法真实地反映一个社会法律思想史的全貌。但限于史料、篇幅以及目前国内外的研究现状,本书对问题的讨论仍不得不以正统法律思想为主,对非正统法律思想的介绍只好从简,特别是占社会中绝大多数的一般民众的法律思想还只能暂付阙如。这不能不说是一个遗憾。

二、中国法律思想的历史发展

中国传统法律思想是在一个相对封闭的环境中逐渐产生和发展的,在近代以前极少受到外部的影响和冲击,因而,无论是概念,还是思考问题的角度,都自成体系。但由于中国社会本身的变迁、法律制度的沿革,使中国法律思想在自身发展中不可避免地形成了若干个发展阶段,显现出一条内在的规律。

夏、商、西周是中国法律思想的产生时期。由于科学文化发展水平的限制,加之中国早期社会家国合一、血缘关系支配一切的特殊社会结构,使神权思想和宗法思想在这一时期的中国占据着不可动摇的支配地位。受这两种思想影响和左右,中国法律思想在产生初期自然而然地打上了神权法和礼治的烙印。在中国古代,神权法思想形成于夏,极盛于殷商,动摇没落于西周。其主要特点是统治者千方百计地使自己的统治神化,强调"受命于天",因此把体现他们意志的法律说成是神意的体现,即"恭行天命"。借助于神这种超自然的力量,并以此为切入点,中国人艰难地开始了对法律这种新产生的社会现象的认识和思考。

神权法思想在中国的统治时间较短,西周时期,随着神权法思想的动摇,人开始逐渐从神权统治下解放出来,由此开始了中国思想史上的人文时代。但由于中国在进入阶级社会之后,血缘关系不但没有打破,反而被强化,表现得特别稳定,从而使刚刚从神权思想统治下解放出来的人类的社会属性又被牢固地囿于自然属性之中,独立的个体尚无法生存和发展,用以调整宗族之下人与人、人与国家之间关系的宗法制度成了社会的基本制度。在这样一种社会背景下,中国人对法律问题的思考又自然地和宗法伦理混淆在一起,维护"亲亲"、"尊尊"等宗法等级原则的"礼不下庶人,刑不上大夫"的"礼治"思想,又成了西周法律思想的主要表现形态。

春秋战国是中国社会的大变革时代。生产力水平的提高,战争的频繁,人口流动的增大,血缘关系的淡化,地域、国家观念的增强,民本思想的产生,终于导致传统世袭社会的解体。与此相适应,新学不断产生,思想领域也开始空前活跃,出现了"百家争鸣"的繁荣局面。在这样一种社会、文化、思想背景下,法律思想也令人欣喜地出现了繁荣景象。各阶级、各个阶层及其代表人物纷纷从各种角度对各种法律问题进行思索,展开论战。综观春秋战国时期的法律思想,有两种现象极为明显:一是尽管各家各派对具体法律问题的看法千差万别,但在维护君权上则是惊人的一致;二是"法治"与"礼治",这些涉及治国方略的重大问题是各家围绕法律问题争论的核心。春秋战国时期的法律思想为日后中国法律思想的发展提供了思想与理论的渊源。

秦汉时期是封建正统法律思想的探索和形成阶段。这一阶段,随着大一统封建专制制度的确立,思想和文化的统一也成为必然,春秋战国时期欣欣向荣的法律思想终于走向沉寂。以儒家法律思想为主,同时吸收战国时期其他各家法律思想为一体的封建正统法律思想应运而生。封建正统法律思想的基本特征是强调德主刑辅、礼法并用。

魏晋隋唐时期是中国封建社会发展的鼎盛时期,封建正统法律思想也日趋完善和成熟,不但成为封建法制的理论基础,指导着封建王朝的立法和司法活动,而且也逐渐为社会大众所接受,左右着整个社会的法行为和法意识。封建正统法律思想的确立,使法学学术成为一统,这种现状迫使人们对法律问题的思考和争论转入一些具体的问题,如肉刑的存废、亲属能否容隐、复仇、赦罪、刑讯、族诛是否恰当以及同姓能否通婚等等,而且争论的双方大都以儒家的德礼仁义为依据,并不突破封建正统法律思想的体系。

法学学术的一统使法学思维日趋僵化,法律思想日趋枯竭,这种窒息作用到宋元时期已表现得十分明显。此外,随着专制制度的强化,非正统法律思想的存在日益艰难,中国正统法律思想无可奈何地走向了僵化。进入明清以后,伴随着资本主义萌芽的出现,市民阶层的产生,以黄宗羲、顾炎武、王夫之等人为代表的启蒙思想家亦相应产生,并对封建正统法律思想进行了猛烈的批判,进一步加速了封建正统法律思想的衰落。

鸦片战争以后,中国社会逐步沦为半殖民地半封建社会。社会性质的变化,必然导致法律思想的变化,封建正统法律思想作为一种整体终于退出历史的舞台,传统的法律观念开始向近现代转型。值得一提的是,在这一转型过程中西方资产阶级法律思想的输入起了不可估量的作用。1840年以后,一些爱国的进步人士,如地主阶级改革派、资产阶级改良派、资产阶级革命派等纷纷通过各种渠道向中国译介西方近代法律思想,并以此为武器,同封建正统法律思想进行斗争。我们甚至可以这样说,中国法律思想从传统向近现代的转型过程就是中国正统法律思想与西方资产阶级法律思想斗争、融合的过程。转型是全方位的,它既包括对西方近现代法学术语、观点等外在思维工具的认可,又包括对民主、自由、平等、宪政等西方近代法律思想内在价值的承认和赞许。既然转型是在斗争与融合过程中实现的,中国传统法律思想中的某些方面便也不可避免地被保留了下来。"五四"运动以后,马克思主义法律观,特别是列宁、斯大林等苏共领导人的法律思想又通过陈独秀、李大钊等急进民主主义者的译介传入中国,并在同西方近代资产阶级法律思想的斗争中逐步取得胜利,确立了20世纪中国法律思想史中以马克思主义法律思想为主流、西方近现代资产阶级法律思想和中国传统法律思想作补充的新格局。

就规律而言,中国法律思想史的发展明显经历了从一元结构,到多元结构,再回到一元结构这样一个循环过程。早期神权法思想占统治地位,具有明显的一元特征;在经历了春秋战国时期的诸子百家争鸣之后,至汉代则又重新出现了封建正统法律思想一家独尊的一元局面。此后,尽管封建正统法律思想也曾受到过非正统思想的冲击和挑战,但这种挑战与冲击不足以动摇其正统地位,一切对法律,特别是对法理的探讨都不得不在纲常礼教的范围内进行,中国古代法理学的发展受到严重压抑,一代代统治者和思想家均不厌其烦地重弹着"德主刑辅"的老调。

自夏商至中华人民共和国成立以前,中国法律思想的发展过程和规律大致如此。

三、中国法律思想的历史特点

尽管中国法律思想在不同的历史时期,其发展具有一些不同的特点,但就总体而言,其基本特征又是非常明显的。

(一)以家族为本位的宗法伦理渗透一切

中国古代是个宗法社会,以家族为本位的宗法伦理思想自始至终都在整个社会中占统治地位,成为支配中国人精神活动的价值渊源之一。奴隶社会的西周强调"亲亲",封建社会自汉朝直至清末的历代统治者无不主张"以孝治天下",可见宗法伦理思想的盛行不以社会性质的不同而有所变化。法家的代表人物韩非认为"臣顺君、子顺父、妻顺夫,三者顺则天下治,三者逆则天下乱。此天下之常道也";[1]儒家主张"君为臣纲、父为子纲、夫为妻纲",则从另一个侧面反映了宗法伦理思想在中国古代的盛行。不仅如此,中国古代的统治者和思想家还都千方百计将宗法伦理上升为法律规范,并对其必要性从法理上进行了充分论证。于是,各种维护和体现宗法伦理的法律原则纷纷设立。亲亲相隐、存留养亲、复仇原宥、以服制定罪、族诛连坐、父母在子女不得别籍异财等原则的确立,以及不孝、不义、内乱等罪名的产生,究其原因均是如此。

---

[1]《韩非子·忠孝》。

(二)皇权至上

中国古代在政治制度上一直采用君主专制制度,视法自君出为天经地义。从而使维护君权成了中国法律思想的基本任务之一。中国古代早期文献《尚书·盘庚》中就说:"听予一人之作猷","惟予一人有佚罚"。春秋战国时期,儒家主张"礼乐征伐自天子出";法家则把君权绝对化,鼓吹"尊主卑臣"。儒法合流之后,皇权至上,法自君出,君主拥有最高的立法、司法大权,更是成了封建正统法律思想的一条基本原则。结果导致君主凌驾于法律之上,不受法律约束,严重地制约了法律思想的发展,并导致了整个民族对权力的崇拜。

(三)平等观念欠缺,等级特权思想浓厚

在中国古代,儒家法律思想长期占统治地位,而儒家思想又主要源于西周的"礼治"。礼讲等差,其特点是强调尊卑贵贱、等级森严,结果使等级特权思想始终贯穿于中国古代法律思想之中。在儒家看来,人天生就有差异,因而,等级的存在乃天经地义。法家虽然主张"刑无等级"、"壹刑",但实际上仍未取消等级,并明确规定,等级越高,权力越多,特权越大。隋唐以后,封建法律中更是明确规定了"八议"的原则,使等级特权思想深入人心。等级特权不仅体现在社会生活中,还体现在家庭生活中。

(四)重德轻刑

中国古代法律思想认为,法律是治世的辅助手段,除应服从皇权外,还必须服务于道德,即"德主刑辅"。"德主刑辅"的主张起于西周,后经孔子、孟子、荀子等发扬光大,至唐代更是被法典化。《唐律疏议》开宗明义便规定:"德礼为政教之本,刑罚为政教之用"。综观两千多年的中国封建社会,无论是统治者,还是思想家,均把"德礼"为本、"刑罚"为用作为治世的基本信条。把法律看作是治世的辅助手段,极易产生轻视法律的副作用。如清代官修《四库全书》中就明确提出"刑为盛世所不能废,而亦盛世所不尚。"[1]

(五)重义轻利

儒家的创始人孔子说:"君子喻于义,小人喻于利",[2]公开提出了义利不能兼得的观点。汉代董仲舒又进一步提出了"正其谊(义)不谋其利,明其道不计其功"[3]的

---

〔1〕《四库全书总目》。
〔2〕《论语·里仁》。
〔3〕《汉书·董仲舒传》。

主张。及至宋代,朱熹更是提出了"存天理,灭人欲"[1]的观点,把重义轻利的思想发展到极端。法学是有关权利的学问,重义轻利的思想极大地压抑了人们的权利观念,严重地阻碍了法律思想的发展。[2]

---

[1]　《朱子语类》卷一二。

[2]　以上对中国法律思想历史特点的论述是在张国华先生的《中国法律思想史新编》一书基础上写成的。
　　　参见张国华:《中国法律思想史新编》,北京大学出版社 1998 年版。

第一章　夏、商、西周

——中国法律思想的产生

学习目的与要求

　　本章介绍夏、商、西周时期的法律思想。要求领会中国古代法律思想产生的基础即中国文明产生的"早熟性",理解中国古代"刑"、"法"、"律"、"礼"字及其所反映的法律观念,并以神权法和宗法思想为重点,掌握礼治与"明德慎罚"思想和《吕刑》中的法律思想。

　　中国是世界文明发达最早的国家之一。考古资料证明:早在距今五、六千年以前,我们的祖先就建立了父系氏族制度,朝着摆脱蒙昧、发明文字、创建国家的文明方向,迈出了坚实的步伐。

　　一般说来,国家是伴随着生产力水平的提高、私有制的产生、阶级的出现,以及氏族的崩溃而逐渐形成的,即国家的出现是社会政治经济发展的必然结果。但是,特定的历史条件,却使中国国家的形成走上了另外一条道路:中国的国家是在部落战争的刀光剑影中诞生的。

　　大约五、六千年以前,生活在中原大地上的先民正在经历着一场旷日持久的部落战争。战争中,具有防御功能的城镇逐渐产生,部落首领的权力越来越大,维系部落成员之间团结的父系血缘纽带更加牢固,部落之间融和的规模日益扩大,这一切都为国家的诞生创造了条件。最后,在战争中获胜的部落为了维护自己的胜利成果,并使战败的其他部落臣服于自己,建立起了军队、监狱等暴力机构和其他管理机关,制定了礼法,强迫其他部族遵守。于是,中国最早的国家法律便诞生了。而这时,支撑国家存在所必须的物质条件,如牛耕和铁制工具等在中国还并未发明或大规模使用。这就是学术界所说的中国进入文明的"早熟性"特征。这一特征决定了日后中国古代法律制度和法律思想的基本走向。

　　一般认为,建立于公元前21世纪的夏朝,是中国出现最早的国家。从此,中国便跨入了文明的门槛,进入奴隶社会。继夏朝之后,中国奴隶社会又经历了殷商和西周两个王朝,直到春秋战国之交才转入封建社会,延续了 1600 年。

中国古代文明产生的"早熟性",使中国早期奴隶制国家在经济、政治、法律、意识形态等方面,具有一些鲜明的特点。

第一,在经济上,土地实行国有,即全国的土地从名义上、法律上讲都归国王所有,即《诗经·小雅·北山》所谓"溥天之下,莫非王土",国王将属于自己的土地以及土地上的民众一起分封给自己的亲属,令其使用。为了计算封地的大小和便于监督奴隶劳动,奴隶主把土地划成"井"字方块,叫做"井田",进行集体耕种。

第二,在政治上,由某一显贵家族为中心组成统治集团,将宗法组织和国家组织紧密地结合起来,在全国范围内建立起一套融政权和族权为一体的严密统治网,保留大量的父系家长制的传统。

第三,在法律上,礼刑并用,将主要用于镇压其他部族反抗的残暴的"刑"和用于凝结本部族人亲情的"礼"融合在一起。

第四,在意识形态上,则是利用神权和宗法思想进行统治,为自己政权的合法化寻找理论依据和超自然力的支持。

这些特点不可避免地要影响到当时应运而生的古代法律思想。夏、商、西周的法律思想主要是奴隶主贵族的神权法思想和以宗法为核心的礼治思想。神权法思想是人类早期生产力发展水平和科学技术发展水平低下的必然结果,是人类最初的"法权"观念的形态。刚刚跨入文明门槛的古代先民们,对于突然而至的法律现象百思不得其解,只好借助于神权"天",于是便产生了神权法思想。中国古代神权法思想的特征在于:发展程度较低,缺乏完整的理论形态,主要体现在"天罚"观念上,即认为最高的刑罚权来自于天。受此观念影响,夏、商时期特别是殷商时期的司法活动,都是由宗教人员进行占卜,以此方式获得神的旨意。到了西周时期,随着宗法制度的完备,以宗法思想为核心的"礼治"思想,逐渐受到人们的重视,开始与神权法思想并行,其最大特点就是以"礼"代"法",或者说以"礼"容"法"。夏、商、西周是中国古代法律思想的产生时期,对后世的影响极大,因而在中国法律文化发达史上占有十分重要的地位。

第一节　甲骨文、金文中所反映的古代先民的法律观念

一、中国早期法律观念之源

人们对事物的认识必然要经过一个由零乱到系统,再到理论的过程,也就是说由观念到思想。法律思想的产生也不例外。中国古代早期的法律观念是指先民对法律这一新生事物的普遍看法,是中国古代法律思想的最初表现形态。如何再现古代先

民的法律观念？惟一可行的办法是通过文字来探源。

众所周知，文字是特定历史文化的产物，是在语言的基础上产生的，而语言则是表达思维的主要方式。因此，特定文字的产生、演变和发展，能够反映出人们对某种特定社会现象的认识。此外，在中国古代，文字和法律几乎是同时产生的，因而通过破译早期文字，无疑会部分还原这些文字背后所保留下来的先民的法律意识和观念。

需要指出的是，文字的产生离不开特定的历史环境，因而破译古代先民的法律观念，还应将文字与中国古代特定的历史环境、中国国家与法律产生的特定方式结合起来进行考察，以互相印证。

"祀"与"戎"，可以视为中国古代法律形成的两条殊途同归之路，也是中国古代法律观念的源泉。正如《左传》所说"国之大事，在祀与戎"，古代社会最重要的日常活动就是祭祀与战争。

"祀与戎"是原始社会末期父系制遗留下来的传统。当时由于对自然界力量的屈服和血缘关系的延续，人们要对大自然、对死去的祖先及亲人进行祭祀活动，以示崇敬，求得保佑。同时，为了掠夺人口和财富，就要征伐其他部落，进行频繁的部落战争。部落之间的战争促进了中国早期国家和法律的形成与发展。

由祭祀活动，产生神权与宗法观念，后来发展成为宗法制；从祭祀活动的一系列礼仪中产生出"礼"观念，逐渐形成一套礼制，并影响到战国时期儒家的"礼治"理论。从战争征伐，导出"刑"观念，由此产生军法、刑法、刑罚，并对战国时期法家的"法治"理论、方法产生了直接的影响。

中国古代法律与法律观的形成与发展，乃至秦汉以后所形成的在世界法律史上独树一帜的中华法系，之所以有这样那样的规律、特点，归根结底是因为其与祭祀、战争有着直接的、千丝万缕的渊源关系。可以说，祭祀与战争决定了中国传统法文化的命运、性质。要了解中国古代法律观，必须从这里起步。

二、中国古代"刑"、"法"、"律"、"礼"字及其所反映的法律观念

(一)"刑"字的演变及其含义

"刑"字的初形是"井"，其本义即水井之"井"，读作"井"。《世本》："伯益初作井"。在甲骨文中，"井"，或用作人名，如甲骨卜辞中常见"妇井"；或用作方国名，如"井方"，读"邢"，后来发展成"邢"或"邢"。

西周晚期，出现了"荆"字。如厉王时的《散盘铭》："唯人有司荆。"但在这里，"荆"用作人名。与此同时，金文中还保留有大量的初形字样"井"，总起来看，大致有三种用法：

1.假借为"荆"，读"刑"。如穆王时的《班簋铭》有："文王孙亡弗怀井(刑)。"恭懿王之际的《牧簋铭》有："不中不井(刑)"，宣王时的《兮甲盘铭》有："敢不用令(命)，则即井（刑）扑伐，惟我诸侯、百姓，厥贮毋不即市，毋敢或（又）入蛮宄贮，则亦井（刑）。"作动词用，即诛杀、征伐、惩罚之意。

2.假借为"邢"，用作地名、人名、方国名。如《麦尊铭》有"井侯"，《散盘铭》有"井邑"，《鼎铭》有"井叔"等。

3.同"型"。如《牧簋铭》有："不用先王作井（型）"、"先王作明井（型）用"，宣王时的《毛公鼎铭》也有："先王作明井（型）"，这是名词模型、模范之意，引申为法；还可用作动词，如《墙盘铭》有："祗穆王，井（型）帅宇诲"。"井帅"，金文中又习称"帅井"，即遵循、效法之意。

在造字的最初时期，只有"井"一种形体，但却有多种用法。随着文字的发展，虽然每一种用法都有了自己的形体，但是它们之间混用的现象仍然存在。"荆"是西周晚期金文中出现的字形，战国时沿袭发展。在战国文字中也作此形。汉隶书写作：荆、刑。后来规范文字时便渐渐写成"刑"。至于"型"字出现更晚，东周文字中才见有，下部或从"土"，或从"田"；在此之前，"型"常写成"井"或"刑"。

以上是"井"字的演变发展过程。

"井"、"荆"、"型"，上古音同在耕部。"井"主要以同意假借之法沿三条线索发展的：邢→邢，方国名、地名、人名；荆→刑，征伐、杀戮，引申为刑罚；型→型，模型、模范，引申为准则、法。

《说文》："荆，罚罪也，从井，从刀。""荆"是形声字，井声，刀旁，意表征伐、杀戮；这是"刑"字的本义。因此，古有所谓"兵刑不分"之说，如《左传·宣公十二年》："伐叛，刑也"。由"荆"的本义引申出专指残害肢体的肉刑，后来泛指刑罚。《国语·鲁语》、《汉书·刑法志》："大刑用甲兵，其次用斧钺；中刑用刀锯，其次用钻笮；薄刑用鞭扑，以威民也。故大者陈之原野，小者致之市朝。"军事征伐之"刑"，与刑罚之"刑"混为一谈。

"刑"字的演变，反映出商周人对"刑"这种社会现象的认识：征伐战争中血腥屠杀之"刑"与法律上之"刑"混同，战争征伐、戮杀之血腥，渗透到刑罚之中。从而使"刑"在古人心目中成了一种非常可怕的东西，以至于人们一谈起法律，就先想到刑罚，刀锯、斧钺历历在目。由此，人们产生了对法律的惧怕心理和法律是一种坏东西的观念。

（二）"法"字的演变及其含义

迄今所见，甲骨文中还未发现有"法"字。金文有"法"字，写作"灋"，这是"法"的古体，如西周早期的《大盂鼎铭》，晚期的《克鼎铭》、《师铭》等都有此字；在战国时期的简印文字中"省作法"。但是，在战国甚至秦汉时期，"法"字的古体却一直保留着，如《周礼》、1975年出土的睡虎地秦简以及《说文》中的"法"字都作古体。

迄今所见，金文的"法"字有两种用法：

1.《大盂鼎铭》有："故天异临子，灋保先王。"唐兰注：通废，《尔雅·释法》："废，大也。"[1] "灋"在此作形容词用,修饰"保"。这句话的意思是:故天在辅佑和监临他的儿子,保护着先王。

2.《大盂鼎铭》、《师酉簋铭》、《恒簋铭》、《师克盨铭》有"勿灋朕命",此为金文中的惯用语。学者们对此注释一致:"灋假为废","读如废","勿灋朕命",意即不要废弃我的命令。[2] 这是作动词用。

可见,西周金文中"灋"是假为"废"。"灋"、"废"古同音,故可假借。

关于"灋"字的解释,以《说文》最为著名:"灋,刑也。平之如水,从水,所以触不直者去之,从去"。用金文印证,许慎之说不能令人满意,这只能代表东汉人对"灋"字的认识,其中明显地带有战国末期阴阳五行说的痕迹。[3] 从现有资料看,探索"法"字的本义比较困难。但是,后代法律之"法"由"废"义引申的可能性是存在的。《尔雅·释诂》"替,……遏,止也"。《释言》"替,废也"。可见"废"有遏止之义。由此引申为"法禁",使作废义之"法"具有法律之义,是很自然的。

不过,从金文"法"字的用法与文献记载相印证,我们至少可以确定:春秋以前的"法"字可能与现代意义上的"法"无关。可以说,商周人只知"刑"而不知"法"。

从文献记载来看,大量引用"法"字是后来的事。《礼记·曲礼》云:"刑不上大夫"。《诗》及《尚书·周书》也少见"法"字(现代意义上的)。从《左传》来分析,可能春秋时人们还不大懂得"法"字的意义。公元前536年,郑国执政子产"铸刑书"。晋国大夫叔向曾写信痛斥子产,竭力举出当时政治意识上可以使用的手段来劝止子产,这些手段从字面上讲有所谓"义"、"政"、"礼"、"信"、"仁"、"忠"、"和"、"敬"等,而独不言"法"。子产的刑书,当时只称"辟",而不称"法"。可见当时并无"法"的观念。"法"字的意义,在当时尚未达到确立的地位。如果说叔向的信系后人杜撰,非叔向手笔,则更证明"法"的观念,直到杜撰时尚未成熟。

事隔23年,又有晋国"铸刑鼎"之事。其下载有仲尼、蔡墨二人的批评,其中都谈到"法"字。从其谴责的字里行间分析,他们所谓"法"、"法度"也不是现代意义上的"法"。[4]

"法"的观念,产生于战国时期。其实践来源是春秋末期产生、战国时期得到蓬勃发展的成文法运动。

(三)"律"字的演变及其含义

"律"字在商代甲骨文中已经出现。据统计,商代甲骨文中有5处"律"字:

---

[1] 唐兰:《西周青铜器铭文分代史征》,中华书局1986年版,第174页。
[2] 高明:《中国古文字学通论》,文物出版社1987年版,第448页。
[3] 张国华、饶鑫贤主编:《中国法律思想史纲》(上),甘肃人民出版社1984年版,第229页。
[4] 以上两段据钱穆:《周官制作时代考》,载《燕京学报》第11期。

1.《甲骨文编》卷二·二五所收《京都》二〇三三之"律"是作为地名。

2.《怀》一五八一有"师惟律用"。

3.《屯》一一九也有"师惟律用"。

4.《怀》八二七有"……律在"。

5.《合集》二八九五三有"王……律其……弗悔"。

《京都》二〇三三所见"律"字为地名,已成定论。《怀》八二七残缺太多,"律"为何意,不得而知。《怀》一五八一、《屯》一一九是同一语句"师惟律用",是商代惯用语,与《易·师》之"师出以律"是同一语式。

肖楠指出,此"师惟律用"之"律",即《易·师》"师出以律"之"律"[1]。杨升南注释:律:纪律,法律。军队之法纪亦包括军法,是军队战斗力的保证。

据考证,"律"乃"聿"之繁文,本具有行列、标准、规矩之义[2]。"师出以律"或"师惟律用"这一惯用语中,"律"有纪律、战时号令、军法之义,就是其本义的引申。尽管商代之"律"还不完全是后来所说的法律之义,但是后来的法律意义却是由此发展而来的。

在中国古代,作为法律意义上的"律"字,其使用时间,最流行的说法是从商鞅"改法为律"[3]开始,即始于公元前四世纪中。1975 年湖北云梦县睡虎地出土的秦简《为吏之道》后抄有魏安王廿五年(公元前 252 年)的《户律》、《奔命律》。这就有力地证明中国古代法律文书称"律",不得晚于这一年,这是下限。

从历史过程看,应是先有"法"字,后有"律"字。"律"字出现的背景是,战国晚期全国走向统一,统治事务日益烦杂,"法"由比较单纯地督促耕战,打击危害君主统治之行为,转向调整更大范围之领土、人民等各种新的复杂关系,因而需要更多具体规章制度。

(四)"礼"字及"礼"观念

"礼"字出现得比较早。商代甲骨文中已有"礼"字初文,一般隶定为"豊"[4]。战国以后加上"示"旁成为"禮",现在简化作"礼"。

"礼"字初文,上从双玉之形,下从壴。古代中国人在祭祀时往往以玉作为敬神求福之物,即所谓"行礼以玉"。"壴"即"鼓"字的初文[5]。一说认为,"壴"本义就是鼓

〔1〕 肖楠:《试论卜辞中的师和旅》,载《古文字研究》第 6 辑。

〔2〕 祝总斌:《律字新释》,载《北京大学学报》(哲学社会科学版)1990 年第 2 期。

〔3〕《唐律疏仪》之《名例》疏议。

〔4〕 高明:《古文字类编》,中华书局 1980 年版,第 327 页。

〔5〕 郑杰祥:《夏史初探》,中州古籍出版社 1988 年版,第 233～234 页。

名,[1]鼓为乐器之一。古人在举行祭祀活动时往往以鼓作乐。

玉和鼓成为古代祭祀礼仪活动的代表物。所以,中原地区古人在造字之初以玉、鼓之形来表达"礼"这一概念。"礼"字本义即古人在鼓乐声中"行礼以玉"。[2]起初,人们把"行礼之器"称为"豊",后来又将祭祀即"奉神人之事"叫作"豊"。[3]

从"礼"字的造字由来可知,"礼"观念最初源于祭祀。"礼"字的产生说明,至迟在商代已经正式形成了礼制。商代人以敬鬼神而著称,"先鬼而后礼"。迄今为止,殷墟所出土的十数万片甲骨卜辞和大量的牺牲遗骨与祭器,就是商代频繁祭祀的遗物。

商代的祭祀制度都可以称之为"礼"。但是,商代还没有后世那样整齐划一的礼的规范。商代的"礼"寓于祭祀礼仪及其他礼仪之中。从法文化的角度来讲,商代大量的祭祀中存在着"礼"的观念及礼制,西周以后被理论化、抽象化、规范化,战国时期儒家将之发展成"礼治"思想,一直贯穿于中国法律史中,演奏出一曲中国传统法律观的主旋律。

通过对"刑"、"法"、"律"、"礼"字的构成和发展的介绍,我们大致可以勾勒出中国古人早期法律观念中的一些共性的东西,包括:法律即刑罚;兵刑不分;礼法不分;权即法等。这些观念便是日后中国法律思想发展的源泉。同时,通过对"刑"、"法"、"律"、"礼"等文字的分析,我们还可以寻找到中国古代法律思想产生的基本线索和路径:由祭祀活动产生神权、宗法观念,后来发展成宗法制;从祭祀礼义中产生礼的观念,形成一套礼的规范,最后系统为"礼治"思想;由战争征伐活动,产生出"刑"的观念,产生出刑罚、刑法。

三、中国古代法律观念的特征

（一）直观性与单一性

"刑"、"法"、"律"字的构成、发展,不仅展示了中国早期法律观及其形成过程,而且也体现出中国传统法文化的本质特征。透过笼罩在"刑"、"法"、"律"文字上的层层迷雾,我们可以看到古代中国人独特的思维模式和对法律的价值取向。

据说,春秋时期的虢国公曾梦到刑罚之神蓐收的形貌:人脸,虎爪,满身白毛,拿着颇似大板斧的钺,一副凶神恶煞的样子。[4]虽然蓐收是神话中传说的刑神,但是对其形象的描绘却反映了古人心目中的"刑"和"法"。

中国早期法律观首先表现出直观、呆板的特性。人们对"刑"、"法"的认识仅局

[1] 裘锡圭:《甲骨文中的几种乐器名称》,载《中华文史论丛》1980年第2期。
[2] 林沄:《豊豐辨》,载《古文字研究》第12辑。
[3] 王国维:《释礼》,载《观堂集林》卷六。
[4] 《国语·晋语》。

限于对兵器、模具、尺寸、衡石等进行直观的、物理性的描述,显得呆板而没有生气,缺乏生动、抽象的理论性,但却充满了强暴的血腥味。

中国早期法律观还表现出单一性的特征。青铜时代,人们只知有"刑"而不知有"法";战国时期,有了"法"、"律",从历史发展来看,这无疑是进步的。但是,"法"的背后主要是"刑","刑"是"法"的内容,所谓"法治"在某种意义上甚至可以说是"刑治"。从以《法经》为蓝本的秦律到封建社会最后一部法典《大清律例》,都是"以刑为主"。又如,汉代史学家班固的《汉书》首创《刑法志》,专门记载封建王朝的法律制度和司法制度的重要史料,此后历代纪传体断代史大多沿用。二十四史中的《晋书》、《隋书》、《旧唐书》、《新唐书》、《旧五代史》、《宋史》、《辽史》、《金史》、《元史》、《明史》,以及民国初年编的《清史稿》,都有"刑法志",所记载史料虽然以"刑"为主,却远远超出"刑"的范围,但仍然称之为"刑法志",甚至《魏书》则干脆称"刑罚志"。足见"刑"观念影响之深远。

(二)功利主义与义务本位

中国早期法律观最具特色的还是功利主义的色彩。从其形成过程来看,无论是青铜时代的"刑"观念,还是战国时期的"法"观念、"律"观念,都体现了同一价值取向——功利主义。

在商周人的观念中,"刑"源于工具(兵器、模具),刑法、刑罚出现后还是工具。在法家看来,人类社会有"争"、"暴",因此才需要法律;有了法律,其功用还在于"定分止争"、"兴功惧暴",以达到"以刑去刑"的目的;最终,法律成为"权力"的一种手段。功利主义法律观导致的直接后果:一是法律工具论盛行;二是轻视法律。

此外,中国早期法律观,无论是温情的"礼"观念,还是残忍的"刑"观念,都体现了同一价值取向——义务本位。即重义务、轻权利。这是古代法律观的基本导向。

从理论上讲,作为调整人们行为的法律规范就是规定人们的权利、义务。法律赋予人们享有的某种权益即权利,法律规定人们应履行的某种责任即义务,二者密切相联。任何权利的实现总是以义务的履行为条件。但是,就法律观而言,不同的民族在不同的时期,由于人们对法的价值取向不同,因而对权利、义务总是或有偏重。

中国古代社会是宗法制社会,最基本的细胞是家族,国只不过是家的扩大。而礼的作用之一就是确定个人在家、国之中的等级、贵贱。在这个等级制的金字塔中,个人只有义务,而无所谓权利。在金字塔的顶端只有君主的权力和家长的权力,个人存在的价值就是为权力尽义务。在温情脉脉的人伦情理中,"礼"扼杀了个人的独立性和权利,个人没有任何独立的法律地位,附属于家族,自然也附属于国家。因此,在以自然经济、宗法制为主导的古代社会中,不可能孕育出权利观;相反,却产生了至高无上的权力观。一切都是权力的附属物,法不过是实现权力、维护权力的工具而已。由此产生的只能是偏重义务的义务法。

源于战争的中国古代的"刑",其主要功用就是"定分止争"、"兴功惧暴",就是一种统治工具。以"刑"为主的中国古代法对人们的惟一要求就是"令行禁止",否则就要受刑罚制裁。法律总是规定个人"必须……"或"禁止……"、"不得……",至于个人能够享有哪些权利几乎没有规定。正因如此,人们对充满血腥味的"刑"和法产生了恐惧的心理。在古人的观念中,法不是个好东西,避而远之是良策。对于法律,人们最关心的是承担什么义务,并牢记在心,以免误入法网而招致身陷囹圄之大祸。由此可见传统"刑"观念的价值导向。

第二节 从"天命"、"天罚"到
"以德配天"的神权法思想

一、神权法思想的产生及其发展、演变的过程

神权观念是原始社会自然神崇拜的产物。进入文明社会后,由于社会力量的压迫,神权观念继续存在并得到加强。王权利用神权并将之作为维护统治的一个重要的精神支柱,与法律联系起来,形成了神权法和神权法思想。

一般说来,神权法或神权法思想有如下几个特征:其一,宣扬王权来源于神权,王是按照神意进行统治的。其二,王的法律和命令是神意的体现,任何违法犯罪行为都被视为对神意的亵渎而要受到严厉的制裁。其三,立法活动的支配者是神祇,法律的制定、修改和废止,须经过神祇的决定,而这一过程又是通过特殊的求神仪式来完成的。其四,司法审判也要通过特定的求神仪式祈求神助。

一般认为,中国古代的神权法思想在全国范围内从未出现过凌驾于世俗政权之上的教会和教权,中国古代的神权法思想是从属于、服务于奴隶制王权的,其目的在于神化王权。这是中国古代神权法思想的一个重要特点。

中国古代的神权法思想最早盛行于夏、商、西周时期。夏、商、西周的神权法思想有一个发展演变的过程,大体可以概括为:形成于夏,极盛于商,动摇于西周时期。但是夏、商基本上是一个类型,而西周则是另一个类型。

二、夏、商的"天命"、"天罚"思想

据文献记载,神权法思想在夏朝就已经产生。《论语·泰伯》说:夏禹"菲饮食而致孝乎鬼神,恶衣服而致美乎黻冕"。可见夏人对鬼神之虔诚、敬重,并且非常重视祭祀。夏朝的立法指导思想是"恭行天罚"的神权法思想。夏朝的统治者利用宗教鬼神进行统治,将其掌握的国家政权及其权力说成是神授的;把法律说成是神意的体现,而法律的实施则是"恭行天罚"。《尚书·召诰》说:"有夏服天命"。《礼记·表记》

说:"夏道尊命,事鬼敬神而远之。"《尚书·甘誓》记载,夏王在讨伐有扈氏时则以代天行天意的身份声称:"天用剿绝其命,今予惟恭行天罚",并宣布对违抗王命者要"赏于祖"、"戮于社",以示替天行罚。

神权法思想在商朝达到了顶峰。《礼记·表记》说:"殷人尊神,率民以事神,先鬼而后礼。"这反映出商代人对鬼神迷信之深,更加重视祭祀。把鬼神看得高于一切,重于一切,这是商代人意识形态最大的特点,广泛而深刻地影响到商代社会生活的各个方面。举凡国家大事,如年成丰歉、战争胜负、打雷下雨、官吏任免等,甚至司法实践活动,都要通过占卜、祭祀向鬼神请示。从1928年至1976年,中国的考古工作者对殷墟进行了几十次发掘,清理了不少商代的建筑遗址、作坊遗址、墓葬及祭祀坑等,出土了大批的青铜器、玉器和甲骨卜辞等遗物,这些是商代人频繁进行隆重的祭祀活动的绝好见证。

殷墟出土的十几万片甲骨卜辞就是商代晚期王室及王室贵族占卜问事而刻写在龟甲、兽骨上的真实记录。从这些卜辞来看,商代人祭祀的对象很多,大凡山川河岳、日月星辰、风雨雷电、高祖先公、先王先妣、父母诸妇等,都要进行祭祀。祭祀的名目非常多。据学者研究,仅祭名、祭仪就达二百个[1]已经形成了一整套的祭祀制度。祭祀的典仪异常隆重,奏乐,歌舞,献典册、黍稷、酒肉,甚至献上成百的人牲、畜牲。从举世闻名的司母戊大方鼎,我们不难想象当时祭祀的盛况。重视祭祀、尊神的结果,是加强对神权的利用。因而祭祀成为产生神权法思想的温床。

在法律上,定罪量刑也要诉诸鬼神,如卜辞有:

"贞其刖"[2]这是占卜是否处以刖刑。

"贞刖百"[3]卜问是否对一百人处以刖刑。

对处刑的后果也要进行卜问。如:"贞其刖百人死。"即卜问对一百人处以刖刑是否会有人死亡。

商代的最高统治者商王甚至为营造监狱之事求神问卜。如:

辛卯王……小臣丑……其作圈于东对,王占曰:大吉[4]

小臣,职官名;丑,小臣名;作圈,即营造监狱;东对,地名。这条卜辞虽然残缺不全,大意还是清楚的。辛卯这一天,王卜问:小臣丑在东对这个地方营造监狱之事进行的是否顺利,王看了兆情后断定大吉。

商代统治者在司法实践活动中进行烦琐的占卜,充分反映了他们敬鬼神的神权思想意识,其最终目的是为了麻痹被统治者。《礼记·曲礼》所谓"敬鬼神畏法令"一

[1] 常玉芝:《商代周祭制度》,中国社会科学出版社1987年版。
[2] 《考古》1973年第2期,第114页,图3、8、9。
[3] 《考古》1973年第2期,第114页,图3、8、9。
[4] 《卜辞通纂》589片。

语道破了商代神权法思想的实质："敬鬼神"是为了使人们"畏法令",体现奴隶主阶级意志的法被套上了一圈神秘的光环,一切司法实践活动都成为鬼神意志的体现。商代的统治者为自己的统治披上了一件合法的外衣。

三、西周"以德配天"的君权神授说

在商朝达到顶峰的神权法思想,被西周统治者继承发展,并发生了重大的变化。

具体而言,即由夏、商"天命"、"天罚"等原始观念,发展成为"以德配天",这在西周青铜器铭文中也有所反映。一方面,西周统治者仍强调,君权神授的"天命"观,如西周早期的《大盂鼎铭》:"丕显文王,受天有大命";晚期的《师克盨铭》:"丕显文武,膺受天命,敷有四方。"这是说西周政权的建立,是因为文王、武王得到了天命,才得到天下。商代最高统治者还称为"王",而西周中期以后的青铜器铭文中已称周王为"天子",意即周王是上天的儿子,可以代表天的意志来进行统治。这些正好与文献所载相印证。

但另一方面,西周初期,虽然继承了神权法思想,但要把周王的统治也说成是"天命"所归,确实有困难。一是"天"过去曾被商朝统治者作为祖先神而独占,为何现在又转归周王? 一是既然"天命"神圣,商朝统治者为何又王冠落地? 为此,以周公等为代表的西周奴隶主贵族,总结并吸取了夏朝、商朝灭亡的教训,提出了"以德配天"的君权神授说。认为"天"或"上帝"不是哪一族独有的神,而是天下各族所共有的神;"天命"属于谁,就看谁有能使人民归顺的"德"。这一思想的提出,显然是在为西周取代商朝制造舆论,但同时也意味着神权的动摇。因而,西周统治者感到单靠神权已不足以维系其统治,还必须兼顾人事,重视民心的向背,既"敬天",又"保民"。

"以德配天"思想的提出,在中国法律思想史上具有重大的意义,不仅意味着神权的动摇,而且从对立面的角度反映了劳动人民力量的强大及其对历史的推动作用。

四、"德"字、"德"观念、"德"思想的兴起

(一)"德"字与"德"观念

自1899年商代甲骨文发现至今,关于甲骨文中有无"德"字、商代人有无"德"观念,一直争论不休。归纳起来,传统的看法有两种:一种认为甲骨文有"德"字,殷人有"德"观念;一种认为商代既无"德"字,又无"德"观念。

在甲骨文中,"徝"字出现了不下180处。[1] 文字学家或释之为"德"(如孙诒让、罗振玉、唐兰),或释之为"直"(郭沫若、商承祚),或释之为"省"(王襄、闻一多),或释之为"循"(叶玉森)。

---

〔1〕　姚孝遂主编:《殷墟甲骨刻辞类纂》(中册),中华书局1989年版,第864~866页。

此字应释为"徝",即"值",是"德"字的初形,读直音,本义是直着向上登,向前走。《说文》:"德,升也,从彳声。"

周初的"德"字仍是作"徝"形。在陕西周原发现的西周甲骨文有"徝"字:"徝卸(御)"〔1〕在成王时期的德鼎、德方鼎、德簋、叔德簋铭文中均有"徝"字,用作人名,但在班簋铭文中发生了变化,写作"德",加上了"心"字旁,这是迄今所见最早的"德"字。这种变化表示一种哲学、政治学上的意义,即加强内心修养。春秋战国时期的"德"字干脆写成"恵"〔2〕

"德"字从"徝"字的本义引申出正直、道德的品质的意思,又引申出恩惠的意义。"心"字旁并不是可有可无的。

西周铜器铭文的"徝"字加上了"心"字旁,证明"德"字的道德意义是后起的,周人才有这种观念;同时也反证了商代没有"德"这一政治观念,这一点极为重要。

(二)"德"思想的兴起

"中国政治与文化之变革,莫剧于殷周之际"〔3〕这是不可否认的历史事实。西周初期,周代人看到专恃天命的商王朝的灭亡,认识到"天命无常",因而提出"德",以济"天命之穷"。"德"作为一个政治概念出现了。

周代人非常重视"德",大力宣扬"德"思想。"这样敬德的思想,在周初的几篇文章中,就像同一个母题的和奏曲一样,翻来覆去地重复着,这的确是周人所独有的思想"〔4〕

在西周的青铜器铭文中,有很多关于"德"的记载,反映了西周人的"德"思想,这一点正好与文献记载互相印证。

西周早期青铜器中载有"德"字的有:

1.《班簋铭》(成王时期):显惟敬德,亡攸违。

2.《何尊铭》(成王时期):惟王恭德裕天。

3.《大盂鼎铭》(康王时期):今我惟即井(型)禀于文王政德,若文王命二三政。今余惟命汝盂,诏荣敬雍德经。

成康时期有"敬德"、"恭德"、"政德"、"雍德"几种提法。"敬德"、"恭德",即崇尚德之意;"政德",即"德政";"雍德"即和顺之德。

西周中期的有:

---

〔1〕 王宇信:《西周甲骨探论》,中国社会科学出版社1984年版,第305页。

〔2〕 高明:《古文字类编》,第118页。

〔3〕 王国维:《观堂集林·殷周制度论》。

〔4〕 郭沫若:《青铜时代·先秦天道观之进展》,载《郭沫若全集·历史编》第1卷,人民出版社1982年版,第335页。

1.《善鼎铭》(穆王时期):秉德恭纯。

2.《师望鼎铭》(恭王时期):穆穆克盟其心,哲其德。

3.《墙盘铭》(恭王时期):上帝降懿德。

这个时期,又提出了"秉德"、"懿德"、"秉明德"、"孔德"、"安德"、"胡德"、"烈德"、"介德"。可见,西周初期出现了"德"观念之后,西周中期"德"思想被大力提倡。

"秉德",即执德或持德;"懿德"、"烈德",即美好之德性;"秉明德",即执有光明磊落之德性;"孔德",即特别通达之德;"安德",妥善之德;"胡德",远大之德;"介德",流芳后世之德。

西周晚期的有:

1.《大克鼎铭》(厉王时期):淑哲其德,……天子明德,显孝于申。

2.《单伯钟铭》(厉王时期):余小子肇帅朕皇祖考懿德。

3.《虢叔旅钟铭》(厉王时期):穆王秉元明德。

4.《叔向父簋铭》(厉王时期):肇帅井先王文祖共明德。

这个时期又提出了"秉元明德"、"元德"、"若德"、"首德"。"元德",即最好的德性;"若德",敬顺之德性;"秉元明德"即持有美好、光明之德。

从上述所列举的铜器铭文分析,"德"思想基本上贯穿于整个西周时期。不过,不同的时期,关于"德"有不同的提法。总起来看,西周人对"德"的认识有以下几方面:

1."德"是祖先宏伟的德业和美好的德性。因此,要歌颂祖先的德业、德性,效法祖先之德,并以祖先之德为楷模,使之流芳百世。同时,要求各级奴隶主贵族以祖先之德为行为规范,永"不替德"。

2."孝"、"友"是"德"的内容之一。《历方鼎铭》:"历肇对元德,孝友惟型。"因而西周法律有一条规定:"不孝不友"(即不敬父母、不尊兄长)是首恶重罪,会造成社会秩序的紊乱,必须处以死刑。

3."以德配天"。《毛公鼎铭》有:"丕显文武,皇天弘其德,配我有周,膺受天命。"《墙盘铭》有:"上帝降懿德。"公开宣称奴隶主贵族的"德"是皇天或上帝赐予的,为君权神授说披上了合法的外衣。夏商的神权法思想开始发生了动摇。西周统治者从单纯重神、重神事的传统改变为重人、重人事,反映了社会文明发展的必然。

第三节 礼治与"明德慎罚"思想

一、"周公治礼"与礼制

中国古人讲究祭祀祖先神,因而讲宗法。宗法思想是夏、商、西周时期与神权法思想并行的另一维护统治的精神支柱。所谓"宗法",即以血缘为纽带调整家族内部关系,维护家长、族长的统治地位和世袭特权的行为规范。换言之,它规定同姓家族内部的尊卑长幼关系不得破坏。宗法源于氏族社会末期父系家长制的传统。中国早期的夏、商、西周三个王朝都是以某个家族为中心而建立起来的,保留着大量的父系家长制的传统,因而更重宗法。商朝甲骨文已反映出商朝人讲宗法。但是,商朝人的宗法极不严谨。到了西周时期,宗法因"立嫡以长不以贤,立子以贵(母贵)不以长"的嫡长子继承制的最终确立而系统化。

相传"周公制礼作乐"。周公,姬姓,名旦,文王之子,武王之弟,中国早期著名的政治家、思想家,也是我国历史上第一个提出比较系统的政治法律学说的思想家。因其采邑在周(今陕西岐山东北),故称周公或周公旦。因其为西周政权的建立和巩固做出了巨大贡献,被先秦诸子称为"圣人"和"贤人"。据传,西周初年在周公的主持下,对以往的宗法传统习惯进行了系统的整理、补充,厘定成一套以维护宗法等级制为中心的行为规范以及相应的典章制度、礼节仪式,使之成为治国的惟一依据,将宗族组织和国家政治组织合而为一,这就是一般所说的"礼"或"周礼"。

周初实行分封,首先确立周王是上天之子,即天子,是天下的共主,然后在姬姓家族内部按照同周王血缘关系的亲疏远近来分配国家权力。具体做法是周王除将京城附近的地区(称作王畿)留作自己直接管辖统治之外,将全国其他的土地及土地上的民众分封给诸侯去进行统治,称"封邦建国"。诸侯受封之后,除保留一块直辖封地(称作公室)外,将其余的封地又同样封给其属下的卿大夫。卿大夫的封地叫采邑。卿大夫以下还有士,也由卿大夫分给食地。"士"是最低层贵族,不再分封。分封的同时,还明确规定了上下级之间的权利与义务。下级必须服从上级,须交纳贡赋,定期朝觐、述职,提供劳役,接受军事调遣、指挥,服从裁判等,上级则有保护下级和排除纠纷的责任。这样,通过层层分封,在全国范围内建立起了"王臣公、公臣大夫、大夫臣士"[1]的宝塔式等级结构。

西周的分封基本上是按照宗法关系进行的。周王首先分封自己的亲属,特别是血缘最近的亲属,如叔伯或兄弟为诸侯,诸侯以下也如法炮制。天子、诸侯、卿大夫等职位都由嫡长子世袭,即所谓"世卿世禄"。嫡长子是土地和权力的法定继承人,称之为宗子。周天子是全族之主,奉祀全族的始祖,为大宗。诸侯对天子来说为小宗,但在其本国则为大宗。往下依此类推。小宗必须服从大宗,大宗则应爱护小宗。分封和宗法的结合,不仅使各级政权都掌握在姬姓家族之中,还在天子、诸侯、大夫等政治上的上下级关系外,又加上了一层小宗服从大宗的宗法关系,用族权来加强政权。

宗法制和等级制结合起来,形成一套完整而严格的君臣、上下、父子、兄弟、亲疏、尊卑、贵贱的礼制。各级贵族的衣、食、住、行和婚姻、丧葬、祭祀、会盟等都要严格遵

---

〔1〕《左传·昭公七年》。

守礼制的规定。违犯者受到处罚。所以,礼制是维护各个不同等级的特权、地位的制度。

与礼制相适应,周公要求所有一切都要以礼为准绳。这就是后来儒家创始人孔子所概括的"为国以礼"的"礼治"思想的源头。

二、"礼治"的基本原则、特征

中国古代人重视祭祀,一开始就将神权与族权紧密结合起来,产生了"礼"。在周人看来,"礼"是治理国家的惟一准绳。后来的儒家将之概括为"为国以礼"的"礼治"。

周礼所确立的全部规范和制度中,始终贯穿着"亲亲"、"尊尊"、"长长"、"男女有别"四个原则。"亲亲"即必须亲爱自己的亲属,特别是以父权为中心的尊亲属;"尊尊"即下级必须尊敬和服从上级,特别是一国之君;"长长"即小辈必须敬重长辈;"男女有别"即男尊女卑、"男女授受不亲"和同姓不婚。其中最基本的是"亲亲"和"尊尊"。"亲亲"是宗法原则,旨在维护家长制;"尊尊"是等级原则,旨在维护君主制。二者都是为巩固宗法等级制服务的。从这两个基本原则出发,周礼在伦理道德上特别强调"孝"、"忠"。在当时的宗法等级制度下,"亲亲"和"尊尊"往往是二位一体,因此"孝"和"忠"也往往是两相结合。"亲亲"和"尊尊"既是周礼的基本原则,也是西周立法的指导思想。与此相应,"孝"和"忠"既是伦理道德规范,又是法律规范。总之,礼在西周的作用主要有二:一是维护族人的团结;二是显示阶级与等级的差异。在以宗法等级制度为基本的社会制度,在血缘关系极为密切的西周社会,"以礼治国"的"礼治"思想自然成了最易被人们接受的治国思想。

"礼治"的基本特征是"礼不下庶人,刑不上大夫"。"礼不下庶人"是指礼所赋予各级贵族的世袭特权,平民和奴隶一律不得享受。"刑不上大夫"是指刑罚的主要锋芒不是针对大夫等贵族,而是指向广大平民。这种礼、刑分野的局面,充分说明西周实行的是一种公开不平等的特权法,即奴隶主贵族享有特权的奴隶制法。"礼不下庶人,刑不上大夫",不仅是西周"礼治"的特点,也是西周指导立法、司法的重要原则。根据这一原则,各级贵族不仅享有礼所规定的各种特权,而且即使行为越礼,一般也不受刑罚的制裁,仅受道义的谴责。不过,"刑不上大夫"并不是说大夫一类的贵族犯有危害宗法等级秩序的罪行概不用刑,但即使用刑通常也能享有各种特殊照顾。如"王之同族有罪不即市","有赐死而亡戮辱","公族无宫刑"等等。

三、周公"明德慎罚"的思想

"礼治"加"以德配天"、"敬天保民",反映到法制方面就是要求"明德慎罚"。即重视道德教化的作用,立法、司法都必须宽缓、审慎,执行刑罚更要慎重。也就是主张德刑并用,反对专任刑罚。

这一思想是周初的政治家周公提出的,主要有以下几方面内容:

1.要求对犯罪进行具体分析、区别对待。周公在《尚书·康诰》中提出了过失("眚")与故意("非眚")、偶犯("非终")与累犯("惟终")的概念,主张故意、累犯从重,过失、偶犯从轻,并强调区别具体的犯罪情节。

2.反对族诛连坐,主张罪止一身。针对商朝"罪人以族"的做法,继承文王"罪人不孥"[1]的主张,强调"父子兄弟,罪不相及"。[2]

3.反对"乱罚无罪、杀无辜",[3]主张德刑并用,实行教化。如《尚书·梓材》有"奸宄杀人,历人宥",即歹徒杀人,路过者与此案无关,不负刑事责任。在《尚书·康诰》中还告诫各级官员,要认真审判,"其勿误于庶狱"。在《尚书·酒诰》中指出,周人犯"群饮罪",要处以死刑;殷商遗民如犯"群饮罪",从争取民心的角度出发,可以教化而不处以死刑。

4.对危害宗法等级秩序和私有财产的犯罪严惩不赦。周公开创了以刑罚手段维护宗法伦理的先例,将"不孝不友"罪作为重大犯罪,要"刑兹无赦";对不忠于国君、犯上作乱的犯罪行为,要处以割裂肢体的酷刑;对"寇攘奸宄"、"杀越人于货"的强盗罪、杀人罪,要处以死刑。

这种"明德慎罚"的思想在中国法律思想史上产生了重要的影响,极大地丰富和完善了当时的法律思想和法律制度,对儒家思想的形成有直接的影响。即使在世界法律思想史上也是非常罕见的。

第四节 《尚书·吕刑》中的法律思想

一、关于《吕刑》

据《史记·周本纪》记载,自周昭王始,"王道微缺";至穆王时,社会矛盾进一步尖锐,"文武之道缺"、"诸侯有不睦者"。为了缓和社会矛盾,稳定周王室的统治地位,穆王接受大臣吕侯的建议,废止严酷的旧法,以"明德慎罚"为指导原则,"作修刑辟",制定了西周一部重要的法典《吕刑》。因由吕侯主持修定,故称《吕刑》。《史记·周本纪》又称《甫刑》。

《吕刑》原本今已失传。今文《尚书》中现存《吕刑》一篇。《尚书·吕刑》篇是吕侯制定法律后遗存的官方档案文献经后人整理保存在《尚书》中的,因而成为其中的

---

〔1〕《孟子·梁惠王下》。
〔2〕《左传·昭公二十年》,引《尚书·康诰》。
〔3〕《尚书·无逸》。

一篇。而作为法典的《吕刑》，其原件已失传，但其有关内容却由于《尚书·吕刑》篇得以保存下来。

《尚书·吕刑》反映了西周时期的法律思想，为后世的立法者所推崇，成为后世立法者所效法的典范。因而，研究《尚书·吕刑》中的法律思想，可以更好地把握西周的法律思想，特别是西周中后期的法律思想。

二、《尚书·吕刑》所体现的法律思想[1]

（一）"祥刑"与"虐刑"的刑罚分别起源说

《尚书·吕刑》认为，刑罚在实践中既有"止乱"的作用，又有"作乱"的作用；不可用之过度，又不能弃之不用。因此，以"止乱"的刑罚为标准，有所谓"祥刑"起源说；以"作乱"的刑罚为标准，有所谓的"虐刑"起源说。

所谓"祥刑"，即吉刑、善刑。"祥刑"说源于上天对作乱者的讨伐及中原地区圣人之政对社会秩序的维护。《尚书·吕刑》说"苗民弗用灵，制以刑"，即苗民不奉行天命，故圣人制刑以治理苗民。因为黄帝、尧、舜等圣人奉天命而作刑，以"止乱"为目的，欲以刑罚手段建立"德威惟畏，德明惟明"的社会秩序，所以这种刑罚就是"祥刑"。只有起源于此的刑罚才具有神圣性和合理性，也才是助成"礼治"的手段。

所谓"虐刑"，即《尚书·吕刑》所说的"五虐之刑"。"虐刑"说源于"蛮夷"之地（东南地区）的九黎部落首领蚩尤及其后继者，以"作乱"为目的，其表现形式与"祥刑"一样，但其作用却与"祥刑"迥然不同。"虐刑"杀戮无辜，惩善扬恶，逼良为恶，受刑者大多是无罪或孤苦无助的平民，因而惹起了民怨，引发了天怒，最终蚩尤被上天"遏绝"。

《尚书·吕刑》将刑罚起源的原因归于两条：一是天意，这完全符合周初"敬天保民"的思想；二是乱世，即作乱与对作乱的征讨，这也符合"刑起于兵"的客观现实。

《尚书·吕刑》中的法律起源说，为当时的统治者使用刑罚甚至推行重刑重罚政策提供了有力的依据，并对后世产生了重大的影响。它反映了统治者对刑罚的矛盾的认识以及对刑罚作用、目的的重视，为《尚书·吕刑》"有德惟刑"、"中正慎罚"、"惟良折狱"的法律思想体系奠定了基础。

（二）"中正"、"慎罚"的法律原则

《尚书·吕刑》认为，"祥刑"、"虐刑"完全体现于司法实践中，因而刑罚的实施务必慎重；刑罚"中正"则"祥"，否则"虐"。这样，"中正"就成为刑罚"祥"、"虐"与否的

〔1〕　以下以《中国法律思想通史》第1卷，（山西人民出版社1994年版）第四章第三节"《吕刑》中的法律思想"为据写成，在此向作者马小红女士致谢。

标准,并指导着立法。"中"或"中正"在《吕刑》中出现了十处,其基本的意义是"公正"、"适度",后人释为"不轻不重",即刑当其罪,罚当其辜。"中正"的关键就在于慎刑罚。为此,规定了如下的原则:

1.重视证据。"两造具备,师听五辞。五辞简孚,正于五刑","简孚有众,惟貌有稽,无简不听,具严天威"。即在审理案件时必须仔细听取原被告双方的证词,以辞听、色听、气听、耳听、目听之法来辨别真假,根据具体情况酌情量刑;真假的辨别要经众人的核实,只有在查实的情况下才可定罪量刑,否则以"疑狱"处理,以此来显示上天的威严。

2.罪疑惟轻。"五辞简孚,正于五刑,五刑不简,正于五罚。五罚不服,正于五过。"即在罪证确凿的情况下,以墨、劓、刖、宫、大辟"五刑"来惩处罪犯;当罪行显著,却"罪疑"没有确实的证据时,以"五罚"即赎刑(纳铜赎罪)惩处;如以"五罚"惩处仍有不妥时,则入于"五过"即暂时宽宥。这种由刑而罚、由罚而过的规定,完善了惩罚罪犯的措施,使司法官吏比较容易做到既不重刑、滥刑,又不轻刑。

3.明启刑书。"明启刑书,胥占","勿用不行,惟察惟法"。即要求司法官吏熟知刑书,不要用已废弃的法令,并以现行法令为定罪量刑的惟一标准;只有这样,才能准确定罪,正确适用刑罚;还可以防止官吏以狱讼营私舞弊。

4.刑罚世轻世重。《尚书·吕刑》发展了《周礼·秋官·大司寇》所载大司寇掌"建邦之三典,以佐王刑邦国,诘四方。一曰刑新国,用轻典;二曰刑平国,用中典;三曰刑乱国,用重典"的思想,提出了"上刑适轻下服,下刑适重上服,轻重诸罚有权,刑罚世轻世重"的著名论断。《荀子·正论》解释说:"治则刑重,乱则刑轻,犯治之罪固重,犯乱之罪固轻也,《书》曰:'刑罚世轻世重',此之谓也"。即要求司法官吏审判案件时必须考虑整个社会形势,并充分考虑犯罪者的动机。

只有按照上述的原则进行司法审判,才可谓"慎刑";只有如此谨慎,才可使刑得其"中",这样的"刑"才能称之为"祥刑"。"祥刑"带给社会的将是吉祥和安定。

"中正"思想的提出,及保证这一思想得以实现的"慎罚"制度的具体化,在当时和后世都具有很大的意义。首先,完善了周初的"礼治"思想,说明除"礼治"的根本原则外,推行"礼治"的手段是可以随时代的发展而变化。其次,修正了周初的"礼治"思想,说明刑罚在体现等级制时,还有一个用刑恰当的"度"的问题,只有二者兼顾,才能既维护等级秩序又惩恶扬善。第三,从制度上说,赎刑制度的建立,使"疑狱"有了比较妥当的处理方法,使刑更能充分发挥作用。

(三)"惟良折狱"的人治思想

从上述可知,"慎刑"的关键是"典狱",即司法官吏的素质。司法官吏的善与恶是"慎刑"措施是否得以执行的关键。从形式上看毫无差别的刑罚,如果掌握在善者的手中,就成为"止乱"的"祥刑";如果掌握在恶者手中,就成为"作乱"的"虐刑"。因此,要选用"吉人"、"哲人"来掌管刑罚。"非佞折狱,惟良折狱",即审判案件,不能选用巧言巧语、陷人于罪的苛薄之人,只能选用心存善良、公正无私者。在此,提出了"非终惟终在人"的人治思想,即天命的得失,在于统治者的德行与用刑的公正与否。这一思想后来被儒家继承,发展成"其人存则政举,其人亡则政息"的贤人治国论,在中国两千年历史上产生了深远的影响。

强调"惟良折狱"的第一个原因是:一国臣民的幸福系于天子一身,天子的正与不正与天下万民的祸福休戚相关。刑罚的适用也是如此,君主的圣明与否决定着刑罚的"祥"、"虐"。第二个原因是:"刑罚世轻世重"、"轻重诸罚有权"。也就是说,刑罚的轻重不是一成不变的,要根据客观状况决定刑罚的轻重;要求司法官吏在审判案件时,不仅要去伪存真,还要使刑罚既有灵活性又不失原则性。这种对刑罚的恰如其分的适用,非"吉人"、"哲人"而不能。主张在人与刑的关系上,人是第一位的,只要有了"吉人"、"哲人"才能"敬于刑",圣王所制定的"祥刑"才能起到止乱安天下的作用。

在强调"惟良折狱"的同时,还强调"非佞折狱"。即主张严惩贪赃枉法的司法官吏,肃清狱政。强调"非终惟终在人",即贤人与佞人主掌刑法、审判案件,不仅关系到刑罚的"祥"、"虐",而且关系到天命的得失、王朝的兴衰。因此,要肃清狱政,对贪赃枉法的司法官吏要绳之以法,以保证刑罚的"中正",使之成为安定天下和"具严天威"的工具。这一思想是对周初"人治"思想的完善,不仅强调要加强官吏的能力与素质,而且强调要对违法官吏进行惩罚。

(四)"有德惟刑"的"礼治"思想

"德"在《尚书·吕刑》中多处出现,其本质与周礼所宣扬的相同,但有所发展。《尚书·吕刑》认为,"祥刑"的最终目的并不仅仅是"止乱",而是"立德",即"有德惟刑",以刑促进德的实现。因此,德的实现与否,是"祥刑"与"虐刑"的最终分水岭,也是"中正"之道与"作乱"之道的分水岭。

关于德与刑的关系,《尚书·吕刑》作了如下的论述:

"士制百姓于刑之中,以教祗德。穆穆在上,明明在下,灼于四方,罔不惟德之勤。故乃明于刑之中,率于民彝。典狱,非讫于威,惟讫于富。敬忌,罔有择言在尔躬,惟克天德,自作元命。"

大意是说:典狱的"士"用公正、恰当的刑罚制约百姓,教育百姓实践道德。刑罚公正则民服教而敬德,尧舜的美德在上,臣子明察于下,私访之民无不效法而以立德互相劝勉。刑罚的目的是使是非明辨,民守常法。对典狱者来说,刑罚的最终目的并不是逞个人之威,而是为了造福于民。要谨慎,不要轻慢。发扬上天所赐的美德,不要违背天意而丧失天命。

由此可见,德并不是一种统治手段,而是人们自我完善所要达到的一种境界。这种理想的境界就是"礼治"的彻底实现。在此,"礼治"与德为同一体。当人人都达到这一境界时,国家就会达到大治;刑罚是一种助成实现这种"大治"的手段,只有用刑公正、恰当,只有"惟良折狱",这种道德化的"大治"社会才能得以实现。因此,德是目的,刑是手段,不存在孰轻孰重的问题,也不存在孰先孰后的问题。后世"德主刑辅"的"德"演变成为一种与"刑"相对的治理的手段,是在春秋以后。这种"德"在西周多用"教"或"礼教"来表示。教与刑是两种推行"礼治"的手段,教侧重于感化与扬善,刑侧重于惩罚与制恶。因而,从广义上说,作为促成"礼治"实现的手段,德与刑也是"礼治"的组成部分。

《尚书·吕刑》通篇没有谈到"礼"的问题,但其字里行间都可见"礼治"思想。这种"礼治"思想是对周初"礼治"思想的继承、发展。可以概括为两点:一是将德作为刑的最终目标,将违背"礼治"的行为定为不赦的大罪,强调要敬于刑。二是严格礼制的等级划分,并将等级视为天经地义的制度,认为违之则天下大乱。对等级制的维护,显然是对"礼治"的维护。

思 考 题

1. 中国早期法律观念之源为何?
2. 中国古代"刑"、"法"、"律"、"礼"字所反映的古代法律观是什么? 有何特征?
3. 简述"德"思想在三代时期的发展过程。
4. 周公"明德慎罚"思想的主要内容?
5. "礼治"的基本原则、特征是什么?
6. 如何理解《尚书·吕刑》所体现的法律思想?

参考书目

1. 张国华、饶鑫贤主编:《中国法律思想史纲》上册,甘肃人民出版社 1987 年版。
2. 张国华主编:《中国法律思想通史》第 2 卷,山西人民出版社 1994 年版。
3. 马小红:《礼与法》,经济管理出版社 1997 年版。
4. 韩延龙主编:《法律史论集》第 1 卷,法律出版社 2001 年版。

第二章　春秋战国

——中国法律思想的繁荣

学习目的与要求

　　本章介绍先秦时期儒家、法家、道家、墨家的法律思想,为本书的重点章节之一。通过学习,要求理解上述诸家法律思想产生的社会背景和思想根源,把握其理论基础、主要内容和基本特征,并客观评价其历史地位。

　　公元前 770 年至公元前 221 年,是中国历史上的春秋战国时期,是中国奴隶社会向封建社会转变的社会大变革时期,也是社会经济、政治和文化的大发展时期。

　　导致这场社会大变革的根本原因是生产力水平的提高,其突出标志是铁制工具的普遍使用和牛耕技术的逐步推广。生产力水平的提高不仅大规模地提高了农作物的产量,更重要的是为以一家一户为单位的个体小农经济的存在提供了技术上的前提。同时,生产力水平的提高,也客观地导致了"井田"之外的"私田"被大量开垦。

　　新的封建生产关系,就是在"私田"中首先出现的。西周末期,随着生产力水平的提高,一些中下层奴隶主贵族为了追求更多的财富,驱使奴隶在"井田"之外开垦土地据为己有,并以新的收租办法代替以往直接占有劳动者人身的剥削方式,从而进一步调动了劳动者的生产积极性。进入春秋以后,"私田"的数量越来越多,以致出现了"私门富于公室"的现象。最后,"公室"不得不承认"私田"的合法性,打破"井田"与"私田"的界限,公私土地一律收税。新的封建生产关系就这样不知不觉中在奴隶社会的内部逐步发展了起来。

　　生产关系变化的同时,阶级关系也在相应地发生着变化。在旧的奴隶主与奴隶两大对立的阶级之外,又出现了地主与农民等新的阶级。新兴的地主阶级为了扩大自己的势力,千方百计和奴隶主贵族进行斗争,僭越违礼、弑君杀父等事情不断发生,"礼崩乐坏"的局面不可逆转。这一切反映在政治上便是"周室衰微",诸侯争霸。此外,一批因农战而获得官爵者成了最初的官僚,打破了世卿世禄制的传统。

　　思想文化方面的变化亦十分明显:其一,天命神权观念被进一步否定;其二,宗法等级观念开始受到冲击;其三,"学在官府"的局面被打破,知识文化下移,私学日益兴盛,社会上涌现出一大批知识分子,形成"士"的阶层,他们代表着不同的利益集团,或著书立说,或奔走游说,宣传自己的主张。于是各种学派接踵而起,各种思潮纷纷出现,形成了我国思想史上最活跃的局面,史称"百家争鸣"。

　　所谓"诸子百家"是一种泛称,按汉初司马谈《论六家要旨》一文中的划分,先秦诸子大致可以分为阴阳、儒、墨、名、法、道德六家;而东汉班固在《汉书·艺文志》中则分为阴阳、儒、道、法、名、墨、纵横、杂、农、小说十家。但在法律思想方面影响最大的则是儒、法、墨、道四家。春秋战国时期,各家在法律思想方面的争论主要是围绕着对待"礼"与"法"的态度而展开的。其中,维护"礼治"的儒家和主张"法治"的法家是这场争论的主要对立面。在争论中,各家,特别是法家对法律的起源、本质、作用以及法律与社会经济、时代要求、国家政权、伦理道德、风俗习惯、自然环境乃至人口、人性等方面提出了一系列主张,促成了中国法律思想的繁荣。

　　在诸子百家中,对日后中国法律思想影响最大的是儒家,而对法律论述最多、研究最透的则是法家。尽管法家的"法治"学说存在着许多弊端,如极端强调国家利益,轻视个人利益;过分迷恋重刑主义,排斥道德等等。但法家的法律思想毕竟在一定程度上唤起了,或者说是培养了中国人最初的法律意识。法家的"法治"思想在汉代以后的衰败令人惋惜。

　　儒、法、墨、道的法律思想既有相互对立、相互排斥的一面,但又有相互影响、相互吸收的一面。关于这一点,只要我们分析一下儒家对待法律态度的细微变化便不难发现。在先秦儒家中,孔子扬礼而抑刑,孟子相对重视法的作用,荀子则主张礼法并用,儒家这种态度的变化,不能不说是受法家的影响。此外,仔细分析之后,我们还会发现一个有趣现象,即诸子百家思想除相互对立之外,亦有相通之处,如都强调君权至上。正是这种相通之处,才使日后彼此的融合成为可能。对君权的过分鼓吹,既为专制制度和思想文化大一统局面的出现作了理论上的准备,也为法学本身由繁荣转向衰败埋下了伏笔。

第一节　先秦儒家法律思想

　　儒家是对中国古代法律制度、法律思想影响最大的一个学派。它是春秋战国时期由孔子所创立的一个学术派别。"儒"者,在西周时期是指掌握一定文化知识、懂得周礼、并以教育及"相礼"为业的人士。周人重礼,其时人们的一言一行均有一定的礼仪规定,如此烦琐的仪式和程序一般人极难弄懂,于是就有了专门的人来掌礼。据史载,孔子早年就曾从事过这一职业,因而由他所创立的学派便被称之为儒家。儒家在发展过程中经历了两个阶段：先秦儒家和秦汉以后的作为封建正统的儒家。二者既有联系又有区别。

作为一个理论学派，先秦儒家从春秋末期创立到秦统一为止，经历了三百年左右的发展历史。从孔子到孟子再到荀子，尽管其理论上各有特点，不尽相同，但毕竟又具有作为儒家的共性，即拥有共同的思想形式、理论基调、范畴体系、思维方式、价值观念及人生态度。正是出于此种考虑，同时也是限于篇幅，我们将先秦儒家法律思想作为整体一并加以介绍。

一、先秦儒家的形成发展和代表人物

儒家思想产生于春秋时期诸侯争霸、战乱不息、礼制崩溃的社会大环境之中。当中国的历史进入春秋以后，西周的天命已无力支撑行将灭亡的周政权，礼制更是无力再维系正常的社会秩序。面对着如此剧变的社会，面对着礼制崩溃之后所造成的人们行为的失范，一些富有时代责任感的有识之士便自觉地承担起探索新的治国之道的重任。儒家就是在这样一种历史背景下产生的。在春秋战国时期，儒家是形成最早并影响较大的一个学派，其创立者为中国历史上著名的思想家孔子。

孔子（公元前551年~前479年，另一说生于公元前552年）名丘，字仲尼。春秋时鲁国昌平乡陬邑（今山东曲阜南）人。孔丘先祖原为宋国贵族，后因内讧避居鲁国，至孔丘时家已败落，故其自称"吾少也贱"，[1]《史记》则说"贫且贱"。史载孔丘少好礼，"十有五而志于学"，[2]一生"食无求饱，居无求安"，[3]孜孜于求学和求道，30岁便以知礼而闻名于鲁国，并招收弟子办私学。

孔丘一生从事实际政治活动不多，青年时曾投身于鲁国当权贵族季氏门下，做过"委吏"（管理仓库）、"乘田"（管理牛羊）等家臣。50岁以后任过鲁中都宰及司空、司寇等职务，但为时均较短。此后，他怀着"天下无道"的忧患意识，率领弟子周游列国，宣传自己的政治主张，但历经艰难，在外颠沛流离达十余年之久，终不得志。晚年的孔子将自己的主要精力倾注于教育和学术事业上，整理文献典籍，总结理论研究心得，精心培养弟子，创立儒家学派，为保存和弘扬中华民族的优秀传统文化做出了巨大贡献。

现存史料中有关孔丘思想言行的记载较多，但多不可信。由后人编辑的《论语》一书，记录了孔丘的一些言行，是研究孔丘思想的主要资料。

孔子生长的鲁国是周公之子伯禽的封国，保存着较多的商周文化，故《左传》说：

---

〔1〕《论语·子罕》。
〔2〕《论语·为政》。
〔3〕《论语·学而》。

"周礼尽在鲁矣"。[1] 生长在这样的环境里,耳濡目染,使孔子自幼便接受了周礼的熏陶,成年后又自觉地对周代的典章制度作过专门系统地研究,结果不仅使孔子对周礼烂熟于胸,并对周礼极为推崇,"周监于二代,郁郁乎文哉,吾从周"。[2] 于是,恢复西周的礼治秩序自然成了孔子终生的政治信念,经过加工改造的西周"礼治"思想也就自然成了儒家学说的思想基础。

　　周公制礼的目的,是为了通过一系列外在的仪式,建立起一种上下有别、等级有次第的社会差序格局。孔子对礼的继承不仅停留在外在仪式上,还进而推寻礼的价值本原,即开始寻找如何能使"礼"的秩序得到自觉遵守的心理与情感基础,从而使礼治社会的实现拥有长久稳定的保证。这个心理与情感的基础便是"仁"。"仁学"是孔子思想体系的核心,是孔子思想体系的逻辑起点和价值取向。孔子学说中的"仁",其基本含义是"爱人",《论语·颜渊》:"樊迟问仁,子曰爱人";同时也包含着如何处理人际关系,要把人当作人来治理以及怎样对人进行治理等方面的内容。在孔子看来,一个人的基本人际关系不外乎君臣、父子、夫妻、兄弟、朋友等几种,处理的原则应该是在君臣关系上要做到"君使臣以礼,臣事君以忠";[3] 家庭关系方面做到"父慈、子孝、兄友、弟恭、夫义、妇听";朋友关系上做到诚信;一般人之间的关系方面做到"己所不欲,勿施于人"。[4]

　　需要指出的是:孔子的"爱人"不是绝对的,应该遵循由亲到疏,由近及远的顺序。换言之,孔子所关注的人还不是独立的个人,而是束缚在宗法血缘关系中的人,还深深地打上了宗法等级制的烙印。孔子对一切法律问题的思考都是以"仁学"为起点和最终归宿的。孔子"仁学"的创立,标志着中华民族认识史上由神本位过渡到了人本位,从神道发展到了人道。"[5] 孔子的仁学思想被后来的孟子所继承,并发展成为系统的"仁政"思想。

　　孟子(公元前372年～前289年),有关孟子的生卒年代,众说纷纭,除此说外,尚有公元前390年～前305年之说等。名轲,邹国(今山东邹县)人。鲁国贵族孟孙氏的后代。孟子早年丧父,其成长得力于母教。孟子的人生经历与孔子大致相同,早年从孔子之孙子思的弟子求学,开创思孟学派。30岁左右开始收徒讲学,先后有学生数百人。中年以后怀着恢复儒学的远大志向,周游列国,游说诸侯,推行其"仁政"主张,企图以"王道"统一全国,先后到过齐、宋、滕、梁(魏)、鲁等国。孟子热心于政治,社

---

〔1〕《左传·昭公二年》。
〔2〕《论语·八佾》。
〔3〕《论语·八佾》。
〔4〕《论语·颜渊》。
〔5〕 俞荣根:《儒家法思想通论》,广西人民出版社1992年版,第204页。

会地位很高,各国国王多待之以上宾,馈赠重金,"后车数十乘,从者数百人"。〔1〕但其学说对于处于兼并战争中的战国中期诸侯国国王们来说则显得过于"迂阔",因而终不得志。晚年,退居故乡,潜心著书立说,在弟子万章等协助下,编写《孟子》七篇。

孟子始终以孔子的继承者自居,他对孔子推崇备至,称赞孔子是"出乎其类,拔乎其萃,自有生民以来,未有盛于孔子也"〔2〕他忠实地继承和发展了孔子的思想,他和子思所开创的思孟学派一直被后世封建统治者视为孔子死后儒家各派中的正统,其本人也被宋明理学家们奉为"亚圣"。孟子通过自己毕生努力,将孔子所创立的仁学,发展成为系统的仁政学说,并将其仁政学说建立在"性善论"的基础之上。

孟子的仁政学说,博大精深,在以下几点上尤为突出。一是天下大一统观。孟子反对战争、反对分裂,主张天下一统,认为只有统一,才能实现天下安定。而在统一的方式上,孟子又主张应以王道,而非霸道。所谓王道,即以仁义定天下,使人心悦诚服,而霸道则是指依仗武力,以力服人。二是民贵君轻论。孟子仁政学说的核心是"民",他认为民是国家之本。为此,他设计的君民关系是"民贵君轻",主张统治者要养民、富民、教民,少使用刑罚,而君臣关系是:君贤则克尽臣职相辅弼,君不贤,则谏则诤,谏而不听,异姓之臣可弃而"去之",贵戚之臣可将君"易位"。甚至主张对于昏君、暴君,可以"放逐",可以"诛伐"。三是舍生取义的人生观。"富贵不能淫,贫贱不能移,威武不能屈,此谓大丈夫"〔3〕"生亦我所欲也,义亦我所欲也;二者不可得兼,舍生而取义者也"〔4〕可见,在人生价值取向上,孟子重义轻利。

孟子的仁政学说是个整体,王道大一统是远大目标,民贵君轻是其核心,而舍生取义则是行仁政的道德法则。总之,孟子对一切问题的思考,自然也包括对法律问题的思考和论证,都是从仁政层面展开的。在此基础上,他提出了一些有关立法、司法的主张,把儒家的法律思想发展到了一个新的阶段。孟子的思想包含着民本主义、限制君权等积极因素,但同时对强化封建纲常也起了很大作用。

荀子(约公元前313年～前238年),关于荀子生平,说法颇多,本书之说取郭沫若《中国史稿》。名况,字卿,战国末年赵国郇(今山西临猗)人。据传系周郇伯公孙后裔,故又称氏孙,人称孙卿。据《风俗通义》所记,荀子"年十五"即"游学于齐",后又在齐国稷下讲学,"至襄王时,孙卿最为老师",成为德高望重的大学者。公元前266年,荀子应聘入秦,但停留时间不长。公元前262年再应春申君之邀到楚国做兰陵(今山东苍山县西南兰陵镇)令。公元前238年,春申君被杀,他亦废居兰陵,著书立说,直至老死。

---

〔1〕《孟子·滕文公下》。
〔2〕《孟子·公孙丑上》。
〔3〕《孟子·滕文公下》。
〔4〕《孟子·告子上》。

荀子一生著述颇丰,流传至汉,经刘向校定为三十二篇,名《孙卿新书》,唐杨倞为其作注,始改称为《荀子》。后经历代学者考证认为前二十六篇大体上是荀子自作,后六篇,即《大略》、《宥坐》、《子道》、《法行》、《哀公》、《尧问》出于门人之手。《荀子》一书不失为研究荀子思想的可靠资料。

荀子从教多年,弟子众多,其中著名的有韩非、李斯等。

荀子的思想从主体上讲属于儒家,同时又批判地汲取了诸子百家、特别是法家的思想,因而杂而不乱,其主旨是弘扬孔孟的德礼之教和王道仁政。战国末年,春秋以来的"诸侯异政,百家异说"的局面即将结束,出现了封建大一统的趋势。荀子适应了这一历史发展的客观需要,以儒家为主,综罗百家,创立了儒家的新派。与孔孟相比,荀子重法,他以性恶论为理论基础论证法律在矫治人性、维持社会秩序方面的重要作用。此外,在重民思想、仁义王道及其批判精神方面,他亦较孔孟有不同程度的削弱,但在重礼方面,荀子比孔子、孟子则是有过之而无不及,他不仅强调礼的规范性、强制性,还进而克服了孔孟的一些理想成分,增加了礼的可操作性,在此基础上建立了自己的礼法论、德刑论。荀学的特色和独创在于:"一是使原始儒学政治化、封建官僚化、可操作化;二是调和礼法,释礼为法。由此而为汉代新儒学打开了通道,提供了范式"〔1〕荀学的这些特色使荀子当之无愧地成为先秦后期的儒学泰斗,并为封建正统思想及封建正统法律思想的形成奠定了基础。难怪谭嗣同先生说:"两千年来之学,皆荀学"〔2〕

先秦儒家在发展过程中形成了许多派别,但其相同之处毕竟是主要的。综观儒家思想,其特点有如下几点:

1.师法先王。儒家从孔子开始便"祖述尧舜,宪章文武",〔3〕把先王之道作为自己的旗帜。儒家的师法先王,在文化上不免带有保守主义倾向,在历史观上带有怀古、复古情调,但在政治哲学和法哲学上,又具有托古改制的意义。他们实际上是依据"先王"的权威来完善、宣扬自己的主张,揭露、批判现实的丑恶,为现实的君王提供一个无法超越的榜样。

2.以六艺为法。司马谈说:"夫儒者以六艺为法"〔4〕"六艺"指诗、书、礼、乐、易、春秋。据传孔子修订"六经",用作教本。后来儒家均以"六艺"教育学生。儒家推崇"六艺",实际上是崇尚周以来的传统文化。

3.崇尚礼义。大凡儒家都主张以礼治国,以礼区分君臣、父子、贵贱、亲疏等。

4.以仁、义、礼、智、忠、孝、信、爱、中庸等为基本范畴和概念。尽管儒家各派对这

〔1〕 俞荣根:《儒家法思想通论》,广西人民出版社1992年版,第341页。
〔2〕 谭嗣同:《仁学》。
〔3〕 《汉书·艺文志》。
〔4〕 《史记·太史公自序》。

些概念内涵的理解差异很大,所持的核心范畴也不相同,如孔子重仁、曾子讲孝、孟子言仁义、荀子重礼等,但这些概念和范畴则构成了儒家特有的思想外壳,使人一看便知是儒家。

5.宗师孔子。班固总结儒家思想之一是:"宗师孔子,以重其言,于道最为高"。[1]孔子之后,儒宗分为许多派别,并互相指斥,可都以孔子为祖师,宣布自己是孔子的正统传人。

上述共同特征,使先秦儒家成为春秋战国时期的一个重要派别。就政治倾向而言,先秦儒家侧重于从总体上论述如何巩固统治秩序,但对当时可行性政策缺乏研究,这就不可避免地导致先秦儒家常被排斥于实际政治活动之外。

二、先秦儒家的礼法观

礼法关系是研究、把握儒家法律思想的前提和基点。因而,在系统介绍儒家法律思想之前,我们先对儒家的礼法关系作点必要介绍。

儒家重礼,强调"为国以礼"。所谓"为国以礼",是指在治国之道方面主张、强调以礼作为根本,作为判断人们一切是非的标准。礼治是西周以来的传统思想,儒家在"礼崩乐坏"的春秋战国时期仍然坚持"为国以礼",把"复礼"作为最高的政治追求。孔子认为"治国不以礼"就等于"无而耕",[2]为此,他呼吁各级贵族"以礼让为国",[3]互相克制,停止争夺,遵守礼制;规劝国王不仅以礼办事,还要用"礼""齐"民;[4]要求全体百姓"非礼勿视,非礼勿听,非礼勿言,非礼勿动"。[5]孟子也认为:"无礼义,则上下乱。"[6]荀子则明确指出:"礼者,法之大分,类之纲纪也。"[7]这些言论集中反映了儒家对礼在政治生活中地位和作用的认识。

但需要指出的是,先秦儒家对礼的解释与周礼相比,已有了明显的不同,如:周礼是一套包罗万象,涉及政治、军事、经济、祭祀等方方面面的外在仪式,而儒家所强调的礼则是根本的国家制度,其内容要比周礼少得多;周礼在适用上强调"礼不下庶人",而儒家则主张将礼实施的范围扩大到民间;儒家变周礼的"亲亲"原则为"尊贤使能",[8]否定了传统的"世卿世禄"制度;儒家为礼赋予了道德的基础,这个道德基础便是仁。孔子以仁释礼,孟子则直接把以礼治国的王道政治称之为仁政。荀子虽

---

〔1〕《汉书·艺文志》。
〔2〕《礼记·礼运》。
〔3〕《论语·里仁》。
〔4〕《论语·为政》。
〔5〕《论语·颜渊》。
〔6〕《孟子·尽心下》。
〔7〕《荀子·劝学》。
〔8〕《孟子·离娄上》。

王霸并称,但仍以王道为上。先秦儒家以仁改造礼,将礼之本提升到了一个新的高度。总之,儒家对传统的继承是在创新基础上的继承。

儒家为什么强调必须"为国以礼",也就是说要"以礼治国"呢? 这是因为,先秦儒家认为:

1.礼治具有天然合理性。礼讲等差,等级原则是礼治的基本原则。

首先,在儒家看来,人天生便有智愚、贤与不肖的不同,具有是为父还是为子、为兄还是为弟的血缘和人伦的差异,有为夫还是为妻的性别差异,礼不过是对这种客观存在的差异的一种承认。你是智者、贤者,就应当尊贵,受人供养,有权统治别人。你是愚者、不肖者,就应当卑贱,终年劳作,有义务去供养尊贵者,这是天经地义的事情。

据《论语·子路》篇载:孔子的弟子樊迟请求学种庄稼菜蔬,被孔子斥责为小人,"樊迟请学稼。子曰:'吾不如老农',请学为圃。曰:'吾不如老圃',樊迟出。子曰:"小人哉,樊须也! 上好礼,则民莫敢不敬;上好义,则民莫敢不服;上好信,则民莫敢不用情。夫如是,则四方之民襁负其子而至矣,焉用稼?"孟轲所代表的思孟学派,亦强调体现了上下尊卑等级原则的礼是合乎"天道"的"天理"。对此,说得更为直白的是荀子,他说:"少事长,贱事贵,不肖事贤,是天下之通义也"[1] "人之所以为人者,何已也? 曰:以其有辨也。……夫禽兽有父子而无父子之亲,有牝牡而无男女之别。故人道莫不有辨。"[2]总之,儒家认为,人生来是不平等的,因而,一切享受和社会地位自然要有差异,要分等级。

其次,人性本善,以礼化之足矣。就总体而言,先秦儒家大都持性善论。在中国哲学史上,孔子第一个提出了人性问题的命题:"性相近也,习相远也"[3] 其大意是说:人性本来是相近的,但由于环境和习惯的不同,才使得差距越来越大。尽管孔子没有直接提出"性本善"的观点,但他将"性"和"习"区分开来的做法,却又为他在道德品质和文化修养方面强调后天的培养、学习提供了方便,并进而为"仁学"的产生,强调治国需行"礼治"提供了逻辑上的起点。同时,孔子的"苟志于仁矣,无恶也"[4]的观点,亦表现了一定程度的性善主张。

孟子在此基础上,明确提出了"性善"的理论,"孟子道性善,言必称尧舜"[5] 孟子认为人生来便具有为善的天性,"人性之善也,犹水之就下也"[6] 为此,孟子指出人天生具有四心,所谓"四心"即恻隐之心,羞恶之心,恭敬之心,是非之心。这"四

---

〔1〕《荀子·非相》。
〔2〕《荀子·非相》。
〔3〕《论语·阳货》。
〔4〕《论语·里仁》。
〔5〕《孟子·滕文公上》。
〔6〕《孟子·告子上》。

心"的发扬光大,就是仁义礼智:"恻隐之心,仁也;羞恶之心,义也;恭敬之心,礼也;是非之心,智也。"〔1〕由此可见,在孟子看来,仁义礼智这四大伦理原则是人生来固有的,不是受外界的影响而形成的。至于"仁人"与"小人","贤者"与"不肖"的差别,则是后天个人主观努力不同的结果,即"君子"们保留了仁义礼智,而"庶民"们失去了仁义礼智。

与孟子不同,荀子主张"人之性恶,其善者伪也"〔2〕的性恶论。他说:"今人之性,生而有好利焉,顺是,故争夺生而辞让亡焉;生而有疾恶焉,顺是,故残贼生而忠信亡焉;生而有耳目之欲,有好声色焉,顺是,故淫乱生而礼义文理亡焉。"〔3〕但需指出的是,荀子的性恶论,同法家所持的性恶是绝对的、且后天无法更改的性恶论又毕竟不同。荀子认为,尽管人的本性含有恶的因素,但本性又是可以改造的,任人性自由发展会带来不可收拾的恶果,因而必须对人性进行改造,而经过改造人皆可以成为尧舜。换言之,尽管荀子认为人的本性是恶的,但又具有从善的能力。

既然"人之初,性本善",或者说具有从善的能力,那么拯救时弊的希望也就只能寄托在人性的恢复上,寄托在道德世界的建立上,也就是说只能依赖于"礼治"。何为"礼"?《礼记·坊记》释"礼"云:"因人之情而为之节文,以为民坊者也",荀子亦云:"礼以顺人心为本,故亡于《礼经》而顺人心者,皆礼也"〔4〕礼包括礼义和礼仪。礼义是"礼之本",即礼的宗旨与精神;礼仪是"礼之貌",即礼的形式和规范。《礼记·坊记》和荀子的话便一语道破了礼义的核心是顺应人情,礼仪则是反映礼义的"节文"。先秦儒家认为:人情是万古不变的,因而,人情的恢复只能依靠礼治,荀子说:"今人之性恶……得礼义然后治"〔5〕同时,由于人性善,所以礼治的推行也只需"教化"。《论语·为政》篇载,时人曾问孔子何以为政?孔子答曰:"书云:'孝乎惟孝,友于兄弟,施于有政。'是亦为政,奚其为为政?"可见,在孔子看来,孝敬双亲、友爱兄弟就是政治,除此之外再无其他内容。

2. 就统治效果而言,"礼治"优于"法治"。先秦儒家认为,与礼治相比,以严酷和平等为特征的法治既违反自然规律,即违反了人类天生便具有等差这一规律(因而不具有道德上的合理性),又不利于人性的恢复。此外,就统治效果而言,礼治也明显优于法治。孔子曾将德礼与政刑的作用进行过比较,其结论是"导之以政,齐之以刑,民免而无耻;导之以德,齐之以礼,有耻且格"〔6〕也就是说,使用法治,虽能使人们免

---

〔1〕《孟子·告子上》。
〔2〕《荀子·性恶》。
〔3〕《荀子·性恶》。
〔4〕《荀子·大略》。
〔5〕《荀子·性恶》。
〔6〕《论语·为政》。

遭刑罚,但最终却使人类丧失了良知和羞耻之心。

接下来的问题是,既然为国必须以礼,那么,礼又靠什么来推行呢? 先秦儒家认为:推行礼的最好办法是德教,是统治者的以身作则与合理的教化。荀子说,礼义的作用是"化性起伪",通过礼义教化不仅可以防止恶性发作,还可以使小人弃恶从善,成为君子,"涂之人可以为禹"。《论语·颜渊》则说:"君子之德风,小人之德草,草上之风,必偃",又说"上好礼,则民莫敢不敬;上好义,则民莫敢不服;上好信,则民莫敢不用情,夫如是,则四方之民襁负其子而至矣"。至于德教的内容,儒家主张一是宗法人伦,二是"重义轻利"的价值观。孟子说:"教以人伦;父子有亲,君臣有义,夫妇有别,长幼有叙(序),朋友有信",〔1〕便能做到"人人亲其亲,长其长,而天下平"。〔2〕此外,儒家重义轻利,坚持以义、利来区分君子和小人。孔子说:"君子喻于义,小人喻于利",〔3〕提倡"杀身以成仁";〔4〕孟子崇尚仁义,反对功利,主张"舍生而取义";荀子也认为"积礼义而成为君子"。

先秦儒家否定法治,但并不完全排斥刑罚和法律。在先秦儒家,特别是孔、孟看来,法律只是实现礼治的一种手段,其目的是为了"胜残去杀",达到无讼。孔子说:"听讼,吾犹人也,必也使无讼乎",〔5〕又说:"善人为邦百年,亦可以胜残去杀"〔6〕"无讼"即人与人之间和睦相处,有了纠纷与磨擦协商解决,而不是通过官府打官司。"胜残去杀"即以教化消除暴虐,而不使用刑罚。可见,先秦儒家懂得在现实生活中是离不开法律的,但同时他们又保持着一种坚定的理想和信念,即利用法律的目的是为了最终消除法律。"无讼",是中国古人的共同理想,只是在实现的手段、方法上不尽相同,法家主张"以刑去刑";道家主张"顺应自然,返璞归真";而儒家则主张"以德去刑"。

此外,儒家还认为尽管法律在目前的情况下还不得不保留,但其不能独立,必须以礼为指导、为原则。孔子说:"礼乐不兴,则刑罚不中",〔7〕荀子亦言:"礼者,法之大分,类之纲纪也",〔8〕反复强调法律必须符合礼义的精神、礼义的内容。这又使法律与礼乐教化相比,自然处于了次要地位、从属地位。

以上便是先秦儒家礼法观的基本内容。只有明白了这种关系,才能正确地、准确地把握先秦儒家的法律思想。

---

〔1〕《孟子·滕文公上》。
〔2〕《孟子·离娄上》。
〔3〕《论语·里仁》。
〔4〕《论语·卫灵公》。
〔5〕《论语·颜渊》。
〔6〕《论语·子路》。
〔7〕《论语·子路》。
〔8〕《荀子·劝学》。

三、先秦儒家的法律思想

先秦儒家不是法律专家,加之对法律又不是十分重视,因而,除荀子之外,对法律的直接论述并不太多。但这些不太多的论述却在日后几千年的中国社会里一直被奉为经典,成了中国古代各朝代制定法律的基本原则。正是如此,我们又可以说先秦儒家的法律思想奠定了中国古代法律观的基础。

(一)“仁义”与“孝悌”的价值论

先秦儒家以宗法伦理道德为基础,其法律思想也基于这种伦理道德之上。在先秦儒家看来,宗法伦理道德的核心——仁义与孝悌不仅是判断良法与恶法的标准,又是立法、执法、守法的根本准则和法律的价值指向。

1. 仁义。前面已经指出,孔子重仁,认为仁是“众德之总”,孟子在此基础上仁义并重。何谓仁义?孟子解释说:仁者爱人;义者敬长。“仁者爱人”出于《孟子·离娄上》,“敬长,义也”见于《孟子·尽心上》。而对于统治者来说,爱人就是爱民。仁义既是儒家倡导的处理人际关系的行为准则,更是先秦儒家对统治者进行道德评价和法律评价的具体尺度。因而,仁义说既有为现实统治秩序服务的一面,也有对现实政治进行批判的一面。正如有的学者指出的:“孟子祭起‘仁义’这面旗帜,锋芒主要是向着执政者的”[1]

先秦儒家以西周以来的民本思想为武器,强调统治者为政必须行仁义,并在此基础上明确提出了“民贵君轻论”。孟子说:“民为贵,社稷次之,君为轻。”[2]所谓“民贵君轻”,是指民、社稷(国家政权)、君主三者相比较,孟子认为民最贵,而君最轻,民是国家之本,民心向背是国家和君主的安危之所系,因而,为了实现王天下的目标,统治者必须把仁义放在首位,对于不仁、不义的国君可以“变置”,“易位”,[3]甚至对于昏君、暴君还可以“放逐”,可以“诛伐”。[4]这清楚地表明儒家是把“仁义”作为评价现实社会法制和政治法律秩序的最高标准之一的。

2. 孝悌。儒家重孝悌,并把孝悌作为判断现实法制优劣的又一价值标准。孝是处理父子关系的准则,悌是处理兄弟关系的准则。在以分散的小农经济为基础的宗法社会里,社会关系极为简单,家便成了最基本的生产单位和生活单位。与此相适应,用以调整家族内部血缘关系的伦理道德也就自然成了被社会所普遍接受和重视的行为规范。三代的礼制就是将家族宗法与国家组织直接结合的一整套宗法等级制

---

〔1〕 张国华主编:《中国法律思想通史》(一),山西人民出版社 1994 年版,第 305 页。
〔2〕 《孟子·尽心下》。
〔3〕 《孟子·万章下》。
〔4〕 《孟子·梁惠王下》。

度;而在家族内部,孝道又最被看重。孔子说:"孝悌也者,其为仁之本欤"[1]《孝经》则明确宣称"五刑之属三千,罪莫大于不孝","夫孝,天之经也,地之经也,民之行也"。

孝观念在中国产生极早,但在春秋以前,人们言孝主要侧重于对祖宗尊严的维护和对父母物质上的供养。而孔子用仁的思想对古老的孝礼作了补充、修改和发展,强调孝不仅是对父母物质上的"养",更主要的是发自内心的"敬畏",提高了孝的道德境界。此外,先秦儒家所强调的孝,是父慈子孝,同法家及后世儒家所讲的子对父母的绝对服从还不是一回事,更有人情味。为了强调孝道,先秦儒家提出了许多孝行标准作为立法、司法的方针,如:

在刑事方面,儒家承认复仇,《礼记·檀弓上》载:"子夏问于孔子曰:'居父母之仇如之何?'夫子曰:'寝苫、枕干、不仕,弗与共天下也。遇诸市朝,不反兵而斗'";

在诉讼方面,主张父子相隐;

在民事方面,主张卑幼无财权和不孝有三、无后为大。《礼记·坊记》载:"子云:……父母在,不敢有其身,不敢私其财,示民有上下也……父母在,馈献不及车马,示民不敢专也","不孝有三,无后为大"[2]。

而对于那些不符合孝道的现行法律,儒家则公开主张抛弃之。孟子曾假设了一个舜将犯了罪的父亲"窃负而逃"的故事,大意是舜当天子的时候,舜父杀人犯了法而被司法官皋陶执之,结果是舜抛弃了王位和对国家应尽的职责把父亲偷偷背出监狱,逃到遥远的海滨快快活活地过了一辈子[3]。在这个故事中,孟子公开表明了自己的主张:孝道高于国家法律。

(二)法自君出的立法观

1. 正名。儒家主张只有君主才能掌握国家的立法权,而这种观点又主要体现在有关正名的论述中。在先秦儒家看来,在"礼崩乐坏"的春秋战国,为政的首要任务是正名。《论语·子路》篇载:有一次,子路问:"卫君待子而为政,子将奚先?"孔子答曰:"必先正名乎!"为什么必先正名?孔子说:"名不正,则言不顺;言不顺,则事不成;事不成,则礼乐不兴;礼乐不兴,则刑罚不中;刑罚不中,则民无所措手足。"可见,正名不仅关系到国事的成败、礼乐的兴废、刑罚的中偏,还关系到百姓的治理,理当放在为政的第一位。

那么,"名"又是什么呢?名是指周礼规定的人们的名分等级,即身份地位。所谓正名就是要使人们的各种行为符合礼对每个地位各不相同的人的要求。"按周礼作

---

[1]《论语·学而》。
[2]《孟子·离娄上》。
[3]《孟子·离娄上》。

为尺度去正名分,要求每个人的所作所为,都能和他由世袭而来的传统的政治地位、等级身份、权利义务相称,不得违礼僭越"[1] 等级制度是西周王朝的基本政治制度,等级原则是西周礼制的基本原则。先秦儒家要按礼建立稳定的政治秩序,自然把着眼点放在了对等级制度的恢复上。

从实质上讲,儒家所强调的"正名",是为了恢复周天子的权威,恢复"礼乐征伐自天子出"的传统制度,因而"正名",亦在一定程度上道出了儒家所提倡的"法自君出"的立法观。

在中国古代,礼法不分,兵刑一致,制礼乐,定征伐,实际上也在一定程度上包含着立法权的问题。只有君的名分正,制定出来的法律才能具有权威,才能令行禁止。相反,如果"礼乐征伐自诸侯出",或者"自大夫出",甚至"陪臣执国命",必将"天下无道"。先秦儒家不仅主张立法权由君主独占,还进而强调修改和废除法律之权,非君莫属。《荀子·成相》篇说:"臣谨修,君制变,公察善思伦不乱,后世法之成律贯。"先秦儒家的这种"法自君出"的立法观,对于后世封建统一法制的形成,产生了深远的影响。

2. 法先王。先秦儒家主张"法自君出",但在现实君主和古代圣贤之间又强调古代圣贤的作用,公开主张"法先王"。因而,被司马迁称之为"祖述尧舜,宪章文武"。《论语》中极赞尧、舜、禹、汤、文武、周公,极为哀叹民心不古,公开赞扬"周之德,其可谓至德也"[2] 而孟子"言必称尧舜",[3] 鼓吹"舜为法于天下,可传于后世",反复强调"行先王之道","遵先王之法",[4] 标榜自己"非尧舜之道不敢以陈于王前"[5] 荀子虽然在《非十二子》中批评孟子"略法先王而不知其统",先王久远,其事迹难求,因而,提出了"法后王"的观点。其实,仔细研究荀子的观点不难发现,他所谓的"法后王",还是指的尧、舜、文、武等人,只是提法不同而已。此外,荀子还在其他场合明确提出:"凡言不合先王,不顺礼义,谓之奸言。"[6]

所谓"法先王"是指先秦儒家认为尧、舜、禹、周公等圣人所制定的大圣大法是完美无缺的,后世君主只需因时之宜,适当损益。换言之,在先秦儒家看来,"先王之法"是后世一切现实之法的永恒渊源,时君世主只有依照先王之法所制定的现实之法才能是良法,才能有助于恢复民众的良知,再现远古盛世。

至于圣人制定礼法的目的,即法律的起源问题,先秦儒家论述不多,即使有也大

---

〔1〕 蔡尚思:《孔子思想体系》,上海人民出版社 1982 年版,第 74 页。

〔2〕 《论语·述而》。

〔3〕 《孟子·滕文公上》。

〔4〕 《孟子·离娄上》。

〔5〕 《孟子·公孙丑下》。

〔6〕 《荀子·非相》。

多同礼义的产生一同论及,如荀子认为礼法起源的目的是为了"化性起伪"。《荀子·性恶》篇中以问答的形式讨论了礼法的起源问题:"问者曰:'人之性恶,则礼义恶生?'应之曰:'凡礼义者,是生于圣人之伪,非故生于人之性也。'"意思是说礼法并非产生于人性,而是产生于圣人后天的努力,产生于对人性的改造之中,"故圣人化性而起伪,伪起而生礼义,礼义生而制法度"。荀子认为因为人性恶,所以必须有圣人"化性起伪",他以此来说明礼法产生的必要性和必然性。化性起伪是关于法律起源的一个创造性解释。

3. 反对公布成文法。殷周实行礼治,贵贱有别,奴隶主贵族掌握着司法特权,临事制刑,不预设法。春秋时期,礼崩乐坏,新兴地主阶级为了反对奴隶主贵族的司法特权,要求实行法治,纷纷制定成文法并加以公布,从而使定罪量刑有了一定的客观标准。对此,儒家创始人孔子坚决反对。

据《左传》记载,晋国于鲁昭公二十九年"铸刑鼎,著范宣子所为刑书",即制定成文法并加以公布,孔子对此大为不满,他说:"晋其亡乎! 失其度矣。夫晋国将守唐叔之所受法度,以经纬其民,卿大夫以序守之,民是以能尊其贵,贵是以能守其业。贵贱不愆,所谓度也。文公是以作执秩之官,为被庐之法,以为盟主。今弃是度也,而为刑鼎,民在鼎矣,何以尊贵? 贵何业之守? 贵贱无序,何以为国? 且夫宣子之刑,夷之也,晋国之乱制也。若之何以为法?"[1] 这段话清楚地表明了孔子反对成文法的态度和原因。孔颖达的疏中把孔子反对公布成文法的原因归纳得更为系统和明了:公布成文法打乱了尊卑贵贱的秩序,"今弃是贵贱常度而为刑书之鼎,民知罪之轻重在于鼎矣,贵者断狱不敢加增,犯罪者取验于书,更复何以尊贵? 威权在鼎,民不忌上,贵复何业之守? 贵之所以为贵,只为权势在焉。势不足畏,故业无可守。贵无可守,则贱不畏威。贵贱既无次序,何以得成为国"[2] 总之,孔子反对公布成文法的根本原因是维护贵族罪刑擅断的特权,巩固贱尊贵、贵使贱的秩序。

(三)贵族政体与贤人政治,政事方面的法制主张

1. 君主的地位。先秦儒家认为国家治理的好坏,主要在于执政者,而执政者中,君主又起着决定性的作用。因而,君主就自然成了儒家政治法律思想所关注的焦点。

(1)嫡长子继承制与禅让互补。在君主的权力起源方面,先秦儒家基本上持君权神授论。如孟子赞成《书》中所说的"天降下民,作之君,作之师"的主张,[3] 认为王位是天授的。荀子亦认为君是天"立"的。[4] 由于王位是天授的,因此王本身不能把王

---

〔1〕《左传·昭公二十九年》。
〔2〕《左传·昭公二十九年》孔颖达疏引《正义》。
〔3〕《孟子·梁惠王下》。
〔4〕《荀子·大略》。

位看成是纯粹的个人私有物,王位的传递必须制度化、法律化。关于王位的传递,儒家并不反对西周以来盛行的嫡长子继承制度,但同时又看到了这一制度所造成的不能传贤的弊端,因而主张应以禅让作补充。禅让之法在孔子那里已见端倪,孟子完善之。孟子认为,禅让的成立必须具备以下几个方面的条件:一是受禅者需有贤德;二是要得到"天"和"民"的同意,孟子反对私相禅让,他说:"天子不能以天下与人",[1]因而禅让必须征求"天"、"民"的意见,具体做法是:"使之主祭,而百神享之,是天爱之;使之主事,而事治,百姓安之,是民受之也";[2]三是要有天子的推荐。孟子的禅让法尽管在现实生活中极难实行,但却从法理上为权力的转移提供了依据。

(2)以维护"群道"为职责。关于君主的职责,荀子认为是维护"群道"。他说:"君者,善群也。群道当,则万物皆得其宜,六蓄皆得其长,群生皆得其命。"[3]群道的内容包括以下四项:"善生养人者也,善班(同辨)治人者也,善显设(任用)人者也,善藩饰人者也",[4]即养人、治人、用人和教育人。

2. 臣的作用。先秦儒家十分重视臣在政治中的作用,认为如果没有臣的辅佐,贤王也难于成事。如荀子说:"故正义之臣设,则朝廷不颇;谏争辅拂之人信,则君过不远;爪牙之士施,则仇雠不作;边境之臣处,则疆垂不丧。故明主好同而暗主好独。明主尚贤使能而飨其盛,暗主妒贤畏能而灭其功。"[5]这同法家所倡导的君主"独断"精神是完全相反的。

在诸臣之中,儒家最为看重的是"相"的作用。荀子说:"强固荣辱在于取相矣!身能,相能,如是者王",[6]相为百官之长,因而一定要"慎取相"。[7]"相者论列百官之长,要百事之听,以饰朝廷臣下百吏之分,度其功劳,论其庆赏,岁终奉其成功以效于君,当则可,不当则废"。[8]相之下,国家应分设司徒、司马、司空、司寇、治田、治市虞师、工师等官吏各司其事。

至于臣的作用,儒家认为是严格执行法令和维护道义,为此他们明确提出了从道不从君的观点。荀子说:"君有过谋过事,将危国家、殒社稷之惧也,大臣、父兄有能进言于君,用则可,不用则去,谓之谏;有能进言于君,用则可,不用则死,谓之争;有能比知同力,率群臣百吏而相与强君矫君,君虽不安,不能不听,遂以解国之大患,除国之大害,成于尊君安国,谓之辅;有能抗君之命,窃君之重,反君之事,以安国之危,除君

---

〔1〕《孟子·万章上》。

〔2〕《孟子·万章上》。

〔3〕《荀子·王制》。

〔4〕《荀子·君道》。

〔5〕《荀子·臣道》。

〔6〕《荀子·王霸》。

〔7〕《荀子·君道》。

〔8〕《荀子·王霸》。

之辱,功伐足以国之大利,谓之拂。故谏、争、辅、拂之人,社稷之臣也,国君之宝也,明君之所尊厚也,而暗主惑君以为己贼也。"[1]

不仅如此,孟子甚至主张对于不符合道义的君主可以"征诛"和"易位"。他说:"君有大过则谏,反复之而不听,则易位",[2]"君视臣如手足,则臣视君如腹心;君视臣如犬马,则臣视君如国人;君视臣如草芥,则臣视君如寇仇"。总之,在先秦儒家看来,道德高于权力和法律。

3. 等级爵禄制度。儒家维护等级制度,如孔子主张"贵贱不愆",认为礼所规定的名分等级是绝对不可僭越的。孟子进而又提出了要从法律上维护以等级制为基础的爵禄制度,认为必须依法明确规定各级贵族、官吏的等级、名称及俸禄,并保证其有效运转,维持正常的社会秩序。[3] 儒家的这一主张,从完善政事方面的法制建设角度而言,具有一定的合理因素。

4. 举贤才。儒家反对世卿世禄制,主张选贤任能。《论语·子路》篇载:孔子的弟子仲弓为季氏家臣,问政于孔子,孔子答曰:"先有司,赦小过,举贤才"。另《论语·雍也》篇载:孔子的学生子游为武城宰,孔子关心的问题仍然是"汝得人焉耳乎"。由此可见孔子对举贤才的重视。孟子亦十分重视贤臣的作用,主张"尊贤使能",他认为尚贤可以强国,并使邻国畏惧,"仁则荣,不仁则辱。今恶辱而居不仁,是犹恶湿而居下也。如恶之,莫如贵德而尊士,贤者在位,能者在职;国家闲暇,及是时,明其政刑,虽大国必畏矣";[4]相反,"不用贤则亡"。[5] 荀子在此基础上提出了更加周密、系统的"尚贤"主张,他说:"人主用俗人则万乘之国亡",反之"用大儒则百里之地久,而后三年,天下为一,诸侯为臣"。[6] 此外,他还把"士"、"儒"等做了具体的区分,如将"儒"分为"俗儒"、"小儒"、"雅儒"、"大儒"等,以供君主挑选。

儒家"任人唯贤"的主张,冲破了奴隶社会"任人唯亲"的界限,无疑具有进步意义。

总之,尽管儒家维护统一和集权,但其所维护的集权制度同法家强调的君主个人绝对集权是不同的,儒家主张建立的是一种既统一而又开明的贵族政体。

(四)省刑慎罚的刑法观和刑罚观

1. 视不仁不义为最严重的犯罪。先秦儒家对刑法问题论述不多,但在其有限的

---

〔1〕《荀子·臣道》。
〔2〕《孟子·万章下》。
〔3〕《孟子·万章下》。
〔4〕《孟子·公孙丑上》。
〔5〕《孟子·尽心下》。
〔6〕《荀子·儒效》。

论述中大都把目光投向统治者的犯罪行为上,大都以仁义作为区分罪与非罪的标准,视统治者的不仁不义为最严重的犯罪。如《孟子·万章上》中在介绍舜的先王之法时说:"舜流共工于幽州,放欢兜于崇山,杀三苗于三危,殛鲧于羽山,四罪而天下咸服,诛不仁也"。

此外,孟子还把那些"争地以战"、"争城以战"的诸侯、大夫们斥为"率土地而食人肉"的罪犯,应"罪不容于死";[1]把那些"为君辟土地,充府库","为君约与国,战必克"的谋臣武将斥为"民贼",[2]主张对"善战者服上刑,连诸侯者次之,辟草莱任土地者次之",[3]至于桀纣之类的暴君更应诛杀。

儒家的这些观点无疑是在告诉人们:统治者的不仁不义祸国殃民,是当时社会最严重的犯罪行为。

2. 重德轻刑。"德"在春秋时期含义大致有二:一是作为道德术语,要求统治者敬天孝祖,与人为善等;二是政治术语,指治国方法。这里的"德"指的是后者,其含义是"德教",即统治者实施仁义礼乐之教,导民为善。德刑关系是中国古代法律思想史上的基本命题之一。先秦儒家的基本观点是:重德轻刑。

儒家的这一观点,首先由孔子提出。孔子将德礼、政刑两种统治方法的社会效果作过比较后认为:制度和法律可以统一人们的言行,使百姓避免犯罪和刑罚,但却不知犯罪的可耻,无法消除其内心的犯罪动机,即"免而无耻"。德礼不但可以统一人们的言行,而且可以使百姓有知耻之心,因而自觉地不去犯罪,变被动的守法为自觉的守法,使人对守法的理解由知其然而进入知其所以然的层次,即"有耻且格"。显然,就达到的社会治理境界而言,德礼要比政刑高出一个层次。以礼服人的"王道",要优于以力服人的"霸道"。但作为一个成熟的政治家,孔子在提倡"道之以德,齐之以礼"的同时,仍主张"道之以政,齐之以刑",强调"君子"既要"怀德",又要"怀刑"。不仅如此,孔子还主张,统治者应根据形势的需要分别使用宽、猛两手,"宽以济猛,猛以济宽"。[4] 这里的"猛"便指的是兵与刑。

孟子继承了孔子的这种德刑并用,以刑辅德的观点,进一步强调仁义原则应成为制定法令和政策的依据,反对单纯使用刑罚等暴力手段,他说:"以德行仁者王……以德服人者,中心悦而诚服也"。[5]但同时又告诫时君世主,必须趁国无内忧外患之时,抓紧法制建设。"国家闲暇,及是时,明其政刑"。[6] 可见,在孟子看来,"徒善不

〔1〕《荀子·儒效》。
〔2〕《孟子·告子下》。
〔3〕《孟子·离娄上》。
〔4〕《左传·昭公二十年》。
〔5〕《孟子·公孙丑上》。
〔6〕《孟子·公孙丑上》。

足以为政，徒法不足以自行"，[1]教化与刑罚各有优劣，应该结合起来。

荀子对此又有了新的发展。他一方面认为道德准则高于一切，主张即使是君主也应严格服从德行。只有以德服人，广施教化与恩惠，才能富国强兵，成为霸主，即"权利不能倾也，群众不能移也，天下不能荡也。生乎由是，死乎由是，夫是之谓德操"，[2]另一方面又反对"教而不诛"，主张"明礼义以化之"，"重刑罚以禁之"，认为刑罚是德教的保证，两者相辅相成，即所谓"明德慎罚"。[3]

先秦儒家的这一观点，汉以后被发展为德主刑辅。

3. 恤刑慎杀。先秦儒家不仅主张重德轻刑，而且在刑罚的使用上亦坚持恤刑慎杀。孔子说："不教而杀谓之虐"，并将此列为执政者所应戒除的四恶之一[4]："子张问于孔子曰：'何如斯可以从政矣？'子曰：'尊五美，屏四恶，斯可以从政矣。'……子张曰：'何谓四恶？'子曰：'不教而杀谓之虐；不戒视成谓之暴；慢令致期谓之贼'"。孟子主张"省刑罚"，斥责"重刑罚"是"虐政"的主要表现，把"杀人以政"与"杀人以梃"、"杀人以刃"同样看待，甚至认为与"率兽而食人"没有什么区别。《孟子·梁惠王上》载："梁惠王曰：'寡人愿安承教。'孟子对曰：'杀人以梃与刃，有以异乎？'曰：'无以异也'。'以刃与政，有以异乎？'曰：'无以异也。'曰：'庖有肥肉，厩有肥马，民有饥色，野有饿莩，此率兽而食人也。'"荀子亦指出："赏僭则利于小人，刑滥则害及君子"，因而坚决反对"以族论罪"。[5]

儒家不仅一般地主张恤刑慎杀，还进而提出了一些具体的法律原则和刑事司法主张，如孔子主张"赦小过"和"哀矜折狱"。

《论语·子路》："仲弓为季氏宰，问政。子曰：'先有司，赦小过，举贤才。'"赦小过就是搞宽政。朱熹《论语集注》注云："过，失识也。大者于事或有所害，不得不惩，小者赦之，则刑不滥而人心悦矣。"春秋时期，各国统治者为了应付复杂的社会局面，普遍祭起了酷刑的大旗。为此，孔子提倡"赦小过"，以宽惠公平来纠正严刑滥刑，并把"宽"誉为为政者的"五德"（恭、宽、信、敏、惠）之一；

《论语·子张》篇载："曾子曰：'上失其道，民散久矣。如得其情，则哀矜而勿喜。'"大意是：为上不正，荒淫无道，人民不信任他们，民心久已散乱了。折狱断案如能审查实情，不要沾沾自喜，而要"哀矜"，哀民之不幸，矜民之不得教化而犯罪，古人将此称为"哀矜折狱"。"哀矜折狱"是同重刑主义相对立的刑法思想，它要求司法官员在认真弄清案情之后，在量刑时充分考虑庶民犯罪的社会原因，分别情况给予一定

---

[1]《孟子·离娄上》。
[2]《荀子·劝学》。
[3]《荀子·成相》。
[4]《论语·尧曰》。
[5]《荀子·君子》。

的宽赦，即"哀矜"。"这就同那种一味强调乱世用重典，迷信严刑重罚来矫治庶民犯罪、整肃社会秩序的'以刑止刑'主张，以及舞文曲法、故入人罪、草菅人命的做法大相异趣。"[1]

孟子则明确提出"罪人不孥"和"国人杀人"两项法律原则。族诛在中国起源极早，战国时期随着各种社会矛盾的加剧，族诛似有扩大化的倾向，为此，孟子明确提出了"罪人不孥"的原则，反对统治者的乱杀无辜。《孟子·梁惠王下》载：孟子在论述周文王政绩时指出："昔者文王之治歧也，耕者九一，仕者世禄。关市几而不征，泽梁无禁，罪人不孥。"所谓"罪人不孥"，即罪责自负，不搞株连；"国人杀人"是主张慎重行刑。史载，一次齐宣王与孟子讨论国君如何才能分清一个人贤与不贤、该杀与不该杀等问题时，孟子对杀人问题作了如下回答："左右皆曰可杀，勿听；卿大夫皆曰可杀，勿听；国人皆曰可杀，然后察之。见可杀焉，然后杀之。"[2]尽管"国人杀人"在现实生活中是根本无法做到的，但它毕竟反映了孟子对待死刑的慎重态度。在孟子看来，死刑固然不可废除，但使用上一定要慎重。执政者遇到死狱，首先应以"求其生"之意来审慎审理，并征求各方意见，如确系罪大恶极，求其生而不得，才可杀之。惟有如此，才能既有利于广大百姓的生存，又使死者无从怨恨。

荀子不但继承了孔孟慎刑的一些具体主张，还进而提出了"宁僭无滥"、"刑当罚"、"明其请、参伍明"、"治则刑重，乱则刑轻"以及"教而诛"等慎刑措施。

《荀子·致士》云："赏不欲僭，刑不欲滥。赏僭则利及小人，刑滥则害及君子。若不幸而过，宁僭无滥；与其害善，不若利淫。"大意是：统治者治世，要做到赏罚由律，罪刑相当。但若遇到疑难案件，不能做到赏罚由律时，则宁可赏过了头，不可罚过头。赏过了头只是使不该赏的小人得利，而刑过了头却会冤枉了好人。此即"宁僭无滥"。"刑当罚"即罪刑相当。荀子反对族诛诛连，主张罚当其罪，他说："故刑当罪而威，不当罪则侮"，甚至提出了"杀其父而臣其子，杀其兄而臣其弟"[3]的观点。"明其请"、"参伍明"见于《荀子·成相》篇。荀子告诫听讼官吏说："听之经，明其请，参伍明谨施赏刑。显者必得，隐者复显民反诚。""请"即"情"，这段话的大意是，审理案件，应反复查清案情，并谨慎地施行赏罚，果能如此，显明的案件一定可以查清，隐秘的难案也会使真相显露出来，老百姓也就归于诚实了。《荀子·正论》篇云："刑称罪则治，不称罪则乱。故治则刑重，乱则刑轻。犯治之罪固重，犯乱之罪固轻也。""治则刑重，乱则刑轻"不同于"乱世用重典"的传统主张，但却更能体现儒家慎刑恤刑的精神，这是因为：治世犯罪者少，但主观恶性更大，适用重典，受刑的绝对人数不多，但对社会的震慑力则较大，因而有助于发挥刑罚的预防犯罪功能。乱世犯罪多，适用轻典，被刑

---

[1]　张国华主编：《中国法律思想通史》（一），山西人民出版社1994年版，第289页。

[2]　《孟子·梁惠王下》。

[3]　《荀子·君子》。

者亦可减少,许多犯罪不很严重的人就可以得到宽宥。荀子不但继承了孔孟反对"不教而诛"的观点,还进而将其发展为不可"教而不诛"。《荀子·富国》篇云:"故不教而诛,则刑繁而邪不胜;教而不诛,则奸民不惩",反映了荀学融儒法为一体的特点。

(五)富而教之的预防犯罪论

孔孟从人性善角度出来,明确指出犯罪不是天生的,是可以预防的,其预防的原则是"富之","教之"。《论语·子路》篇载:"子适卫。冉有仆。子曰:'庶矣哉!'冉有曰:'既庶矣,又何加焉?'曰:'富之。'曰:'既富矣,又何加焉?'曰'教之。'"孔子的这段话不但提出了先秦儒家的预防犯罪理论,而且还揭示了犯罪与贫穷之间的关系。孟子则把这一观点,尤其是犯罪与物质生活条件之间的关系表达得更为清楚。他说:"无恒产而有恒心者,惟士为能。若民则无恒产,因无恒心。苟无恒心,放僻邪侈,无不为己。"[1]因而他主张先"制民之产","然后驱而之善,故民之从之也轻"[2]至于"教之"的内容,孔孟主张应以德和礼。孔子说:"其为人也孝悌,而好犯上者,鲜矣;不好犯上,而好作乱者,未之有也。"[3]此外,孔子还提出了一些具体的道德戒律,如三戒:

"君子有三戒:少之时,血气未定,戒之在色;及其壮也,血气方刚,戒之在斗;及其老也,血气既衰,戒之在得";[4]

四勿:

"非礼勿视,非礼勿听,非礼勿言,非礼勿动'[5]

慎交友:

"益者三友,损者三友,友直,友谅,友多闻,益矣。友便辟,友善柔,友便佞,损矣"[6]

这些道德戒律,从犯罪心理学的角度讲,具有一定的价值。

荀子把孔孟的预防犯罪学说发展成为一套完整的理论。

1. 从犯罪原因方面:

荀子以人性恶的理论为基础,认为犯罪既有人性恶的原因,即"从人之性,顺人之情,必出于争夺,合于犯分乱理而归于暴",[7]又有外部条件的作用,这些外部条件包

〔1〕《孟子·梁惠王上》。
〔2〕《孟子·梁惠王上》。
〔3〕《论语·学而》。
〔4〕《论语·季氏》。
〔5〕《论语·颜渊》。
〔6〕《论语·季氏》。
〔7〕《荀子·性恶》。

括:经济因素,荀子说:"欲恶同物,欲多而物寡,寡则必争矣";[1]政治因素,"今之世而不然:厚刀布之敛以夺之财,重田野之税以夺之食,苛关市之征以难其事。不然而已矣,有掎挈伺诈,权谋倾覆,以相颠倒,以靡敝之,百姓晓然皆知其污漫暴乱而将大危亡也。是以臣或弑其君,下或杀其上,鬻其城,倍其节,而不死其事者,无它故焉,人主自取之也"。[2]在荀子看来,之所以会发生弑君、杀上、卖城、背叛等犯罪行为,都是因为人主"厚刀布之敛"、"重田野之税"、"苛关市之征"的结果,即"人主自取"。

总之,荀子认为,犯罪是主观因素和外部条件共同作用的结果。其中,统治者的倒行逆施是最主要的原因。

2.在预防犯罪方面:

荀子将孔孟单一的富而教之学说发展成为综合治理型理论。他说:

"古者圣人以人之性恶,以为偏险而不正,悖乱而不治,故为之立君上之势以临之,明礼义以化之,起法正以治之,重刑罚以禁之,使天下皆出于治,合于善也,是圣王之治而礼义之化也。"[3]

"不富无以养民情,不教无以理民性。故家五亩宅,百亩田,务其业而勿夺其时,所以富之也。立大学,设庠序,修六礼,明七教,所以道之也。"[4]

上述两段话表明,在荀子看来,要想预防犯罪必须从以下几个方面入手:一是"立君上之势以临之",即通过隆君,维护国家统一来增强整个社会的安定感;二是"节用裕民",堵塞犯罪的经济基础;三是"礼义化之",提高人的道德自觉;四是"法正治之",即以法律规范正面加以约束;五是刑罚之禁,使犯罪者本人痛改前非,其他人受到震慑。先秦儒家,特别是荀子的预防犯罪理论包含着许多积极而合理的因素。

(六)父子相隐的诉讼原则

在诉讼方面,先秦儒家主张父子相隐。《论语·子路》载:"叶公语孔子曰:'吾党有直躬者。其父攘羊,而子证之'。孔子曰:'吾党之直者异于是:父为子隐,子为父隐。'——直在其中矣。"孔子主张以礼率法,认为父为子隐是慈,子为父隐是孝,慈孝是礼的要求,因而,合礼的也就是合法的。

(七)"有治人,无治法"的法律实施论

1.有治人,无治法。先秦儒家认为,在治理国家方面,起决定作用的是统治者的个人,而不是法律制度。因而被人们称为"人治"论者。如孔子就认为,人与法相比,

〔1〕《荀子·富国》。
〔2〕《荀子·富国》。
〔3〕《荀子·性恶》。
〔4〕《荀子·大略》。

人的地位是首要的,这是因为:其一,得人重于建制。《礼记·中庸》篇载:"哀公问政,子曰:'文武'之政,布在方策。其人存,则其政举;其人亡,则其政息。……故为政在人。"其二,统治者的表率作用重于其发布的法令。孔子说:"其身正,不令而行;其身不正,虽令不从。"[1]统治者自身行为端正,天下人就会争相效法;统治者自身行为不端正,即使严刑峻法,人们也不会遵守。

荀子在此基础上提出了"有治人,无治法"的命题,并从法理学的角度进行了分析论证:

(1)荀子认为决定国家治乱兴亡的是作为统治者的人,而不是法令。总结历史不难发现:"故有良法而乱者,有之矣;有君子而乱者,自古及今未尝闻也"[2] 因而,"有乱君,无乱国;有治人,无治法"[3] 即只有乱国的君主而不存在自然混乱的国家;只有善于治国的人,而不存在善于治国的法。

(2)"君子者,法之原"。尽管法的作用很大,但法毕竟是人制定的,因而,是作为统治者的"人"决定着作为国家制度的"法"。荀子认为,治国应从法开始,"法者,治之端也",但"君子者,法之原也"。此外,法也有好坏之分,有君子才能源清,无君子则源浊,因而,要想有良法,就必先有君子。君子比法更重要。

(3)"法不能独立"。法是一种被动的治国工具,需要人来掌握和执行。即所谓"法不能独立,类不能自行,得其人则存,失其人则亡"[4] 所以荀子说:"无君子则法虽具,失先后之施,不能应事之变,足以乱矣"[5]

(4)法律不能适应实际情况的不断变化,需要人的灵活运用和当机立断。社会生活是复杂多变的,法律既不能概括无遗,也不能随机应变,一旦出现此种情况,就需要君子"有法者以法行,无法者以类举",[6]灵活处理。

先秦儒家的这一观点具有明显的"贤人政治"色彩,在某种程度上势必会导致人们对制度建设的忽视。但需要指出的是,儒家并不完全排斥法律,它只是强调在治理国家方面,人的作用大于法律。此外,儒家的这一观点从法律角度而言还给我们这样一种启迪:法律制定之后,应当重视执法官吏的选择,注重执法官吏的道德培养。至于对执法官吏的道德要求,孔子谈论最多的是"直道",所谓"直道"是要求司法官吏不徇私情、不避亲疏、不媚权贵、刚正不阿、依法办事。"直道"是孔子提倡的司法官吏的职业道德。

---

〔1〕《论语·子路》。
〔2〕《荀子·王制》。
〔3〕《荀子·君道》。
〔4〕《荀子·君道》。
〔5〕《荀子·大略》。
〔6〕《荀子·大略》。

2.君制变、臣谨修。儒家讲的"治人",不是"人治",却对"治人"要求极严,除了"直道"的道德要求外,还有诸如"君制变,臣谨修"等职责规定。"君制变,臣谨修"出于《荀子·成相》篇,意为君主掌握法令的制定权和变更权,臣下必须严谨的遵守法令。在荀子看来,依礼立法和变更法令是君主的职责,法律一经制定,官吏就必须认真守法和执法,不得变通。他说:"循法则、度量、刑辟、图籍、不知其义,谨守其数,慎不敢损益也,……是官人百吏之所以取禄秩也。"[1]

此外,荀子还进而提出了"有法者以法行,无法者以类举"[2]的主张,意即当法律有明令规定时就按法律规定办事,而当发生了严重危害统治者利益需要施加惩罚的行为,但法律又无明文规定的情况时,就依照统治阶级的立法思想、立法原则、刑事政策等来处理。用现代法学术语来说,即实行"法的类推"。荀子要求各级官吏不仅要熟知法律条文,还要明了这些条文之后的立法精神、立法原则,惟有如此,一旦发生了法律所未规定的情况,才不会束手无策。

从法制角度而言,成文法制定、修改程序繁琐,而现实生活又变化无穷,因而,以"类"作补充,对完善法制不无益处。

(八)轻徭薄赋,经济方面的法律主张

1.轻徭薄赋。儒家反对统治者的横征暴敛。史载,孔子的学生冉求帮助鲁国贵族季氏搜刮民财,孔子十分气愤,声称此种人不配当他的学生,要门徒群起而攻之。[3] 此外,孔子还根据农业社会的生产特点,具体提出了"使民以时","便民如承大祭","劳而不怨,……择其可劳而劳之","使民也义",即在农闲季节征发劳役,以及"敛从其薄",十一而税等轻徭薄赋的主张。孟子亦主张"取于民有制",他说:"易其田畴,薄其税敛,民可使富也"[4] 在税收方面,荀子主张农业税十一而税,"王者之法,等赋,……田野什一,……相地而衰征";[5]而关市税则几而不征,"王者之……关市几而不征,……通流财物粟米,无有滞留,使相归移也";[6]征发劳役应"无夺农时",以便"春耕、夏耘,秋收、冬藏,四者不失时,故五谷不绝,而百姓有余食也"。[7]

轻徭薄赋是儒家的一贯主张,这对于减轻人民负担起了一定作用。但需指出的是这种"惠民"政策从根本上讲还是为统治者着想的。这是因为:其一,儒家认为,统治者不给人民"恩惠",过分追求财富就会引起人民的怨恨,最终引发社会动乱,如孔

---

[1]《荀子·荣辱》。
[2]《荀子·大略》。
[3]《论语·先进》。
[4]《孟子·尽心上》。
[5]《荀子·王制》。
[6]《荀子·王制》。
[7]《荀子·王制》。

子说:"放于利而行,多怨";[1] 其二,寓富于民,最终有利于君主。《论语·颜渊》载,哀公问孔子弟子有若曰:"'年饥,用不足,如之何?'有若对曰:'盍彻乎?'曰'二,吾犹不足,如之何其彻也?'对曰:'百姓足,君孰与不足?百姓不足,君孰与足?'""彻",即十一而税。这段话表明,在儒家看来,"百姓足",国家的财政税收才有可靠的保证。

2.制民之产。制民之产,就是使民有"恒产",其标准是五亩之宅,百亩之田。孟子说:"五亩之宅,树墙下以桑,匹妇蚕之,则老者足以衣帛矣。五母鸡,二母彘,无失其时,老者足以无失肉矣。百亩之男,匹夫耕之,八口之家足以无饥矣"[2] 制民之产可以造就无数稳定的自耕农,为封建社会提供坚实的经济基础。

3.重农轻商,孔孟重农但不抑商,荀子则重农轻商。荀子认为"田野县鄙者财之本也",而"工商众则国贫"[3] 主张"省商贾之数","强本节用"[4] 说:"省工商,众农夫……是以养生也"[5] 但需指出的是,荀子虽然轻商,但还没有走到禁商、抑制工商业的地步。

4.民富而国富。先富国,还是先富民,是儒法两家经济立法政策的一大区别,儒家主张先富民而后富国,国富基于民富。荀子说:"足国之道,节用裕民,而善臧其余。节用以礼,裕民以政。彼裕民故多余,裕民则民富,民富则田肥以易,田肥以易则出实百倍。……如是则国富矣。夫是之谓以政裕民。"[6]

5.保护自然资源。荀子从"养长时则六畜育,杀生时则草木殖"的自然规律出发,提出了保护自然资源的法律主张。他说:"草木荣华滋硕之时,则斧斤不入山林,不夭其生,不绝其长也。鼋鼍鱼鳖鳅鳣孕别之时,网罟毒药不入泽,不夭其生,不绝其长也。春耕,夏耘,秋收,冬藏,四者不失时,故五谷不绝,而百姓有余食也。污池渊沼川泽,谨其时禁,故鱼鳖优多而百姓有余用也。斩伐养长不失其时,故山林不童而百姓有余财也。"[7] 这种利用法律手段保护自然资源的观点,反映了荀子在自然资源立法方面的远见卓识。

以上便是先秦儒家法律思想的概况。从总体上讲,儒家对法律问题的思考主要局限于这样一个范围:就法律的产生而言,法律是由圣明君主制定的,只有圣明的君主才能制定出好的法律;就法律的地位而言,法律不可"独任",礼主而法辅;法律的核心则是人情,"承天之道以治人情",换言之,人情重于法律;法律存在的目的是"胜残去杀"和"无讼",也就是说法的归宿应是设而不用;法律实施的最佳途径是统治者的

[1]《论语·里仁》。
[2]《孟子·尽心上》。
[3]《荀子·富国》。
[4]《荀子·天论》。
[5]《荀子·君道》。
[6]《荀子·富国》。
[7]《荀子·王制》。

以身作则,其身正,不令而行。进入封建社会以后,儒家的上述思想,经过改造,基本被后世统治者所继承,并成为封建正统法律思想的核心。

四、先秦儒家法律思想的主要特点

(一)儒家法律思想的基本原则

通过上面对儒家法律思想内容的介绍,我们大致可以归纳出其中所贯穿、遵循的一些基本原则。

1."法先王"的思维模式。"儒家在思考法律的时候往往有这样的逻辑:先王、圣人创制的大经大法是尽善尽美的,是不变之常道,后世统治者只需因时制宜、知权达变、适当损益,即可用之以治世;有道之世是遵循'先王之道'、'先王之法'的结果,无道之世是违背'先王之道'、'先王之法'的结果"[1] 这样做的结果可以减少不必要的麻烦,又可以用"先王之法"评价现实法和法制,并为之提供永恒的价值尺度,从而使旧邦维新、托古改制成为可能。

2.家族伦理主义。儒家重道德,但其所重的道德并非一般的人际关系,而是家族伦理主义,或宗法人伦主义。《论语·为政》篇载:"孝乎惟孝,友于兄弟,施于有政,是亦为政,奚其为为政。"孟子说:"人人亲其亲,长其长,而天下平。"总之,在儒家看来,处理好了家庭内部的"孝"、"友"等关系,就是搞好了政治。《大学》在此基础上将之发展为"修身、齐家、治国、平天下"的伦理政治纲领,从而在理论上确立了以建设家族伦理作为实现王道政治的基石和始点的思想。反映在法律思想中则是形成了一种儒家特有的家族伦理主义的法律理论,并延伸出诸如赞成"父子相隐",认可"复仇"、子女无异财、罪刑依尊卑身份而定等一系列具体的法律主张。家族伦理主义是儒家法律价值论的重要组成部分。

3.民本主义。儒家关心民瘼,重视民命,认为富国必先富民,国家的安危、政治的治乱都取决于民心的向背,如荀子说:"天之生民,非为君也;天之立君,以为民也"[2] 因而,君主应当是万民的保护者,应当"视民如子"。民本不是民主,儒家所讲的民,既不是享有主权的人民,也不是作为权利主体的公民,而仅仅是君主统治下的子民,这一点必须明确。民本主义是儒家法律价值论的又一重要内容。正是从民本主义出发,儒家反对统治者的聚敛苛政,滥施重罚、酷刑等行为,并提出了慎刑、恤刑、省刑及轻徭薄赋等一系列具体的法律主张。

4.大一统的君主主义。儒家反对分裂,主张统一,但又把维护君权看作是实现统一的根本措施。孔子讲:"礼乐征伐自天子出";孟子云"定于一";荀子强调"隆一而

---

〔1〕 李光灿、张国华主编:《中国法律思想通史》(一),山西人民出版社2001年版,第237页。
〔2〕 《荀子·大略》。

治"，都是这个含义。但儒家所强调的君主主义同法家所主张的绝对君主专制主义不能等同，君主主义要受到家族伦理主义、民本主义的制约。在儒家所设计的政治结构中，君主是圣君、仁君，臣下是忠臣和净臣，奉行的是"从道不从君"[1]的原则，甚至主张对于暴君可以"易位"、"放伐"、"诛杀"，[2]从法理上讲具有一定的进步意义。但这种进步意义也仅仅是理论上而言，在现实生活中根本无法实行。这是因为，在儒家所设计的政治结构中，就君臣关系而言，忠君、隆君毕竟是第一位的；就君与法律的关系而言，又是君主凌驾于法律之上，所以"正君"，既没有制度上的保障，又无法律上的保障。剩下的惟一办法就只有寄希望于完善君主的个人道德了。所以说，儒家的大一统君主主义在现实政治生活中只能通过人治，而不是法治来实现。

5."中庸"的法律方法论。"中庸"既是儒家哲学的重要范畴，也在儒家法哲学中占有重要地位。"中庸"的基本含义是"和"，既"无过"，也"无不及"。此外，亦包含有"权"和"时"的意思。"权"指通权达变，讲的是不违背原则的灵活性；"时"是指审时度势，要顺应时势作不离原则的变通处理。儒家对法的论述都是以中庸主义作方法论来展开的，如儒家重忠、孝，但又把父慈作为孝的前提，忠君的同时，又提倡"从道不从君"，宣扬臣下犯颜直谏。此外，对待法制的适用，儒家的主张是要根据时势有所权变，反对教条的理解，等等。

6.德主刑辅。在治理国家方面，儒家一直坚持德礼为主、为本、为体，政刑为从、为末、为辅的基本原则。它是儒家仁学思想、民本主义和礼治主义的必然结果。德主刑辅包含有重视官吏道德素质，把法律强制与德礼教化结合起来，反对严刑酷法重视预防犯罪等积极、合理因素，但也有泛道德主义的不良倾向。[3]

7.重义轻利。宋朝名儒朱熹认为："义利之说，乃儒者第一义"，[4]可见，义利之说在儒家思想中的地位。"义"者，宜也，合于礼者为义，引申为儒家道德思想体系的总称。"利"即利益。就总体而言，先秦儒家贵义贱利。如孔子云："君子喻于义，小人喻于利。"[5]孟子更加极端，甚至提出了"舍生取义"之说。荀子亦强调："义胜利者为治世，利克义者为乱世。"[6]需要指出的是，儒家贵义贱利，但并不一般地反对个人利益，只是认为应"取之有道"，也就是说取利的行为本身必须正当。义与利的关系实际上是道德理想与物质利益的关系问题，儒家主张把义放在第一位，即肯定道德理想高于物质利益。重义轻利是儒家法律价值论的又一重要内容，它对中国古代民商习俗

〔1〕《荀子·臣道》。

〔2〕《孟子·梁惠王下》。

〔3〕有关儒家法律思想的基本原则前6条请参见俞荣根：《儒家法思想通论》第三章，广西人民出版社1992年版，本节中的一些内容是在俞荣根著作的基础上缩编而成的，特向俞荣根先生致谢。

〔4〕朱熹：《与延平李先生书》。

〔5〕《论语·里仁》。

〔6〕《荀子·大略》。

产生过重要影响。

(二)主要特点

儒家法律思想是在农耕文明的基础上产生的。中华民族在进入阶级社会以后，原始村社组织并没有退出历史舞台，血缘关系仍然是维系社会的经济、政治、文化的结实纽带，个人以及联系个人与国家之间的社会组织未能得到充分的发育，从而使维系家族血缘关系的宗法伦理成了整个社会都必须遵守的行为规范，家国一体，伦理法也就自然成了儒家法律思想的本质特征。

说儒家法律思想是伦理法律思想，包含这样几层含义：①儒家伦理法把宗法家族伦理作为大经大法；②在儒家法律思想中，宗法家族伦理被视为法的渊源，法的最高价值，伦理凌驾于法律之上，伦理价值代替法律的价值，伦理评价统率法律评价，立法、司法悉以伦理为转移，由伦理决定其取舍；③在现实的社会生活和政治生活中，以伦理代替法律，伦理与法律之间没有明确的界限，宗法伦理道德被直接赋予法的性质，具有法的效力，从而形成法律伦理化和伦理法律化的双向强化运动。可见，儒家伦理法既是理想法，又是实在法，具有价值和实用的双重性。

儒家伦理法具有如下一些特征：

1.世俗性。如前所述，儒家伦理法植根于中国古代的宗法血缘家庭和以自然经济、家庭农业为基础的农业社会的深厚土壤之中。其伦理不是神秘的信仰，而是实实在在的、活生生的世俗伦理，是安身立命的准则，生活实践的规范。

2.宗法性。儒家伦理法思想以血缘情感为心理基础，以宗法人伦为主要内容，核心是"三纲五常"。礼的特点是讲等差，它主张人的政治地位、身份贵贱、财产和权力分配都由血缘尊卑来决定。顺天道、因人情是礼，也是儒家伦理法的基本主张。

3.广泛强制性。由于儒家伦理法具有理想法和实在法的双重功能，它进入司法领域就必须有保证系统。这个保证系统包括古代国家、宗法血缘家庭组织及共同的文化心理等。它首先是以国家的系统暴力为主要手段的直接政治强制，其次辅之于家庭强制、宗族强制等，形成一张无形的法网，以保证伦理法的有效运行。[1]

同世上任何事物一样，儒家法律思想亦是一个正、负两种价值共同的思想体系。就整体而言，儒家法律思想比道家思想积极。它要求通过人类的积极有为去建立太平天下，实现世界大同，并对此充满信心。与墨家相比，它更重视细密的礼节在正风俗、净化社会环境、预防犯罪和消除社会隐患方面的功能与作用。与法家相比，它更宽厚、温和、仁爱。[2]因而，儒家法律思想往往成为历代王朝末期兴起的社会批判思潮，以及社会变动时期的变法维新思潮所能依傍的思想权威，并为这些思潮提供思想

---

〔1〕　俞荣根：《儒家法思想通论》，广西人民出版社1992年版，第134～136页。

〔2〕　徐进：《中国古代正统法律思想研究》，山东大学出版社1996年版，第六章。

武器。

至于儒家法律思想的负面作用或缺陷,归纳起来主要有两个方面:一是在其法律思想体系中找不到"公民"的范畴,也没有"公民"意识的生长点,有的只是"子民"范畴、"子民"意识,从而为封建政治对其恶的运用,提供了可能和前提。儒家常被认为是封建政治的专制、保守、腐败的维护者,确实也有一定道理。二是儒家关于法的问题的思考,一味强调圣君贤相和"治人"的作用,具有泛道德化的倾向,不注意法律制度化的建设,既易混淆法律与道德的界限,扩大法律的调整范围,又易陷入人治的巢穴。

儒家法律思想作为一个不可分割的整体,经过汉儒董仲舒的改造之后,在汉以后近两千年的中国封建社会中一直占据统治地位,成为封建正统法律思想,指导着封建的立法和司法实践。

第二节　先秦法家法律思想

一、先秦法家的概念

法家是中国古代先秦诸子百家中主张"以法治国"的一个学派。从汉代开始,学术界就将战国时期主张"变法"、倡导"以法治国"的人士统称为"法家"。

"法家"一词,作为学术派别意义上的概念,最早由西汉初期的史学家、思想家司马谈(司马迁之父)在其《论六家之要旨》[1]一文中提出。在这篇论文中,司马谈第一次总结了当时流行的阴阳、儒、墨、名、法、道等先秦时期的各派学说,并称之为"六家",分别就各学派思想的特征、得失,作出了概括性的阐述和评论。关于法家,其云:"法家不别亲疏,不殊贵贱,一断于法";"法家严而少恩,然其正君臣上下之分,不可改也"。

二、先秦法家的形成和发展

(一)法家的缘起

关于法家的缘起问题,自古以来就有不同的看法。东汉史学家班固最早提出:法家出于理官。《汉书·艺文志》云:"法家者流,盖出于理官,信赏必罚,以辅礼制。""理官"多见于春秋战国文献,如:《左传·昭公十四年》:"叔鱼摄理",《管子·小匡》:

---

〔1〕《史记·太史公自序》。

"弦子旗为理"，《吕氏春秋·孟秋》："命理瞻伤察创，视折审断"，郑玄注《礼记·月令》"命理瞻伤"："理，治狱官也。有虞氏曰士，夏曰大理，周曰大司寇"。可见，"理官"是专职司法官，但常设于春秋战国时期。三国曹魏的刘邵却在其《人物志·流业篇》中说："建法立制，强国富人（兵），是谓法家，管仲、商鞅是也"。这种说法得到很多人的赞同。近人章太炎则认为法家起于战国时期的李悝。其《检论·原法》主张："著书定律为法家"，而李悝就是"著书定律"的第一人。以上前两种看法都有一定的道理，但又失之偏颇。

法家并不等同于理官，但二者之间有一定的联系。春秋时期，不仅出现了专职的司法官，而且还有关于执法、司刑、治狱的程序和专门知识与法律艺术。不过，当时还没有产生学术派别意义上的"法家"。可是，从另一方面来看，春秋时期理官的出现，也的确为法家学说的产生创造了前提条件。法家以重"刑"而著称于世，"刑"在春秋以前就存在。这些"刑"大多被法家所继承，其中包括理官对"刑"的实践。在这个意义上，可以说没有理官的出现就不可能突然产生法家学派。

春秋中后期，各个诸侯国相继出现了一大批重视法律、"以法治国"的政治家，如齐国的管仲，郑国的子产与邓析，晋国的赵盾、范武子与赵鞅等。他们大都参与国政、执掌国柄，程度不同地实施了国内的政治改革，并为后世留下了可资楷模的法制，如"管仲之法"、"士会之法"、"刑鼎"、"刑书"以及"竹刑"之类。虽然他们曾经参与大量的立法、司法活动，远非"理官"所能比拟，但是其业绩主要表现在政治方面。《孟子·告子下》所说的"入则无法家拂士"之"法家"，指的就是这些人，并非后来"法家"这个学术派别，因为从严格意义上讲，他们还没有提出一套系统的理论。但是，他们的立法、司法实践活动为法家学说的创立提供了前提和依据。法家后来尊这些人为先驱，也正好说明了二者之间的这种关系。

可见，"法家"既非"出于理官"，又非"以辅礼制"为宗者，更不能等同于"法吏"、"律家"、"刑官"。

战国时期，主张"法治"的呼声日渐高涨。其中主要有两类人：一是身居要职的政府官员，二是在野的学者、知识分子。这两类人常常互相转化，以重法、言刑而著称，所以时人往往称之为"刑法之士"、"法律之士"、"法术之士"、"法士"等。他们都主张"以法治国"。因此，司马谈把他们作为一个学术派别。

"法家"学派是春秋战国社会大变革的产物。法家的产生可以上溯到春秋末期的管仲、子产、邓析，但是法家学派的真正形成是由李悝完成的。《汉书·艺文志》法家类，首列《李子》三十二篇，注云："名悝，相魏文侯，富国强兵。"可见，在班固看来，李悝为法家学派的始祖。史载，李悝"撰次诸国法，著《法经》"。他总结了春秋战国时期各诸侯国的立法经验，提出了系统的理论，完成了第一部较为系统的成文法典《法经》。至此，法家思想才初步形成体系，法家才成为一个学派。

(二)法家生活的时代

法家生活在春秋战国这个大变革的时代。西周以来鼎盛的奴隶制社会在经济、政治、文化等领域内都发生了重大的变化。西周时期,以周王为首的奴隶主贵族集团在政治上以"亲亲"、"尊尊"为基本原则,建立了以血缘为纽带的宗法等级社会;在经济上实行井田制,土地被划分成类似井字形的方块,受封的各级奴隶主对被分封的土地只有使用权,没有所有权。这个时期社会的特点,用春秋末期思想家孔子的话来说,就是"礼乐征伐自天子出"[1]。与此相适应,西周统治者用周礼来巩固、加强其统治,相传"周公制礼"。与这套礼制相适应,西周统治者在政治法律思想方面所实行的就是以"亲亲"、"尊尊"为基本原则的"礼治",其基本特征是"礼不下庶人"、"刑不上大夫"。在思想文化方面,尽管提出"以德配天"说,但"君权神授"的神权思想仍占据统治地位;同时,"学在官府",文化教育完全由官府控制,奴隶主贵族子弟也只能去官府求学。整个社会保持着等级森严的统治秩序。

但是,当历史的车轮行进到春秋战国时期,社会的方方面面都发生了重大的变革。

在政治上,春秋末期,周天子早已失去了昔日驾驭诸侯的权势,王室衰微,王权旁落,各大诸侯国争夺霸权;各诸侯国内部,"礼乐征伐自诸侯出",[2]卿大夫专权跋扈,新旧势力矛盾激烈,出现了一个所谓"礼崩乐坏"的局面。战国时期,各国新兴地主阶级相继走上政治舞台变法改革。于是,以君主为中心的中央集权的专制制度与郡县制度取代了宗法分封制度,以军功授爵的官僚制度取代了世卿世禄制度。

在经济上,铁器逐渐应用于农业生产,牛耕开始普遍推广,使得农业生产力迅速提高。春秋中晚期,在"井田"之外,出现了"私田"。随之而来的是,私田不断增多,土地逐渐可以交换,甚至买卖,井田制渐趋瓦解。战国时期,社会生产方式也开始转变,以一家一户为单位的个体耕作代替了以犁耕为单位的集体协作,封建个体经济逐渐占据主导地位。"工商食官"的局面逐渐破坏,出现了个体手工业者、商人。手工业、商业繁荣的结果,出现了一些人口众多、经济发达的大城市。

在思想文化上,也进入到一个"注重人事"、"私学"大兴、"百家争鸣"的新时代。传统的神权观念和神权法思想受到了"德"、"仁"思想的猛烈冲击、批判,"礼"思想、"法"思想成为社会意识形态的重要基础。"士"(知识分子)阶层出现,私学大兴。春秋末期,邓析在郑国聚徒讲习法律;孔子在鲁国聚徒讲习六艺,后来发展为儒家学派;春秋战国之际,墨翟又聚徒讲学,发展成为墨家学派。此后,个人著书立说蔚然成风,道、法、名、兵、阴阳、农、杂等学派相继出现,形成了空前的"百家争鸣"的新气象。人

---

[1]《论语·季氏》。
[2]《论语·季氏》。

们手中已经有很多书籍,学术文化开始步入民间,整个社会的文化、科学水平得到提高。

(三)法家与成文法运动

社会实践产生社会思想。"社会有了变革,然后才有新的法制产生,有了新的法制产生,然后才有运用这种新法制的法家思想出现"[1]。在春秋战国这个大变革时代,法律制度方面的重大变化是:出现了成文法,并形成了成文法运动。

春秋末期,郑国、晋国相继"铸刑书(鼎)",从此拉开了春秋战国成文法运动的帷幕。战国时期,各国新兴地主阶级纷纷登上历史舞台,进行变法改革,制定成文法,于是,掀起了一场轰轰烈烈的成文法运动。

在韩国,韩昭侯任用申不害为相,进行变法改革,颁布了大量的法令。《韩非子·定法》称:"晋之故法未息,而韩之新法又生;先君之令未收,而后君之令又下,申不害不擅其法,不一其宪令,则奸多。"同时,赵国颁布了《国律》;魏国有《大府之宪》;楚国则有《宪令》。

齐国的成文法在《周礼》中有所反映,其《天官·大宰》、《地官·大司徒》、《夏官·大司马》、《秋官·大司寇》都有"悬法于象魏"的记载;《秋官》还有"布宪"一职官,"掌宪邦之刑禁。正月之吉,执邦之旌节,以宣布于四方"。《管子·立政》也提到此事。这些都是齐国公布法律的真实写照。

秦国有《秦律》。秦国成文法创始于商鞅变法时期,商鞅携《法经》"以相秦",以《法经》为依据,制定了《秦律》,这是最早的秦律。后来逐步完善,形成目前睡虎地秦墓竹简中所见出土秦律——春秋战国成文法运动发展的集大成者。

战国时期蓬勃发展的成文法运动与法家学派有着密不可分的关系:成文法运动是法家思想的实践来源,是法家思想产生的社会基础。

三晋地区最早出现成文法,是法家学派的发源地。三晋地区是指韩、赵、魏三国所辖地。春秋末期,晋国的韩、赵、魏三家分晋。公元前403年,周威烈王正式承认三家为诸侯。郑国于公元前375年被韩国所灭,韩迁都于郑。公元前254年,魏国灭了卫国,卫国成为魏国的附庸。因此郑、卫也可视作三晋地区。

作为成文法运动发祥地及中心的三晋地区,有着良好的法制传统,法制气息浓厚,文化也比较发达,有法家萌芽、生长的优良土壤。因而,三晋地区造就了一大批法家代表人物,成为法家学派的摇篮。

法家代表人物又多是各国的政治家、军事家,直接领导着各国的变法运动,并将其思想运用于指导各国的变法实践,从而又推动了成文法运动的发展,如法家先驱子

---

[1]　郭沫若:《十批判书》,人民出版社1954年版,第273页。

产率先公布法律,揭开了成文法运动的帷幕,始祖李悝,完成了成文法运动的丰碑《法经》。可以说,成文法运动造就了法家学派,同时,法家学派代表人物的思想、活动也促进了成文法运动的发展。

三、先秦法家代表人物及其变法实践活动

(一)法家的先驱

春秋末期的中国社会已经进入大变革时期。面对这种变化,一些政治家主张通过变法或立法的途径来顺应历史的潮流,以解决或缓和社会矛盾。他们都是当时各国著名的政治家,如:齐国的管仲,郑国的子产、邓析,晋国的赵盾、赵鞅、范武子,宋国的子罕,晋国的叔向。他们在各国的立法、司法实践活动为法家学说的形成奠定了基础。由于他们只有实践,并没有提出相应的系统的理论,因此,从严格意义上讲,还不能称之为法家。但是,把他们看作法家的先驱应该是符合史实的,后来法家学派对他们的尊重也正好说明了这一点。

1.管仲,名夷吾,字仲,又称敬仲,齐国颍上(今安徽颍上)人。出身平民或没落贵族。年青时曾与鲍叔牙一起经商。齐桓公即位前曾和其兄公子纠争夺王位,当时任公子纠师傅的管仲曾射过齐桓公一箭。公元前685年齐桓公即位后,经鲍叔牙推荐,不计一箭之仇,重任管仲为相(一说为卿),主持国政。为了富国强兵,他辅助齐桓公进行了一系列改革,使齐国第一个取得了霸主的地位。其法律思想对法家产生了很大的影响:

(1)"仓廪实则知礼节","与民分货"。管仲认为发展经济是国家富强的前提,也是使人们遵守礼义法度和稳定社会秩序的物质基础。这种思想具有一定的朴素唯物主义因素,对当时一味剥削压榨而侈谈礼义廉耻的贵族也是深刻的批判。同时非常重视道德和法律的作用,将"礼义廉耻"比做"国之四维",[1]反对空谈礼义法度,认为首先必须解决人民的衣食问题,然后才谈得上礼义兼耻。因此,要想国富民安,就要发展生产、改善人民生活。这种思想是他在齐国进行一系列改革的理论基础。管仲充分利用齐国的有利条件,大兴渔盐、铸铁之利。为此,设置盐官,管理盐铁业,并采取渔盐出口不纳税的政策,鼓励渔盐贸易。在农业上,也改革了赋税制度,按照土地的好坏分等级确定税收额,号召开垦荒地,兴修水利,种植五谷、桑麻,饲养六畜,努力耕织。为了奖励耕织、发展工商业,提出"与民分货"[2]的主张,即必须让人民分享一点生产成果和经济收益,从而把"富国"和"富民"统一起来。

---

〔1〕《史记·管晏列传》。
〔2〕《管子·乘马》。

（2）"匹夫有善,可得而举"。[1] 管仲认为,要使人民遵守法律,必须使人民感到有利可图。因此,要求做到"民之所欲,因而予之;民之所否,因而去之",[2]以期"令顺民心"。根据这一原则,主张"修旧法,择其善者而业用之",[3]即废除那些不利于"富国"、"富民"的规定,从而"与俗同好恶"。

管仲认为,要保证法令的贯彻执行,必须"劝之以赏赐,纠之以刑罚"。一方面,他不顾周礼任人唯亲的"亲亲"原则,主张"匹夫有善,可得而举",提倡破格选拔人才;并规定乡大夫有推举人才的责任,如有才不举,便以"蔽明"、"蔽贤"论罪。另一方面,他也敢于对那些"不用上令"、"寡功"和"政不治"的官吏绳之以法:"一再则宥"、"三则不赦"。[4]

管仲还按职业和身份将"国"（国都以内）、"鄙"（国都以外）的居民重新加以编制,并"寄内政于军令",[5]把行政组织和军事组织结合起来,以加强军事力量。

总之,管仲的改革已经超出了礼制的范围,突破了"礼不下庶人,刑不上大夫"的旧传统。他敢于打击旧贵族,《论语·宪问》中就有他曾剥夺"伯氏骈邑三百"的记载。相传他还提出"有过不免,有善不遗"的观点,加之他所主张的"富国强兵"、"与民分货"和"令顺民心"等,这些都被后来的法家所继承,所以后人一般称他为法家的先驱,他的改革成果与商鞅的法律并称"商管之法"。

2. 子产（？～公元前522年）,即公孙侨,字子美,又称公孙成子,郑国贵族。公元前543年～前522年执掌郑国国政,是当时享有盛名的政治家。作为一个刚刚从奴隶主贵族转化而来的封建贵族,为了保持贵族的某些特权,不仅不公开反对周礼,反而赞美它,甚至认为"礼"是"天之经也,地之义也,民之行也;天地之经而民实则之"。[6]因此,被一些贵族看成是"知礼"和"有礼"的典型。但是执政后却进行了一系列违反周礼而有利于封建化的改革,在个别问题上甚至带有比较激进的法家色彩。

（1）"田有封洫,庐井有伍"。为了制止贵族对土地的侵占和争夺,子产首先从改革田制入手,"作封洫"即重新划分田界,明确各家的土地所有权,并把个体农户按五家为伍的方式编制起来,使之"庐井有伍",以加强对农民的控制。同时,又重新确立了国都内外、上下尊卑的等级秩序,奖赏忠于职守、节俭奉公的贵族和官吏,打击那些骄横奢侈之徒。5年之后,又"作丘赋",以"丘"为单位,向土地所有者征收军赋,进一步肯定了土地私有权的合法性。

---

〔1〕《国语·齐语》。
〔2〕《史记·管晏列传》。
〔3〕《国语·齐语》。
〔4〕《国语·齐语》。
〔5〕《国语·齐语》。
〔6〕《左传·昭公二十五年》。

（2）"制叁辟，铸刑书"。"作封洫"、"作丘赋"之后，子产又同旧势力的反对进行了斗争。这时，新兴地主阶级的力量逐渐壮大，国人也看到了改革的好处，开始积极拥护改革。为了保护已经取得的改革成果，公元前536年，子产"铸刑书"，即把新制定的"刑书"铸在铁鼎上公布，这是中国法制史上一个具有重大意义的创举。以往的奴隶主贵族不但对其封地内的奴隶可以为所欲为，而且也可以恣意迫害平民。他们不制定也不公开颁布什么行为是犯罪以及犯什么罪应该处什么刑的"刑书"，而是采取"议事以制"的方式审判案件，使人们经常处于"刑不可知，则威不可测"的极端恐怖之中。从反对者的意见中不难看出，仅就颁布成文法本身来说，就已经起到了限制贵族特权的作用。反对者叔向谴责说："今吾子相郑国作封洫，立谤政，制刑书，将以靖民，不亦难乎？"[1]从中可推断，子产"刑书"的内容与其田制、赋制改革有关。子产的"刑书"公布后，不仅打破了"先王议事以制，不为刑辟"的"礼治"传统，而且限制、打击了奴隶主贵族的特权，让人们知道什么是权利、什么是义务，"民知争端矣，将弃礼而徵于书，锥刀之末，将尽争之"，在一定程度上保护了新兴地主阶级和平民的既得利益，因而遭到晋国著名保守派贵族叔向的反对。正在主持郑国改革的子产没有屈服，非常坚决地答复："侨不才，不能及子孙，吾以救世也"[2]。意即"铸刑书"正是为了挽救郑国危亡。子产"铸刑书"这一举动为后来法家所主张的"法治"提供了经验。

（3）以"宽"服民和以"猛"服民。子产第一个提出了"宽"、"猛"两手策略。"宽"即强调道德教化和怀柔，"猛"即主张严刑峻罚和暴力镇压。

子产在执政期间，主要采用"宽"的一手，主张"为政必以德"[3]为此，孔子多次赞美，说他是"惠人"，"其养民也惠，其使民也义"[4]子产的确如此开明。执政后，郑国人经常到"乡校"议论其为政的得失。"乡校"本来就是国人举行乡射宴饮和议论国政的场所。有人劝子产毁掉乡校，他不同意，说："何为？夫人朝夕退而游焉，以议执政之善否。其所善者，吾则行之；其所恶者，吾则改之，是吾师也。若之何毁之？吾闻忠善以损怨，不闻作威以防怨。岂不遽止，然犹防川，大决所犯，伤人必多，吾不克救也；不如小决使道，不如吾闻而药之也"[5]这种择善而从、闻过则改的风度在当时也是十分难能可贵的。

但是，到了晚年，子产的"为政必以德"的观点却发生了转变。他在临终前竟对后继者子大叔说："我死，子必为政。惟有德者能以宽服民，其次莫如猛。夫火烈民望而

---

[1]　《左传·昭公六年》。
[2]　《左传·昭公六年》。
[3]　《史记·郑世家》。
[4]　《论语·公冶长》。
[5]　《左传·襄公三十一年》。

畏之，故鲜死焉；水懦弱，民狎而玩之则多死焉。故宽难"。[1] 这一转变不外有两种可能：一是他对以往所行的"德政"已经丧失了信心；二是认定子大叔不是"德者"，所以示意他舍宽而取猛。

子产所提出的"宽"、"猛"两手，关系到立法的指导原则。后世的儒家主要继承和发展了其"以宽服民"的思想，主张立法从宽；法家则主要继承和发展了其"以猛服民"的思想，主张立法从严。

3. 邓析，郑国人。子产执政时曾任郑国大夫，在政治上非常活跃。子产在郑国进行了一系列有利于封建化的改革，但是作为一个刚刚转化而来的新封建贵族，为了保持贵族的特权，并不否定周礼。而邓析则代表了新兴地主阶级的利益，要求进一步改革。《荀子·非十二子》说他"不法先王，不是礼义"。可见邓析是最早反对"礼治"的思想家。

（1）私造"竹刑"。邓析对子产所推行的一些改革不满，曾"数难子产之治"。[2] 由于不满子产所铸刑书，竟私自编了一部更能适应新兴地主阶级要求的成文法，把它写在竹简上，叫做"竹刑"。晋人杜预在注《左传》时说，邓析"欲改郑所铸旧制，不受君命，而私造刑法，书之于竹简，故言'竹刑'"。[3] "欲改旧制"和他"不法先王，不是礼义"的精神显然是一致的。"竹刑"的内容已无可考，但从当时的历史条件分析，邓析这一部有别于"刑书"的"竹刑"，必然只能是体现新兴地主阶级意志的东西。

（2）传授法律知识、承揽诉讼。邓析曾聚众讲学，传授法律知识与诉讼方法，并助人诉讼。《吕氏春秋·离谓》说：邓析"与民之有讼者约：大狱一衣，小狱襦裤而学讼者，不可胜数"。又以擅辩论著称，"操两可之说，设无穷之词"，[4]并"持之有故，言之成理"。[5] 在诉讼中也能打破旧传统，不以周礼为准，反而"以非为是，以是为非"。[6]

在邓析的倡导下，当时郑国曾兴起一股革新的浪潮，给新老贵族的统治造成严重威胁，以致"郑国大乱，民口哗"。[7] 最后，"郑驷颛杀邓析，而用其竹刑"。[8] 驷颛是继子产、子大叔之后的执政，他杀了邓析却不得不继续使用其"竹刑"，可见"竹刑"适应了社会发展的需要。

---

〔1〕《左传·昭公二十年》。
〔2〕《列子·力命》。
〔3〕《左传·定公九年》，杜预注。
〔4〕《邓析子·序》。
〔5〕《荀子·非十二子》。
〔6〕《吕氏春秋·离谓》。
〔7〕《吕氏春秋·离谓》。
〔8〕《左传·定公九年》。

（二）法家代表人物

法家的代表人物大多是战国时期各国著名的政治家、军事家和思想家。其主要代表有：战国初期的李悝、吴起，中期的商鞅、慎到、申不害，末期的韩非、李斯。兹简要介绍如下：

1. 李悝（约公元前 455 年～前 395 年）魏国人，法家学派始祖，三晋地区最著名的法家代表人物之一。魏国是战国初期最早进行改革的一个诸侯国。自魏文侯时，便与韩、赵分晋，建立新国。为了富国强兵，魏文侯（公元前 445 年～前 397 年在位）广招人才，礼贤下士，启用了一批著名的政治家、军事家和思想家，李悝就是其中最著名者。初为北地守，后任"魏文侯相"和"魏文侯师"，主持魏国的变法，在政治、经济、法制方面进行了一系列有利于发展封建制的改革。他最突出的事迹，就是总结了春秋战国时期各国的立法经验，并对成文法运动进行了理论概括，完成了中国古代第一部系统的封建法典《法经》。至此，法家思想才初步形成一个体系，法家才成为一学派。从而，李悝获得了战国初期法家始祖的地位，谱写了"以法治国"的时代篇章。

2. 吴起，卫国左氏（今山东曹县北）人。战国初期著名的军事家、政治家。据说性格暴烈，急于功名。年少时因游仕而破家，为乡党所耻笑，遂"杀谤己者三十余人"；与母亲诀别时曾发誓说："起不为卿相，不复入卫"。[1] 后入鲁国，师从于孔子的弟子曾参，但因母亲死而不归守孝，为曾参所鄙视。长于兵战，著有兵法，与孙武齐名。初任鲁将，打败齐兵；旋即入魏，屡败秦兵，被魏文侯任为西河郡守，曾协助魏文侯推行奖励军功的法家政策。魏文侯死后，因受陷害，被迫由魏入楚。初被楚悼王任为宛（今河南南阳市）守，一年之后被提升为令尹（相当于相），主持变法，使楚国兵力强盛。楚悼王死后，被旧贵族杀害，变法失败。

3. 商鞅（约公元前 390 年～前 338 年），卫国人。战国中期著名政治家、法家思想体系的奠基者之一。公孙氏，名鞅；因是卫公的同族，亦称卫鞅；因出身魏国国君的疏远宗族，又称魏鞅；因功被封于商（今陕西商县东南商洛镇）而号商君，史称商鞅。"少好刑名之学"，曾任魏国"相"公叔痤的家臣，熟悉李悝、吴起在魏国变法的理论、实践。公元前 361 年，秦孝公即位，为富国强兵，下令求贤。商鞅携带李悝的《法经》入秦，并取得秦孝公信任，初任左庶长，后升为大良造。在秦孝公的支持下，两度主持变法，奠定了秦国富强的基础，使秦国后来居上，一跃而成为"兵革大强，诸侯畏惧"的强国，为秦统一天下打下了基础。但却因其变法损害了贵族的利益并曾刑及太子"傅"公子虔等，遭到贵族的强烈反对。秦孝公死后，被贵族陷害，车裂而死。他不但是先秦法家中变法最有成效者，而且是法家思想体系的奠基者之一。以重"法"而著称，与同时代

---

[1]《史记·孙子吴起列传》。

的慎到、申不害各成一派。

4. 慎到(约公元前390年~前315年),赵国人。战国中期法家代表人物之一。曾长期在齐国稷下学宫讲学,对法家思想在齐国的传播起过重大作用。其思想源于"黄老道德之术,因发明序其指意"。一般认为,慎到是从道家分出来的法家。但是,严格说来,慎到是从批判儒家("笑天下之尚贤"、"非天下之大圣")开始,最终走向法家的。在先秦法家中以重"势"而著称,是法家中重要的理论家,在法理学上很有造诣。但他之所以重"势",完全是从"尚法"出发的。

5. 申不害(约公元前395年~前337年),郑国京(今河南荥阳东南)人。战国中期政治家、法家代表人物之一。出身低微。韩灭郑后,被韩昭侯(公元前362年~前333年在位)起用为相,主持变法改革,颁布了大量的法律,一度使韩"国治兵强"。《史记·老子韩非列传》称"申子之学,本于黄老而主刑名",可见其思想带有道家影响的痕迹。他把法家的"法治"和道家的"君人南面之术"结合起来,成为法家重视"术"的一个分支。

6. 韩非(约公元前280年~前233年),战国末期法家主要代表人物之一、先秦法家特别是晋法家法律思想的集大成者。出身韩国贵族。与李斯一同师从于荀子,但只是从荀子那里获得了某些知识,其思想已经与荀子相悖。在荀子在世之时便高举法家的旗帜与老师分道扬镳了。《史记·老子韩非列传》称韩非"喜刑名法术之学,而其归本于黄老"。韩国在战国"七雄"中是最弱的一个。韩非不忍心看着韩国走向衰败,数次上书劝谏韩王变法革新,但没有被采纳。由于口吃不善说而善于著书,于是便发奋著书立说,作《孤愤》、《五蠹》、《内外储》、《说林》、《说难》十余万言。这些著作传到秦国后,受到秦王政(即秦始皇)的重视,秦王感慨地说:"嗟呼,寡人得见此人与之游,死不恨矣!"后秦国攻打韩国,韩王派韩非出使秦国。秦王见后非常欣赏,但韩非书生气太浓,念念不忘故国,因而没有得到信任。在李斯、姚贾的陷害之下,下狱经年,被迫自杀。他集商鞅的"法"治、慎到的"势"治、申不害的"术"治为一体,提出了"法、势、术"三者合一的思想,对后世产生很大的影响。"韩非虽然身死于秦,但他的学说实为秦所采用,李斯、姚贾、秦始皇、秦二世实际上都是他的高足弟子。"[1]

7. 李斯,楚上蔡(今河南上蔡西南)人。战国末期秦著名政治家、思想家,法家代表人物之一。年轻时曾作过郡小吏,并曾与韩非一起师从于荀子,后又接受商鞅、慎到、申不害等人的法家学说,韩非的思想也对他产生了很大影响。战国末入秦,起初作秦相国吕不韦的舍人,后来被秦王政(即秦始皇)任命为长史、客卿。公元前237年,以韩国水工郑国事件,宗室贵族建议逐客,他却上书谏阻,为秦王所采纳。不久,升为廷尉(朝廷的司法官)。他建议对六国采取各个击破的政策,对秦始皇统一六国

---

〔1〕　郭沫若:《十批判书》,人民出版社1954年版,第337页。

起了较大的作用。秦统一天下后,任丞相。反对分封制,主张焚《诗》、《书》,禁私学,实行文化专制,以加强专制主义中央集权的统治;反对"仁义",主张严刑,并将商鞅、韩非的"重刑轻罪"思想纳入实践之中,严刑重罚,深督轻罪。早年出于个人嫉妒,曾陷害其同学韩非。秦始皇死后,追随赵高,合谋伪造遗诏,迫令秦始皇长子扶苏及大将军蒙恬自杀,立少子胡亥为二世皇帝即秦二世。后被赵高陷害而死。他协助秦始皇实践了法家的政治法律主张,但在君主专制制度上又发展了商、韩等法家代表人物思想中的糟粕,把君主专制制度推向极端。其一生的成败与秦王朝的兴亡密切相关,其法律思想和实践活动对秦中央集权的君主专制制度的确立和封建法制的发展以及破坏都具有很大的影响。

(三)法家的派系

根据不同的划分标准,法家的流派大致有三种划分方法:

1. 从时间上,可以划分为:前期法家和后期法家。前期法家指战国初期、中期的法家,即新兴地主阶级通过变法在各诸侯国内夺取政权时期的法家。主要代表人物是李悝、吴起、商鞅、慎到、申不害等。前期法家的中心思想是:批判传统"礼治",论证变法的重要性和正义性,探讨新兴地主阶级夺取诸侯国政权的途径,勾勒出一幅"以法治国"的政治蓝图。由于历史条件的原因,前期法家在思想上多少还受到传统思想的某些影响,带有其他诸家思想影响的某些痕迹。前期法家大都注重政治实践,兼政治家、思想家于一身,更为关注推行"法治"的实践问题。因此,前期法家的法律思想颇具有实践色彩。

后期法家指战国后期的法家,即新型地主阶级通过兼并战争实现全国统一时期的法家。主要代表人物是韩非和李斯。后期法家已经具备较丰富的政治经验,因而其思想宗旨是:总结变法夺取政权和巩固政权的经验,在前期法家法律思想的基础上,提出较为完备的、系统的"法治"理论,以作为新兴地主阶级的统治理论。后期法家已经有条件对一系列重大理论问题进行理论探讨,因此,其思想更具有理论色彩。

此外,前期法家和后期法家还有一主要区别:前期法家并不一般地完全排斥道德教育的作用;而后期法家则认为人们"好利恶害"的本性无法改变,因此完全否定道德教育的作用,把法律的作用夸大到无以复加的地步,使法家的"法治"理论发展到极端。

2. 从地域上,可以划分为:晋法家和齐法家。在大致相同的历史时期,法家内部的主张常常表现出差异性,这在很大程度上取决于不同的地域文化传统。

晋法家或称晋秦法家是以三晋文化和秦文化为基础而产生的法家派系,其代表人物主要有:李悝,魏国人;吴起,卫国人;商鞅,卫国人;慎到,赵国人;申不害,郑国人;韩非,韩国人;李斯,楚国人。他们都不同程度地参与了三晋(韩、赵、魏)和秦国的变法与法制建设。其中,影响最大的商鞅、韩非分别是晋法家"法治"理论的初创者和集大成者。

晋法家是法家的主体,其思想是战国法家思想的主流和代表。晋法家思想的特征是:重农抑商,严刑峻罚,否认道德教育作用,极端夸大刑罚的作用。这可以从晋国的"戎索"精神中找到其原型。

齐法家是以齐国文化为基础产生的法家派系,其法律思想主要反映在假托管仲之名的《管子》一书中。《管子》一书中的法家思想是在管仲的旗帜下发展起来的,即从管仲在政治、经济上的改革措施中推演出来的,是这些措施在理论上的发展。因此,可以说是管仲思想的发挥。齐法家思想的特征是:重农而不抑商,重法而不全盘否认道德教育的作用。这可以追溯到齐国的地理环境和历史文化传统之中。

3. 从理论上,可以划分为:法派、势派、术派。按照韩非的看法,前期法家可分三派:商鞅重法——法派,慎到重势——势派,申不害重术——术派。商鞅论证了推行"法治"的重要性,慎到、申不害则论证了推行"法治"的可能性(政权、技术)。后期法家韩非则总其大成,提出了"以法为本",法、势、术相结合的完整理论体系。

(四)法家的变法实践

战国初期,新兴地主阶级先后在一些诸侯国夺取了政权。但是,封建制度还不完备,旧的传统在各个方面仍有很深的影响。为了进一步革除残存的奴隶制,巩固新兴地主阶级的统治,加强封建制度的建设,各诸侯国都不同程度地进行了社会改革,由此掀起了战国时期轰轰烈烈的变法运动。在这场变法运动中,作为政治家、军事家、思想家,一些法家代表人物走上各诸侯国的政治舞台,主持变法,开始实践其"法治"思想,从而揭开了"法治"的序幕,为法家的形成和发展奠定了基础。

1. 李悝在魏国的变法实践。魏国是战国初期最早进行变法的一个诸侯国。第一位国君魏文侯在位时(公元前445年~前396年)招纳了一大批政治、军事人才帮助改革。其中成效最大的是李悝的变法。李悝变法实践的主要内容是:

(1)"尽地力之教"与"平籴法"。"尽地力之教"与"平籴法"是李悝在经济领域实施的重要改革措施。所谓"尽地力之教"就是废除"井田"的疆界,鼓励自由开垦耕地、勤劳耕作以增加生产,培植封建的个体小农经济。《汉书·食货志》记载:"是时李悝为魏文侯作尽地力之教,以为地方百里,提封九万顷,除山泽邑居参分去一,为田六百万亩。治田勤谨,则亩益三升(注:当为三斗),不勤则损亦如之。地方百里之增减,辄为粟为八十万石矣。"

李悝认为:粮价太贱,农民入不敷出,生活困难,国家就要贫困;粮价太贵,城市居民负担不起,生活困难,就要流浪他乡。为此,他制定了平衡粮价的"平籴法",就是把好年成分成上、中、下三等,坏年成也分成上、中、下三等。好年成时,农民交纳什一之税,留下自己用的粮食外,其余的由政府按定价收购;坏年成时,又由政府平价售出。这样可以"取有余以补不足",稳定小农经济。

李悝经济改革的目的是：①巩固封建地主阶级的土地私有制，从而调动土地所有者的生产积极性；②巩固封建性的行政与赋税制度，按地域而不是按血缘来划分居民，并保证国家的"什一之税"；③通过国家行政力量的干预，协调农业生产者和城镇手工业者之间的关系，抑制商人囤积居奇，以保障国家的政治稳定。

（2）赏罚必当的"为国之道"。李悝在政治领域提出了"为国之道，食有节而禄有功，使有能而赏必行、罚必当"[1]的改革措施。这实际上包括两个方面的内容：①在任用官吏上，要打破以往世卿世禄的贵族世袭制，废除贵族的一系列特权，任用大批新兴地主阶级的有能有功之士；②在行赏施罚方面，要做到有功劳的一定要赏，有罪过的一定要罚，此即后世法家所主张的"信赏必罚"。这些精神正是法家的"法治"精神。

（3）"撰次诸国法，著《法经》"。"撰次诸国法，著《法经》"，是李悝在中国法律文化史上最大的贡献。李悝也因此而奠定了自己在法家学派开山鼻祖的地位。

李悝作《法经》之事，战国时期的法家著作中没有提起，《史记》、《汉书》也只字未提。现有文献中，最早提到《法经》的是保存在《晋书·刑法志》中的三国时期曹魏陈群、刘劭等作的《魏律·序》，其云：

"新律因秦《法经》，就增三篇，而《具律》不移，因在第六。"

《晋书·刑法志》在追述曹魏之法时则说：

"是时承用秦汉旧律，其文起自魏文侯师李悝。悝撰次诸国法，著《法经》。以为王者之政，莫急于盗贼，故其律始于《盗》、《贼》。盗贼须劾捕，故著《网》、《捕》二篇。其轻狡、越城、博戏、借假、不廉、淫侈、逾制以为一篇，又以《具律》具其加减。是故所著六篇而已。然皆罪名之制也。"

《唐律疏仪》也有比较详细的记述：

"周衰刑重，战国异制，魏文侯师于李悝，集诸国刑典，造《法经》六篇：一盗法、二贼法、三囚法、四捕法、五杂法、六具法。"

可见，李悝的《法经》是在总结春秋末期郑、晋"铸刑书（鼎）"以来法制改革成果的基础上整理出来的，是后世封建法典的雏形。

《盗法》是涉及公、私财产侵犯的法律，《贼法》是有关危及政权稳定和人身安全的法律，《囚法》是有关断狱的法律，《捕法》是有关捕亡的法律，《杂法》是处罚狡诈、越城、赌博、贪污、淫乱等行为的法律，《具法》是规定刑罚加重和减轻的法律。

《法经》以《盗法》、《贼法》、《囚法》、《捕法》、《杂法》、《具法》六篇囊括当时的法令，有着重大的意义：①有利于司法的统一，便于司法官准确使用法律和定罪科刑；②有利于立法的系统化，使立法活动在兼顾历史沿革和横向联系的科学环境中进行，避

---

[1]《说苑·政理》。

免重复和抵牾;③实体法和程序法大致区分开来,有利于按客观规律指导法律实践活动;④有利于法律文献的整理、修订、解释、研究。

因此,《法经》是新式法令的集中体现,是封建成文法典的雏形。但遗憾的是,《法经》很早就已经失传了。明代末期董说的《七国考》曾引西汉末年桓谭《新论》有关《法经》的片断,很可能是董说伪造的,不足为信。

2. 吴起在楚国的变法实践。吴起在魏国曾参与李悝的变法活动,协助魏文侯推行奖励军功的法家政策。入楚后,开始帮助楚悼王改革,主持变法:

(1)"损有余而继其不足"。吴起在楚国变法的宗旨是加强国君的权利。为此,主张削弱贵族的力量。他认为,楚国之所以弱,是因为"大臣太重,封君太众。若此则上逼主而下虐民,此贫国弱兵之道也"[1] 因此,提出"损有余而继其不足"[2]的变法原则。

具体做法是:"使封君之子孙三世而收爵禄,绝灭百吏之禄秩,损不急之枝官,以奉选练之士"。即逐步废除旧贵族的世卿世禄制,剥夺贵族多余的土地来补充新兴地主的不足,取消贵族三世以后子孙的爵禄,精简"无能"、"无用"的官员,把节省出来的经费用于"抚养战斗之士"[3] 同时,把一部分贵族迁往边远地方,"令贵人往实广虚之地",[4]进一步打击了贵族势力。

(2)"明法审令"。在执法方面,主张"明法审令",严格依法办事。这就要求君主和各级官吏服从统治阶级整体利益的"公",克服一己之利的"私","使私不害公,谗不蔽忠,言不敢苟同,行不敢苟容,行义不顾毁誉"[5] 为此,以"法治"的手段"塞私门之请,壹楚国之俗",大力整顿楚国的吏治,纠正以私害公的不正之风。此外,还禁止纵横家进行游说,以防内外勾结,破坏楚国变法的方针政策。

尽管吴起被楚国旧贵族势力所杀害,其主持的旨在"富国强兵"的变法也被扼杀,但是他的削弱旧贵族势力的措施以及"明法审令",明于赏罚的主张,都被后世法家所继承和发展。吴起是失败的政治家,商鞅是成功的政治家。他们的变法结果从不同的角度反映出当时以新代旧的变革浪潮。

3. 商鞅在秦国的变法实践。商鞅在秦国先后主持过两次变法,是先秦法家变法最有成效者。

第一次开始于公元前 359 年(一说公元前 356 年),主要内容是:

(1)以《法经》为蓝本,结合秦国的具体情况加以修订、扩充,改"法"为"律",增加

---

〔1〕《韩非子·内储说上》。
〔2〕《说苑·指武》。
〔3〕《史记·孙子吴起列传》。
〔4〕《吕氏春秋·贵卒》。
〔5〕《战国策·秦策三》。

"连坐法"即"令民为什伍而相收司连坐,不告奸者腰斩,告奸者与斩敌首同赏",[1]制定《秦律》颁行秦国,厉行法治。

(2)奖励军功,禁止私斗,取消世卿世禄制和一切特权,"宗室非有军功论不得为属籍";[2]"斩一首者爵一级,欲为官者为五十石之官","官爵之迁与斩首之功相称也";[3]"私斗者各以轻重被刑",使人民"勇于公战,怯于私斗"。[4] 太子犯法,"刑其傅公子虔,黥其师公孙贾"。[5]

(3)奖励耕织,重农抑商:"力本业,耕织致粟帛多者复其身,事末利及怠而贫者,举以为收孥。"[6]

第二次变法开始于公元前350年,主要内容是:

(1)废除井田制,确立封建土地私有制,"开阡陌封疆",[7]"改帝王之制,除井田,民得买卖"。[8]

(2)普遍推行县制,"集小都、乡、邑、聚(村落)为县,置令、丞凡三十一县(一说四十一县或三十县)"[9] 县令、县丞等地方官由国君直接任免,集权中央,并统一度量衡。

(3)按户口征收军赋,"舍地而税人",[10]以利开垦荒地和增加赋税收入,明令"民有二男以上不分异者倍其赋",并禁止父子无别、同室而居的旧俗。[11]

这些改革措施,一方面清理了贵族的政治经济势力,一方面巩固了新兴地主阶级的经济基础和政治统治。从而使秦国从不被人重视的"夷狄之邦",一跃而成为令人畏惧的强国。

4. 申不害在韩国的变法实践。公元前403年,韩与赵、魏正式被周天子封为诸侯。地域狭小的韩国地处原晋国的南部,夹于三强之间:西以秦国为邻,北、东北与魏接壤,南与楚相连。

建国以来,韩国新型地主阶级的政权就未巩固,国力一直很弱。直到韩昭侯时期(公元前358年~前333年),各国大都进行了变法改革,新兴地主阶级的统治得到了

---

[1] 《史记·商君列传》。
[2] 《史记·商君列传》。
[3] 《韩非子·定法》。
[4] 《史记·商君列传》。
[5] 《史记·商君列传》。
[6] 《史记·商君列传》。
[7] 《史记·商君列传》。
[8] 《汉书·食货志》。
[9] 《史记·商君列传》。
[10] 《通典·食货典·赋税上》。
[11] 《史记·商君列传》。

巩固和发展,国力强大,开始对外扩张。面对内外交困的局面,韩昭侯任用申不害进行变法。其变法内容即"修术行道"[1]、"内修政教":[2]

（1）君主治国,一定要确立法治,依法办事,反对统治者凭主观意志和个人善恶随意决定政策措施和赏罚制度。

（2）强调"术"的作用。主张君主"独断"即集权于一身,将官吏的设置、任免和考核、赏罚以及生杀予夺之权都牢牢地掌握在手中。

（3）主张君主要"无为"而治,同时任用官吏要使其称职,不许官吏越职行事,要经常监督、考核官吏。

申不害在韩国15年间,大力推行"术"治,使得韩国封建君主专制统治加强,政治局面比较稳定,国力也比较强盛;但用"术"有余,定法不足,没有统一的法律,因而出现了"晋之故法未息,而韩之新法又生;先君之令未收,而后君之令又下"[3]的混乱现象。昭侯死后,变法便停止。

四、先秦法家的法律思想

（一）法家思想的理论基础

1.法家的历史观与变法论。为了论证推行"法治"的必要性,法家提出了进化史观:人类历史是向前发展的,一切法律制度都必须随着历史的发展而相应变化,不能复古倒退,也不能固步自封。

商鞅早在秦国主持变法时,就对守旧派"法古无过,循礼无邪"的观点进行了批驳,认为人类社会历史的发展经历了四个阶段:"上世"是"民知其母而不知其父"的社会,人们亲爱亲人、贪图私利;"中世"出现了抢夺、争执的现象,但人们尊重贤人,喜爱仁慈;"下世"出现了私有制、君主、刑法,人们尊重官吏和贵族;"今世"是各国忙于兼并,民众有技巧而奸诈。时代不同,统治方法也要改变:"上世"可以靠"亲亲","中世"则只能靠"仁义","下世"则"亲亲"、"仁义"都行不通了,"今世"更不能沿用这些旧的统治方法。[4] 其口号是"不法古,不循今",必须因势立法。

韩非继承、发展了商鞅的历史观,讥讽言必称尧舜、"欲以先王之政,治当今之民"的儒家是"守株待兔"的蠢人;认为人类社会是发展变化的,而且越变越好。上古时期,"人民少而财货众,故民不争",以"德治"、"礼治"就能治理好天下;现在,"人民众

---

〔1〕《史记·韩世家》。

〔2〕《史记·老子韩非列传》。

〔3〕《韩非子·定法》。

〔4〕《商君书·更法》。

而货财寡,事力劳而供养薄,故民争"[1]。最后,韩非得出结论:"法与时转则治,治与世宜则有功","时移而治不易者乱"[2]。

从这种历史观出发,法家进一步指出战国时期的形势是:"强国事兼并,弱国务力守",[3]"力多则人朝,力寡则朝于人"。《韩非子·显学》在这种形势之下,所谓"礼治"、"德治"都没有用,必须致力于变法,迅速发展农业生产、加强军事力量,才能富国强兵。为此,惟一有效的办法就是:颁布法律,奖励耕战,使人们都能喜农乐战。为了保证这些法律的贯彻执行,就必须厉行"法治"。

2.法家的人性论。在法家看来,"好利恶害"、"趋利避害"是古往今来人人固有的本性。这种本性是不可改变的,表现在社会生活的各个方面。《管子·禁藏》说:"夫凡人之性,见利莫能勿就,见害莫能勿避。其商人通贾,倍道兼行,夜以续日,千里而不远者,利在前也。渔人入海,海深万仞,就彼逆流,乘危百里,宿夜不出者,利在水也。故利之所在,虽千仞之山,无所不上;深渊之下,无所不入焉。"

《商鞅·错法》则说:"人生有好恶,故民可治也","人情者有好恶,故赏罚可用"。正因为"人性好爵禄而恶刑罚",所以只能用赏罚的法律手段而不能用仁义德教来进行统治。

韩非则把"好利恶害"的人性论进一步发展为自私自利的"自为心",[4]并举出社会上的溺婴习俗为例,来说明即使父母对待子女都受"自为心"的支配。《韩非子·六反》说:"父母之于子也,产男则相贺,产女则杀之。此俱出于父母之怀衽,然男子受贺,女子杀之者,虑其后便,计之长利也。"既然父母与子女之间尚且如此,那么君民、君臣之间则更无例外:"君上之于民也,有难则用其死,安平则用其力","臣尽死力以与君市,君垂爵禄以与臣市"[5]。因此,在"好利恶害"的人性论面前,仁义德教是无济于事的,只有法令赏罚才能奏效。所以,《韩非子·八经》说:"凡治天下,必因人情。人情有好恶,故赏罚可用;赏罚可用,则禁令可立;禁令可立而治道具矣。"

法家的人性论实际上是战国时期私有制、商品经济发展的产物,是商品等价交换在人们利益上的反映。法家正是利用这种建立在社会现实利害基础之上的人性论来否定温情脉脉的宗法关系和儒家鼓吹的"礼治"、"德治"、"人治",为实行"法治"提供理论基础。

法家把"好利恶害"的人性与国家的富强结合起来,用赏赐与刑罚诱使、驱使人们"耕"、"战"、"告奸",凡是生产粮食多的、杀敌有功的、揭发违法犯罪的,都可以得到

---

[1]《韩非子·五蠹》。
[2]《韩非子·心度》。
[3]《商君书·开塞》。
[4]《韩非子·难三》。
[5]《韩非子·难一》。

官爵、田宅。任何人,不论出身如何,只要努力按照国家的法令去做,就能得到富贵荣华,而国家也就强盛起来了。

(二)法家关于法律的一般理论

法家是先秦时期最重视法律研究的一派,在法律的一般理论方面提出了独具特色的见解。

1.法律的定义及其本质。法家有很多关于法律的定义和本质的论述,其中有些内容不乏历史唯物主义的因素。从大体上看,这些论述有以下三个特征:

(1)法律是客观的、普遍的、公正的行为准则。这种准则就像测量长度的尺寸、辨别曲直的绳墨、衡量方圆的规矩、称重的衡石、量容积的斗斛等工具一样,既不以个人意志的好恶为转移,也不以社会一部分人的主观愿望而更改。正如《商君书·修权》所说:"法者,国之权衡也"。法家以度量衡来比拟法律的目的就是要强调法的客观性、普遍性和平等性。这种观点虽然是以普遍性的形式,即以社会全体成员代表的身份提出的,但其实质上主要代表了当时的新兴地主阶级,反映了新兴地主阶级要求在法律面前与旧贵族平等的思想。因此,法家的"法"也就不同于"别亲疏,殊贵贱"的"礼"。

(2)法律是国家强制力保障实现的特殊的行为规范。因此,法和刑是密切相联系的。这就要求以"法"作为定罪量刑的依据,以刑、赏作为保证"法"的手段。正如《韩非子·定法》所说:"法者,宪令著于官府,赏罚必于民心。赏存乎慎法,而罚加乎奸令者也。"这种法、刑结合的思想,又有别于维护奴隶主贵族特权的"礼"。因为自西周以来,由于奴隶主贵族实行"礼不下庶人,刑不上大夫"[1]的"礼治","礼"和"刑"是分开的。"礼"主要用来调整贵族内部以及本氏族或本部落成员的关系,"刑"主要用来镇压奴隶和平民。法家将"法"与"刑"结合起来,也就意味着刑可以上大夫。与此同时,"法"既然以"刑"为保证,也就成为人们必须遵守的行为规范,具有以国家暴力为后盾的强制性。如果谁敢违犯,就要受到刑罚的制裁。这是"法"不同于"礼"的又一特点。中国封建社会法律之所以以刑法为主体,乃至民、刑不分,追其思想根源是从法家开始的。在此之前,中国古代法律并非民、刑不分,因为当时的民事法律规范主要就包括在与"刑"相分离的"礼"之中。

(3)法律不是社会中一部分人局部利益的"私"的体现,相反,法律是社会整体利益的"公"的体现。法家把"法"看作是公平、正直的客观准则,这也是对法律本质的一种看法。在法家看来,当时新兴地主阶级反对旧贵族垄断经济、政治利益的世袭特权,要求土地私有和按功劳与才能授官予爵等主张是公平的,而维护旧贵族世袭特权

---

[1]　《礼记·曲礼》。

的"礼"则是不公平的。因此,应当按照新兴地主阶级的意志来立法,也只有按照新兴地主阶级意志所立的法才能称之为"法"。由此可见,法家所讲的"法"不是一般的法律。因此,法家讲平等,只是替当时还是平民的新兴地主阶级向旧贵族争取平等。这种平等即使在形式上也不同于近代资产阶级提出的"法律面前人人平等"。基于这样一种认识,法家特别是前期法家认为,法律是为整个国家利益服务的,高于包括最高统治者在内的所有社会成员的个人利益:这种个人利益为"私",整体利益为"公";体现这种整体利益的"法"则为"公法";"公"高于"私",因而"法"也高于"私",而且二者势不两立。所以,《韩非子·诡辩》说:"夫立法令者,以废私也。法令行而私道废矣。私者,所以乱法也。"另,《有度》篇也说:"能去私曲就公法者,民安而国治。能去私行行公法者,则兵强而敌弱。"因此,维护新兴地主阶级的整体利益,法家坚决反对"君臣释法任私"[1]。法家把体现新兴地主阶级意志的法看成是"公法"的观点,在法理学上显然已经朝着解决法律的本质问题迈进了一步。但是,将本阶级的整体利益说成是全社会的整体利益,"所以利民萌、便众庶之道"[2],又远远背离了法律的真正本质。

2.法律的起源。在法律起源问题上,法家认为,法律和国家一样都是人类历史发展到一定阶段的产物。人类社会在"民知其母而不知其父"的时候,并没有国家和法律;后来,人与人、族与族之间互相争斗,为了"定分(或名分)"、"止争(或止暴)",需要"立禁"、"立官"、"立君",才产生了国家和法律。

法家在这里所说的"分",即《商君书·开塞》所谓"作为土地货财男女之分",主要是指以土地私有制为基础的财产所有权。这种"定分止争"的法律起源说不但完全排除了商周以来的天命神权思想,而且由于和"定分止争"联系起来,因而也就初步触及到适应保护私有制和维护社会秩序与安定等需要的问题。最后,法家还指出,国家和法律是在突破"亲亲而爱私"的氏族血缘组织的情况下产生的。

法家还从人口数量与物质财富之间的比例关系来论证法律起源问题。认为,远古时代,人口少而货财多,所以人们不争夺而相安无事;后来,人口不断增长,而物质财富增长得比较缓慢,从而造成人口众而货财少的局面,同时由于人性"好利恶害",必然导致争夺。于是,国家和法律的产生就是必然的了。

在法家的法律起源论中,法律的产生既然在于"立禁"和"止争",因而法律本身也就具有强制性。法家甚至承认国家、法律就是"内行刀锯,外用甲兵"[3]的暴力,但是却把国家和法律的产生归功于"贤者"、"智者",最终陷入历史唯心主义的沼泽地。

3.法律的作用。法家认为,法律是维系人类社会和治理国家不可缺少的东西,其

---

〔1〕《商君书·修权》。
〔2〕《韩非子·问田》。
〔3〕《商君书·画策》。

作用主要有以下三个方面：

（1）"定分"以"止争"。法家认为，法律是适应确认"土地货财男女之分"〔1〕的需要而产生的。因此，法律的首要作用就是"定分"以"止争"。

《商君书·定分》非常形象地用"百人逐兔"的例子阐述说："一兔走，百人追之，非以兔可以分为百也，由名分之未定也。夫卖兔者满市，而盗不敢取，由名分已定也。故名分未定，尧舜禹汤且皆如骛而逐之。名分已定，贫盗不取"。可见，法律是以定分的手段来保护财产私有制。这种认识正是当时以土地私有制为基础的财产私有观念初步发展的产物。而其要害是用法律来确认、保护新兴地主阶级的土地私有制度。

（2）"兴功"而"惧暴"。法律的第二个作用是通过规定人们必须做什么和禁止人们做什么，并运用相应的赏罚手段来促进功利，防止暴乱。

"兴功"，即指"富国强兵"。当时各诸侯国正处于兼并战争中，只有发展国力才能取得兼并战争的胜利并进而统一中国。法家正是运用奖耕战、赏告奸的手段来达到这一目的的。"惧暴"，即指在法律、刑法、监狱的威慑之下，使被统治阶级不敢起来反抗统治阶级的统治。

（3）"一民而使下"。法律的第三个作用是统一人们的言行并役使臣下。法家主张公布法律，使家喻户晓、人人皆知，从而明白应当做什么、不应当做什么。运用官方教育的手段使人们增强法制观念，自觉服从法律，达到用法律来统一人们言行的目的。同时，君主对臣下的支配也是通过法律来实现的。这主要是用法律确定臣下的职权范围，然后用法律加以考核，以确定赏罚、升迁。这就是"循名责实"。另外，法律还有效地维护君主的一系列权力，以防止臣下篡权谋反。

（三）法家的"法治"说

法家所提出的"法治"口号，即所谓"以法治国"，最早是由《管子》提出的。又称"垂法而治"〔2〕、"缘法而治"〔3〕法家主张将新兴地主阶级的利益和要求制定为"法"，以"法"作为治理国家、统一天下的主要方法。这是法家法律思想的核心。

在封建制经济基础大体确立之际，在封建统治集团内部爆发了法家与儒家亦即"法治"与"礼治"的大辩论。"法治"是法家的旗帜，也是法家与儒家争论的焦点。法家是继墨家之后反对儒家最有力的一个学派，其在法律思想上的对立，主要表现为"法治"与"礼治"、"德治"、"人治"的对立。从这种对立中，可以看到法家"法治"的内容与实质。

1. "法治"与"礼治"的对立。这是两种不同质的法律和制度的对立。"法治"是

---

〔1〕《商君书·开塞》。
〔2〕《商君书·壹言》。
〔3〕《商君书·君臣》。

法家针对儒家的"礼治"所维护的宗法制而提出的。法家的"法治"要求"不别亲疏，不殊贵贱，一断于法"，[1]反对旧贵族垄断土地所有权的土地国有制和世卿世禄的宗法等级制；主张土地私有并允许自由买卖，实行按军功、才能选拔官吏的官僚制，因而与维护奴隶主贵族世袭特权的"礼治"形成了对立。

2. "法治"与"德治"的对立。这是法家和儒家在统治方法上的对立。法家主张"不务德而务法"，[2]只能"以力服人"，强调以国家暴力为后盾的法律的强制作用，把法律的强制手段说成是最有效的甚至是惟一有效的统治方法，轻视甚至完全否定道德教化的作用。儒家则主张"以德服人"的"德治"、"仁政"，强调道德教化的作用，相对轻视法律及其强制作用。

3. "法治"与"人治"的对立。这是在治理国家上"法"、"人"二者哪个起决定作用问题上的对立。法家强调治理国家的关键是"法"，而不是"人"，认为只要有了根据新兴地主阶级意志所立的"法"，并坚决贯彻执行，就能轻而易举地治理好国家，即所谓的"以法治国，举措而已"。儒家则鼓吹"为政在人"的"人治"，认为在治理国家上起决定作用的是"人"，而不是"法"，即所谓"其人存则其政举，其人亡则其政息"。[3]法家抨击儒家的"人治"，认为"人治"就是统治者随心所欲的"心治"或"身治"。如，《慎子·君人》说："君人者舍法而以身治，则诛赏予夺与从君心出矣。然则受赏者虽当，望多无穷；受罚者虽当，望轻无已。君舍法而以心裁轻重，则是同功而殊赏，同罪而殊罚矣。怨之所由生也。"《韩非子·用人》也说："释法术而任心治，尧不能正一国。"

可见，法家的"法治"思想符合战国时期封建制度确立的时代要求，比儒家的"礼治"更具有积极意义。

人们常常注意儒家和法家对立的一方面，却往往忽视二者相同的另一方面。其实，"法治"与"礼治"并不是格格不入的整体对立，而是既有分立之处，又有重叠之处。

(1)在阶级属性上，法、儒两家都是封建阶级的代表。前者代表非贵族出身的平民地主，后者则代表由奴隶主贵族转化而来的封建贵族。两者在否定奴隶制经济关系上是一致的。

(2)在政体上，法家要求建立官僚集权专制政体；儒家则要求建立统一的但非集权的贵族政权，各级贵族在国君面前有相对独立的特权并得以世袭下去。但是法家既维护国君一家一姓的世袭特权，也注意照顾各级官吏和有爵位者的特殊利益，这些同"礼治"的精神毫无二致。

〔1〕《史记·太史公自序》。
〔2〕《韩非子·显学》。
〔3〕《礼记·中庸》。

（3）在社会经济和组织方面，法家和儒家都维护自然经济和宗法家族社会结构，只不过方法不同：法家运用法律的强制手段，儒家则以"重义轻利"和忠孝仁爱的道德说教。秦律维护父系家长对卑亲属的种种特权，证明国家已经把司法权的一部分（或曰准司法权）交给了父系家长，让他们共同维系封建王朝的社会基础。

（4）在意识形态方面，法家和儒家都维护宗法道德观念。法家强调道德的外在表现，故崇尚法律；儒家则强调忠孝仁爱的内在伦理感情，故重视教化。正如《商君书·画策》所言："所谓义者，为人臣忠，为人子孝，少长有礼，男女有别，非其义也，饿不苟食，死不苟生，此乃有法之常也"。符合法律的行为同时也就成了符合道德的行为。《韩非子·忠孝》："臣事君，子事父，妻事夫。三者顺则天下治，三者逆则天下乱。"这也是强调"事"的外在行为，至于是否具备忠孝的伦理感情，法家是不关心的。《睡虎地秦墓竹简·为吏之道》说："君怀臣忠父慈子孝，政之本也。"这些都反映了地主阶级用宗法观念维系统治阶级内部及家族内部秩序的愿望。

从总体上看，"法治"和"礼治"的对立是有限的。这种对立主要表现在三个方面：一是政体，即建立集权政体还是贵族政体；二是统治方法，是"以力服人"、"以刑去刑"，还是"以德服人"、"以德去刑"；三是价值观念，是富国强兵的功利主义，还是实践"人之所以异于禽兽"、"人之所以为人"的道德伦理观念。除此之外，两者则呈现出不同程度的重叠。法家自战国初期到战国末期的发展与儒家自孔子、孟子、荀子的发展，有着微妙的和谐之处。法家、儒家都由理想型转变为务实型，法家捍卫宗法等级，儒家也容忍集权专制，二者都由强调礼法对立而强调礼法合一。秦律维护官吏及父系家长的特权，无异于"礼治"的局部法典化。"法治"、"礼治"都是自然经济和宗法社会的产物。两者的差异仅仅在于：法家是从维护封建自然经济到维护宗法社会，而儒家则是从维护宗法社会到维护封建自然经济。这正是绝妙的异曲同工、殊途同归。

（四）法家的立法论

从总体上看，法家主张：君主掌握国家的立法大权，即所谓"生法者，君也"；但是，君主立法不能随心所欲，必须遵循、反映自然和社会关系的必然性，充分考察制定法律所涉及到的各种客观情况，然后才能立法。为此，提出了六项具有普遍性的立法原则：顺天道、因民情、随时变、遵事理、量可能、务明易。

1. 顺天道。"天道"即天地、阴阳、四时等自然现象、自然规律。顺天道就是指法律的制定要符合自然规律和自然环境的要求。法家认为，天地、阴阳、四时等自然界是一个整体，在这个相互制约的统一的整体中，各有各的作用，各有其自身运动的客观规律；人生于天地等自然界之中，必然与天地等自然界形成了一种协调适应的和谐关系。因此，当政者顺天道才能成功，否则必将失败。立法上的顺天道主要有两个要求：

（1）立法要"立公去私"。法家认为，天道的本性即对万物一视同仁而无私，据此，立法要从公而无私。《管子·明法解》："行天道，出公理。"《版法解》："法天合德，象地无亲，日月之明无私。"法家从天道中引申出立法尚公，就是要求用法律的形式确定新兴地主阶级的整体利益。

（2）立法要"法四时"。最早由《管子》一书提出。法家认为，立法要遵从自然规律，法律的内容必须适应春夏秋冬四季的不同要求，以保证农业生产的正常进行。主要表现在赏罚制度要与"四时"相适应。《禁藏》说：春天万物复生，性质属"仁"，应该实行仁政，如：不准杀生，要振济贫苦、赦罪民等；夏天万物茂盛，性质属"忠"，应实行鼓励政策，以劝天功；秋天万物肃杀，性质属"急"，与之相应，要行五刑、诛大罪等；冬天万物凋谢，性质属"闭"，要聚集、储藏财物，对民进行教育等。《七臣七主》："春无杀伐"、"夏无遏水达名川"、"秋无赦过、释罪、缓刑"、"冬无赋税赏禄"。《四时》说："四时者，阴阳之大经也；刑德者，四时之合也。"

2.因民情。民情即人"好利恶害"的本性。因民情指法律的制定要以人对"利"的追求为基础。法家认为，"好利"之性人生而有之，包括两方面的内容：一是人的生理需要，如衣食住行；二是人的社会需要，如荣辱尊贵。能否把握民情是政治成败的关键。因此，立法要把握住人性"好利"这个关键，以民之好恶为准。君主的妙术就是利用民之好恶，使之对己有用、有利。

《商君书·错法》说："人情好爵禄而恶刑罚，人君设二者以御民之志，而立所欲焉。"

《管子·形势解》说："人主之所以令则行，禁则止者，必令于民之所好，而禁于民之所恶也。"

可见，法家强调立法因民情的目的并非是"令顺民心"，而是要使君主的"令行禁止"。从表面上看，因民情是要考虑人们的需要与愿望，实际上是要将法律变成为统治者所用的有利工具。

3.随时变。即指立法要适应时代的要求和社会发展的实际而不断变化。法家认为，圣君不应把历史传统作为包袱，当历史传统有碍于治时应进行改革。

《管子·正世》说：圣君之治"不慕古，不留今，与时变，与俗化。"

《商君书·更法》说："当时而立法。"

《韩非子·心度》说："法与时移而禁与能变。"

这一原则的提出，反映了法家的历史观：历史是变化的，因此法也应随时而变。同时又与法家的法律起源说有关。法家认为，法不是从来就有的，是圣人为了治乱而制定的，时代变了，圣人因时而立法，因此，法也随时而变。法家主张随时变的目的有两个：一是斥责礼义德教已经不适合"当今之世"的现实；二是要求法律的制定必须以富国强兵和奖励耕战为内容。

4.遵事理。"事理"即包括三个内容：①事物的规律性；②事例、习惯；③事物的轻重关系。遵事理就是指立法必须遵从事理。

《管子·版法解》:"审治刑赏,必明经纪;陈义设法,断事以理。虚气平心,乃去怒喜。"

《管子·七法》:"居身论道行理,则群臣服教,百吏严断。"

《管子·形势解》:"以法数治民则安,故事不广于理者,其成若神。"

法家认为,统治者包括君主在内应受"理"的制约与节制。君主在立法之前必须要考察事物的内在联系,依"理"立法。

5.量可能。即指立法要考虑客观可能性。法家认为,法要建立在现实可能性的基础之上,只有这样,法才能切实可行。

《管子·形势解》:"明主度量人力之所能为而后使焉。故令于人所能为则令行,使于人之所能为则事成。乱主不量人力,令于人之所不能为,故其令废;使于人之所不能为,故其事败。"

韩非也认为,法律规定的只能是人们可以得到的赏赐和可以避免的刑罚,以促使人们竭力去建立功名而不敢犯罪;同时,由于人们不都是"贤者",因此,只有"贤者"才能做到的规定不能被制定为法律。

法家认为,民之"所能为"与"所不能为"之间的"度量线"是由生产水平和人的体力决定的,因此,君主立法不能超越一定的度量界限,否则,统治将岌岌可危。这个度量线就是既不要使民富裕,又不要使民穷困至死,使民能维持简单生产的条件就恰到好处。

6.务明易。即指法律要通俗易懂、简便易行。《商君书·定分》指出:"民愚则易治",即法律的对象是愚蠢的民众,如果太"微妙",连聪明的人都看不懂,怎能让民众遵守? 因此,"圣人为法,必使明白易知。"

韩非则提出了"三易"的标准:"易见"即容易使人看到,"易知"即容易使人懂得,"易为"即容易使人执行、遵守。只要做到了"三易",就能确立起君主的威信,使法律得到贯彻执行。

(五)法家的司法论

法家非常重视司法。他们认为,必须使法律成为君主治理国家、官吏尽守职责、判断所有人言行是非、行赏施罚的惟一准则。为此,法家提出:明法、任法、壹法、从法等一系列司法主张。

1.明法。即要求公布法律,使法律"显"、"明"。《韩非子·难三》说:"故法莫如显。……是以明主言法,则境内卑贱莫不闻知也。"《管子·法法》说:"号令必著明,赏罚必信密,此正民之经也。"

明法的目的有两个:一是使万民能够以法律自戒,知道不能做什么。《商君书·定分》:"行法令,明白易知,为置法官吏为之师以道之,知万民皆知所避就。"二是防止司法官吏徇私枉法或罪刑擅断,同时防止罪犯法外求情。《商君书·定分》说:"吏不敢以非法遇民,民不敢犯法以干法官。"

因此,法家对司法官提出了两个要求:

(1)《商君书·定分》:"郡县诸侯一受宝来之法令,学问并所谓。吏民知法令者,皆问法官;故天下之吏民无不知法者";"诸官吏及民有问法令之所谓也于主法令之吏,皆各以其故所欲问之法令明告之"。即基层的法官一接到朝廷的法令,就要立即学习,弄清楚法令的具体规定;其他官吏、百姓要想知道法令,就向司法官吏咨询,这样人们就没有不知道法律的。

(2)《商君书·定分》:"为法令置官吏,朴足以知法令之谓者,以为天下正;则奏天子,天子则各主法令之皆降,受命发官。各主法令之民,敢忘行主法令之所谓名,各以其所忘之法令名罪之。"即担任司法官的资格就是要熟知法律;司法官必须有问必答,所答必对;如果不能回答,或忘记了法律的规定,则要依照所询问的和已忘记的法律惩罚司法官吏。

2.任法。即要求有法必依,执法必信。法家认为,"任贤"、"任智"、"任私"是对司法的最大破坏,必须坚决反对。

《商君书·靳令》说:礼乐,《诗》、《书》,修善、孝悌,诚信、贞廉,仁义,非兵、羞战,是破坏法度、削弱政治的六种虱子。

《韩非子·五蠹》则把儒家("学者")、纵横家("言谈者")、游侠("带剑者")、逃避兵役者("患御者")、商人工匠("商工之民")比做国家法律的五种蛀虫。

"任贤"的结果是损害君主的权威。《慎子》佚文:"立君而尊贤,是贤与君争,其乱甚于无君。是故有道之国,法立而私议不行,君主则贤者不尊,民一于君,事断于法。"

"任智"则必然要导致"下不听上,不从法"。《韩非子·诡使》说:"道私者乱,道法者治。上无其道,则智者有私词,贤者有私意。上有私惠,下有私欲,圣智成群,造言作辞,以非法措于上。上不禁塞,又从而尊之,是教下不听上,不从法也。"

"任私"则会鼓励"奸臣"卖主求利,贪官污吏侵害百姓。《商君书·修权》:"夫废法度而好私议,则奸臣鬻权以约禄,秩官之吏隐下而渔民。"

因此,《管子·任法》得出结论说:"任法而不任智,任数而不任说,任公而不任私,任大道而不任小物。"

为了做到"任法",法家提出两个要求:

(1)君主必须牢牢地掌握法律,把法作为察言、观行、考功、任事的标准,凡是不符合法律规定的,都要不听、不说、不做。《慎子·君臣》说:"为人君者不多听,据法倚数,以观得失。无法之言,不听于耳;无法之劳,不图于功;无劳之亲,不任于官。官不私亲,法不遗爱,上下无事,惟法所在。"

(2)突出"信"字,强调"必"字,要求有法必依,执法必信。《韩非子·五蠹》说:

"赏莫如厚而信","法莫如刑而必"。《管子·七臣七主》:"民信其法则亲。"《商君书·修权》:"民信其赏,则事功成;信其刑,则奸无端。"

3.壹法。包括三方面的内容:

(1)统一立法权。法家认为,立法权必须由君主集中行使,这样才能保证"政不二门",法律统一。

《商君书·修权》说:"国之所以治者三:一曰法,二曰信,三曰权。法者君臣之所共操也,信者君臣之所共立也,权者君之所独制也。人主失守则危。"

《管子·明法解》说:"明主之治天下也,威势之独在于主,而不与臣共;法政独制于主,而不从臣出。故明法曰:威不两错,政不二门。"

(2)统一法律的内容。法家坚持,必须保持法律内容的稳定性、协调性。

《韩非子·五蠹》:"法莫如一而固。"韩非所谓的"一",就是法律内容的统一。他在《定法》篇中批评申不害在韩国的变法:"晋之故法未息,而韩之新法又生;先君之令未收,而后君之令又下。申不害不擅其法,不一其宪令,则奸多。"可见,韩非坚决反对两种不同质的法律并存。韩非所谓的"固",就是法律内容的稳定。他在《解老》篇中说:"凡法令更则利害易,利害易则民务变,……治大国而数变法则民苦之,是以有道之君贵静,不重变法。"可见,韩非坚决反对朝令夕改。

(3)统一思想。法家主张,必须用法律统一人们的思想,以便统一规范人们的言行。

《韩非子·心度》:"禁奸于未萌。"

《韩非子·说疑》:"禁奸之法,太上禁其心,其次禁其言,其次禁其事。"

《管子·任法》:"以法制行之,如天地无私也。是以官无私论,士无私议,民无私说,皆虚其匈以听于上。"

《韩非子·问辩》:"明主之国,令者,言最贵者也;法者,事最适者也。言无二贵,法无两适,故言行不轨于法令者必禁。"

可见,法家要求严惩任何反抗的想法或动机,主张镇压思想犯。

4.从法。即必须保证法律的权威性,任何人都要依法办事。包括两方面的内容:

(1)君臣共守法。法家认识到"法之不行,自上犯之"[1]因而主张君主要带头守法,才能保证法律的贯彻执行;法律的权威高于君主,自觉遵守法律的君主才是"有道之君"。《管子·法法》:"明君知民之必以上为心也,故置法以自治,立仪以自正也。故上不行,则民不从彼;民不服法死制,则国必乱矣。是以有道之君,行法修制先民服也。"

(2)"刑无等级"。为保证法律的权威性,商鞅第一个提出了"刑无等级"的原则。

---

[1]《史记·商君列传》。

《商君书·赏刑》:"刑无等级,自卿相将军以至大夫庶人,有不从王令,犯国禁,犯上制者,罪死不赦。"韩非在《韩非子·备内》中则强调:"法不阿贵","刑过不避大臣,赏善不遗匹夫","不避尊贵,不就卑贱"。"刑无等级"的司法原则表现了法家在适用法律上的平等要求。

总之,法家认为,只要在司法上坚持明法、任法、壹法、从法的原则,就可以实现天下"大治"。《管子·法法》说:"夫生法者,君也;守法者,臣也;法于法者,民也。君臣上下贵贱皆从法,此之谓大治。"

(六)法家的刑罚观及犯罪预防论

中国古代思想家经常探讨的一个重要问题是:在统治方法上,"德"与"刑"二者哪一个起决定性的作用。对此,儒家和法家提出的观点几乎截然相反。儒家主张"德治",在"德"、"刑"关系上,相对说来,重视道德感化作用,轻视法律、刑罚极其强制作用。法家则主张"不务德而务法",认为只能"以力服人",强调以国家暴力为后盾的刑罚、刑法的作用,把"刑"看作是最有效的甚至是惟一有效的统治方法,轻视甚至完全否定道德教化的作用。具体说来,前期法家并不完全否定道德的作用,后期法家则完全否定。相对而言,齐法家承认道德教化的作用,晋法家则从根本上否认道德的作用。

法家的刑罚观,首先由商鞅提出。其主要内容是:

1. "刑无等级"的"壹刑"说。商鞅认为,赏赐与刑罚相比,刑罚的作用更显著、更有效;治国家的关键不在于使人们都变成"良民",而在于使人们在任何情况下都能恪守法律"不敢为非"。赏赐之所以有效,是因为有刑罚做强有力的后盾。因此,商鞅把不奖励的行为划入刑罚的范畴。在这个基础上,提出了"壹刑"说。

商鞅的"壹刑"说大致有两层含义:其一,刑罚的对象是统一的,即完全是针对阻碍、破坏耕战政策和违反法律的"奸民";其二,无论是谁,只要违反了法律,都一律依法严惩不贷。这一思想集中表现在《商君书·赏刑》的一段话中:

"所谓壹刑者,刑无等级,自卿相将军以至大夫庶人,有不从王令、犯国禁、乱上制者,罪死不赦。有功于前,有败于后,不为损刑;有善于前,有过于后,不为亏法。忠臣孝子有过,必以其数断。守法守职之吏有不行王法者,罪死不赦,刑及三族。周官之人,知而讦之上者,自免于罪。无贵贱,尸袭其官长之官爵田禄。"

在商鞅看来,君主的命令和国家的法律是至高无上的,无论何人,是卿相将军、大夫庶人,还是功臣孝子、守法之吏,只要违反了君令国法,都毫不例外地予以惩处。

"刑无等级"是一个反传统的口号,其主要矛头是指向贵族势力的。商鞅变法时,守旧贵族曾竭力反攻。商鞅称之为"乱化之民",并"尽迁之于边城"。不久,贵族们又唆使太子犯法,于是,商鞅"刑其傅公子虔,黥其师公孙贾",[1]从而保证了变法的进行。西周以后,贵族享有不受某些肉刑的特权,甚至死罪也不公开执行。因此,《礼记·曲礼》说"刑不上大夫"。如果商鞅的"宗室非有军功不得为属籍"是"法上贵族"的话,那么,迁"乱化之民"、肉刑太子师傅则可以说是"刑上大夫"了。

"刑无等级"又是一个尊君的口号。其主要目的是提高君主和法律的无上权威。然而,法律又是君主制定的,君主享有立法权、司法权。这样一来,就等于宣布:任何人在法律面前都是平等的,大家都等于零。商鞅强调用"尊君"推行"法治"的确有效,但是"尊君"的副作用是君主往往带头破坏法制而得不到有效的监督、限制和纠正,这就使法家的"法治"理论出现了无法克服的缺欠。

"刑无等级"也是一个带有虚假色彩的口号。新兴地主阶级否定贵族的特权,但并非一般地反对等级,为了维护自身的利益,在掌握了国家政权之后,便逐渐确立和健全了封建性的等级制度。如商鞅创建了"二十军功爵",规定有罪可以用爵位来抵免。这就是公开的等级制度。

应该指出的是,商鞅的"刑无等级"不同于西方近代资产阶级提出的"在法律面前人人平等"。这除了两者各自体现的阶级属性不同之外,还在于其依附于不同的政体。前者是与封建的中央集权的君主专制政体相联系的,后者是与近代的民主政体相联系的。

2."以刑去刑"的"重刑"说。在法律思想上,商鞅不仅以"重法"著称,而且还以公开主张"重刑"而闻名。其"重刑"说包含两层含义:

(1)在赏赐与刑罚两手中,更重视刑罚的作用。按照商鞅的逻辑,应当赏赐的行为都是合法的行为,而合法的行为本来就是人们应当做的行为,就好像人们不偷东西的行为根本称不得"善"一样。

《商君书·画策》:"善治者刑不善而不赏善,故不刑而民善。……赏善之不可也,犹赏不盗。"

《商君书·开塞》:"王者以赏禁,以刑劝,求过不求善。"

既然刑罚的作用完全可以包容和取代赏赐,那么,偏重刑罚便是必然的结论。因此,商鞅主张"刑多而赏少","刑九而赏一";[2]"王者刑九赏一,强国刑七赏三,削国刑五赏五";[3]"先刑而后赏",[4]"重刑轻赏"。[5]

(2)"重轻罪"。这是"重刑"最典型的含义。商鞅认为,刑罚是对已经完成的犯

---

[1]《史记·商君列传》。
[2]《商君书·开塞》。
[3]《商君书·去强》。
[4]《商君书·壹言》。
[5]《商君书·去强》。

罪行为的一种惩处,不能预防犯罪;而大的犯罪往往是从小的犯罪发展而来的;人们之所以犯罪都是由于"好利恶害"本性的驱使,而这种本性是无法改变的。因此,要预防犯罪,只有在刑罚上想办法。而最有效的办法就是对轻微的犯罪施以重的惩罚,从而使人们出于利害得失的考虑而不敢犯罪。

《商君书·开塞》说:"夫过有厚薄,则刑有轻重;善有大小,则赏有多少。此二者,世之常用也。刑加于罪所终,则奸不去。赏施于民所义,则过不止。刑不能去奸,而赏不能止过者,必乱。故王者刑用于将过,则大邪不生;赏施于告奸,则细过不失。……此吾以杀刑之反于德,而义合于暴也";"夫利天下之民者莫大于治,胜法之务莫急于去奸。去奸之本莫深于严刑"。

《商君书·画策》也说:"国皆有法,而无使法必行之法;国皆有禁奸邪、刑盗贼之法,而无使奸邪、盗贼必得之法。为奸邪、盗贼者死刑,而奸邪、盗贼不止者,不必得,必得而尚有奸邪、盗贼者,轻刑也。刑轻者,不得诛也;必得者,刑者众也。故善治者,刑不善而不赏善,故不刑而民善。不刑而民善,刑重也。刑重者,民不敢犯。故无刑也,而民莫敢为非,是一国皆善也。"

正因为商鞅视刑罚为治国的惟一有效的方法,把重罚视作预防犯罪惟一有效的手段,所以不惜抛弃法家原先"赏罚各以其数断"的主张,公开主张重罚轻罪,并且进而竭力讴歌刑罚与暴力。

《商君书·去强》:"以刑去刑,国治;以刑致刑,国乱。故曰:行刑重轻,刑去事成,国强,重重而轻轻,刑至事生,国削,刑生力,力生强,强生威,威生惠,惠生于力。"

《商君书·说民》:"故行刑重其轻者,轻者不生则重者无从至矣,此谓治之于其治也。行刑,重其重者,轻其轻者,轻者不止,则重者无从止矣,此谓治之于其乱也。故重轻,则刑去事成,国强。重重而轻轻,则刑至而事生,国削";"刑生力,力胜强,强生威,威生德,德生于刑"。《商君书·画策》:"故以战去战,虽战可也;以杀去杀,虽杀可也;以刑去刑,虽重刑可也。"

《商君书·赏刑》:"重刑连其罪,则民不敢试。民不敢试,故无刑也。夫先王之禁,刺杀,断人之足,黥人之面,非求伤民也,以禁奸止过也。故禁奸止过,莫若重刑。刑重而必得,则民不敢试,故国无刑民。国无刑民,故曰:明刑不戮。"

商鞅的"重刑"说是在其变法实践中形成的,是为推行其"法治"服务的。《韩非子·奸劫弑臣》记载:"古秦之俗,君臣废法而服私,是以国乱兵弱而主卑,商君说秦孝公以变法易俗而明公道,赏告奸,困末作而利本事,当此之时,秦民习故俗之有罪可以得免,无功可以得尊显也,故轻犯新法,于是犯之者其诛重而必,告之者其赏厚而信。故奸莫不得而被刑者众,民疾怨而众过日闻。孝公不听,遂行商君之法,民后知有罪之必诛,而告奸者众也。故民莫犯,其刑无所加。"

可见,"重刑"说确实推动了秦国变法事业的发展。

"以刑去刑"的"重刑"说是对儒家"以德去刑"的"轻刑"说的否定。儒家认为,只要注意改善人民的物质生活条件,并进而施以仁义道德的教化,就能避免犯罪和刑罚。人们犯了罪,也要尽量予以教化,使之不再犯罪。商鞅则认为,儒家的做法不但不能奏效,反而会助长奸邪。小罪不断,大罪不止,结果是"以刑至刑"。而"重刑"的结果是"民莫敢为非",也就用不着刑罚了。因此,"刑"符合真正的"德"、"义",是最好的治国之法。

但是,代表刚刚登上政治舞台的新兴地主阶级利益的法家,尚缺乏统治经验,对人民的力量没有足够的认识,一味迷信暴力,无视人民的物质生活,否定道德的作用,终于缴化了阶级矛盾,最终走向了自己的反面。

后期法家代表人物、法家思想的集大成者韩非继承并发展了商鞅的"重刑"说,使之进一步理论化,提出了"轻刑伤民"的"重刑"说。

首先,韩非对商鞅的"重轻罪"、"以刑去刑"的思想,完全持肯定态度。他在《韩非子·内储说上·七术》中说:"公孙鞅之法也,重轻罪。重罪者人之所难犯也,而小过者人之所易去也。使人去其所易,无离其所难,此治之道。夫小过不生,大罪不至,是人无罪而乱不生也。"

其次,韩非又总结了商鞅"重轻罪"的社会效果。《韩非子·奸劫弑臣》说:

"商君说秦孝公以变法易俗,……于是犯之者,其诛重而必;告之者,其赏厚而信";"民莫犯其刑无所加,是以国治而兵强,地广而主尊。此其所以然者,匿罪之罚重而告奸之赏厚也"。

不仅如此,韩非还批判了当时流行的"轻刑"说,从而把"重刑"说理论化。

韩非认为,"重刑"是不以仁德治国而以法律治国的必然结果。他在《韩非子·五蠹》中说:"今有不才之子,父母怒之弗为改,乡人谯之弗为动,师长教之弗为变。夫以父母之爱,乡人之行,师长之智,三美加焉而终不动其胫毛,不改。州部之吏,操官兵,推公法,而求索奸人,然后恐惧,变其节,易其行矣。故父母之爱不足以教子,必以待州部之严刑者,民固骄于爱,听于威矣,故十仞之城,楼季弗能逾者,峭也;千仞之山,跛牂易牧者,夷也。故明王峭其法而严其刑也……是以赏莫如厚而信,使民利之;罚莫如重而必,使民畏之;法莫如一而固,使民知之,故主施赏不迁,行诛无赦,誉辅其赏,毁随其罚,则贤不肖俱尽其力矣。"

韩非认为,"重刑"符合人们"好利恶害"的心理状态。在他看来,人们对待周围的事物总是以利害相权衡的。如果犯罪行为所获得的利大而因犯罪所受到的刑罚轻,那么就无异于鼓励人们冒险犯法;相反,如果犯罪行为所受到的刑罚大大超过所获得的利益,那么人们就不敢轻易犯法。《韩非子·六反》说:"夫以重止者,未必以轻止也;以轻止者,必以重止矣。是以上设重刑者而奸尽止,奸尽止,则此奚伤于民也!所谓重刑者,奸之所利者细,而上之所加焉者大也,民不以小利蒙大罪,故奸必止也。所谓轻刑者,奸之所利者大,上之所加焉者小也。民慕其利而傲其罪,故奸不止也。……今轻刑罚民必易之,犯而不诛,是驱国而弃之也;犯而诛之,是为民设陷也。是故轻罪者,民之垤也。是以轻罪之为民道也,非乱国也,则设民陷也,此则可谓伤民矣。"

　　韩非认为,"重刑"是推行"法治"的重要措施之一。其意义在于扩大法律的影响,提高统治效率。《韩非子·六反》说:"且夫重刑者,非为罪人也,明主之法,揆也。治贼,非治所揆也;所揆也者,是治死人也。刑盗,非治所刑也,治所刑也者,是治胥靡也。故曰:重一奸之罪,则止境内之邪,此所以为治也。重罚者,盗贼也;而悼惧者,良民也。欲治者奚疑于重刑,若夫厚赏者,非独赏功也,又劝一国,受赏者甘利,未赏者慕业,是报一人之功而劝境内之众也。欲治者何疑于厚赏!"

　　韩非与商鞅一样,把"重刑"说建立在抽象的"好利恶害"的人性论的基础上,没有认识到犯罪是一个复杂的社会问题;同时又基本上否认了教育的作用,从而把"重刑"视为治理国家的惟一有效的手段。这就从理论上的法家变成了实践中的"罚家"。秦王朝统治集团真实地实践了这一理论,并因此激化了阶级矛盾,导致"二世"而亡。

五、法家法律思想的基本特征及其评价

(一)法家法律思想的基本特征

　　战国时期的儒家、墨家、道家学派有一个共同特点:讲师承关系,有同一宗师。而法家则不同:没有明确的派别意识,其主要代表人物大多数是先学习其他学派的学说,后来才形成法家思想。如:李悝曾师从儒家的子夏,吴起也曾师从儒家的曾参,而申不害、慎到、商鞅等则"学本黄老"(商鞅早年也曾学过儒术),韩非、李斯都是儒家大师荀况的学生。尽管如此,法家代表人物却有共同的思想倾向和特点。对于这一点,古人早已论及。例如,西汉初期的史学家司马谈在《论六家之要旨》中把法家思想概括为:"严而少恩","不别亲疏,不殊贵贱,一断于法","尊主卑臣,明分职不得相逾越";东汉史学家班固在《汉书·艺文志》中则认为法家"信赏必罚"、"专任刑罚"、"伤恩薄厚"。这些都从一个侧面描述了法家思想的特征。

　　总的说来,法家法律思想的基本特征有:

　　1.强调法的作用,主张以法治国,一切一断于法。认为人们的一切行为规范都应该用立法的形式明确加以规定,法律要公布于众,使人人皆知;法律并不是一成不变的,应与时代的发展需要相符合而随时变化。君主在立法时必须遵循的原则是:遵循自然规律,即所谓"法天"、"法地"、"法四时";[1]要考虑时代的变化与立法的关系,即法律要随着时代的变化而变化;立法要"因人情",[2]即必须考虑人们的需求、愿望和承受能力;要遵循事物的客观规律以及社会的惯例、传统习俗。在执法时,主张遵循赏罚严明的原则,有功则赏,有罪则罚,不徇私情;强调严刑峻罚,后期法家甚至走

────────────

〔1〕《管子·版法解》。
〔2〕《韩非子·八经》。

上了极端的重刑主义的道路。

2.注重实力，倡导以奖励务农、参战的途径来富国强兵。他们从历史发展的角度出发，认为战国时期是一个实力竞争的时代；实力是解决社会矛盾的基本手段，是国与国交往中的决定性因素，力强则人朝，力弱则朝于人，只有实力雄厚才能统一天下；认为在社会的各种因素中，农、战是实力的源泉，因此应加强耕战。

3.强调君主专制，鼓吹集中行政、立法、司法等大权于专制君主手中。在先秦诸子中，法家极力讴歌君主专制，并将实现君主专制主义作为最高宗旨，从而将君主专制主义思想发展到了顶峰。法家在哲学上接受了道家的基本思想，并把"道"与"君"一体化。认为，道是万物的本原和世界的主宰，君主是人间的道或道的体现者，也是人间的"一"，因此君主要独操一切权势，如果君主失去了权势就不成其为君主；要保持权势，君主就要独自掌握最高、最后的决断权。君主要实现专制必须做到以下几点：首先，要在政治上支配一切；其次，必须统一人们的思想，实行文化专制，"言轨于法"、"以吏为师"，[1]对百姓来说，除了法律、法令之外，其他任何知识都是多余的、无益的；再次，君主还要设法控制人们的生计，让人们感到君主对其生活的恩赐。

4.以"好利恶害"的人性论和历史进化观作为其"法治"的理论基础。法家认为，人的本性是"好利恶害"，君主应善于利用人的这种本性来进行统治，推行赏罚分明的"法治"。法家把人类社会的历史划分为"上世"、"中世"、"下世"、"当今"等不同的阶段，这是一个从低级逐步向高级发展进化的过程，因而一切都应向前看，以面对现实和未来，历史的传统应在现实和未来需要面前接受检验，其口号是"不法古，不循今"[2]、"与时变，与俗化"[3]。

5.使用统一的基本概念、范畴。如：法、势、术、刑、赏、罚、利、公、私、耕、战，等等。这些概念、范畴是法家思想的理论支柱，使其思想更具有特色。

法家思想之所以具有这些共同之处，是因为法家代表人物以现实主义的态度看待当时的社会问题。在战国时期的社会大变动中，法家代表人物对这种变动反映得最为灵敏，观察得最为细致。

当时最为突出的一个社会矛盾就是诸侯之间的兼并战争，它关系到每一个诸侯国的生死存亡。在对兼并战争种种不同的看法中，法家代表人物的认识最符合实际。他们认为，战争是解决矛盾的惟一途径；战争既是军事的较量，又是经济实力与智力的较量。很多传统的东西不仅不能适应这场大转变的需要，而且越来越成为社会发展的阻力和障碍，如：世卿世禄制，分封制等等。为此，法家提出要以耕战的功劳来重新分配权力、地位和俸禄；打破旧的经济体系，由国家直接掌握土地；把土地作为奖

〔1〕《韩非子·五蠹》。

〔2〕《商君书·开塞》。

〔3〕《管子·正世》。

品,鼓励人们耕战。法家以耕、战为杠杆推动了战国时期的政治经济改革,顺应了社会发展的需要。

法家极为敏锐地观察到一个事实:战国时期的政治、经济、军事等方面的矛盾、斗争促使君主更加集权、专制,因此极力鼓吹君主专制主义理论,促进了战国时期中央集权和君主专制制度的形成、发展。

(二)法家"法治"思想的进步性与局限性

作为中国古代法律文化的重要组成部分之一,法家思想既有历史的进步性,又有历史和阶级的局限性。

作为上升时期新兴地主阶级意志的集中体现,法家的"法治"思想对秦汉以后的封建社会产生了巨大的影响。

(1)中央集权的君主专制政体以及维护这一政体的方法。长达两千余年的封建王朝,为了维护自己的统治,一方面以法家的君主专制政体理论构筑了庞大的封建官僚队伍。另一方面又运用法家的"法治"、"势治"、"术治"理论,千方百计地控制和驾驭这支官僚队伍,使其恪于职守、不敢欺君犯上。这就使得中国封建社会的刑法和"行政法"十分发达。

(2)不畏权贵、秉公执法的精神。为了维护封建统治阶级的整体利益,历代均有正直敢谏、以身殉职的执法官吏。他们或者冒死直陈帝王得失,或者冒险抑制权贵,或者斗胆为民申冤雪恨。他们敢于抛弃富贵利禄,同邪恶势力以死相拼的无畏精神,和为"天下之公"捐躯的豪迈气概曾受到人们的赞扬。这些品质都可以从战国时期变法之士那里找到最初的原型。

(3)法家特别重视法律和法学的研究,因而法家的法律思想也得到了前所未有的大发展,并深入到法理学的领域。很多法家的代表人物对法律的起源、本质、作用以及法律与社会经济、自然环境乃至人口、人性等问题,都提出了一系列具有合理因素的新见解,大大地丰富了中国古代的法学与法律思想的发展。

但是,由于法家受到所处的历史时代及其所代表的阶级利益的局限,一方面,其代表人物还没有机会体验劳动人民的反抗力量,故而迷信刑罚、暴力;另一方面,又从整体上排斥儒家学说,拒绝儒家一贯坚持的轻徭薄役、注重教化以维持长治久安的主张。这使得法家的"法治"理论一开始就处于危险的境地。再者,由于将维护中央集权的君主专制政体视为其最高的政治目标,因而不可能在具有绝对权威的法律和凌驾一切的王权之间建造一座平衡通畅的桥梁。因此,法家不可能从制度上限制君主的权力,也不可能从思想上使君主自觉遵守法律。这就使得法家的"法治"理论本身带有极大的缺陷,其统治地位最终被儒家思想所取代。

第三节　先秦墨家法律思想

墨家是战国初期以墨子为创始人,反映小生产者利益和要求的学术派别。是先秦与儒家相抗衡的重要学派,与儒家并列为"显学"。墨家主张"兼爱",要求人与人之间不论贫富贵贱都要互爱互利。为了用法律和行政手段贯彻这一理想,墨家要求以"兼相爱、交相利"作为最高立法原则,并由忠于这一原则的"贤者"参与治理国政。

一、墨家的形成和发展

墨家是战国时期的重要学派,被《汉书·艺文志》列为"九流"之一。墨家在初期,以墨子本人所主张的兼爱、非攻、尚贤、尚同、天志、明鬼、节葬、节用、非乐、非命等为中心,与儒家展开一系列的政治学术思想论争。墨翟死后,墨家分为三派。战国末期,墨家后学克服了墨子学说中宗教迷信成分,对认识论、逻辑学以至自然科学中的几何学、力学、光学等,都有一定研究和贡献。西汉以后,统治者"罢黜百家,独尊儒术",墨学渐趋衰微。至清中叶以后,墨学著作才被学者们重视研究。

墨子和他的门人结成了一个有严密组织和严格纪律的团体。其首领称为"巨子",所有墨家成员"墨者",都要服从巨子的指挥。墨家组织有自己的特点:

1.他们过着极端艰苦的朴素生活。其成员中大部分是制造器具的手工业者和编草鞋、编席子的小生产者。都直接从事体力劳动。庄子说他们"其生也勤,其死也薄,……日夜不休,以自苦为极"。[1]

2.他们对改变时局具有强烈的要求,对自己的政治主张具有坚定的信念,宁可赴汤蹈火也不放弃墨家的宗旨。

3.墨家有自己的纪律,即"杀人者死,伤人者刑":杀人者偿命,伤人者处刑,这是墨家共同遵守的"墨者之法"。

4.墨家以墨子倡导的"兼爱"、"非攻"、"尚贤"、"尚同"、"天志"、"明鬼"、"节用"、"节葬"、"非乐"、"非命"等十大主张为主要内容。其目的在于"欲国家之富,人民之众,刑政之治"。[2]就政治思想来说,强调"尚贤"、"尚同",反对奴隶主阶级世卿世禄制度,要求参与政治;崇尚"非攻"、"兼爱",表达了人民盼望减轻徭役负担,免除战祸,使社会安宁,发展生产的愿望,反映了"农与工肆之人"的利益要求。因此,墨家是小生产者、小私有者阶层的政治代言人。

----

〔1〕《庄子·天下》。
〔2〕《墨子·尚贤》。

二、墨家的代表人物及著作

墨家学派的主要代表人物是墨子。墨子（约公元前468年～前376年），名翟。春秋战国之际思想家、政治家，墨家学派的创始人。相传原为宋国人，后长期住在鲁国。精通手工技艺，与当时著名工匠公输般（鲁班）齐名。墨子早年曾学习儒术，因不满其烦琐的"礼"，另立新说，聚徒讲学，创立了与儒家对立的墨家学派。墨子力主"兼相爱、交相利"，反对儒家的"爱有差等"之说，其本人更有"摩顶放踵，利天下为之"的实践精神。曾从齐国出发，步行十天十夜赶到楚都，止楚攻宋。他的"非攻"思想，体现了当时人民反对掠夺战争的意向。他的"非乐"、"节用"、"节葬"等主张，是对当权贵族"繁饰礼乐"和奢侈享乐生活的抗议。墨子重视生产活动，强调"赖其力者生，不赖其力者不生"，[1]初步意识到劳动是人类生活的基础。并提出"尚贤"、"尚同"的政治主张，认为"官无常贵，民无终贱"，试图用上说下教的方法说服当时的王公大人，以改善劳动者、小生产者的社会地位和经济地位，"必使饥者得食，寒者得衣，劳者得息，乱则得治"，[2]墨家从小生产者的利益出发，以"兴天下之利，除天下之害"[3]作为衡量一切思想和行为的价值的标准。墨家之"利"即是"国家之富，人民之众，刑政之治"，[4]也就是国家富庶，民众繁业，政治清明。墨子的思想在当时影响很大，因此，孟子说："墨翟之言盈天下"[5]。

《墨子》是墨家学派的著作总汇。《汉书·艺文志》著录《墨子》七十一篇，现存五十三篇。其中《兼爱》、《非攻》、《天志》、《明鬼》、《尚贤》、《尚同》、《非乐》、《非命》、《节葬》、《节用》等篇，代表了墨子的主要思想，其余大部分为墨翟的言行或者墨家后学的论述。《墨子》是研究墨家思想的重要资料。

三、墨家的法律思想

（一）"兼相爱、交相利"的法律观

墨家认为，春秋战国时期的社会是一个贫富不均、贵贱殊异、恃强凌弱的乱世，人民过着饥寒交迫、痛苦不堪的生活，其原因是天下之人互相争夺仇视。墨家认为，应当建立一个"天下之人皆相爱"的理想社会。为了实现这一理想，他们提倡人与人之

---

[1]《墨子·非乐上》。
[2]《墨子·辞过》。
[3]《墨子·天志中》。
[4]《墨子·尚贤上》。
[5]《孟子·滕文公下》。

间互爱互利的"兼相爱、交相利",[1]反对人与人之间互争互害的"别相恶、交相贼",[2]认为只有这样去做，才会出现一个"强不执弱，众不劫寡、富不侮贫、贵不傲贱、诈不欺愚"[3]的理想社会。

墨家的法律观也是以"兼相爱、交相利"为核心，并服务于他们的社会理想。墨家很重视"法"、"法仪"或"法度"的作用，认为无论从事任何工作，都必须有"法"。"法"的作用就如同工匠手中的规矩、绳墨，欲治理国家必须依法而行。而天是最公正、最无私、最仁慈的，因此应"以天为法"，即以天的欲、恶来确定人们的行为准则。既然天要求人们相爱相利，因此，"兼相爱、交相利"是合乎天意的。墨家所指的"法"是广义的，既包括法律、道德等行为规范，也包括规矩、准绳等度量衡。"以天为法"的目的，是想使"兼相爱、交相利"成为衡量一切是非、曲直、功过、善恶的统一的客观标准。

在墨家看来天是可以赏善罚恶的神，"天子为善，天能赏之；天子为暴，天能罚之"[4]；"爱人利人者，天必福之；恶人贼人者，天必祸之"。其实质是幻想利用传统宗教迷信的力量来实现他们的理想。因此，"兼相爱、交相利"也就成了"天志"，即天的意志，从而使墨家学说中带有了宗教迷信的成分。

（二）"壹同天下之义"的法律起源论

墨家认为在国家与法律产生之前，每个人都有自己的是非标准，"一人一义，十人十义，百人百义，千人千义"，[5]人人意见不一，互相争夺，互相亏害，没有统一的法律、道德和是非标准。于是人们就选择贤者，立为天子，并往下逐级设立各级"政长"。然后由天子"发宪布令于天下之众"，自上而下地"壹同天下之义"，[6]发号施令制定刑罚，让人民逐级向上报告善、恶的情况，天子奖赏好人，惩罚坏人。民众都必须服从各级政长，最后都必须服从天子，"天下之百姓，皆上同于天子"。[7]"上有过，则规谏之"，君主有了错误，民众可以提出批评意见，这样就能将天下治理好了。

墨家提出的这种"壹同天下之义"的法律起源论，目的在于使"兼相爱、交相利"能够上升为国策和法律，以便用国家的强制力自上而下地加以贯彻，并从此统一人们的言行，制止社会的混乱。

为实现"尚同"的主张，墨家要求：

----

〔1〕《墨子·天志上》。
〔2〕《墨子·天志上》。
〔3〕《墨子·兼爱中》。
〔4〕《墨子·天志中》。
〔5〕《墨子·尚同下》。
〔6〕《墨子·尚同下》。
〔7〕《墨子·尚同上》。

1.天下人都共有的"义"应由贤者制定。因为"贤者"地位高贵,智能超群,所以才可能产生"善政"。而天子是天下最"贤能"的人,因此才能制定"义",即制定和公布法令,并掌握赏罚的权力。这个理论,后世发展为"法自君出"。

2.天下百姓都必须绝对服从统一于君主之"义","天子之所是,必亦是之;天子之所非,必亦非之"〔1〕如果不"尚同"于君主,就要受到刑罚的严厉制裁。

3.君主执法要审慎。墨家虽主张一切"上同于天子",但并未把君权绝对化。他们拥护爱民的君主,反对害民的"别君"。君主虽有最高的立法和司法权,但也要在"天志"之下,以"兼相爱、交相利"之义来指导司法审判。

墨家从"壹同天下之义"的法律起源论出发,将法的制定与实施都寄托在"贵且智"的天子、贤者身上,要求"天下之百姓皆上同于天子"。这种"尚同"的主张,具有君主集权的专制色彩,成为后来法家专制主义"法治"的思想前奏。

墨家所设想的天下人都共有的"义",是小生产者的一种幻想。墨家希望使天下人统一思想和行为规范而建立国家和法律的"壹同天下之义"、"天下之百姓皆上同于天子"的观点,虽然带有君主集权的倾向,但真实地反映了劳动人民希望通过自己的选择来建立政权和法律的愿望,在当时的社会背景下,有一定的进步意义与合理价值。

（三）"利民"的立法原则

"利"在古代,一般指功利、利益。儒家耻言"利",而墨家则经常谈"利"。墨家所言之"利",具有保障人们物质利益的意义,是衡量一切思想和行为的价值的标准,与"义"相同。墨家明确指出:"义,利也","可以利民也"〔2〕他们坚决反对那种只为一己一身而损害他人的私利,即"亏人自利",〔3〕而主张"天下皆得之利"、"国家百姓人民之利",〔4〕把"利"作为"义"的实质内容和标准。

墨家把"饥者不得食"、"寒者不得衣"、"劳者不得息"称为民众的"三患"。而把致力于"国家之富"、"人民之众"、"刑政之治"称为"三务"。在他们看来,为了解除"三患",实现"三务",国家及天子应"兴天下之利,除天下之害"。不仅要靠"兼相爱、交相利",而且必须使整个社会的财富充裕起来。因此提出了"利民"的发展生产和限制浪费的经济立法原则:

1.努力生产各尽所能,通过劳动创造更多财富。即"强乎耕稼树艺,多聚菽

---

〔1〕《墨子·尚同中》。

〔2〕《墨子·耕柱》。

〔3〕《墨子·非攻上》。

〔4〕《墨子·非命上》。

粟"[1]和"使各从事其所能"。[2] 墨家主张"非命",反对命定论,认为贫富差异不取决于"命",而是取决于人们是否努力从事生产劳动,他们肯定只要能积极劳动,各尽所能,就能创造更多财富,生产更多成果。

2. 生产生活资料,以够用为度,不应生产奢侈品和贪求享受,反对浪费。即"凡足以奉给民用则止,诸加费不加于民利者圣王弗为"。[3] 所以墨家提出"节用"、"节葬"、"非乐"等主张,反对贵族讲究排场的各种礼仪和厚葬、久服(丧服)。墨家这种发展生产、反对浪费,将维护少数贵族利益的法律变为维护大多数民众利益的法律的主张,在当时是具有积极意义的。

墨家站在处于社会下层的劳动民众的立场上,坚决反对儒家主张"礼治"的宗法特权,在历史上第一次提出了为劳动民众争权利的要求。主张"赖其力者生,不赖其力者不生","不党父兄,不偏富贵",[4]"官无常贵,民无终贱"[5]等观点,主张用法律来维护劳动者的生存和财产权利,表现在:

1. 要求保障生存权利。当时各诸侯国的贵族统治者,搜刮民财,压迫百姓,同时又发动掠夺性的兼并战争,使普通劳动民众得不到必要的生存保障,百姓对此怨声载道。墨家认为,统治者的首要任务,就是要解决人民生活中的最为迫切的问题,解决民饥、民寒、民不得息这三大巨患,这也是法律的首要职责。墨家一方面借"天志"来论证劳动者生存权利的神圣不可侵犯,另一方面又指出"赖其力者生,不赖其力者生",凡是不自食其力的人是没有资格生存的,而法律对自食其力的劳动者的生存权利必须予以保障。

2. 要求保障财产私有权。墨家认为,私有财产神圣不可侵犯,那些非法占有别人劳动果实的行为,是"不义"的行为,那些抢夺别人财产、残害无辜的犯罪者应当受到惩罚,甚至可以刑杀。在这里我们可以看出,墨家一方面主张"杀人者死,伤人者刑",[6]另一方面又提出"杀盗人,非杀人",[7]原因就在于墨家是在维护财产私有权的基础上抨击盗窃行为,认为盗窃行为构成犯罪,是因其"不与其劳获其实,以非其所有取之故",[8]认为盗窃行为是作恶,盗窃者是"贼人",所以应当受到惩罚,甚至可以将盗杀死。这种主张,反映了小生产者要求保护自己劳动成果与财产所有权的强烈愿望。

---

[1] 《墨子·非命下》。
[2] 《墨子·节用中》。
[3] 《墨子·节用中》。
[4] 《墨子·尚贤中》。
[5] 《墨子·尚贤上》。
[6] 《吕氏春秋·去私》。
[7] 《墨子·小取》。
[8] 《墨子·天志下》。

(四)"不党父兄、不偏富贵"的司法主张

墨家反对世卿世禄的宗法等级制度,反对贵族专政,提出了"尚贤"的主张。即以"兼相爱、交相利"的标准来选任"贤者"参与治理国政,取代旧的"亲亲"原则。在奴隶社会中,政权由世袭贵族把持,不论是何等昏庸不义之人,只要是君主的"亲亲"者,都可为诸侯、大夫,并且世袭禄位。墨家坚决反对这种周礼规定的宗法世袭制和任人唯亲的"亲亲"原则,并且指出,这些世袭贵族,并不都是贤人,让其治理国家,其结果必将天下大乱。墨家认为,要想治理好国家,必须"不党父兄,不偏富贵。……贤者举而上之,富而贵之,以为官长;不肖者抑而废之,贫而贱之,以为徒役"。[1] 主张打破宗法等级制度的界限,"农与工肆之人",只要贤能有才,都可以选拔为官,能治一国的,使其治国;能治一乡的,使其治乡,人尽其才。墨家不仅主张选贤不受出身和职业的限制,而且进一步主张"官无常贵,民无终贱,有能则举之,无能则下之",[2]这实际上是后来法家要求变世卿世禄制为非世袭的官僚制的前奏。

不仅如此,墨家在法律上也相应地提出了"刑法正"[3]的主张。应当指出的是,墨家并不反对使用刑罚,只是强调在使用刑罚时,一是要慎重,要"不杀不辜,不失有罪",[4]要严格依法办事;二是要"不党父兄,不偏富贵",做到"赏当贤,罚当暴",不以出身等级为标准,"勿有亲戚兄弟之所阿"。[5] 否则的话,赏罚便起不到"劝善"和"止暴"的作用。此外,墨家还指出法律与道德、舆论等必须一致和相互配合,如果"上之所赏则众之所非","上之所罚则下之所誉",[6]赏罚仍然无法发挥其固有作用。可以说,"不党父兄、不偏富贵"的司法主张是墨家"尚贤"的必然结果。

四、墨家法律思想的主要特点及评价

墨家的法律思想及其主张,都是从他们所代表的小生产者的角度提出的,代表性强。小生产者处于当时社会的下层,人数众多,墨家的主张反映了小生产者要求人与人之间平等相处,希望保障其生存权利,保障其私有财产不受侵犯,反对掠夺战争,安居乐业生活的强烈愿望。因此,在当时的社会情况下,墨家的法律思想影响很大。

墨家对法律问题的思考,注意具体事物具体对待,不一概而论。如他们虽主张"上同于天子",却没有把君权绝对化。他们拥护爱民的"兼君",反对害民的"别君";

---

〔1〕《墨子·尚贤中》。
〔2〕《墨子·尚贤上》。
〔3〕《墨子·尚贤中》。
〔4〕《墨子·尚同中》。
〔5〕《墨子·兼爱下》。
〔6〕《墨子·尚同中、下》。

认为君主虽然有权立法,但必须考察其在实践中能否"中国家百姓之利",否则便不可为"法"。虽主张"杀人者死,伤人者刑",但又提出了"杀盗人,非杀人"的命题,不反对杀盗贼,这种对事物的阐述不绝对化、不一概而论的客观分析性,使墨家的观点具有较强的说服力。

墨家的法律思想不可避免地具有一些矛盾之处。在墨家的法律思想中,既有朴素的平等观念,又有主张君主集权的专制倾向;既反对宗法等级的"礼治"原则,又主张新的官僚等级制;既要求法律承认并维护劳动民众的政治权利和经济利益,又把希望放在贤臣明君身上。种种进步主张与落后观念往往同理,集中地反映了中国古代小生产者的思想本质和历史局限性。

第四节 先秦道家法律思想

道家是春秋战国时期以老子和庄子为主要代表,以关于"道"的学说为中心的学术派别。在法律思想上他们崇尚"道法自然"的自然法,认为"道""似万物之宗",是支配一切的主宰,要求统治者也应当像"道"一样,以自然为法,实行"无为之治"。道家反对一切违反自然的人定法,并把矛头指向当时儒家所维护的"礼"和法家所倡导的"法"。

一、先秦道家的形成和发展

道家之名,始见于汉代司马谈的《论六家之要旨》,称为"道德家"。《汉书·艺文志》称为道家,列为"九流"之一。传统的看法是:老子是道家的创始人,庄子则继承和发展了老子的思想。在庄子前或同时,有杨朱的"全性葆真"说,宋钘、尹文的"情欲寡浅"说,彭蒙、田骈、慎到的"弃知去己"说,都同道家思想接近,也被称之为道家别派。

道家学说的内容,以老子和庄子的自然天道观为主,强调人们在思想上、行为上应效法"道"的"生而不有,为而不恃,长而不宰"。政治上主张"无为而治","不尚贤,使民不争"。伦理上主张"绝仁弃义",认为"夫礼者忠信之薄而乱之首",与儒家学说形成了明显的对立。其后,道家思想与名家、法家相结合,成为黄老之学;而法家人物申不害、韩非等人也吸收道家"自然"之义作为法治理论的基础。汉初黄老、刑名之学并称,成为名盛一时的统治思想。到汉武帝时虽罢黜百家,独尊儒术,黄老之学渐衰,但道家思想中自然观对反对谶纬神学有很大作用。同时,道家思想流入民间,对东汉末年农民运动中道教思想的产生有所影响。道教尊奉老子为教祖,其实老子之学并非宗教。魏晋时期玄学盛行,王弼、何晏等人以老庄学说解释儒家经文,促成儒道融合。佛学传入中国后,学者用老庄学说诠释佛典,又有释、道合流之势。以后宋、明理学家力倡儒家道统,佛、老并斥,但对道家思想仍有某些吸收。道家崇尚自然之旨,对中国古典文学艺术等方面,也有着深刻影响。

成书于战国初期的《老子》和战国后期的《庄子》,是道家的代表作,分别体现了先秦道家思想发展的两大阶段。

二、先秦道家的代表人物及著作

先秦道家的主要代表人物是老子和庄子,世称"老庄"。他们是春秋战国时期著名的"隐士",也是在当时很有影响的学者。

老子(约公元前580年~前500年),春秋时期思想家,道家学派的创始人。姓李,名耳,字聃。楚国苦县(今河南鹿邑东)人,曾做过周王朝的管理藏书的史官,孔子曾向他请教过有关"礼"的问题,后来他看到周室日渐衰危,便回到故乡隐居起来。其思想主要体现在《老子》一书中。

《老子》,亦称《道德经》《老子五千文》,是道家的主要经典,相传为春秋末年老聃著,但从书的思想内容和涉及的某些问题来看,该书可能编定于战国初期,基本上仍保留了老子本人的主要思想。注本有西汉时期河上公注、魏晋时期王弼注、明清之际王夫之《老子衍》、清代魏源《老子本义》等。1973年湖南长沙马王堆三号汉墓出土大批西汉帛书,其中有《老子》的抄写本。

《老子》书中涉及具体法律观点之处虽不多,但法律哲学却比较丰富,是其以"道"为核心的整个哲学体系的主要组成部分。《老子》书中用"道"来说明宇宙万物的演变,提出"道生一,一生二,二生三,三生万物"的观点,认为"道"是"夫莫之命而常自然"的,所以说"人法地,地法天,天法道,道法自然"。"道"可以解释为客观自然规律,同时又有着"独立不改,周行而不殆"的永恒绝对的本体的意义。《老子》书中包括朴素辩证法因素,它提出一切事物都有正反两面的对立,并意识到对立面的转化,如说:"祸兮福之所倚,福兮祸之所伏"。认为一切事物的生成变化都是有和无的统一,强调无是更基本的。所以说:"天下万物生于有,有生于无"。后来中国哲学史上唯物、唯心两派都从不同角度吸收了《老子》中的思想。《老子》奠定了道家学派的思想理论基础,是研究老子思想的主要依据。

庄子(约公元前369年~前286年),战国时期思想家,道家主要代表人物。姓庄名周,宋国蒙(今河南商丘县东北)人,出身于没落贵族,在家乡做过管理漆园的小吏,后隐居。楚威王曾以重金想礼聘他为相,遭其拒绝,宁愿过隐居生活。

庄子继承和发展了老子"道法自然"的观点,认为"道"是无限的,"自本自根"、"无所不在"的,强调事物的自生自化,否认有神的主宰,在其思想中包含着朴素辩证法因素。但他主张齐物我、齐是非、齐大小、齐生死、齐贵贱,幻想一种"天地与我并生,万物与我为一"的主观精神境界,以及安时处顺,逍遥自得的处世方式,又使其具有相对主义和宿命论的因素。其著作有《庄子》一书。

《庄子》,亦称《南华经》,道家经典之一,庄周及其后学所著。《汉书·艺文志》著录《庄子》共五十二篇,但现在存留下来的只有三十三篇,其中内篇七篇(一般认为是庄周自著)、外篇十五篇、杂篇十一篇出于后学,但基本思想大体一致。其文章汪洋恣肆,并多采用寓言故事形式,想象丰富。在哲学、文学上都有较高研究价值。历来注解极多,现存通行本有晋代郭象注、清末王先谦《庄子集解》、郭庆藩《庄子集释》等。

老子与庄子在自然天道观等方面虽皆言"道"与"德",有其共同之点,但老子主张"无为"、任自然,目的在于效法自然规律来治国、驭众、固位、保身;而庄子则以"齐是非"、"齐物我"为中心思想,要求"不谴是非,以与世俗处",与老子有区别。

三、先秦道家的法律思想

(一)"道法自然"的自然主义法律观

在中国法律思想史上,老聃第一个在《老子》中提出了"道法自然"的主张,形成了我国古代最早的自然主义法律观念。《老子》认为,最理想的社会是"天下有道"的社会,而判断是否"有道"的关键在于是否合乎"自然"。于是《老子》主张:"人法地,地法天,天法道,道法自然"〔1〕"法"是效法、遵从的意思。也就是说,一切事物都要顺应自然,遵循自然法则,才符合"道"的精神。《老子》中所言之"道",就是自然之道,用自然之道不仅可以解释天地万物,而且可以衡量、判断、制约社会人事。《老子》认为,"道",无所不生,无所不在,是宇宙的主体,主宰着天地万物、宇宙和人类社会。

在《老子》之前,人们认为"天"是万物之源,而《老子》则进而把"天"所产生的根源归之于"道",即自然之道。这种崇尚自然,主张道法自然的观点,不但否定了西周以来传统的神权观念,而且还提出了中国最早的自然主义法律观。

先秦道家认为,既然世上万物一切道法自然,法也不应例外,并明确指出,自然法则要比人为法优越得多,这是因为:

1. 自然法则是客观存在的,非人类主观的产物,具备公平性。道充溢于天地,普遍而无私,老子说:"天道无亲,常与善人"〔2〕、"天之道,损有余而补不足",〔3〕即对一切人都一视同仁。

2. 自然法则具有权威性。道家认为"道"与仁义礼法相比,具有极大的权威性,是最高的准则。老子说:"天之道,不争而善胜,不言而善应,不召而自来,然而善谋。天网恢恢,疏而不失。"〔4〕

3. 自然法是永恒的。道家认为,"道"能以不变应万变,具有无往而不胜的力量。

---

〔1〕《老子·二十五章》。
〔2〕《老子·七十九章》。
〔3〕《老子·七十七章》。
〔4〕《老子·七十三章》。

它无始无终,无生无灭。老子说:"天乃道,道乃久,没身不殆。"[1]

因此,道家认为,世上最好的法律便是自然法则,法律只能,也必须"惟道是从",而不能背"道"而驰。

(二)"无为而治"的治国方略

老子认为,最理想的治国方法,就是"无为而治",这是他主张"道法自然"的必然结果。关于无为而治,孔子也曾将其赞赏为一种理想的社会目标,但他认为在春秋时期这种具体的社会现实中,统治者只有积极进取,施行"礼治",才能实现天下大治。这实际上仍是以"有为"来实现"无为之治"。而老聃以"隐士"阶层的处世哲学出发,认为"民之难治,以其上之有为",[2]人民之所以难以统治,就是因为统治者喜欢"有为"。他说:"为无为,则无不治",[3]"我无为而民自化,我好静而民自止,我无事而民自富,我无欲而民自朴"。[4] 意思是,统治者少作为,国家就可以治理好,人民自然就会归顺;统治者不滋扰生事,人民自然就会富足;统治者不穷奢极欲,人民自然会淳朴。"治大国若烹小鲜",[5]治理大国就像烹小鱼一样,不要过多地翻动,鱼才能烹得好。同样,治理国家,不要折腾扰民,国家才能治理好。因此,聪明的统治者应该"处无为之事,行不言之教",[6]少干涉人民的生活,让一切顺其自然。总之,《老子》中提出的"无为之治",是道家提出的最理想的统治方法和治国策略,即宇宙万物的根源是"道",而"道"是自然无为的。因此,统治者应效法自然,无所作为,让百姓自由发展,以达到统治目的。

从这种"无为而治"的思想出发,《老子》认为统治者必须"清静无为"、"见素抱朴,少私寡欲",[7]切忌过分压榨人民,并且指出最理想的法制就是不要去宰割人民。《老子》中对统治者提出了"去甚、去奢、去泰"的"三去"原则。"去甚"指不要走极端,"去奢"指不要过分奢侈,"去泰"指不要好大喜功。并由此提出了一系列主张,反对统治者对人民进行重税剥削。老聃斥责统治者一味追求享受而不顾人民死活的罪恶行为,认为那些穿着华丽的衣服、佩带着锋利的宝剑、吃着精美的食物、占有大量财富的统治者,简直是强盗头子,这不符合"道"的要求。为此,主张"损有余而补不足",只有"有余者损之,不足者补之",[8]才合乎"天之道"。老聃一再告诫统治者"祸莫

---

[1] 《老子·十六章》。
[2] 《老子·七十五章》。
[3] 《老子·三章》。
[4] 《老子·五十七章》。
[5] 《老子·六十章》。
[6] 《老子·二章》。
[7] 《老子·十九章》。
[8] 《老子·七十七章》。

大于不知足"，[1]不知足就会"金玉满堂，莫之能守"，[2]警告统治者"多藏必厚亡"。[3]这是对春秋末期社会矛盾的实际揭露。

总之，先秦道家认为统治者的重税盘剥和社会财富占有的不平等，是造成犯罪的重要原因。"民之饥，以其上食税之多，是以饥；民之难治，以其上之有为，是以难治；民之轻死，以其上求生之厚，是以轻死"，[4]"财货有余，是为盗夸"。[5]

反对暴政苛刑，主张减少刑罚。老子说："天下多忌讳，而民弥贫。民多利器，国家滋昏。人多伎巧，奇物滋起。"[6]即把天下的混乱，直接归于制定了各种法令，产生了许多人为的新奇事物，也就是说制定法令不但徒劳无功，而且贻害无穷。"法令滋彰，盗贼多有。"[7]为什么会出现如此问题，最根本的原因是在于法令破坏了自然的和谐。因此，要想治理好国家、天下，就不应该制定什么法律制度。

此外，老子亦反对利用刑杀手段来威胁百姓。认为在社会纷乱，人民日益贫困、失去生路的情况下采用刑杀手段是解决不了任何问题的。"民不畏死，奈何以死惧之。"[8]刑罚诛戮，只能不得已而用之。需要指出的是，老子并不一律反对刑杀，只是认为应慎重使用，并应由专门的机构去使用。他说："常有司杀者杀"，如果"代司杀者杀，是谓代大匠斫"，"夫代大匠斫者，希有不伤其手矣"，[9]并指出滥施刑杀的后果只会断送统治者自己。"民不畏威，则大威至。"[10]

《老子》中"无为而治"思想的另一项内容，就是主张对民众实行愚民政策，使百姓思想空虚，无知无欲，消除他们对物质生活和精神生活的追求，便于统治者治理。为此，提出了"绝圣弃智"、"绝仁弃义"、"绝巧弃利"的"三绝"原则，以使百姓"无知无欲"。

《老子》将"无为而治"系统化、理论化，认为"无为"是最理想、最有效的统治方法和治国策略，也是最基本的法律原则。应当指出，这种观点在当时的社会具体环境中，既有反对暴政、反对剥削的一面，又有法律虚无主义的因素。

《庄子》则将《老子》的"无为"之道推向虚无的极端，主张绝对无为。庄周否定一切文化和法律道德，认为只有未经人力加工或改造的自然事物才有价值，而社会文化

---

〔1〕《老子·四十六章》。
〔2〕《老子·九章》。
〔3〕《老子·四十四章》。
〔4〕《老子·七十五章》。
〔5〕《老子·五十三章》。
〔6〕《老子·五十七章》。
〔7〕《老子·五十七章》。
〔8〕《老子·五十七章》。
〔9〕《老子·七十四章》。
〔10〕《老子·七十二章》。

的发展都是对自然的破坏。在《庄子》中表现为强调"无以人灭天"、"不以人助天"，[1]坚决反对任何对自然之道的干扰和破坏，要求取消人的一切有意识的活动。《庄子》表明，庄周的理想已不满足于《老子》的"小国寡民"，而要求回到人物无别的"混沌"时代，也就是他所说的"同与群兽居"、"族与万物并"、"无知无欲"、"无人之情"的"至德之世"。[2] 为此，庄周主张取消一切制度、规范和文化，包括道德和法律，认为只有这样，才能安宁。

(三)抨击"礼治"与"法治"

《老子》中"无为而治"的法律观，是针对儒家的"礼治"、法家的"法治"以及墨家的"尚贤"等主张提出来的。通过对于儒家所代表的贵族阶层、法家所代表的新兴地主阶层、墨家所代表的小生产劳动者法律观点的否定，表现了处于社会下层的隐士阶层法律思想的倾向和特征。

《老子》中认为礼是社会致乱之源。"大道废，有仁义；慧智出，有大伪；六亲不和，有孝慈；国家昏乱，有忠臣。"[3]道家认为儒家"礼治"的仁义忠孝等道德规范的出现，都是"大道"废弃的产物，是尔虞我诈，秩序混乱、社会出现病态的反映。天下大乱是失去自然之道的必然结果，而礼是忠信浅薄的集中表现，是当今一切祸乱的根源。"夫礼者，忠信之薄，而乱之首"，[4]礼是忠信不足的表现，是引起混乱的祸首，这是对"礼治"的批判。老聃认为，"贵以贱为本"的道，优于"贵贱不愆"的礼，提倡礼义道德，不仅无济于事，反而会造成更大的混乱，礼是致乱之源。因此，否定仁义忠孝。

《老子》中反对法家所强调的"法治"，认为"以法治国"违背了自然之道，欲治反乱，是倒行逆施。国将亡，必多制，认为统治者制定的法令越彰明，人民就越陷入贫困，盗贼也就越多。这时，即使施以严刑峻法，也无济于事。因此，对法家的重刑理论也予以批判。认为只有在道的支配下，人民才能"甘其食，美其服，安其居"，[5]生活美满安定，才乐生怕死。如果人民无法生存下去，"民不畏威，则大威至"，[6]将使整个统治阶级覆没。

从主张绝对无为的观点出发，《庄子》则从三个方面对儒家的"礼治"进行揭露和批判。

1. 认为仁、义、礼、法，都是对人的自然本性的破坏。在人的要求生存、温饱的自

---

〔1〕《庄子·马蹄》。
〔2〕《庄子·天道》。
〔3〕《老子·十八章》。
〔4〕《老子·三十八章》。
〔5〕《老子·八十章》。
〔6〕《老子·七十二章》。

然本性中并没有君子、小人的等级差别,人为地制造等级、尊卑,是违反自然之道的。

2.认为仁、义、礼、法是导致社会分化和混乱的根源。由于儒家的仁义带来的是虚伪和争夺,因此使人们为追求名利而陷入不能自拔的境地,引起社会的混乱。

3.认为仁、义、礼、法是窃国大盗手中的工具。"窃钩者诛,窃国者侯",[1]所谓仁义,不过是诸侯们掠夺国家的工具,所谓"圣人",不过是大盗们身上所披着的窃国的外衣。并指出,社会上的贫富相争,愚智相欺,战争杀戮等一切罪恶,都是在仁、义、礼、法的名义下进行的,是儒家"礼治"造成的后果。

《庄子》认为法家的"法治"也是祸乱之源。认为法家强调"惟法而治",其滥用刑罚和奖赏的做法造成了欲治反乱的结果。庄周认为,对于当时社会道德败坏、盗贼遍地的后果,法家当权者是难逃其罪责的。而法家崇拜的"明主"、"圣王"的君主专制独裁,也是有百害而无一利。

《庄子》中对墨家的兼爱、尚贤的主张,也给予了批判,认为这是永远不可能实现的。《庄子·天道》篇中一针见血地指出:"夫兼爱,不亦迂乎? 无私焉,乃私也。"实际上墨翟的"兼相爱"总是与"交相利"并提,"相爱"以"相利"为目的,当然是为"私"的。郭沫若先生在其著作《十批判书》中说:"这些都是很深刻的批判。在'兼爱'中看出本来是为私,在'非攻'中看出本是为保护私有权的防御战。两千多年后的今天,批判墨子学说的人差不多谁也没有做到这样的深刻。"

(四)追求绝对自由,反对任何约束和限制

《庄子》中主张:超凡脱俗,无心无情,逍遥自适,绝对自由。庄周认为,人对于人世间的生死、存亡、穷达、富贵、毁誉等,自己根本无法掌握,只能回避矛盾,忘掉一切,对于物质利益等采取鄙视的态度,"安时而处顺",[2]"知其不可奈何而安之若命",[3]任其自然,从而陷入了宿命论。但他又极端不满现实,愤世嫉俗,不愿受仁义道德、礼法刑政的束缚,只好从精神上追求自我解脱。其办法就是像"道"一样,超然物外,把人生看成一场大梦,物我两忘。他认为这样就可与"道"同体,获得不受任何约束和限制的绝对自由。为了超然物外,他把《老子》中所包含的对立面可以无条件转化的观点错误地发展为相对主义,完全否定事物的质的规定性和事物之间的差别,也不承认有判断是非、功罪等的客观标准,"是亦彼也,彼亦是也;彼亦一是非,此亦一是非"。[4] 既然如此,也就没有什么可以作为判断人们言行是非的客观规范。这也是他否定法律、道德,反对任何规范和准则的另一重要理由。

---

〔1〕《庄子·胠箧》。
〔2〕《庄子·养生主》。
〔3〕《庄子·人间世》。
〔4〕《庄子·齐物论》。

四、先秦道家法律思想的主要特点及评价

先秦道家在理论上有两个主要特点：一是以"道"作为其理论思想的核心；二是强调"法自然"，即人必须顺从自然的制约。道家的法律思想也是以"道法自然"和"无为之治"为中心的。一方面，道家反对一切违反自然的人定法，否定仁义礼智，并以此为理论对法家重刑主义的残暴和儒家仁义礼智的虚伪进行了深刻的批判。这种观点，在春秋战国社会变革时期，具有反对剥削和压迫，要求自由的进步意义，因而容易引起后世不当权的封建士大夫和失意政客的共鸣，并对农民起义和社会改革产生积极影响，为对封建法律的批判提供了一种有力的武器。"道法自然"从此也成了中国传统法律思想的价值渊源之一。另一方面，道家从对现实法律的批判走到了否定一切法律、道德作用的地步，又具有明显的法律虚无主义倾向，对中国古代法律思想和法律制度的发展带有一定的消极影响。此外，道家法律思想中包含的悲观厌世、逆来顺受等消极情绪，经过封建思想家的加工改造，既成为统治者用来麻痹人民意志的思想武器，也成为封建士大夫用来慰藉官场失意和弥补精神空虚的灵丹妙药。先秦道家法律思想与春秋战国其他诸家法律思想的分歧是要法与不要法的问题，是根本的对立。秦汉以后长达二千多年的封建社会里，只有道家思想能够与正统的儒家思想相抗衡，二者相互补充，构成了中国封建社会的思想基础。

第五节 "云梦秦简"中的法律思想

1975 年考古工作者在湖北省云梦县睡虎地的一座秦代古墓中出土了一批竹简，总计 1 155 支，这是首次出土秦简，内容共有十种：《编年纪》、《语书》、《秦律十八种》、《效律》、《秦律杂抄》、《法律答问》、《封诊式》、《为吏之道》和《日书》甲种与乙种。其中，《语书》、《效律》、《封诊式》和《日书》为简文原有书题，其余为整理小组根据简的内容拟定。这批秦简经整理后被命名为"睡虎地秦墓竹简"，简称"云梦秦简"。这批秦简从内容上讲大都和法律有关，是墓的主人喜生前所抄录的部分秦律和文书。从时间上推断，这批法律和文书的颁布，上限起自秦孝公和商鞅变法，下限止于秦始皇执政，与本章所讨论的问题在时间上刚好吻合。云梦秦简的史料价值极为珍贵，填补了秦法律史料的空白。虽然它不是秦法律史料的全部，但却能从一个侧面反映当时统治者的法律思想。

一、以法治国

秦自商鞅变法以后，厉行法治，坚持以法治国，这一点在云梦秦简中体现得十分充分。法律调整范围较宽是云梦秦简的突出特点之一。尽管云梦秦简还不是秦律的

全部,但却足以说明问题。秦律是以《法经》为基础制定的,《法经》只有六篇,而云梦秦简则有篇目三十来个,内容增加了许多。这些篇目除属于刑事方面的《法律答问》、属于诉讼程序方面的《封诊式》外,还涉及到行政法、经济法和民事法律方面的内容。属于行政法方面的有《置吏律》、《除吏律》、《除弟子律》、《尉杂》、《内史杂》、《傅律》、《徭律》、《司空》、《军爵律》、《公车司马猎律》、《中劳律》、《屯表律》、《戍律》、《行书》、《传食律》、《游士律》和《属邦》。属于经济法方面的有《田律》、《厩苑律》、《仓律》、《金布律》、《关市》、《工律》、《工人程》、《均工》、《效律》、《藏律》和《牛羊课》。属于民事方面的有《赍律》和借用的《魏户律》等,可以说社会生活的方方面面都有了基本法规。此外,这些法规还有一个基本特点就是体系上较为完整,如有关国家机构和官吏职务管理及有关经济方面管理的法规就是如此。

我们以前者为例加以说明。从世卿世禄制到官僚制是春秋战国时期中国国家机构和官制发展史上的一个重大变化。如何适应这种新的变化,加强对国家机构和官僚的有效管理,是当时各诸侯国统治者所面临的一个全新而重大课题。秦的基本做法是将其纳入法制化轨道,以法管理。前面所提到的云梦秦简中的《除吏律》、《置吏律》是有关官吏任命和免职的法律;《军爵律》、《中劳律》是关于劳绩计算、军功爵授受和撤销的法律;《尉律》、《内史杂》是关于法官、内史等官吏职务的法律;《行书律》是关于传送公文书信的法律;《传食律》是关于驿传伙食供给标准的法律。总之,至迟到秦始皇统一全国之前,秦有关官吏管理方面的法律体系已基本完备。一个全新的领域,法律完备程度如此之高,其他的领域便可想而知。

上述这一切充分说明了秦统治者在治国上确实坚持了以法治国的方针。

二、法自君出

法自君出是法家的基本主张,是专制君权在立法上的反映。所谓法自君出是指法的制定和颁布权隶属于国君,其他人不得行使。为此,秦自商鞅变法时就明确规定凡私自删改法令者将受严惩。"法令皆副置,一副天子之殿中,为法令,为禁室有铤钥为禁。而以封之内藏法令。一副禁室中,封以禁印,有擅发禁室印,及入禁室视禁法令,及禁剟一字以上,罪皆死不赦"〔1〕法自君出的思想在云梦秦简中得到了充分反映。

1. 为了保证法令的制定权和修改权均属国君,其他任何人不得分享,云梦秦简明确规定司法官员每年必须要到中央政府核对法令原文。秦简《尉杂律》规定:"岁雠辟律于御史"就是这个意思;

2. 将律文的解释权收归中央,秦时不仅从制度上规定统一的法令出自国君,而且

〔1〕《商君书·定分》。

还将法律解释权收归朝廷。云梦秦简中的《法律答问》就是秦中央政府制定的带有法律效力的司法解释,它对秦律的解释具有绝对的权威,同律文一样具有同等效力;

3. 尽量做到法律条文的具体详细。秦为了保证"权制独断于君",防止各级官吏在执法中掺杂个人意志,将法律条文规定得十分具体详细,不给法官以自由裁量权。如秦简《效律》中对市场上使用的度量衡标准及检验官检验失误后所应承担的责任明确规定:衡石不准确,误差在 16 两以上,罚该官府啬夫一甲;误差在 16 两以下至 8 两以上,罚一盾。钧不准确,误差在 4 两以上;斤不准确,误差在 3 铢以上,均罚一盾。桶不准确,误差在 2 升以上,罚一甲;误差在 2 升以下至 1 升以上,罚一盾。斗不准确,误差在半升以上,罚一甲;不满半升至 1/3 升以上,罚一盾。参不准确,误差在 1/6 升以上;升不准确,误差在 8 两以上;半斗不准确,误差在 1/3 升以上,罚一盾。再如,《仓律》中甚至对于每亩土地使用的种子量也作出了具体规定:凡稻、麻每亩用种 2 右 3 之 2 斗,谷、麦每亩用种 1 斗,黍子、小豆每亩用 2/3 斗,大豆每亩用半斗。但如果是良田,可适当少于此数;倘若田中已有作物,亦可酌情减少。如此具体详细的规定,古今中外的法律中较为少见。它可能有失灵活,也不利于发挥各级官吏的主观能动性,但便于执行,有利于维护君主的绝对权威。由此可见,在秦统治者看来,庞大的国家机构和各级官吏,不过是一部执行其意志的机器和零部件。

三、重刑主义

从商鞅变法开始,法家的"重刑主义"理论就被贯彻到司法实践中,成为秦奉行的一条刑事政策,就云梦秦简而言,重刑主义表现在:

(一)重罚轻罪

《商君书·说民》认为:"刑重其轻者,轻者不生,则重者无从至矣"。法家迷恋重刑,认为只有重刑轻罪,人们才可能因害怕而不敢犯罪。云梦秦简《法律答问》载:五人以上盗窃赃物价值 1 钱以上,即判处斩左趾并黥为城旦;"同母异父相与奸",即同母异父通奸者,弃市。共同盗窃价值一钱者,斩左趾;通奸者,弃市,不能不说是轻罪重罚了。

(二)重惩预备犯与未遂犯

商鞅认为,为了发挥刑罚的威吓作用,必须"刑用于将过",即把未遂犯与已遂犯等同起来,同等处罚。云梦秦简就体现了这一主张。如《法律答问》载:"甲谋遣乙盗,一日,乙且往盗,未到,得,皆赎黥。""赎黥"是秦律对一般盗窃犯罪的常刑,而此案中的甲乙显系未遂犯;另秦律规定:"实官户扇不致,禾稼能出,廷行事赀一甲",即为防止仓库损失粮食,凡仓库门扇未关严者,主管官员判处赀一甲,把损失粮食的可能性与事实等同;《封诊式》中的一份"爰书"载:"妾悍,无它坐,谒黥劓",对仅有反抗精神而没有具体反抗行为的奴隶,处以黥与劓的肉刑等。

(三)广施连坐

广施连坐是云梦秦简中重刑主义的又一表现。云梦秦简中的连坐包括:家属连坐、邻里连坐、职务连坐。从秦简来看,秦时家属连坐的范围以户为限,同户之内,一人有罪,其余人连坐。所谓同户,《法律答问》解释为:"户为同居",即同母所生而未分居的兄弟都适用家属连坐法。至于什么性质的犯罪适用于家属连坐呢?从秦简规定来看,主要是盗窃罪及其类似性质的犯罪、政治犯罪和逃避徭役的犯罪。邻里连坐,秦简中规定的邻里连坐包含两个方面的内容:一是同伍连坐,即一家有罪,四邻必须告发,如不告发,就受到株连,《法律答问》中载:"何为四邻?""四邻,即伍人谓也";二是里典连坐,即居民犯罪,居民组织的负责人必须告发,如不告发,就受到株连。职务连坐,职务连坐又可细分为军事连坐和官吏职务连坐等。前者如《秦律杂抄》中规定:"战死事不出(屈),论其后。又后察不死,夺后爵,除五人;不死者归,以为隶臣。"大意是,在战场上宁死不屈,应将爵授予死者的儿子。如果后来察觉该人未死,事迹是编造出来的,就应褫夺其儿子的爵位,并且惩罚同伍的人,而那个未死的回来,要处以"隶臣"的刑罚。后者如《效律》中规定:"尉计及尉官吏即有劾,其令、丞坐之。如官然。"总之,广施连坐是秦律的突出特点之一。

(四)增加酷刑、严密刑网

秦简中记载的刑种极多,大致有:戮、磔、弃市、定杀、生埋、宫、斩左趾、劓、黥、笞、髡、耐、足、城旦舂、鬼薪白粲、隶臣、司寇、候、下吏、迁、赀、赎、夺爵、废、谇等,其中许多酷刑为秦首创。在中国法律发展史上,秦以刑罚严酷且多而著称,不能不说是受法家重刑主义的影响。

四、严格吏治

"明主治吏不治民"是法家的一贯主张。因而,重视吏治也就自然成了秦统治者的一贯做法。云梦秦简较为集中地反映了这一思想。

(一)明确选官标准

结合其他史料可知,秦时选任官吏的标准是贤、能两项。贤是指忠于国君的品德,能在当时特定的情况下主要指军功。《史记·商君列传》中云:"有军功者各以率受上爵"。云梦秦简《秦律杂抄》则进一步规定:"战死事不出(屈),论其后。"秦不仅确定有选任官吏的标准,还实行推荐制,并规定荐举人对被荐举人的行为要负有法律责任,《史记·范睢列传》载:"秦之法,任人而所任不善者,各以其罪罪之。"可见秦对选任官吏的慎重。秦简《法律答问》对此亦有反映:"任人为丞,丞已免,后为令,今初任者有罪,令当免不当免? 不当免。"即一般情况下荐举人有罪,要连及被荐举人,只有荐举人的职务有所变动,才不受牵连。

(二)任免官吏程序上的规定

云梦秦简《除吏律》规定:"县、都官、十二郡免除吏及佐、群官属,以十二月朔日免除,尽三月而止之。"即从十二月初一日开始任免各都官、县及十二个郡的吏、佐和各官府属员,到三月底截止。此外,秦简还规定:"啬夫之送见它官者,不得除其故官佐、吏以之新官"。即主管官员调任职务不准带原来的助手和秘书之类的人到新任职的单位,以防结党营私。

(三)严格对官吏的考核

1.确定官吏应该遵循的行为规范。云梦秦简中的《语书》是一篇由南郡太守发布的教戒各县官吏的文告,属地方性法规,其中对"良吏"与"恶吏"的标准作出了明确的划分:"凡良吏明法律令,事无不能也;有廉洁敦悫而好佐上,以一曹事不足独治也,故有公心,有能自端也,而恶与人辨治,是以不争书"。大意是凡良吏都通晓法令,没有不能办的事,廉洁、忠诚、老实而能辅佐君上,一个部门的事不专断独行,有公心,能纠正自己,善与人合作,办事时不与人争荣誉。"恶吏"的标准则是"恶吏不明法律令,不智事,不廉洁,无以佐上,偷惰疾事,易口舌,不羞辱,轻恶言而易病人,无公端之心,而有冒抵之治,是以善诉事,喜争书",即恶吏不懂法令,不通习事务,不廉洁,不能为君上效力,苟且懒惰,遇事推脱,搬弄是非,不知羞耻,易恶言伤人,无公正之心,有冒犯行为,因此善争端,办事时喜欢出风头。

《为吏之道》则对官吏应遵循的行为规范作出了明确规定:"凡为吏之道,必精洁正直,慎谨坚固,审悉无私,微密纤察,安静毋苛,审当赏罚"。并将之具体概括为"五善"、"五失"。所谓"五善":"一曰忠信敬上,二曰清廉毋谤,三曰举事审当,四曰喜为善行,五曰恭敬多让。"所谓"五失":"一曰夸以,二曰贵以大,三曰擅制割,四曰犯上弗知害,五曰贱士而贵货贝。"

2.规范程序。从秦简来看,秦对官吏的考核从形式上讲分巡察和评比两种。《语书》云:"今且令人按行之,举核不从令者,致以律。"这里的案行即巡察。巡察中如发现有过失严重的要向令丞申报,记录在簿,通报全郡,以示警戒。评比则是对畜牧业、手工业和军事训练的检查形式,每年定期举行。《厩苑律》:"以四月、七月、十月、正月肤田牛,卒岁,以正月大课之,最,赐田啬夫壶酒、束脯,为皂者除一更,赐牛长日三旬;殿者,谇田啬夫,罚冗皂者二月。以其牛田,牛减絜,笞主者寸十。又里课之,最者,赐田典日旬;殿,笞三十。"可见,评比实行"最"、"殿"制,最者奖励择升,殿者笞罚。类似的规定,《秦律杂抄》、《除吏律》中亦有记载,涉及的行为有手工业和军事训练等。

（四）惩治犯罪官吏

秦律对于违法犯罪的官吏依法严惩。《秦律杂抄》中规定："伪听命书，废弗行，耐为候；不避席立，赀二甲，废。""命书"是皇帝发布的制书，此条律文是对不忠于上者的处罚。《法律答问》："府中公金钱私贷用之，与盗同法"，即私自挪用公款的与盗同罪。《秦律杂抄》中另有："吏自佐史以上负从马、守书私卒，令市取钱焉，皆迁"的规定，意思是佐、史以上的官吏用驮运行李的马和看守文书的私卒经商牟利，处以迁刑。这两条是对经济犯罪、以权谋私者的处罚。《法律答问》："罪当重而端轻之，当轻而端重之"，为不直。"士伍甲盗，以得时值赃，赃值过六百六十，吏弗值，其狱鞫乃值赃，赃值百一十，以论耐；问甲及吏何论？甲当黥为城旦，吏为失刑罪，或端为，为不直"，这是对司法官吏违法犯罪的处罚。总之，秦对官吏违法犯罪的惩罚是极为严厉的。

五、忠君孝父，任法而不弃仁义

云梦秦简是以法家思想为指导而制定的，这一点通过前面的论述我们可以明显感受到。但仔细通读全文，我们又可以发现一个有趣现象，即简文中所反映的儒法合流的趋向。

1. 云梦秦简在论述法的起源与作用时具有明显的儒法合流的倾向。《语书》云："古者，民各有乡俗，其所利及好恶不同，或不便于民，害于邦。是以圣人作为法度，以矫端民心，去其邪僻，除其恶俗……凡法律令者，以教导民，去其淫僻，除其恶俗，而使之之于为善也。"《语书》认为法律的起源是因为乡俗的差异既不便于民，又不利于国，于是才有圣人制定统一的法度，这种解释有别于传统的儒家与法家，较为独特。此外，《语书》认为法律的作用是"以教导民"，这同法家认为法律的作用是惩罚、恐吓、以刑去刑的观点差异更大，与儒家所主张的法律亦是一种教化手段的观点更为接近。

2. 秦简律文中体现了儒家所强调的孝亲等原则和精神。三纲是儒家伦理法思想的主要内容，三纲中的君为臣纲是儒、法、墨三家的共同主张，因而此处略去不论，我们先来看孝亲。秦简中为维护父亲的权力，规定有"不孝"的罪名。《法律答问》载：对于不孝之子，父亲可以将其送官惩治，甚至可以请求官府将不孝之子处死。此外，秦律还将自诉案件划分为"公室告"和"非公室告"，非公室告是指"主擅杀，刑髡其子、臣妾"的案件。非公室告者官府"勿听"，坚持上告者，还视为犯罪。可见，为维护父权，秦律对子女的诉讼权是加以限制的。接下来，我们再来看秦律对女子的歧视。《法律答问》载："以其乘车载女子，何论？赀二甲"。又"弃妻不书，赀二甲，其弃妻亦当论不当，赀二甲"。男子不但可以休妻，如休妻未到官府登记，妻与夫竟是同受刑罚，男女间的不平等由此可见。

3. 云梦秦简反复宣扬儒家的"仁义"思想。《为吏之道》在强调法的同时，亦反复宣传儒家的"仁义"与"宽惠"。如要求各级官吏"怒能喜，乐能哀，智能愚，壮能衰，勇能屈,刚能柔,仁能忍",要"施而喜之,敬而起之,惠以聚之,宽以治之",要"克己"、"节欲"等,这些言论,同儒家的观点极为近似。总之,云梦秦简中儒法合流的倾向是十分明显的。

由此可见,儒法两家的合流早在战国时期就已经开始,这种融合不仅反映在思想家们的著作里,还已渗透到成文法典之中。儒法合流既有阶级的原因,即其都是为统治阶级服务的,又有共同文化背景的因素,因而是不可避免的。

思 考 题

1. 如何评价儒家法律思想?
2. 简述儒家法律思想的基本原则和特点。
3. 简述儒家的礼法观。
4. 简述儒家法律思想的价值论。
5. 怎样理解法家学派产生的社会背景?
6. 简述法家学派的分类。
7. 法家法律思想的理论基础是什么?
8. 如何理解法家的"法治"理论。
9. 怎样理解法家法律思想的特征?
10. 如何评价法家的"法治"思想?
11. 墨家法律思想的主要内容与特点是什么?
12. 如何评价墨家在中国法律思想史上的地位?
13. 老子法律思想的主要内容与特点是什么?
14. 如何评价庄子法律思想的积极与消极意义?
15. 简述《云梦秦简》的法律思想。

参考书目

1. 张国华、饶鑫贤主编:《中国法律思想史纲》上册,甘肃人民出版社1987年版。
2. 刘新主编:《中国法律思想通史》(第2卷),山西人民出版社1994年版。
3. 俞荣根:《儒家法思想通论》,广西人民出版社1992年版。
4. 武树臣、李力:《法家思想与法家精神》,中国广播电视出版社2006年版。
5. 《睡虎地秦墓竹简》,文物出版社1978年版。

第三章 秦 汉

——中国封建正统法律思想的形成

学习目的与要求

　　秦汉的法律思想在中国古代法律思想发展史上居承前启后的历史地位。本章主要了解秦朝"缘法而治"的"法治"思想;汉初黄老学派的法律思想;及封建正统法律思想的形成。秦汉之际,是中国古代法律思想发生重大变化的历史时期。

　　公元前221年,秦始皇以法家的法律思想为指导,以武力一统天下,结束了战国以来数百年的战乱。但是,秦的统一并没有带来社会安定。以秦始皇、李斯为代表的秦统治者,继承商鞅,特别是经韩非发展的先秦法家的法律思想,建立了以法家法律思想为指导的极端君主专制制度,强调"事皆决于法","以法为教、以吏为师","重刑轻罪",把先秦法家的法律思想推向极致。政治上采用暴力镇压,严刑峻法,使法的合理性界限遭到破坏;思想文化上崇尚法家学说,灭绝儒学,强令人民"习法令避禁",甚至发展到"焚书"、"坑儒"的地步,将愚民政策推向极致;经济上横征暴敛,滥发徭役,大兴土木,使社会经济遭到极大破坏。残暴的统治使社会矛盾达到了恶化的地步,以致"赭衣塞路,囹圄成市,天下怨愁"[1] 人民在"秦法繁于秋荼,而网密于凝脂"[2]的统治下,无法生活下去。公元前209年发生了陈胜、吴广起义,推翻了秦十四年的统治。秦的速亡,也使法家极端"法治"的法律思想步入穷途。

　　继秦而起的西汉王朝,虽基本上继承了秦的制度,重建了中央专制集权的封建国家,即"汉承秦制",但新上台的刘氏统治集团,为避免重蹈亡秦的覆辙,一直重视对亡秦的历史研究,以期找出长治久安的统治方法。因此,从高祖刘邦到文帝刘恒、景帝刘启等西汉皇帝,自陆贾等思想家到《淮南子》的作者都从总结秦亡的教训出发,严厉

---

〔1〕《汉书·刑法志》。
〔2〕《盐铁论·刑德》。

地批判了法家法峻刑残的法律思想,并进而提出"治道贵清静而民自定"[1]和"填以无为",[2]即以"无为而治"、与民休息的黄老之学作为治国的指导思想。

黄老学派在法律思想上主张文武并用,"与民休息"、"约法省禁"、进退循法,强调不生事、不扰民,要求"刑不厌轻"、"罚不患薄"。这些主张显然是先秦儒、法、道三家法律思想的综合。在黄老法律思想的指导下,汉初统治者废除了连坐收孥法等一系列苛法,摒除了斩左右趾等肉刑,使人民得以休养生息。黄老法律思想改变了秦"专任刑罚"的法家极端"法治"的法律思想,对西汉王朝向封建正统法律思想的转变起到了过渡作用。

随着西汉王朝政治的稳定、经济的发展,黄老法律思想虽有利于汉初的"休养生息",却不利于统治者的积极进取。因而,汉文帝时贾谊又提出了"定经制,兴礼义","礼法结合"的法律思想。贾谊礼法结合的法律思想的出现,为西汉武帝时接纳董仲舒"罢黜百家,独尊儒术"的建议,确立儒家法律思想的正统地位,奠定了理论基础。

西汉以董仲舒的新儒学为代表的封建正统法律思想,主要依据儒家经典,特别是《公羊春秋》,同时兼收法、道、名、墨诸家有利于当时统治的法律思想,所以,实是"博采百家"而成。其渊源主要以"天人感应"的神学论为基础的君权神授理论,宗法等级观念和阴阳家的学说。主要内容包括:则天顺时,法自君出的思想;礼律结合,法有差等,三纲五常的原则;德主刑辅,先教后刑,论心定罪的主张等。以儒家法律思想为主体的封建正统法律思想,此时虽尚处在形成、发展时期,但后来处成熟、鼎盛时期者,如隋唐的封建正统法律思想,却正是在这一基础上发展而来的。

第一节　秦朝"缘法而治"的"法治"思想

"缘法而治",即"以法治国",是先秦法家学派的思想核心。法家从趋利避害的人性出发,把"法治"看作是实际统治最有效的,甚至是惟一有效的方法,并从理论上进行了详细论述。

公元前221年,秦统一六国,以秦始皇为首的秦王朝统治集团接受了法家的主张,极为推行商鞅、韩非等人的法家学说,将法家"缘法而治"的理论作为治国方略,一方面从理论上进行了必要的充实和修正,使之尽量适应秦王朝的社会现实;另一方面则最大限度地予以实施。

---

[1]　《史记·曹相国世家》。
[2]　《汉书·刑法志》。

一、秦王朝推行"缘法而治"思想的原因

秦王朝统一六国后,之所以置春秋战国以来诸子百家学说于不顾,独钟情于法家思想,以"缘法而治"的"法治"思想为治国的指导思想。究其原因,主要有二:

1. 秦统一后的政治、经济形势的需要。秦国在商鞅变法之前,政治上、经济上都远远落后于其他诸侯国,商鞅变法,有力地促进了秦的发展,使弱秦一跃而为强秦,先后灭六国而统一中国。秦统一中国以后,政治上并不十分稳定,经济上也没有得到应有的发展:不仅六国的旧贵族在全国范围对抗秦的统治,北方少数民族也在边疆侵扰;经济上由于连年的战争,社会财富趋于枯竭,人民生活极其困苦,加上繁重的赋税,沉重的徭役,社会矛盾极其尖锐,可以说内忧外患。这就要求秦王朝在治国思想上作出抉择。以秦始皇为首的统治者,认为"缘法而治"既能成功地指导秦由弱变强,并吞六国,自然"缘法而治"的思想也可以使统一后的秦王朝变得政治稳定、经济发展,并使秦子子孙孙"二世三世至于万世,传之无穷"[1]。

2. 商鞅、韩非等人"缘法而治"思想对秦王朝统治者,尤其对秦始皇本人的重大影响。早在秦孝公时期,秦国便采纳了法家代表人物商鞅"变法修刑,内务耕稼,外劝战死之赏罚"[2]的主张而变法,并于其后一百多年沿用商鞅的理论作指导,使秦国一跃而为"国富而兵强"的强盛之国。至于秦王嬴政,更是笃信法家思想,崇拜法家人物,如看到韩非的著作,就发出"寡人得见此人与之游,死不恨矣"[3]的感叹,因此统一后不再另寻治国思想而奉行法家的"缘法而治"便属自然了。

二、秦始皇、李斯的法律思想

秦始皇(公元前259年~前210年),即嬴政,生于赵国京城邯郸,故又名赵政。13岁继承王位,22岁亲政。亲政后,在李斯、尉缭等的辅佐下,利用秦国几代取得的政治、经济和军事优势,积极主动地进行兼并战争,以10年的时间先后灭了东方六国,于公元前221年统一全国。统一全国后,自称始皇帝,并制定了一套全新的政治、经济、文化政策,在中国建立了最早的封建专制主义国家。公元前210年,50岁的秦始皇病死于出巡途中。秦始皇是中国封建地主阶级的杰出人物。

李斯(? ~公元前208年),楚国上蔡(今河南上蔡西南)人,战国后期著名的法家代表人物,也是秦朝著名的政治家。平民出身,年轻时曾任"郡小吏",后与著名法家思想家韩非一同师事荀况。李斯于战国末入秦,开始作秦相国吕不韦的舍人,后因上书《谏逐客令》受到秦始皇的重用,由"郎"(卫士)升任"长史",再升迁为廷尉(朝廷

[1]《史记·秦始皇本纪》。
[2]《史记·商君列传》。
[3]《史记·老子韩非列传》。

的司法长官）。秦统一后,又由廷尉晋升为丞相之职。始皇死后,曾辅佐秦二世胡亥。后由于二世听信赵高陷害李斯谋反,被处以"具五刑,夷三族"。[1] 李斯一生的成败与秦王朝的兴亡紧密相连,在法律思想上,深受商鞅尤其是韩非法律思想的影响。由于在统一六国过程中发挥了重要作用,其地位日益显赫,在重大问题上的意见,也多为秦始皇采纳。李斯的法律思想和实践活动,为秦代封建中央集权的君主专制制度的建立和封建法制的确立、发展都有重大影响。

秦始皇和李斯的法律思想大致可以概括为以下几个方面:

(一)"海内为郡县,法令由一统"

所谓"海内为郡县,法令由一统",即主张在国家体制上废除分封制,实行郡县制,加强国家的统一。由于西周所实行的分封制度,最后演变为诸侯国之间争城夺地、驱民掠口、相互攻伐的兼并战争,给国家和人民造成了极大的灾难。因此,在秦始皇灭六国,结束了春秋战国以来的分裂局面后,统治集团内部对建立什么样的政治体制并没有一致的意见,对是实行分封制还是实行郡县制争论不已。如丞相王绾提出:"诸侯初破,燕、齐、荆地远,不为置王,毋以填之,请立诸子",[2]廷尉李斯则坚持主张实行郡县制,提出用国家征收的赋税来赏赐诸子和功臣,认为实行分封制还会出现"诸侯更相诛伐,周天子弗能禁止"的局面,只有实行郡县制,天下才不会分裂,才是"安宁之术"。秦始皇最终接受了李斯的建议,并一再向群臣讲述了分封制不可取和郡县制的优越性。他说:"天下共苦战斗不休,以有侯王。赖宗庙,天下初定,又复立国,是树兵也,求其宁息,岂不难哉","古之帝王,地不过千里,诸侯各守其封域,或朝或否,相侵暴乱,残伐不止,犹刻金石,以自为纪。古之五帝三王……其身未殁,诸侯背叛,法令不行。今皇帝并一海内,以为郡县,天下和平"。[3] 秦始皇实行郡县制的态度非常坚决,分天下为三十六郡,在全国范围内确立了郡县制度。

此外,秦始皇为了维护封建秩序,加强对广大民众的统治,改变由战国以来因诸侯割据而"律令异法"的局面,在秦国原有法律的基础上,重新修订出以《秦律》为主体的法律体系。秦律的颁行全国,对加强秦王朝中央集权,促进全国经济和文化的发展,起了重大作用。

(二)强调以法律手段治理国家

秦始皇早在称帝之前,就深受法家学说影响,尤其非常崇拜韩非之学,当他看到韩非所著的《孤愤》、《五蠹》等书时,曾赞不绝口,急欲一见,并说:"寡人得见此人与

---

〔1〕《史记·李斯列传》。
〔2〕《史记·秦始皇本纪》。
〔3〕《史记·秦始皇本纪》。

之游,死不恨矣",[1]并且身体力行法家的法治主张。后又因阴阳五行的"五德终始"学说对法家学说进行了神秘论证,使得秦始皇对法家学说更是深信不疑。正是在这种思想指导下,秦统一后国家法网日益严密,"诸产得宜,皆有法式",[2]其名目之繁多,手段之残酷,到了无以复加的地步。正如《盐铁论》所说:"秦法繁于秋荼,而网密于凝脂"。秦始皇之所以如此热衷于"法治",因为秦始皇知道,不仅封建法治的力量来自于君主,法治更可赋予君主更大的权力。同时,法治推行的彻底与否,又决定于君主实际权力的大小。即所谓"事皆决于法",法又"自君出",故推行法治,不只是君主权力的体现,也是君主专制制度的需要。有关秦始皇、李斯强调以法律手段治理国家的思想,在秦王朝的许多刻石中均有所反映,如始皇二十八年琅琊刻石:"维二十八年,皇帝始作,端平法度,万物之纪",[3]始皇三十七年会稽刻石:"秦圣临国,始定刑名,显陈旧章,初平法式,审别职任,以立恒常"。[4] 刻石中对秦始皇创立法度的功绩大肆宣扬。据说刻石的文章出于李斯之手,但由秦始皇授意于前,因而,代表了秦始皇、李斯的法律思想。

(三)"天下之事无大小皆决于上"

秦始皇认为,君主权力的大小和稳固程度常常是政权稳定与否的标志,故在灭六国天下一统后,应当加强和提高自己的法律地位。作为韩非学说的实践者,他还进一步发展了韩非的专制理论,使君主的专制权力增加到毫无理性的程度。如更名号称始皇帝,规定避讳制度,以显示皇帝地位的至高无上,规定皇帝的"命"为"制"、"令"为"诏",以表明皇帝命令的最高法律效力。总之,"天下之事无大小皆决于上",[5]"丞相诸大臣皆受成事","博士虽七十人,特备员弗用"。[6]

李斯亦主张实行极端的君主专制制度。他认为,君主应该独自统治天下而不受任何牵制,可以为所欲为而没有人反对,他说:"独制于天下而无所制,然行恣睢之心而莫之敢逆"。[7] 同时,李斯还发挥韩非君主集权的"独制"观点,认为君主必须"独断",即君主个人独裁,只有君主独操大权,才能统一协调达到"缘法而治"。

要做到"天下之事无小大皆决于上",除了提高君主在国家政权中的法律地位之外,还须严格吏治,加强对官吏的"督责"。李斯认为,作为国家君主,像尧、禹那样,"以其身劳于天下之民","徒务苦形劳形,以身殉百姓"是不行的,贤明君主应该对臣

---

[1] 《史记·老子韩非列传》。
[2] 《史记·秦始皇本纪》。
[3] 《史记·秦始皇本纪》。
[4] 《史记·秦始皇本纪》。
[5] 《史记·秦始皇本纪》。
[6] 《史记·秦始皇本纪》。
[7] 《史记·李斯列传》。

下全面实行督责之术，"督责之，则臣不敢不竭能以殉其主矣，此臣之分定，上下之明义，则天下之贤不肖莫不敢不尽力竭任以殉其君主"[1]　同时强调君主掌握国家政权，要审慎和经常地考察官吏，分清好坏，按照他们的功过委派职务，规定俸禄，这样就没有人敢于欺骗上级了，就可做到"臣无邪"、"主严尊"、"天下安"，君主所欲无不得矣。随着李斯《行督责书》出台，秦的监察制度进一步强化。

（四）弃礼任刑

秦始皇在统一全国之后，把法家主张的严刑峻法发展到极端的地步。他推崇先秦法家商鞅，特别是韩非轻罪重罚的思想，主张对轻微的犯罪处以重刑，并在秦律中将"以刑去刑"的思想具体化。不仅刑罚种类繁多，而且在同一种刑罚内又按方式与程度分为不同的等级，规定各种刑罚既可单独使用，也可以合并使用，使得本已相当复杂的刑罚更加繁杂、更加野蛮。《盐铁论》载："秦时劓鼻盈累，断足盈车，举河以西，不足受天下之徒。"秦始皇不仅在立法上推行严刑酷法，而且在司法实践中也将严刑酷法推向极致，其突出表现是在处理案件时加重刑罚，如在处理吕不韦一案时受株连者达万余家；荆轲一案，在灭其九族后，竟还灭荆轲一里；另外如不分轻重坑杀四百六十余儒生；陨石刻字事发，"尽取石旁居人诛之"[2]　全社会笼罩在一片恐怖气氛之中。无怪乎司马迁说秦始皇"废王道、立私权，禁文书而酷刑法"，班固说其"专任刑罚"，"乐以刑杀为威"。

秦始皇酷刑的另一种表现是实行文化专制。先秦法家代表人物韩非曾说过："明主之国，无书简之文，以法为教；无先王之语，以吏为师；无私剑之捍，以斩首为勇。是故境内之民，其言谈必轨于法，动作者归之于农，为勇者尽之于军。"[3]　秦始皇、李斯对这一文化专制思想，十分赞赏，竭力奉行。

由于儒法两家思想从产生之日起在治国方略，特别是对待"礼"与"刑"的态度等方面有着严重分歧，后在发展过程中，门户之见，对立日深。秦始皇统一全国之后，由于博士淳于越在向秦始皇进言中又涉及到"师古"与"师今"的问题，为此，李斯在上书秦始皇时指出，古代天下散乱，长时间不统一，诸侯各自为政，而现在天下已定，法令统一，百姓应该"力农工"，士应该学习法令，思想文化也应统一，但"诸生不师今"而"学古"，"以非当世，惑乱黔首"，对这种状况如不禁止，"则主势降乎上，党与成乎下"[4]　于是建议：除《秦记》、医药、卜筮、种树等书之外，其他如《诗》、《书》等百家语，限十三天内交官府焚烧（博士官所藏者外），逾期不交，"黥为城旦"；有敢继续谈

---

〔1〕《史记·李斯列传》。

〔2〕《史记·秦始皇本纪》。

〔3〕《韩非子·五蠹》。

〔4〕《史记·李斯列传》。

论《诗》、《书》者弃市,"以古非今者,族","吏见知不举者与同罪";同时建议严禁私学,欲学法令者,"以吏为师"。正是这一建议,导致了中国历史上一场文化典籍的灾难即"焚书"事件的产生。第二年又发生了"坑儒"案件,"四百六十余人皆坑之咸阳"。弃礼任法,专任刑罚,不仅给劳动人民带来了灾难,也加速了秦王朝的灭亡。

三、秦"缘法而治"思想的评价

法家学派在提出"缘法而治"的"法治"思想的同时,还提出了一整套推行"法治"的理论与方法,这套理论为封建主义中央集权制国家的建立、治理提供了重要的理论根据。从法理学角度看,法家学派对于中国古代法学的发展做出了重大贡献。因而,尽管秦朝的灭亡在一定程度上宣告了法家法治思想的破产,但后世的统治者们实际上仍然接受了法家学派的许多思想遗产,如汉初的改革等,实际上把许多以法家思想建立的制度都延续下来了。西汉以后,封建正统法律思想虽然确立,但法家思想并没有退出历史舞台,其中的许多内容都被吸纳入以儒家思想为基础的正统法律思想之中。

在法家学派的法律思想为繁荣古代法学做出重大贡献的同时,法家"缘法而治"的法治思想,尤其是这一思想被秦统治者片面运用的时候,给社会带来的灾难也是极为深重的。如严刑酷法,致使社会矛盾迅速激化,导致统治集团内部的分裂;大行焚书坑儒,严重摧残和破坏了我国古代文化典籍,扼杀了文化的发展,窒息了人们的思想;等等。

"缘法而治"本身对于否定先秦以来的等级特权思想是有重大意义的,亦符合历史的潮流,但其在秦王朝实施的结果却是近乎一场灾难,它并没有带来人们企盼的真正"法治"。这是因为,"法治"的最大特点是依法办事,而法家理论中的"缘法而治"则是"法自君出",法在这里只是君主权力的派生物,加之秦王朝在实践中又极力张扬权力,突破了权力的合理界限,所以,秦"缘法而治"带来的只能是君主独裁、专制,只能是法律本身的丧失,法仅仅成了君主维护其统治的一种暴力,这是其理论中固有矛盾的必然结果。

第二节 汉初黄老学派的法律思想

一、汉初奉行黄老学说的原因

黄老学派作为先秦道家的一个派别,若从法律思想史的角度看,它是融道家、法家、儒家三家学说而形成的法律思想体系。"黄"指传说中的黄帝,"老"指春秋末期的道家创始人老子(又名老聃)。具体说来,黄老派发端于战国中期,其学说是一个以道为主体,扬道家之长补法家之短,至汉代又吸收儒家仁义、道德而形成的一个独立思想体系。

黄老学派的进一步发展,是在战国末年至西汉初期的一百多年间。战国时秦相吕不韦及其门客撰写的《吕氏春秋》一书,使黄老之学在政治、法律等方面由一般的理论发展成为具有实践意义的思想体系。西汉初期,统治集团依据当时的社会状况又把黄老学说作为施政的指导思想,实际运用于社会政治生活之中,致使中国法律思想至汉初为之一变。西汉初年,作为黄老学说的主要代表人物有曹参(? ~公元前190年)、陆贾(约公元前240年~前170年)、汉文帝刘恒(公元前179年~前157年在位)等人。淮南王刘安(公元前179年~前122年)及其门客所辑撰的《淮南子》(又名《淮南鸿烈》)一书的发表,可视为黄老法律思想在汉初发展到极盛的标志。

汉初统治集团之所以奉行黄老学派的法律思想作为施政方针,有其深刻的历史原因:

1.西汉王朝的开创者刘邦(公元前206年~前195年在位)取得天下后,曾多次命群臣讨论秦速亡的原因,即"秦所以失天下,吾所以得天下者何?"并具体命陆贾结合古代国家治乱成败的原因说明这一问题,这是汉统治者对治国之道探索的开始,也是西汉法律思想转变的开始。陆贾在其所著《新语》十二篇中,较为系统地回答了刘邦的问题,并指出秦专靠严刑苛法以至有"覆巢破卵之患",专任狱吏以至有"倾仆跌伤之祸"。[1] 秦统治者虽企望政治稳定,天下太平,"二世、三世至于万世,传之无穷",[2]但却二世即失天下,原因是"事愈烦,天下愈乱,法愈滋而奸愈炽……举措暴众而用刑太极",[3]故二世而亡。汉必借鉴亡秦的教训,不可"马上得天下,马上治之",只有改变统治方法,奉行黄老学说为治国方略,实行"无为而治",方可避免重蹈秦之覆辙。刘邦对陆贾所言"未尝不称善",于是"无为而治"的治国方针在汉初得以确立。刘邦死后,汉初一些当政者,也大都遵奉"黄老之术"并协力推行,不仅惠帝刘盈(公元前194年~前188年在位)和高后吕雉(公元前187年~前180年在位)在位时,"君臣俱与无为",[4]文帝刘恒(公元前179年~前157年在位)、景帝刘启(公元前156年~前141年在位),也都"好道家之学",[5]"读老子,尊其术"。[6] 由此可见,黄老学派的法律思想在汉初已被作为一个治国方略确立下来。

2.如果说汉初统治集团推行黄老之术尚存个人原因,那么,西汉初期的政治、经

---

〔1〕 《新语·辅政》。
〔2〕 《史记·秦始皇本纪》。
〔3〕 《新语·无为》。
〔4〕 《汉书·高后纪》。
〔5〕 《史记·礼书》。
〔6〕 《汉书·外戚传》。

济形势的需要,则是推行黄老法律思想的必备条件。西汉初期,由于经过长达八年的秦末之乱,社会生产受到严重破坏,经济凋敝,天下饥馑,不仅老百姓一无所有、无以为生,朝廷也是府库空虚、财源枯竭,以至"自天子不能具醇驷,而将相或乘牛车"[1]再加上当时诸侯迭起,郡国并行,致使汉最高统治者意识到,如果再像秦王朝那样遇事由朝廷统一发号施令,肆行干涉,在统治基础尚不巩固的时候,将造成难以预测的结果。为了缓和社会矛盾,恢复经济,巩固新生的汉政权,汉初的统治者,在寻求治国方针时,以"无为而治"为核心的黄老法律思想作为治国方针,就是必然的选择了。

事实上,汉初推行黄老的"无为而治",对巩固汉政权、恢复和发展经济也确实起了巨大作用。由于从汉高祖刘邦开始,"上于是约法省禁,轻田租,什五而税一,量吏禄,度官用,以赋于民",[2]加之"萧何次律令,韩信申军法,张苍定章程,叔孙通制礼仪,陆贾造《新语》"[3]等,使西汉建立了一整套完备的政治、经济、法律等制度,使西汉政权得以巩固。至汉惠帝、文帝、景帝时,又在此基础上更进一步坚持了"清静无为"、"与民休息"的方针,并适时采纳了贾谊等人的建议,进一步完善了安民的经济措施,且外和匈奴,内实行轻徭薄赋、"清静无为",使西汉的社会政治、经济状况极大改变。以至景帝时出现"京师之钱累百万巨,贯朽而不可校,太仓之粟陈陈相因,充溢露于外"和"都鄙廪庾皆满,而府库余货财"《史记·平准书》的富足局面;而汉初社会政治、经济的稳定、繁荣,又进一步加强了黄老法律思想的指导思想地位。

二、黄老法律思想的基本内容

统观汉初黄老学派的代表,其法律思想的基本内容有:

(一)清静无为,顺乎民欲

"清静"主要表现在"毋苟事,节赋敛,使民以时",[4]即强调顺乎自然,赋役适当,节制使用民力,使民衣食足。关于"无为",《淮南子·原道训》解释为"漠然无为而无不为也;澹然无治也而无不治也。所谓无为者,不先物为也;所谓无不为者,因物之所为。所谓无治者,不易自然也。所谓无不治者,因物之相然也"[5]清静无为就是因物之自然,顺事之常轨,即统治者要吸取亡秦的教训,实行轻徭薄赋,缓刑安民,勿以繁重的劳役、赋税及严刑峻法扰民。

汉初黄老学说认为,人的欲望是人的本性决定的,是人类维持生命、繁衍和进取

〔1〕《汉书·食货志》。
〔2〕《汉书·食货志》。
〔3〕《汉书·高帝纪》。
〔4〕《经法·君正》。
〔5〕《淮南子·原道训》。

而不可违背的,即"夫民之生也,规规生食与继"。[1] 满足人的食欲、生欲、财欲,就是
要轻徭薄赋,使民休养生息,衣食足用,财货有余。"赋税有度则民富,民富则有耻,有
耻则号令成俗而刑罚不犯,号令成俗而刑罚不犯则守固战胜之道也。"即只有赋税适
当,人民才能衣食足,政权才能巩固。正是在这一思想的指导下,汉初采取了一系列
措施,如外和匈奴以免战事,"兵皆罢归家",从事农业生产;招抚逃亡乡农,归还其土
地房屋;释放奴婢,以增加劳动力;减轻赋税,刺激生产等,将"无为而治"、与民休息的
思想贯彻到实践中。

(二)逆取顺守,德刑相济

陆贾认为秦所以灭亡,是因为没有"行仁义",没有"法先圣",欲长治久安,就应
效法汤、武,"逆取而以顺守之,文武并用"。[2] 陆贾这里的"逆"就是法家的夺取之
道,"顺"为儒家的守成之法,也即他所说的"行仁义,法先圣",也就是要放弃暴秦的
"专任刑罚",而讲求"德治",实行"仁义"。[3] 陆贾认为,"圣人立狱制罪,悬赏设
罚",其目的是为了分别是非,明辨善恶,审察奸邪,消除祸乱,藉以使人民畏惧法律,
然法虽可"诛恶",但却不能使人知晓"仁义",而道德礼义又是"防乱之经,治国之
本",[4] 即"仁义者,治之本也"。[5] 黄老学说在借鉴各家学说的基础上,既取儒家之
礼,实行"德治"而"顺守",同时又认识到单凭"德治",懂得礼义而没有"法度"也是不
够的,并明确指出,"礼义独行,纲纪不立,后世衰废"。[6] 因而要想长治久安,寻"长
久之术",必须"逆取顺守"、"德刑相济"。

(三)明具法令,进退循法

汉初黄老学说对秦专任刑罚的思想持严厉的批判态度,但同时也并不否认法律
的重要性。认为法的基本属性是"法正"、"罪当",[7] 即法度适宜,罪刑相当,"法度
者,正之至也",因为法是"天下之度量","人主之准绳",[8] 是用来明辨曲直,衡量是
非的。法不正则是非不明,曲直难辨,"不正之法"反害于民,就是暴政。反之,法正不
偏,百姓就诚实谨慎,罚当其罪,百姓就能顺从。这就要求统治者顺"明法修身以为

---

〔1〕《十六经·观》。
〔2〕《史记·郦生陆贾列传》。
〔3〕《汉书·陆贾传》。
〔4〕《新语·道基》。
〔5〕《淮南子·泰族训》。
〔6〕《新语·道基》。
〔7〕《经法·君正》。
〔8〕《淮南子·主术训》。

治",[1]要"明具法令"。所谓"明具法令"就是立法要明,并宣达于天下,正如陆贾所说:"威不强还自亡,立法不明还自伤",也就是只要法律稳定,内容明确,并将法律向人民宣达,就可以达到"无为而治"。

在执法、守法方面,黄老学说主张进退循法,特别是最高统治者不可失法。对老百姓要用统一的法令来衡量罪与非罪,此罪与彼罪及罪之轻重,要平等对待,即"执一政以绳百姓、持一概以等万民"。[2]强调法律制定以后,守法者无罪,违法者必究,要做到贵者犯法概不宽宥,卑贱者犯法亦不法外加刑,犯法者虽是贤人,也必须予以诛戮,守法者虽是庸人也应判处无罪。黄老学说还认为,作为最高统治者的君主,更应"进退循法,动作合度",[3]决不可"刑及亡罪于狱,而杀及无辜于市",[4]汉文帝时廷尉张释之称这种思想为"法者,天子所与天下公共也"。[5]

(四)约法省禁、除秦苛法

汉初黄老学派认为,秦速亡最重要的原因之一,就是法令烦苛,刑罚暴虐,妄诛轻杀,"苦民伤众"。正鉴于此,黄老学派主张汉王朝要约法省禁,决不可像秦那样"置天下于法令刑罚之中",[6]他们认为,"事愈烦天下愈乱,法愈滋而奸愈炽,兵马益设而敌人愈多"。[7]因而,主张法律必须简易,刑罚必须宽平,如果法律烦杂,刑罚纵横,使人人自危,必将与法的"禁暴止邪,保护善良"的目的相反。认为秦鉴在前,严刑峻法并非"长久之术",要像从前"圣君、贤臣"那样:"块然若无事,寂然若无声",[8]宽简法网,并使法令通俗易知,以便于遵守,只有如此,社会才会安定。此外,黄老之学还主张"刑不厌轻","罚不患薄",反对秦"专任狱吏","乐于刑杀"的政策。正是在这一思想的指导下,汉自惠帝起,便逐步"省法令",先后"除挟书律",[9]废"妖言令",[10]删"收孥诸相坐律令"及"诽谤妖言之罪"。[11]不仅如此,自惠帝起还逐步废除了一些酷刑,如"三族罪",至文、景时期,废除了残暴的肉刑。黄老学派的约法省禁思想及实践,对西汉社会的稳定、社会矛盾的缓和起到了重大作用。

[1]《淮南子·主术训》。
[2]《新语·怀虑》。
[3]《新语·思务》。
[4]《新语·明诫》。
[5]《史记·张释之冯唐列传》。
[6]《汉书·贾谊传》。
[7]《新语·无为》。
[8]《新语·至德》。
[9]《汉书·惠帝纪》。
[10]《汉书·高后纪》。
[11]《史记·孝文本纪》。

三、黄老法律思想的特点

毫无疑问,黄老法律思想对西汉初期的政治、经济的发展所起的作用是积极的、显著的。就汉初黄老学派法律思想的基本特点而言,主要有:

1.汉初黄老法律思想是融儒、道、法等诸家法律思想而形成的。其基本内容以道家的"无为清静"为框架,兼采儒、法两家法律思想并适度改造而成。司马迁评价为"因阴阳之大顺,采儒墨之善,撮名法之要,与时迁移,应物变化"[1]汉初黄老学派的法律思想虽以道家的"无为清静"为框架,但又不同于先秦道家的"寂然无声,漠然不动"的"无为",黄老学说的"无为"不是无所不为,而是"漠然无为而无不为也",[2]即因物之自然,顺事之常轨。主张应该遵循事物本身具有的规律和趋势,不人为地改变和破坏,同时提出应主动地利用规律,因势利导,反对消极逃避。如黄老学派在对待先秦儒、法等学派时,首先承认其存在的合理性,而不是简单否定,继之顺其自然地将各家学说中可以并存的观点熔为一炉,为我所用。先秦时期,道家与法家之争是道家反对法家的"法治"思想,认为"法令滋彰,盗贼多有";[3]而在儒、道之间,礼又是儒家与道家的分歧之所在,道家认为,"夫礼者,忠信之薄,而乱之首",[4]并认为忠孝仁义等的出现是社会病态的反映;至于儒、法的矛盾,是儒家主张"宽法缓刑",法家倡导严刑峻法。汉初的黄老学派则在道家的框架内,运用道家的方法,实现了儒、法、道思想的融合。首先它以"无为"为前提,承认法的现实合理性,认为"虚静谨听,以法为符",[5]关于立法、执法,在黄老学派看来是无为而治的基础,并认为如欲效法汤、武的长久之术,就必须实行文武并用,德刑相济,故承认儒家的礼义是治国所必需。黄老学派为弥合儒、法的矛盾,又提出"毋苛事,节赋敛,使民以时","法愈滋而奸愈炽"的观点,一方面认为"法"为治国所必需,另一方面又警告秦鉴不远,故应省刑宽法。

总之,汉初黄老学派的法律思想虽系融儒、道、法诸家思想而成,但在强调"无为而治"时,要求"文武并用"、"德刑相济",在司法实践中仍然是重"德治"而轻"法治",指出仁义礼乐为圣人防乱之"经艺","谋事不并仁义者后必败"、"佚而不乱者,仁义之所治也"。[6]

2.汉初黄老学说的出现,不仅是中国法律思想史上的一大转变,同时又具有继承秦法律思想之先、又启封建正统法律思想于后的地位。"汉承秦制"[7]既是对汉法制

---

〔1〕《史记·太史公自序》。
〔2〕《淮南子·原道训》。
〔3〕《老子》第五十七章。
〔4〕《老子》第三十八章。
〔5〕《经法·道法》。
〔6〕《新语·道基》。
〔7〕《晋书·刑法志》。

实践的概括,也是汉初法制建设的方针。汉建立之前,刘邦初入关时,虽有"约法三章,余悉除去秦法",但建国不久,刘邦就以"三章之法不足以御奸"[1]为由,命"萧何次律令,韩信申军法,张苍为章程,叔孙通定礼义",[2]由《史记》等可知,萧何之"律令"、韩信之"军法"、张苍之"章程"、叔孙通之"礼义",就其渊源而言,"增益减损,大抵皆以秦故"[3]。但由于秦亡的教训就在眼前,汉初立法必须"改秦之败"、"取其宜于时者"而用之,并做到力求宽简。从汉初社会的安定、生产的发展和经济的逐渐恢复与繁荣等方面,也可看出"汉承秦制"决非全盘照搬,而是在借鉴秦法制成败的基础上,逐渐形成黄老学派"无为而治"的法律思想,并继而成为汉初期治国和法制建设的指导思想。

汉初黄老学派法律思想的实施,给西汉初期的社会带来了稳定。但随着时间的推移,到西汉中期时随着土地兼并的加剧,社会矛盾的激化,愈来愈明显地暴露出其难以适应社会发展的一面。于是经董仲舒等人的提议,汉武帝实行了"罢黜百家,独尊儒术"的措施。从此,儒家思想获得了独尊的地位。从秦王朝实行法家"缘法而治"的法治思想,到以儒家法律思想为主体的正统法律思想的确立,其时不过七十多年,如此短的时间,实现如此大的转变,除了统治集团的有意所为外,汉初黄老学派的法律思想也在理论上、实践上为封建正统法律思想的确立创造了条件。汉初黄老学派的法律思想为中国法律思想发展史上的这一重大变化充当了桥梁作用。

第三节　封建正统法律思想的形成

一、汉初儒家法律思想的兴起

儒家学派从战国到汉初是其发展的低潮时期,其间虽有"以学显于当世"[4]的孟子、荀子,但儒家思想终未取得统治地位。秦时任用法家,焚书坑儒,并立"偶语诗书者弃市"等酷法,可以说儒家学派在秦时根本没有什么地位。由于汉初奉行黄老思想,方使儒家思想出现复兴的机会,名儒叔孙通与鲁国诸生"共起朝仪"也得到刘邦的赏识。从此,儒家思想开始逐步渗入到治国的方略中,开始指导社会政治生活的实

---

〔1〕 《汉书·刑法志》。
〔2〕 《汉书·司马迁传》。
〔3〕 《史记·礼书》。
〔4〕 《史记·儒林列传》。

践。汉文帝时，又有贾谊〔1〕等对秦的暴政及黄老"无为"思想展开批判，并深受文帝重视，从而为儒家法律思想走向统治地位创造了条件。

西汉初期重新受到重视的儒家法律思想主要有：

（一）尊君重民的民本思想

皇帝是封建社会的最高统治者，君主的地位是丝毫不可动摇的，先秦儒家就提出了君臣父子、等级有别的思想。贾谊继承了这种思想，并大肆宣扬之，如称："天子如堂，群臣如陛，众庶如地"。〔2〕但为了维持封建统治的长治久安，贾谊在对秦暴政批判的同时，也继承和发展了先秦儒家"重民"的"民本"思想。他通过对秦末农民起义的总结，强调民心不可忽视，认为它是治乱与否的关键所在，如说："闻之于政也，民无不为本也……故国以民为安危，君以民为威侮，吏以民为贵贱，此之谓民无不为本也"；〔3〕"故国以民为存亡，君以民为盲明，吏以民为贤不肖，此之谓民无不为命也"，〔4〕"国以民为兴坏，君以民为强弱，吏以民为能不能，此之谓民无不为功也"〔5〕贾谊认为，决定国家安危和社会治乱的根本力量既非取决于"天命"，也不取决于"圣贤"，而在于人民之中。

（二）兴礼义，礼法结合

汉初黄老学派的"文武并用"，实际上已有儒家思想的成分。贾谊在批判亡秦的同时，也一再强调礼义的作用，认为秦二世而亡，就是因为"遗礼义，弃仁恩"，造成"秦俗日败"，〔6〕至秦统一后，又"其道不易，其政不改"，〔7〕仅用刑罚统治天下，绝对排斥礼义教化，最终导致速亡。他认为"礼义"是经制的核心和主体，是封建国家赖以存在的支柱。所以，汉应"兴礼乐"，定经制，明等级，以"建久安之势，成长治之业"。〔8〕

贾谊在强调兴礼义的同时，也并没有否定法令刑罚的作用，并提出治国必须"礼法并用"的主张。他说："仁义恩厚，此人主之芒刃也；权势法制，此人主之斤斧也"，〔9〕贾谊把礼义比作"芒刃"，把法制比作"斤斧"，各有用途，比如屠夫解牛，剥皮

〔1〕 贾谊（公元前200年～前168年），河南洛阳人，西汉初期的政论家、思想家。主张以儒家"治国安邦"的积极措施去弥补黄老"无为"的消极因素，健全上层建筑，加强中央集权，有《新书》行世。
〔2〕《新书·阶级》。
〔3〕《新书·大政上》。
〔4〕《新书·大政上》。
〔5〕《新书·大政上》。
〔6〕《汉书·贾谊传》。
〔7〕《史记·秦始皇本纪》引贾生语。
〔8〕《汉书·贾谊传》。
〔9〕《新书·制不定》。

及剔肉必须用"芒刃",而遇到大块的骨头,就须使用"斤斧",治国如解牛,必须礼义与法制并用,才是长治久安之术。

贾谊主张礼法并用,但并不是礼法的地位平等。他继承先秦儒家德主刑辅的思想,认为法只是对犯罪行为的惩罚,是事后的处理,而礼却能消弭人们犯上作乱的意志和动机,有预防犯罪的功效,也就是说法只能治表,礼却可治本。并称:"兴礼乐,然后诸侯轨道,百姓素朴,狱讼衰息。"[1]

(三)废除肉刑,实行"仁政"

西汉统治集团鉴于"秦法繁于秋荼,而网密于凝脂"和"收泰半之赋"而速亡的历史教训,采用了孟子提出的"省刑罚、薄税敛"的"仁政"思想,实行"约法省禁"、"轻徭薄赋"。自惠帝起便逐步"省法令防吏民者",先后废除秦朝的许多严刑苛法和肉刑,以至"刑罚用稀",社会秩序大为改观。

(四)刑不至君子

贾谊继承和发展了先秦儒家"为尊者讳"的思想,主张"刑不至君子"。"刑不至君子"并不是说"君子"犯罪后不受惩罚,而是犯罪后处罚方式不宜与庶民百姓等同,而应给予特殊的待遇,即所谓"廉耻礼节以治君子,故有赐死而无戮辱",认为大夫以上大臣,"今而有过,帝令废之可也,退之可也,赐之死可也,灭之可也;若夫束缚之,系之,输之司寇,编之徒官,司寇小吏詈骂而榜笞之,殆非所以令众庶见也"[2]。并指出这是尊君的需要,是维护等级的需要,也是统一内部、笼络群臣的需要。

二、封建正统法律思想的形成

封建正统法律思想的出现,有着特定的时代背景和历史文化条件,而且与最高统治者个人有着密不可分的关系。西汉初期推行黄老法律思想作为治国的指导思想,对西汉政权的稳定、对恢复和发展经济起了巨大的作用,经过高、惠、吕后、文、景各代近七十年的统治,到武帝初年,社会经济出现了"民则人给家足,都鄙廪庾皆满,而府库余货财"[3]的盛况。同时,由于政治上采取了削藩政策,平定吴楚七国之乱,也基本上改变了诸侯据地称雄、威胁中央政权的情况,汉王朝大一统的局面基本形成。

在汉王朝大一统局面形成的同时,也出现了"网疏而民富,役财骄溢,或至兼并豪党之徒,以武断于乡曲,宗室有土,公卿大夫以下,争于奢侈,室庐舆服僭于上,无限

---

[1] 贾谊:《论定制度兴礼乐疏》。
[2] 《新书·阶级》。
[3] 《史记·平准书》。

度"的现象,[1]甚至出现了"强宗豪右田宅逾制,以强凌弱,以众暴寡"等问题。农民与地主之间的矛盾,中央政府与地方王国之间的矛盾都日益尖锐。不仅如此,汉政权与匈奴族的矛盾也并没有因和亲而根除。为进一步巩固和加强封建大一统的统治,以汉武帝为首的统治者感到汉初奉行的黄老无为思想已经不再适应时代的要求。但面对当时"师异道,人异论,百家殊方,指意不同"[2]的各种思想流派,以致出现"上无以持一统,治制数变,下不知所守"[3]的局面。选择何种思想作为治国的指导思想,是统治者们必须作出的抉择。法家学说经过秦亡的教训证明了其理论不可取;道家及黄老学说过于消极,利守不利攻;墨家代表中下层劳动人民的利益,与统治者的要求相去甚远。在这种背景下,儒家大师董仲舒开始对先秦儒学进行加工和改造,注意吸收其他各家,特别是法家及黄老学说中有利于当时统治的内容,提出了自己"新儒学"的理论体系,加之"儒者难与进取、可与守成"[4]的特色,正符合当时的社会发展趋势,因而很快得到汉武帝的认可,并接纳了董仲舒"罢黜百家、独尊儒术"的建议,使儒家思想上升为官方的指导思想。

汉武帝之所以"独尊儒术",以"儒术"为治国的指导思想,是因为汉武帝不同于崇尚黄老而不好儒的先帝们,在其成长过程中,儒家学说对他影响最大,当时的丞相、太尉、御史、大夫、郎中令等均好儒术,耳濡目染,使他对儒术有着特殊的喜好。故即位不久,就下诏"举贤良"而留用儒生,对"治申、商、韩非、苏秦、张仪之言"[5]者不用,董仲舒也就是这时得到汉武帝重用的。董仲舒在应诏时曾提出著名的"天人三策",使汉武帝对儒家思想有了更深刻的理性认识,并深信不疑。所以,当董仲舒提出"《春秋》大一统者,天地之常经,古今之通谊也……诸不在六艺之科,孔子之术者,皆绝其道,勿使并进"[6]的建议时,汉武帝深以为然,并用最高统治者的权力,使儒学处于"独尊"地位,儒家经义也成了宗教、哲学、政治、法律、道德、风俗习惯以至人们日常生活的准则,并在法律思想史上,开始了以儒学为指导的封建正统法律思想的时代。

应当指出的是,儒家思想的逐渐法律化,儒家法律思想成为封建正统法律思想,在汉代还只是一个开端,至其完善与成熟,则是又经数百年的发展,至隋唐时期方才完成的。

---

[1]《史记·平准书》。
[2]《汉书·董仲舒传》。
[3]《汉书·董仲舒传》。
[4]《汉书·郦陆朱刘叔孙传》。
[5]《汉书·高帝纪》。
[6]《汉书·董仲舒传》。

三、董仲舒法律思想的理论基础

如上所述,汉代所谓封建正统法律思想,是以董仲舒的新儒学为指导的,因而了解董仲舒的法律思想,是进一步了解汉代封建正统法律思想及其整个理论体系的基础。

董仲舒(约公元前 179 年~前 104 年),广州人(今河北枣强县人),今文经学家,儒家春秋公羊学派的大师,有汉代孔子之称。他上承孔孟,下启韩愈、程、朱和陆、王,是中国封建正统法律思想的奠基人。他"少治春秋",景帝时为博士,"兼通五经","为群儒首"[1]武帝即位,"诏举贤良方正,极言敢谏之士",[2]董仲舒以"天人三策"深得汉武帝的重视,并被任为江都相。后以病辞官居家,"以修学著书为事",但"朝廷如有大议,使使者及廷尉张汤就其家而问之,其对皆有明法"[3]其著作颇丰,但多亡佚,现存的主要有《春秋繁露》和《汉书·董仲舒传》中的《举贤良对策》。

董仲舒继承孔、孟思想,并兼取先秦阴阳五行、墨家、法家以及汉初黄老等学派的理论,建立了自己新的儒家理论体系。他运用"天人合一"的观点,把儒学神学化,把儒家的法律思想进一步系统化、理论化。他不仅积极促成了儒学独尊的地位,将儒家法律思想上升为封建正统法律思想,并大致奠定了封建正统法律思想的框架。

董仲舒法律思想的理论基础主要有三:

1. "天人合一"的神权法理论。利用神权天命进行思想统治,是奴隶社会到封建社会统治者通行的统治术。"君权神授"的天命观盛行殷周时期,董仲舒利用西汉盛行的阴阳五行说和儒家先师的某些观点,提出了"天人合一"的神学观点。他把"天"说成是自然界和人类社会的创造者与最高主宰,即所谓"天者,万物之祖,万物非天不生",[4]"天者,百神之大君也",[5]即世界上一切事物都由天安排,都是天的意志的体现。同时,他还把人看作是天的副本,是天按自己的样子有目的地创造的,人从形体到精神都"上应于天",是"化天数而成",[6]也就是说:"人有性情,有由天者矣"。这就是董仲舒"天人合一"的理论。

2. 阴阳五行说。阴阳五行说是战国末期阴阳家所宣传的一种具有朴素唯物主义因素的思想。阴阳,本是中国古代思想家在解释自然界相互对立的两种势力的哲学概念。阴阳家认为阴阳是推动万物生成变化的两种基本元素,支配着一切事物:在自

---

[1]《汉书·董仲舒传》。
[2]《汉书·董仲舒传》。
[3]《汉书·董仲舒传》。
[4]《春秋繁露·顺命》。
[5]《春秋繁露·郊语》。
[6]《春秋繁露·为人者天》。

然界中天为阳,地为阴;在人类则男为阳,女为阴;在性情方面则刚为阳,柔为阴等等。不仅如此,阴阳家还用阴阳之间的关系来解释说明自然变化。进入西汉以后,董仲舒又把阴阳五行说引入人类社会生活领域,为其所强调的"三纲五常"、"德主刑辅"等主张寻找理论依据。

3.宗法思想。宗法思想一直是先秦时期统治者用以维系自己的统治和社会存在的精神支柱之一。进入封建社会以后,地主阶级继续利用它,使之又成为维护封建统治秩序的有力工具。

董仲舒的法律思想就是以上述三种学说为理论基础的。他用"天人合一"说来解释专制主义中央集权制度和法自君出的合理性;用阴阳五行说来论证宗法等级制的必要和不可更改;用宗法思想、阴阳五行以及"性三品"说来说明为什么治国必须德刑兼备、德主刑辅,从而完成了他对儒家伦理法思想的重构和改造。也正是这些学说使得董仲舒的法律思想具有了更大的欺骗性和适应性。

四、封建正统法律思想的框架——董仲舒新儒学的基本内容

自汉武帝采纳董仲舒"罢黜百家、独尊儒术"的建议,儒学的官学地位便随之确立,儒家经义上升为政治、法律、道德、风俗习惯及人们生活的准则。同时,以儒学为指导的封建正统法律思想也开始形成,董仲舒新儒学法律思想的基本内容,实际上,也就是封建正统法律思想的框架。

(一)君权神授,法自君出

为论证"君权神授"、"法自君出"的观点,董仲舒利用天人合一学说,把天描绘成创造一切、支配一切的最高主宰:"天者,百神之大君也",[1]"天者,万物之祖也"[2]提出君主是天特意挑选出来统治人民的,为此他还以"王"字为例进行说明:"王"字的写法是:"三画而连其中……三画者,天地与人也,而连其中者,通其道也,取天地与人之中以为贯而参通之,非王者孰能当是!"[3]由此得出结论,君主至高无上的权力也是上天所赋予的,"天子受命于天,天下受命于天子",[4]群臣百官及庶民百姓都要顺从天意,毫无条件地接受君主的统治,并应主动地维护君主的统治和君权的不可侵犯性。

封建君主既然是上天之子,是上天在人间的代表,因而,君主在行"教化"臣民的

---

〔1〕《春秋繁露·郊语》。
〔2〕《汉书·董仲舒传》。
〔3〕《春秋繁露·王道通三》。
〔4〕《春秋繁露·为人者天》。

同时,又有上天赋予的生杀予夺大权,所谓"王者承天意以从事"。[1] 这种惩罚不是来自于皇帝个人的意志,是"顺天行诛"。封建皇帝"奉天承运"的这种至尊地位,使任何侵犯皇帝权力和统治阶级利益的言行,都将被视为违反"天常",有悖"天理"的罪行,都应受到最严厉的处罚。

此外,由于皇帝是上天在人间的代理人,因而他的话便是"口含天宪",言出即法,这又决定了必须实行"法自君出"。

但需指出的是,董仲舒利用"天人合一"学说神化君权的同时,也在试图利用这一学说来限制封建君主。为此,他提出了"以君随天"和"王道配天"的主张。所谓"以君随天"或"王道配天"是指君主应主动按"天意"来进行统治,不可执意孤行。君主如何按"天意"来行政呢?最根本的一条就是顺天则时。董仲舒反复强调,天人不仅合一,还相互感应,君主的一切行为,上天都会通过特殊的方式来表达自己的态度。庆赏罚刑虽是"不可不具",但四政又不可乱行,应当"以庆副暖而当春,以赏副署而当夏,以罚副凉而当秋,以刑副寒而当冬"。[2] 如果君主违背天意,即要出现灾异以示谴告,如果仍然不改,就将招致失败,即"国家将有失道之政,而天乃出灾害以谴告之,不知自省,又出怪异以警惧之,尚不知变,而伤败乃至"。[3] 在董仲舒看来,君主应主动按天意实行统治,不可执意孤行,强调"为人君者其法取象于无",[4]实际上,他这是要求君主要按他所创立的儒家法律思想的原则办事。

(二)"三纲五常"的立法、司法原则

董仲舒以阴阳五行说为依据,论证封建政治结构和家族宗法关系中的各种统治与被统治、支配与被支配的关系都是由天决定的。他说:"天道之大者莫在阴阳,阳贵而阴贱,天之制也",[5]"凡物必有合……阴者阳之合,夫者妻之合,子者父之合,臣者君之合。物莫无合,而合各有阴阳","君臣、父子、夫妇之义,皆取之阴阳之道。君为阳,臣为阴;父为阳,子为阴;夫为阳,妻为阴"。[6] 总而言之,这种尊卑贵贱的等级关系是天道的自然流露,是天的要求。"是故仁义制度之数,尽取之天。天为君而覆露之,地为臣而持载之;阳为夫而生之,阴为妇而助之;春为父而生之,夏为子而养之,秋为死而棺之,冬为痛而丧之。王道之三纲,可求于天"。[7] 他通过这种理论,把体现封建统治秩序的纲常原则,强加于自然界,凌驾于所有的意识形态之上。董仲舒根据

---

[1] 《汉书·董仲舒传》。
[2] 《春秋繁露·四时之副》。
[3] 《汉书·董仲舒传》。
[4] 《春秋繁露·玉杯》。
[5] 《春秋繁露·天辨在人》。
[6] 《春秋繁露·基义》。
[7] 《春秋繁露·基义》。

先秦儒家关于规范君臣、父子、兄弟、夫妇、朋友的主张,提出了"三纲五常"的理论雏形,至东汉《白虎通义》一书中正式系统化为:"君为臣纲、父为子纲、夫为妻纲"的"三纲"和"仁、义、礼、智、信五常之道",并把它说成是天经地义的,是不可改变的。

在董仲舒的理论中,虽然也主张"更化"、"改制",但认为"改制"只不过是"徙居处,更称号,改正朔,易服色",也就是说只改变一下政权的形式或标志,至于封建宗法等级制度是绝对不能变的,他说:"今所谓新王必改制者,非改其道,非变其理……若其大纲、人伦、道理、政治、教化、习俗、文义尽如故,亦何改哉!"认为"王者有改制之名,无易道之实"[1]。"臣事君,子事父,妻事夫……此天下之常道也"[2]。在董仲舒的"三纲"中,最重要的是"君为臣纲",因为君主是天在人间的代表,"天子受命于天",故应"以人随君","屈民而伸君"[3]。董仲舒还以天地之义来论证臣必须绝对忠君,说:"地出云为雨,起气为风,故曰天风天雨也,莫曰地风地雨也。勤劳在地,名一归天"[4]也就是说:"臣"的作用就是协助君主,贯彻法令,统治国家。

通过董仲舒的论证,"三纲五常"不仅成为封建专制主义的思想核心,而且成为汉代社会立法、司法的根本指导原则。

(三)德主刑辅的治国之道

董仲舒吸取秦王朝覆灭的历史教训,继承孔、孟重德轻刑的思想,提出了"德主刑辅"的治国方略。

(1)董仲舒以"阴阳五行说"为理论来说明为政德刑兼备的合理。他说:"天道之常,一阴一阳。阳者天之德,阴者天之刑也。"[5]既然天有阴阳,有德刑,那么,人世间也自然要有阴阳,有德刑。"王者承天意以从事",就更必须德刑兼备。

(2)他以秦速亡的教训和孔孟言论来论证德刑兼备的必要,指出秦"师申商之法,行韩非之说,憎帝王之道,以贪狼为俗,非有文德以教训于天下"[6]因而造成"富者田连阡陌,贫者无立锥之地","重以贪暴之吏,刑戮妄加",导致"群盗并起","十四岁而国破亡矣"[7] 这是"任刑"、"不尚德"的必然结果。汉王朝如沿袭秦法,循而不改,势必会出现"法出而奸生,令下而诈起"[8]的局面。为汉王朝的长治久安,董仲舒主张实行德治。董仲舒的"德",主要是孔、孟提出的省刑罚、薄税敛、去酷吏、兴教化

---

〔1〕《春秋繁露·楚庄王》。
〔2〕《韩非子·忠孝》。
〔3〕《春秋繁露·玉杯》。
〔4〕《春秋繁露·五行对》。
〔5〕《春秋繁露·阴阳义》。
〔6〕《汉书·董仲舒传》。
〔7〕《汉书·食货志》。
〔8〕《汉书·董仲舒传》。

等主张,同时兼采"有为"措施,限制豪强兼并,削弱诸侯势力和全面恢复儒家礼教,以缓和社会矛盾,加强中央集权。但另一方面,董仲舒在强调礼乐教化的同时,还遵循孔子"宽猛相济"的观点,认为君主既要实行礼乐教化,又要"设刑以畏人"。他说:"天不刚则列星乱其行,主不坚则邪臣乱其官。星乱则亡其天,臣乱则亡其君。故为天者务刚其气,为君者务坚其政。刚坚然后阳道制命",[1]也就是说,治国应德刑并用,礼法结合,不可偏废。

但在德刑的关系上,董仲舒则明确主张以德为主,以刑为辅。"天道之大者在阴阳,阳为德,阴为刑","阳常居大夏而以生育养长为事,阴常居大冬而积于空虚不用之处,以此见天地之任德而不任刑也","阳,天之德,阴,天之刑也……是故阳常居实位而行于盛,阴常居虚位而行于末,天之好仁而近,恶戾之变而远"[2]因而,君主治国亦应循"春秋之义,奉天法古",德为本,刑为末。董仲舒不仅以阴阳学说来论证德刑关系,还通过对比德刑的作用来说明这一问题。他把礼义比作堤防,说:"教化立而奸邪皆止者,其堤防完也,教化废而奸邪并出,刑罚不能者,其堤防坏也",[3]换言之,如果没有礼义这个堤防,光有刑罚是不能起到阻止人们犯罪的作用的。

此外,他还以人性来证明"德主刑辅"的正确。董仲舒调和了儒家先师"性善论"与"性恶论"的冲突,提出了自己的"性三品"学说。他把人性区分为三种,即"斗筲之性"、"中民之性"和"圣人之性"。在董仲舒看来,"圣人之性"是极善的,天生性善而无恶,无需教化;相反"斗筲之性"是极恶的,天生有恶无善,虽经教化亦不能为善;"中民之性"是"性有善质而未能善"。"名性不以上,不以下,以其中名之",即"圣人之性不可以名性,斗筲之性又不可以名性,名性者中民之性"[4] 认为人是天的创造物,故人性缘于天,"天两,有阴阳之施,身亦两,有贪仁之性",[5]所以任用德教,就是使这些"中民之性"变为善性,又因为"中民之性"是社会的主体,"斗筲之性"是极少的,故德教以后,绝大多数都是性善,因而只需辅之对"斗筲之性"的刑罚,整个社会也就安定了。相反,如果不施以德教,"中民之性"就会为恶,这样性恶就将成为社会的主体。通过反复论证,董仲舒最后得出结论:"教,政之本也;狱,政之末也"[6]

(四)"春秋决狱"的司法主张

西汉王朝自实行"独尊儒术",尤其是董仲舒提出"据义行礼"[7]的主张以后,儒

---

[1]《春秋繁露·天地之行》。
[2]《春秋繁露·王道通》。
[3]《汉书·董仲舒传》。
[4]《春秋繁露·实性》。
[5]《春秋繁露·竹林》。
[6]《春秋繁露·精华》。
[7]《春秋繁露·五行相胜》。

家学说便开始对封建立法和司法实践产生影响。"春秋决狱"就是由董仲舒首开先河,用儒家伦理思想指导封建司法实践的大胆尝试。其目的是为了协调指导思想与现行法制之间的矛盾。据《后汉书·应劭传》记载:"董仲舒老病致仕,朝廷每有政议,数遣廷尉张汤亲至陋巷,问其得失,于是作《春秋决狱》二百三十二事,动以经对,言之详矣。"所谓"春秋决狱"亦称"引经断狱"或"经义决狱",就是以《春秋》及其他儒家经典作为根据,对案件定罪量刑。儒家经典不是法典,不可能有明确的断狱标准。故"引经决狱"就是以《春秋》经义附会汉律,演绎成所需要的断狱原则,用以指导司法实践。

董仲舒《春秋决狱》一书失传已久,具体内容无从知晓。根据《春秋繁露》阐明的原则,及散见于《太平御览》、《通典》等古籍中的案例,可以约略看出《春秋决狱》所适用的一些原则:"君亲无将,将而必诛"。"将"就是预谋犯罪,也就是说君主的亲族(也包括臣下)不能有叛逆之心,否则必须诛杀。董仲舒不仅把谋杀君主视为罪大恶极,即便对君主权力、地位不尊重的行为,也应与谋杀君主一样处死刑,即"人臣之行,贬主之位……虽不杀,其罪亦死",[1]后世"十恶"大罪的谋反、谋大逆等罪名均由此发展而成。

依据孔子"父为子隐,子为父隐"[2]的主张,董仲舒提出了"春秋为亲者隐"的原则。就是说亲属之间,尤其父子之间相互隐瞒犯罪事实而不受法律制裁。董仲舒的"为亲者隐"的原则,到汉宣帝时正式成为法律,"自今子首匿父母,妻匿夫,孙匿大父母,皆勿坐。其父母匿子,夫匿妻,大父母匿孙,罪殊死,皆上请廷尉以闻",[3]就是说卑亲属隐匿尊亲属不为罪,而尊亲属原则上虽可以隐匿卑亲属,但若卑亲属犯的是死罪,则要请示廷尉定夺。

"善善及子孙,恶恶止其身",[4]即一个人因立功德而获赏,可以荫庇子孙亲属,而一个人犯罪则只惩罚自身一人,不应株连。据《后汉书·刘恺传》载:刘恺任廷尉时,范邠贪污入狱,如按先前律令,不仅惩治本人,还将罚及其子,二代人终身禁止为官。刘恺即根据这一原则,认为不应"禁锢子孙",只应惩罚范邠一人。至于像危及君主、国家方面的大罪,则又将"恶恶止其身"放置一边,而是执行"春秋之诛,不避亲戚"的原则,[5]即亲属也应受株连,受严惩。

"妇人无专制擅恣之行",即妇女应严格遵循"夫为妻纲",若有违悖,从重处罚;如若合乎礼教,即使违法也可宽宥。董仲舒曾剖析了这样一个案例:妇甲之夫乙驾船

---

〔1〕《春秋繁露·楚怀王》。
〔2〕《论语·子路》。
〔3〕《汉书·宣帝纪》。
〔4〕《后汉书·刘恺传》。
〔5〕《后汉书·梁统传》。

出海,船沉身死,妇甲不能收尸归葬,后妇甲之母将其改嫁。有人认为妇甲夫死未葬,依法不得改嫁,应视甲为"私为人妻",依律当弃市。董仲舒说:按《春秋》经义,妇人死了丈夫又无儿子是可以改嫁的,况且,甲又是其母所嫁,本人并无淫乱之心,不属"私为人妻",故不应处罚。

上述这些原则自然也成了封建正统法律思想的有机组成部分。

"春秋决狱"最根本也最著名的原则是"原心论罪",或曰"论心定罪"。就是根据犯罪人的动机、心理的善恶定罪量刑,而将犯罪的行为、结果放在次要地位。董仲舒说:"春秋之听狱也,必本其事而原其志,志邪者不待成,首恶者罪特重,本直者其论轻",[1]对此,《盐铁论》评价说:"春秋之治狱也,论心定罪,志善而违于法者,免;志恶者而合于法者,诛"。[2] 也就是说,追究犯罪主要根据行为人的主观方面,即犯罪的动机、目的及犯罪时的心理态度,其次看犯罪事实。"志邪"、"志恶"都是指犯罪动机不符合儒家经典的"大义"。这种以儒家所主张的伦理道德和宗法等级原则来判断犯罪者的主观动机,并作为定罪量刑依据的做法,从董仲舒所判案例看,多属从轻判决,但同时也为汉统治者任意出入人罪开了方便之门。尤其西汉后期"儒者往往喜舍法律明文而援经诛心以为断",[3]"论心定罪"已成为封建官吏借"春秋决狱"之名,大行徇私舞弊、贪赃枉法的护身符,以致出现"所爱者,挠法活之;所憎者,曲法灭之"[4]的现象。

"春秋决狱",发端于西汉武帝时期,后又经东汉、三国、两晋、南北朝,到隋唐时,随着儒家正统法律思想法典化趋于完成,"春秋决狱"才完成其使命退出司法实践。

五、非正统法律思想对正统法律思想的冲击

西汉时期,以儒家法律思想为主体的封建正统法律思想,虽然在当时的法律思想领域占据统治地位,但从总体上说,仍处在一个形成和发展时期。不仅如此,从其诞生之日起,就一直受到非正统和反正统法律思想的冲击。

(一)"盐铁会议"上正统与非正统法律思想的冲突

"盐铁会议"召开于汉昭帝始元六年(公元前81年),目的是为解决因盐、铁官营所带来的社会矛盾。会上以御史大夫桑弘羊[5]为一方,以"贤良文学之士"为另一

〔1〕《春秋繁露·精华》。
〔2〕《盐铁论·刑德》。
〔3〕章太炎:《检论·原法》。
〔4〕《汉书·酷吏传》。
〔5〕桑弘羊(公元前152年~前80年),洛阳人,西汉政治家。出身商人家庭。武帝时任治粟都尉,制定、推行盐铁专卖政策,昭帝时任御史大夫。

方,就国家经济、政治、军事和学术思想等方面的问题,展开了激烈的辩论。贤良文学之士作为董仲舒确立的封建正统法律思想的继承者,继续宣扬被奉为官学的儒家经典;而桑弘羊一派则认为,若从国家实际管理的需要出发,还是先秦法家的某些措施更为有效。两派主要在以下几个方面展开了论战:

1.关于"德治"与"法治"的见解。贤良文学之士们强调秦鉴在前,反对以法治国,主张治国惟"德教","秦……废古术,隳旧礼,专任刑法……此秦所以失天下而陨社稷也",[1]但"上自黄帝,下及三王"[2]等"圣王之治世,不离仁义",[3]认为"德治"才能带来盛世。并认为"世无不可化之民",[4]主张治国以"德教"为本,法律与刑罚只不过是实行"德教"的工具,即"假法以成教,教成而刑不施",[5]实施德教的结果将"民自行义",[6]因而,无须刑、法就可达到圣王之治,太平盛世也会出现。

桑弘羊一派则认为只有"法治",国家才能强盛,强调"礼让不足以禁邪"。他们从秦成功地统一天下出发,认为秦统一六国,六国"非服其德,畏其威也",[7]即"力多则人朝,力寡则朝于人",[8]秦自孝公用商鞅变法以来,一百多年均循"法治",也才能实现统一。如果没有实力作后盾,空谈"礼德"又有什么意义。又说,在诸侯争霸的历史时期,"不任斧斤,折之以武,而乃始设礼修文",只能自取灭亡[9]"今刑法设备而民犹犯之,况无法乎!其乱必也",[10]总之,桑弘羊一派认为,靠道德教化是无法治理国家的,即"礼让不足以禁邪",只有依法治国,"绳之以法,断之以刑,然后寇止奸禁",[11]才能"长制群下而久守其国"[12]。

2.关于立法繁简与刑罚轻重的争论。贤良文学之士认为法网繁密,刑罚严酷是秦亡的主要原因,主张约法、缓刑,认为"法约而易辨",[13]"法约而易行",[14]相反"法令众,民不知辟","自吏明习者不知所处,而况愚民乎!律令尘蠹于栈阁,吏不能遍

〔1〕《盐铁论·论诽》。
〔2〕《盐铁论·遵道》。
〔3〕《盐铁论·遵道》。
〔4〕《盐铁论·和亲》。
〔5〕《盐铁论·后刑》。
〔6〕《盐铁论·诏圣》。
〔7〕《盐铁论·诛秦》。
〔8〕《盐铁论·诛秦》。
〔9〕《盐铁论·大论》。
〔10〕《盐铁论·刑德》。
〔11〕《盐铁论·大论》。
〔12〕《盐铁论·诏圣》。
〔13〕《盐铁论·论功》。
〔14〕《盐铁论·刑德》。

睹,而况愚民乎!"[1] 他们主张刑罚适中,反对重刑,"刑罚中,民不怨",[2] "罢马不畏鞭策,罢民不畏刑法","严刑峻法不可久也"[3] 与此同时,他们还反对株连,主张"亲亲相隐"。

桑弘羊一派在坚持治国必须依法、反对"德教"的基础上,主张立法完备,执法严厉,认为"少目之罔不可以得鱼,三章之法不可以为治,故令不得不加,法不得不多",[4] 又说:"令严而民慎,法设而奸禁。罔疏则兽失,法疏则罪漏"[5] 因而认为,只有立法完备,将众多的社会行为纳入法律调整的范围内,才能充分"禁奸"、"止暴",社会才会"大治"。不仅如此,与贤良文学之士相反,他们还主张执法严厉,实行连坐之法,认为"千仞之高,人不轻凌;千钧之重,人不轻举。商君刑弃灰于道,而秦民治",[6] 认为"以知为非罪之必加,而戮及父兄,必惧而为善"[7] 正基于此,桑弘羊一派认为法律和刑罚是受善良之人喜爱的。并举例说,农夫不蓄无用之苗。恶民就是"无用之苗",就要用法律和刑罚除掉,并认为,即使是周公、孔子也会这样做的。

3.关于司法与灾异关系的争论。贤良文学之士继承了董仲舒"天人感应"的神学理论,认为"灾异"是上天对人世行为的警示,认为"臣不臣则阴阳不调,日月有变;政教不均则水旱不时,螟生。此灾异之应也",[8] 并称司法活动也是这样,不合"阴阳之运",天必降"灾异"。

桑弘羊一派则持完全不同的看法,认为天道与人世没有联系,灾异同司法也不相干,说:"禹、汤圣主,后稷、伊尹贤相也,而有水旱之灾。水旱,天之所为,饥穰,阴阳之运也,非人力故……天道然,殆非独有司之罪也"[9]

4.关于"人"与"法"对治国的作用。贤良文学之士认为治理国家,"人"比"法"的作用大,"辔衔者,御之具也,得良工而调。法势者,治之具也,得贤人而化",[10] 贤臣良相是治理好国家的条件,法只是工具。

桑弘羊一派则主张以法治国,认为治国"法"比"人"的作用大。提出:"无法势,虽贤人不能以为治,无甲兵,虽孙、吴不能以制敌",[11] "执法者国之辔衔,刑罚者国之

---

[1]《盐铁论·刑德》。
[2]《盐铁论·周秦》。
[3]《盐铁论·诏圣》。
[4]《盐铁论·诏圣》。
[5]《盐铁论·刑德》。
[6]《盐铁论·周秦》。
[7]《盐铁论·周秦》。
[8]《盐铁论·论灾》。
[9]《盐铁论·水旱》。
[10]《盐铁论·刑德》。
[11]《盐铁论·申韩》。

维楫也。故辔衔不饬,虽王良不能以致远;维楫不设,虽良工不能以绝水",因而得出,依法可以治国,无法,虽贤臣良相亦不能治国。

"盐铁会议"所反映的法律思想的冲突,大体上是先秦儒、法法律思想斗争的继续。这次思想交锋表明,封建正统法律思想作为一种理论,其官方地位虽已确立,但作为封建立法、司法的指导原则,仍在进一步形成、发展之中。

(二)东汉唯物主义思想家对正统法律思想神学观的批判

西汉以来的封建正统法律思想,由于受董仲舒"天人感应"理论的影响,神学色彩浓厚。至西汉末年,统治者更把董仲舒倡导的"天人感应"理论进一步发展为谶纬神学。"谶",本是一种"预决吉凶"的宗教预言;"纬",原指天象,后被用来以星象变化附会人事,预卜吉凶并注释儒家经典。谶纬之说盛行于西汉末年,主要是拥护刘氏政权者以谶纬之说来论证汉不能易姓而王;而企图篡权的王莽却以另外的符谶来解释"易始改制"的必然。至东汉章帝时,谶纬之说又有了进一步发展,并与儒家经典结合,以被歪曲、庸俗化、神秘化了的自然现象来解释封建政治法律的神圣性与合理性。这种熔封建迷信与儒家学说于一炉的谶纬神学,在西汉末年、东汉初期对封建正统法律思想的影响是巨大的、直接的。其恶果之一就是造成西汉以来以儒家思想为主要内容的封建正统法律思想的危机。因此,至东汉便出现了唯物主义思想家对被谶纬神学光环笼罩的封建正统法律思想的批判。其主要代表有桓谭、[1]王充[2]等人。他们的观点主要有:

1.力反"天人感应"论,驳斥谶纬神学。由王莽至东汉,谶纬神学已发展为重要的立法原则,如光武帝刘秀便深信谶纬,甚至将立法、司法以及大臣任命都假托图谶决定。面对几乎成官学的谶纬神学,桓谭则认为是"奇怪虚诞","群小之曲说"。他说王莽"好卜筮",而"笃于事鬼神","及难作兵起,无权策以自救解,乃驰之南郊告祷","当兵入宫日,矢射交集,燔火大起,逃渐台下,尚抱其符命书",其结果仍不免灭亡。并进而指出,王莽的灭亡并非天意,而是"为政不善,见叛天下",至于"灾异变怪者,天下所常有,无世而不然",[3]并不存在"天谴"、"天罚"。

王充则以"天人感应"的理论基础为突破口,驳斥谶纬神学。他说,天是自然而不是神,"天地,含气之自然也",[4]"天不能故生人,则其生万物,亦不能故也。天地合气,物偶自生矣"。认为,天没有意志,与人世间万事万物也没有任何联系。因此,"人

---

〔1〕 桓谭(公元前24年?~公元56年)字君山,沛国相(今安徽宿县)人。汉代著名的思想家,著有《新论》行世。

〔2〕 王充(公元27年~97年),字仲任,会稽上虞(今浙江上虞县)人。汉代著名思想家,著有《论衡》。

〔3〕 《新论·谴非》。

〔4〕 《论衡·谈天》。

不能以行感天,天亦不随行而应人",故"天谴"、"天罚"纯属虚妄之辞。他还指出"天无为,故不言。灾变时至,气自为之。夫天地不能为,亦不能知也",[1]也就是说,灾异只是一种自然现象,与社会、政治毫无关系,天地既不能操纵,亦不知晓,哪有"天谴"而言呢?既不存在"谴告",当然也不存在"天罚"。如按"天人感应"说,"人君用刑,非时则寒,施赏违时则温",[2]那么,"齐赏而鲁罚,所致宜殊,当时可齐国温,鲁地寒乎?"[3]蚩尤、亡秦用刑最甚,"当时天下未必常寒也"。[4] 因此,王充认为,"天谴"、"天罚"都是编造的、荒诞不经的。

2.礼法结合,"文张武设"。"德主刑辅","大德小刑"作为西汉以来正统法律思想的主要方面,至东汉时期,由于谶纬神学的作用,出现了对法与刑的忽视。对此,桓谭提出了"威德更兴,文武迭用"的主张,并说,"盖善政者,视俗而施教,察失而立防。威德更兴,文武迭用,然后政调于时,而躁人可定"。[5]王充则在桓谭法律思想的基础上,提出了"文武张设,德力具足者也",即礼法并行,德刑并用的主张。并认为要实行"德治",就必须重"礼",并且离不开法与刑,否定了"德礼行"就可以"刑措不用"或专任刑而"不养德"的观点,说:"尧、舜虽优,不能使一人不刑;文武虽盛,不能刑不用",[6]"韩子之术不养德,偃王之操不任力,二者偏驳,各有不足。偃王有无力之祸,知韩子必有无德之患"。[7] 为此,王充还提出"礼"与"律"应统一起来,建立以儒家法律思想为指导的法律制度,并把封建礼义法典化,以避免"春秋决狱"的缺陷。王充的这一思想后来发展成为封建立法的基本原则。

3.桓谭、王充的司法观。桓谭认为,要治理好国家,法律必须"法度明正",[8]司法必须"切直忠正",[9]必须"治狱如水",[10]公平无私,坚决反对"侵轻深刻,皆务酷虐过度……舞文成恶"[11]并说"刑罚不能加无罪,邪枉不能胜正人",[12]治狱要不冤枉好人又不放纵坏人。此外,他还指出"言语小故,陷致人于族灭"[13]的做法,严重违反了罪刑相当的原则。

---

〔1〕《论衡·自然》。
〔2〕《论衡·谴告》。
〔3〕《论衡·寒温》。
〔4〕《论衡·寒温》。
〔5〕《后汉书·桓谭传》。
〔6〕《论衡·儒增》。
〔7〕《论衡·非韩》。
〔8〕《新论·求辅》。
〔9〕《新论·求辅》。
〔10〕《北堂书钞》卷四四。
〔11〕《群书治要》卷四四。
〔12〕《新论·谴非》。
〔13〕《新论·谴非》。

　　王充则从立法的目的在于"禁邪"、"防奸"出发,认为"人为善,法度赏之;为恶,法度罚之",[1]坚决反对滥施赏罚。同时主张要"原心省意",即把区分故意与过失作为定罪量刑的原则。并说"圣君原心省意,故诛故赏误。故贼加增,过误减损",其意在强调根据行为人的行为事实及主观心理来定罪量刑,反对那种捕风捉影、毫无事实根据及置故意与过失于不顾,任意罗织人罪的做法。

　　就桓谭、王充的无神论法律思想而言,虽然其出发点是维护封建专制政权,但对两汉正统法律思想,尤其对西汉末年以来被谶纬神学笼罩、颇赋神学色彩的封建正统法律思想的批判是相当深刻的,是我国古代唯物主义思想家在法律思想方面的卓越贡献。他们的法律思想在当时虽遭到官方的攻击和禁锢,但客观上却推动了封建正统法律思想的发展,甚至有些观点还成为后来封建立法的基本原则。

六、封建正统法律思想的评价

　　以儒家法律思想为主要内容的封建正统法律思想,之所以能将在汉初统治半个世纪之久的黄老学派的法律思想取而代之,除了有其特定的时代背景,即适应巩固和发展封建大一统的需要外,就其内容而言,还因为以董仲舒为代表的新儒家的法律思想中,如"君权神授"理论,"三纲五常"的立法、司法原则,"德主刑辅"的治国方略等内容,更能适应汉代巩固中央集权的需要,更符合汉代这一封建社会上升阶段的发展态势。虽然,这一正统法律思想从其诞生之日起,就受到非正统法律思想的挑战、冲击,如汉昭帝时"盐铁会议"反映的正统与非正统法律思想的冲突,西汉末年及东汉时期唯物主义思想家如桓谭、王充等对正统法律思想中神学内容的批判等,但总的说来,以董仲舒为代表的儒家法律思想自汉武帝时取得正统地位起,其"正统"的地位,历三国、两晋、南北朝、隋唐,以至宋、元、明、清一千余年而不改,成为中国法律思想发展史中的一大特异现象,值得我们深思。封建正统法律思想,在其诞生之初,对中央集权的巩固,对社会发展的推动,曾起了一定的积极作用。但随着时间的推移,尤其在中国封建社会鼎盛时期的隋唐以后,其积极作用已被消极作用所取代,逐渐成为中国社会发展的桎梏,这一点,也是我们研究封建正统法律思想时所不应忽视的。

思 考 题

　　1. 秦朝"缘法而治"思想的内容及其得失。

　　2. 汉初黄老思想的产生与作用。

　　3. 封建正统法律思想何以能在汉代形成?

　　4. 董仲舒是如何理解"德"、"刑"关系的?

---

〔1〕《论衡·非韩》。

5. 封建正统法律思想的主要内容及其作用。

参考书目

1. 张国华主编:《中国法律思想史纲》(上),甘肃人民出版社 1984 年版。
2. 张晋藩等:《中国法律史》,法律出版社 1995 年版。
3. 陶广峰等:《中西法律学说发展历程》,兰州大学出版社 1994 年版。

第四章　魏晋隋唐

——中国封建正统法律思想的发展和完善

学习目的和要求

　　魏晋南北朝和隋唐时期是中国封建正统法律思想发展和完善的重要时期。通过本章的学习,着重了解魏晋南北朝时期玄学和律学的主要内容及其对封建正统法律思想的影响、隋唐时期正统法律思想的法典化和定型化。同时应掌握唐代中后期庶族地主阶级代表人物柳宗元等对封建正统法律思想进行的重要的发展和补充。

　　魏晋隋唐时期,是中国社会由大分裂到统一的中央集权的封建国家重建和继续发展时期。东汉末年,中国社会便开始由统一走向分裂:先是魏、蜀、吴三国鼎立,中间经西晋王朝一度统一后,又南北划江而治,北有五胡十六国,南有东晋,军阀混战,王朝更迭频繁,直到隋统一南北,历时近400年。这是中国自秦统一后封建国家的第一次大分裂。

　　与社会由分裂走向统一相适应,这一时期的思想文化也大致经历了一个由多元发展复归儒家独尊的过程。自西汉中期起占据统治地位的儒学,由于其迷信色彩浓厚,且日益烦琐、僵化,引起了人们的反感,出现了衰落的迹象,官方统治思想的地位有所动摇。此外,政权的分裂使文化专制相对削弱,也在客观上为文化的发展、思想的宽松提供了一个时机。于是,先秦诸家的学说,开始了程度不同的复兴,法、道、墨,加之外来的佛教渐趋活跃,文化思想于魏晋南北朝呈现出多元的局面。隋唐以后,随着国家的统一,思想文化上的这种多元局面也归于终结,出现了以儒为主,道、佛辅之的三教并行局面。就法律思想而言,这一时期有这样几种思潮和问题值得关注:

　　1.律学思潮。律学原本是汉代经学的一个分支,在晋代得到了长足的发展,成为具有中国独色的法律注释学。晋代律学上承汉魏律学,下启唐代律疏学,在立法、法律适用等方面提出了一些新的见解,丰富了封建正统法律思想,其重要线索是儒家思想的法律化。

2.玄学思潮。玄学是盛行于魏晋时期的一个哲学学派。他们崇尚老庄,援道入儒,以道释儒,宣扬"自然无为",抨击名教的虚伪性。玄学的盛行也在一定程度上激扬了法律虚无主义。

3.封建正统法律思想的法典化。经过魏晋南北朝时期,以及唐初贞观年间唐君臣对封建正统法律思想的补充和完善,封建正统法律思想日趋成熟,礼法结合也已成定局。唐代统治者注意将封建正统法律思想贯彻于立法、司法实践之中,继承了晋律儒家化的趋势,制定出了"一准乎礼"的唐律,完成了封建正统法律思想的法典化。通过唐朝的法典对日本、朝鲜、越南等东南亚国家的影响,形成了"中华法系",以儒家思想为基础的中国正统法律思想对周边国家也产生了重要而深远的影响。

4.唐中后期庶族地主对封建正统法律思想的补充。"安史之乱"后,唐王朝进入了动荡不安的衰败时期。在这种情况下,以韩愈、柳宗元、刘禹锡、白居易等为代表的庶族地主为匡救时艰、改革弊政提出了一系列具体的法制改革方案。这些主张和方案不仅为拯救时弊发挥了一定作用,也丰富了封建正统法律思想的内容。

第一节　玄学及其法律思想

一、玄学的兴起与发展

"玄学"是魏晋时期一个以研究《老子》、《庄子》、《周易》这三本号称"三玄"的书而得名的哲学学派。玄学的"玄"字本身,即出于《老子》"玄之又玄,众妙之门"一语。玄学的主要研究方法是用老庄道家学说来解释儒家经典《周易》,探讨形名、本末、有无等抽象"玄理",就其主要倾向而言,是继承先秦道家尤其是秦汉以来的黄老道家的思想,基本上是道家的新发展。

玄学的产生与兴起有着深刻的历史原因。西汉中期,汉武帝采纳"罢黜百家,独尊儒术"的政策,在思想领域儒家的经典著作(经书)取得官方学术的"正统"地位,逐渐形成了崇拜儒学、崇拜权威、拘泥复古的经学思维与附会儒家思想而产生的谶纬神学等学术思潮。而在社会上则逐步确立了以儒家思想为主导的道德准则与伦理规范。以后这种道德准则与伦理规范又逐渐形成僵化的教条,称为"名教"或"礼法"。名教不仅形式僵化,内容亦空虚荒诞,解决不了任何现实社会问题,引起了人们的普遍反感。于是,一些士大夫开始突破正统思想的束缚,力图将儒学从谶纬及繁杂的经学中剥离出来,恢复"名教"的真实面目,这样一来就诞生了玄学。玄学是魏晋时期的官方思想,但玄学诸家的立场、倾向并不一致。一般认为,玄学在发展过程中经历了如下几个阶段:

　　第一个阶段是曹魏时期。主要代表人物是何晏[1]王弼[2] 他们是所谓"正始玄风"的主要人物,魏晋玄学的创始人。他们在哲学上首先提出"贵无论"。《晋书·王衍传》载:"魏正始中,何晏、王弼等祖述《老》《庄》,立论认为:天地万物皆以无为为本。无也者,开物成务,无往不存者也。阴阳恃以化生,万物恃以成形,贤者恃以成德,不肖恃以免身。故无之为用,无爵而贵矣。"显然,在何、王看来,"无"是宇宙万物的本体,是万事万物的创造主,当然也是伦理纲常、法律制度的本源。所以,人们应该"贵无"。正是从这种"贵无"的宇宙本体论出发,王弼主张"名教出于自然",即认为名教是自然的必然表现。这种"名教出于自然"说,适应了曹魏政权力图恢复名教之治的政治需要。

　　第二个阶段是魏晋之际。主要代表人物嵇康[3]阮籍[4]等。《晋书·嵇康传》载:嵇康幼年丧父,"有奇才,远迈不群。身长七尺八寸,美词令,有风仪,而土木形骸,不自藻饰,人以为龙章凤姿,天质自然。恬静寡欲,含垢匿瑕,宽简有大量。学不师受,博览无不该通,长好《老》《庄》,与魏室宗婚,拜中散大夫。常修养性服食之事,弹琴咏诗,自足于怀"。嵇康是"竹林七贤"之一,他为人高亮任情,率性放达,超世绝俗,狂傲不羁。后终因得罪司马昭而以"言论放荡,非毁典谟"的罪名被杀。嵇康曾说:"老子,庄周,吾师也",又说:"又读老庄,重增其放"。[5] 这个"放",就是要从传统的"名教""礼法"的条条框框中解放出来的意思。阮籍则认为,当时社会上盛行的所谓"君子之礼法",实际上是"天下残贼乱危死亡之术",而奉行这种"礼法"的人还"自以为美行不易之道",[6]实在是过分可笑。他向往一种无君无臣、不受礼法与名教束缚的自然社会、自由境界,在那里,"明者不以智胜,黯者不以愚败,弱者不以迫畏,强者不以力尽。盖无君而庶物定,无臣而万事理"。[7] 魏晋玄学发展到嵇康、阮籍,已大异于前。在玄学创始阶段,何晏、王弼虽正式提出名教与自然之争,但基本上是调和儒道,并没有把二者严格对立起来。而嵇康、阮籍则对虚伪僵死的名教深恶痛

---

〔1〕 何晏(公元190年~249年),南阳宛(今河南省南阳市)人。7岁时其母为曹操所纳,为曹操养子。曾任散骑常侍、侍中尚书等职,后被司马懿所杀,著有《论语集解》。

〔2〕 王弼(公元226年~249年),字辅嗣,魏山阳(今河南焦作)人,出身世家大族,自幼聪慧,少年而享高名,十几岁好《老子》,通辩能言,善谈玄理,不长事功,与何晏共事曹爽,官至尚书郎。曹氏集团与司马氏争权失败,王弼被牵连,后染病身亡。著有《老子注》《周易注》《周易略例》等。今人楼宇烈辑有《王弼集校释》。

〔3〕 嵇康(公元223年~262年),字叔夜,谯国(今安徽宿县)人。嵇康因做过中散大夫,后人又称"嵇中散",著有《嵇中散集》。今有《嵇康集》与《嵇康集校注》行世。

〔4〕 阮籍(公元210年~263年)陈留尉氏(今河南尉氏)人。"竹林七贤"之一,曾任步兵校尉、散骑侍郎等职务,其著作被后人辑录为《阮嗣宗集》。

〔5〕 嵇康:《嵇中散集·与山巨源绝交书》。

〔6〕 阮籍:《阮嗣宗集·大人先生传》。

〔7〕 阮籍:《阮嗣宗集·乐论》。

绝,而对"大朴未亏"的理想社会向往无比。故他们明确主张"越名教而任自然"[1]
这就将玄学推进到一个新的阶段。嵇康的思想是以"任自然"为核心的,以崇尚自然
为特点。他们"非汤武而薄周孔"[2] 主张冲破一切名教束缚,回归自然。但需指出
的是,嵇、阮对名教的抨击,在一定程度上是出自政治原因,即对司马氏权势的愤激和
不满。嵇康属于玄学的非正统派。

第三个阶段是西晋时期。主要代表是郭象[3]向秀[4]等。在玄学法律思想发展
的第二阶段,嵇康、阮籍提出"越名教而任自然"的口号,代表了名教与自然的正面冲
突,最后以嵇康之被杀而告终。遂后,名教与自然或儒道进入调和阶段。在这个阶
段,郭象沿着向秀"以儒道为一"的方向,把名教与自然合二为一,提出了"名教即自
然"的理论,认为礼法名教、君臣上下、富贵贫贱等"大小之辨,各有阶级",[5]是绝对
的天理自然,因而人们应听任自然,安分守己。由此可以看出他们作为统治阶级御用
学者的本质。

南北朝时期,佛、道二教兴起,玄学逐渐退出历史舞台。

二、玄学家的法律思想

玄学家对政治法律问题的论述主要是从哲学高度来展开的,具体的主张不多。
综合玄学诸家的理论,其法律思想大致可以概况为以下几点:

(一)以道家的自然观为名教赋予新的生命

玄学法律思想始终是围绕着名教与自然的关系而展开的,"玄学思潮和两汉时期
以董仲舒、《白虎通》为代表的经学思潮不同,它不谈天人感应,不讲阴阳灾异,不把对
正常的封建秩序的理想建立在虚幻的天神的意旨之上,而是根据清醒的理性来探讨
名教和自然的关系,企图用理想来纠正现实,使现实符合理想"[6]

前面已经提及,有关名教与自然的关系,在玄学发展史上大致经过了这样三个发
展阶段:

1."名教本于自然"说。王弼认为:"万物以自然为性,故可因而不可为也,可通而

---

[1] 嵇康:《嵇中散集·释私论》。
[2] 嵇康:《嵇中散集·与山巨源绝交书》。
[3] 郭象(公元252年~312年),字子玄,西晋时河南(今洛阳)人。官至黄门侍郎,太傅主簿。著有《庄
  子注》等。
[4] 向秀(? ~约公元275年),字子期,河内怀县(今河南武陟)人。魏晋竹林七贤之一。曾任散骑侍郎,
  又转黄门散骑常侍。向秀好老庄之学,著有《庄子隐解》。
[5] 郭象:《庄子注》。
[6] 杨鹤皋:《魏晋隋唐法律思想研究》,北京大学出版社1995年版,第48页。

不可执也。"[1]意思是说，万物皆以自然为其本性，对此人们只能顺应而不能勉强，只可导引而不能损伤。他还认为，自然为本，名教为末，自然为母，名教为子，名教出于自然，本于自然。人都有喜怒哀乐等情感，这是人之自然本性，连圣人也不能改变，故名教也应符合人之自然本性，即"名教本于自然"。

2."越名教而任自然"。嵇康对名教采取了强烈的批判态度，他认为所谓的名教不符合无拘无束、放任自流的自然的要求，而是一种追逐名利的工具，因而应超越、摆脱"名教"的束缚，不谋富贵权位，不尚虚荣名节，以求精神上的自我解脱。他说："夫气静神虚者，心不存乎矜尚；体亮心达者，情不系于所欲。矜尚不存乎心，故能越名教而任自然；情不系于所欲，故能审贵贱而通物情"。[2]但应指出的是，嵇康主张"越名教而任自然"并非否定封建纲常和封建法制本身，而只是针对司马氏集团所鼓吹的虚伪"名教"。关于这一点，我们可以从嵇康心目中的理想社会看得一清二楚，他说："古之王者，承天理物，必崇简易之教，御无为之治。君静于上，臣顺于下……群主安逸，自求多福，默然从道，怀忠抱义，而不觉其所以然也"，[3]"人君贵为天子，富有四海民，不可无主而存，主不能无尊立"。显然，嵇康心目中的理想社会仍然是等级分明、礼法俱备的专制制度。

3."名教即自然"。在名教与自然的关系上，无论是王弼的"名教本于自然"，还是嵇康、阮籍的"越名教而任自然"，都认为二者是矛盾的，并且都有贬抑名教而崇尚自然的倾向。郭象则不然。在他看来，名教非但本于自然，而且和自然是一致的，"名教即自然"。他说："故知君臣上下，手足外内，乃天理自然，岂真人之所为哉？……夫时之所贤者为君，方不应世者为臣，若天之自高，地之自卑，首自在上，足自居下，岂有递哉？虽无错于当，而必自当也。"[4]这就明确肯定了君臣上下这种人类社会的等级秩序是天经地义的。

综上所述，无论是"名教出于自然"，还是"名教即自然"，抑或是"越名教而任自然"，其实质都是以道家的理论来论证封建正统法律思想的核心——纲常名教的合理性，其特点是将儒家的伦理纲常之说与老、庄推崇的自然之道合二为一。玄学不仅仅单以形而上的方法来论证名教的合理，有时也以形而下的方法直接阐述君臣、尊卑之秩序符合自然之道。如郭象就公开说："千人聚，不以一人为主，不乱则散。故多贤不可以多君，无贤不可以无君。此天人之道，必至之宜。"[5]总之，玄学家通过自己的努力，使封建正统法律思想脱下了神秘烦琐的阴阳谶纬外衣，套上了永恒的自然光环。

---

[1]　王弼：《老子注》。
[2]　嵇康：《嵇中散集·释私论》。
[3]　嵇康：《嵇中散集·声无哀乐论》。
[4]　郭象：《庄子注》。
[5]　郭象：《庄子注》。

当然,玄学家将名教与自然区分开来,并将名教置于从属自然的地位,这对人们对汉以来日益神化、虚伪的名教的认识和批判,具有一定的积极意义。

(二)反对虚伪的名教教条和烦法酷刑,主张法令贵简贵无

1.对名教教条的批判。玄学家虽不从根本上反对名教,但对传统名教的教条与虚伪却进行了猛烈批判。如郭象说:"夫知礼意者,必游外以经内,宗母以存子,称情而直德也。若乃矜乎名声,牵乎形制,则孝不任诚,慈不任实,父子兄弟,怀情相欺,岂礼之大意哉?"[1]郭象把名教的教条、框框称作"外",把人性自然或真正的仁义叫作"内",指出在虚伪的形式下,现实名教的所谓孝慈只是父子相欺的工具而已。嵇康则针对魏晋时期司马氏等当权者标榜仁义,倡言名教,以《六经》为进身之阶的做法,大胆反对"立六经以为准","以周、孔为关键"[2]。他把儒家所说的明堂、诵讽、《六经》、仁义、文籍、揖让、章服、礼典等比作"病舍"、"鬼语"、"芜秽"、"臭腐"之物,应当"兼而弃之"[3]。嵇康明确指出,《六经》是与人性自然背道而驰的,是压抑人性、扭曲人性的名教赖以维持的支柱。他说:"《六经》以抑引为主,人性以从欲为欢。抑引则违其愿,从欲则得自然。然则自然之得,不由抑引之《六经》;全性之本,不须犯情之礼律。故仁义务于理伪,非养真之要术;廉让生予争夺,非自然之所出也。"[4]嵇康不仅揭穿了名教的虚伪面纱,还指出时人诵习《六经》的目的在于"学以致荣",猎取荣华富贵。

2.摒弃严刑峻罚,反对法烦刑酷。王弼发挥老子"法令滋彰,盗贼多有"的观点,指出"若乃多其法网,烦其刑罚,塞其径路,攻其幽宅,则万物失其自然,百姓丧其手足,鸟乱于上,鱼乱于下。是以圣人之于天下,歙歙焉心无所主也"[5]。这就是说,如果法网繁密,刑罚苛酷,那么,不仅事物会失去其自然本性,黎民百姓也会被束缚手脚,不知所措,从而导致变乱纷呈,不可收拾的局面。王弼认为:"刑以检物,巧伪必生。"[6]他根据老子"国之利器,不可以示人"的观点,提出"利国之器而立刑以示人,亦必失也"[7]。主张摒除严刑峻罚。嵇康亦对魏晋时期统治者的严刑峻罚进行了抨击。他指出:"刑本惩暴,今以胁贤,"[8]因而与其让这些"失性丧真"的礼教法制败乱天下,诸如"利巧愈竟,繁礼屡陈,刑教争施"[9]等残害民众,还不如干脆弃置不用。

[1]　郭象:《庄子注》。
[2]　嵇康:《嵇中散集·难自然好学论》。
[3]　嵇康:《嵇中散集·难自然好学论》。
[4]　嵇康:《嵇中散集·难自然好学论》。
[5]　王弼:《老子注》。
[6]　王弼:《老子略例》。
[7]　王弼:《老子注》。
[8]　嵇康:《嵇中散集·太师箴》。
[9]　嵇康:《嵇中散集·太师箴》。

3.无为而治。玄学家的理想政治是"无为而治"。王弼、何晏、嵇康、阮籍、郭象均持此论。如王弼认为,无为的真实意义,是崇尚自然,顺应自然,取法自然,顺应和发挥事物的自然本性;而不要矫揉造作,逆物伤性。这样,万物便可得情尽性,各得其所,井然有序。他说:"道不违自然,乃得其性。法自然者,在方而法方,在圆而法圆,于自然无所违也。"[1]据此他主张治国应"无为而治"。他说:"善治政者,无形,无名,无事,无政可举。闷闷然,卒至于大治。"[2]但对无为而治讲得最全面、具体和实际的则属郭象。郭象认为要实现无为而治,首先是君主要顺应自然,少私寡欲,不卖弄智巧,不做损物伤情的事情。他说:"夫善御者,将以尽其能也。尽能在于自任,而乃走作驰步,求其过能之用,故有不堪而多死焉。若乃任驽骥之力,适迟疾之分,虽则足迹接乎八荒之表,而众马之性全矣。……世以任自然而不加巧者,为不善于治也,揉曲为直,厉驽勾骥,能以规矩,以矫拂其性,使死而后已,乃谓之善治也,不亦过乎!"[3]万事万物,各有其能,各有其用,善为政者应识其能,因其性使之发挥作用。其次是君道无为,臣道有为。郭象认为:"夫在上者患于不能无为,而代人臣之所司,使咎繇(即皋陶)不得行其明断,后稷不得施其播殖,则群才失其任,而主上困于役矣。故冕旒垂目而付之天下,天下皆得其自为,斯乃无为而无不为者也。故上下皆无为矣,但上之无为则用下,下之无为则自用也","夫工人无为于刻木,而有为于用斧;主上无为于亲事,而有为于用臣。臣能亲事,主能用臣;斧能刻木,而工能用斧。各当其能,则天理自然,非有为也。若乃主代臣事,则非主矣;臣秉主用,则非臣矣。故各司其任,而上下咸得,而无为之理至矣"[4]可见,在郭象看来,如果君主能够无为于上,让臣下各司其任,各展其能,就能治理好国家。再次是使"万民静而安其业"。郭象认为,要做到无为而治,还需使百姓满足于自己的本性,安于自己所处的地位。他说:"百官不为万民之所务,则万民静而安其业矣。万民不易彼我之所能,则天下之彼我静而自得矣!""凡得真性,用其自为者,虽复皂隶,犹不顾毁誉而自安其业,故知与不知皆自苦也。"[5]即要教导百姓安安静静、服服帖帖地忍受剥削、压迫和痛苦。

综上所述,玄学家从"无为而治"的政治思想出发,反对烦法酷刑,主张法贵简贵无。

三、玄学及其法律思想评价

魏晋玄学是我国古代法律思想发展史上之一特殊阶段。它以名教与自然之关系

---

〔1〕　王弼:《老子注》。

〔2〕　王弼:《老子注》。

〔3〕　郭象:《庄子注》。

〔4〕　郭象:《庄子注》。

〔5〕　郭象:《庄子注》。

这一主题贯彻始终,涉及到天人关系,儒道之争,有无之论,名实之辨等重大问题。名教与自然的问题,是在汉代经学走向僵化与谶纬神学受到批判的情况下提出来的。玄学的产生与发展,不仅受当时政治背景之影响,而且与魏晋士风之转变密切相关。自何晏、王弼挑起名教与自然之争,玄学在以后发展中表现出两个方向:一则为希志高远而不甘随波逐流之士大夫,重以内心自觉,务以冲决世俗之网罗为快,理论上表现为菲薄儒学纲常名教,政治上倡导无为而治,以嵇康、阮籍为代表;一则为虽深喜个体自由解放之情,但不忘富贵之心,故不能以澹泊自适之士,希望在保有现实名位之情况下达到内心之自由,理论上表现为调和儒学之仁义与道安之性情,政治上倡导内圣外王,以向秀、郭象为代表。玄学在发展中经历了一个援道入儒,弃儒返道与儒道双修的曲线而致其巅峰,从理想回到现实中来。玄学以后虽不复存在,但它为以后儒学之振兴起到传承的作用;其主题也不断为后人论及,其辨名析理之方法也给宋儒建立理学以深远影响。

尽管玄学家对具体法律问题的论述不多,但其对中国法律思想的影响却不可忽视。这种影响大致可以概括为以下三个方面:一是为封建正统治律思想的核心——纲常名教寻找到了新的、更易使人接受的理论基础,从而使其正统地位更加牢固;二是它所强调的法令贵在简约的思想对于改变汉中后期以来法令繁多的现实起了一定的作用,并在一定程度上影响到隋唐的法律制度,同时,还进一步强化了中国人已有的法令宜少不宜多的观念;三是在一定程度上助长了法律虚无主义的思潮。

第二节　律学及其法律思想

一、律学的兴起与发展

中国古代的律学,是指出于王权政治的需要,在统治者设定的框架内,用儒家经文注释国家制定法的法律条文,阐明法典的精神实质与立法原意,维护法律在社会生活中统一适用的法律注释学。律学作为经学的一个分支,兴起于汉代,在晋代达到鼎盛,《唐律疏议》是其代表性法律成果,以后继续发展,是我国古代传统法律学的主流。

西汉统治者吸取秦骤亡的教训,摒弃其"专任刑罚"的政策,转而采用"礼法并用,德刑相济"的方针。汉中叶以后,武帝罢黜百家,独尊儒术,立儒学为官学。另一方面,"汉承秦制",法家的法术仍在实际社会生活中发挥作用。统治者在强调德礼作用的同时,又注重发挥法律的作用,使礼律相互为用,选官取士既要明经又要通律。汉代治律的方式是征引作为儒学核心的经义注释法律,通过注释把儒家思想渗透进法律中,使礼律融合。这样,律学作为经学的一个分支而诞生。东汉时,律学继续发展,出现一批著名律学家。《晋书·刑法志》载:"叔孙宣、郭令卿、马融、郑玄诸儒章句,十有余家,家数十万言。凡断罪所当由用者,合二万六千二百七十二条,七百七十三万二千二百余言。"注律与断狱并进。三国曹魏时律学进一步发展,陈群、钟繇、傅干、王朗、曹羲、丁仪、刘邵都是比较著名的律学家。曹魏律学不同于汉代律学那样完全依附于经学,而表现出独立发展的倾向。

晋代是律学鼎盛时期。司马昭为晋王时,曾组织一个十四人的修律班子,修成《泰始律》,又称《晋律》,律成后,由律学家张斐、杜预对它作注。他们"兼采汉世律家诸说之长",是汉魏以来法律修订与注解的理论和经验的一次较为系统的总结,使《晋律》成为第一部儒家化的法典。张斐与杜预分别作《律表》与《律本》等律学专著,经武帝批准诏颁天下,与《晋律》具有同等法律效力。他们对法律的本质精神,法律各部分之间的内在联系,以及法律名词概念的含义等进行系统而深入的探讨与界定,从而大大推进了法典体例、刑法原则、刑名诠释等传统法律理论的发展与法律制度的实质性进步,取得了巨大的成就。

在晋代律学的影响下,法律儒家化趋势继续发展,到唐代时产生了一部律学的代表性法律成果——《唐律疏议》,它使礼法融合达到十分完备的程度。宋时注释律学继续稳定发展,至元略呈衰微,明清两代以私家注律为主的传统注释律学再度兴起,久盛不衰,直至清末封建法律解体,近代法律体系建立。

二、魏晋时期律学家的法律思想

魏晋时期是我国古代律学较为发达的阶段。这一时期不但涌现出了大批律学家,律学成就也十分突出。在晋代有三个著名律学家,即杜预[1]、张斐[2]、刘颂[3]。他们的思想是魏晋律学乃至我国古代律学的代表。这些律学家的法律思想不尽相同,但在法律儒家化、法律实践及法律科学化三个方面都有建树,表现如下:

(一)主张以礼率律,礼法合一,倡导法律儒家化

法律儒家化始于西汉。西汉倚法重儒,法典的内容已为礼所掺入。如汉廷尉陈

〔1〕 杜预(公元222年~284年),字元凯,京兆杜陵(今陕西西安东南)人。出身名门望族,儒学世家,他"耽思经籍",博学多才。袭祖爵丰乐亭侯,曾任河南尹。杜预承家学,力主纳礼入律,礼律融合。他曾参与修订《泰始律》,并为之注解,著"刑法律本二十一卷",大多失传。

〔2〕 张斐,魏末晋初人,生卒年月不详。晋武帝时曾任明法掾(解释律令的属官)。著《汉晋律注》一卷,《律解》二十一卷,已佚;另著有《律注表》(亦称《律表》),今存。张斐在立法、司法方面提出"理直刑正"的主张,对刑法原理及司法审判原则有独到见解。

〔3〕 刘颂(? ~300年),字子雅,广陵(江苏扬州)人。他出身名门,晋武帝时任尚书三公郎(主管司法),后任中书侍郎、迁议郎、守廷尉。以后又出任河南太守、淮南相,惠帝时官拜三公尚书、吏部尚书等职。刘颂为官近四十年,长期主持中央司法、吏治工作,"甚有政绩"。他没有法律专著,是一位实践家,法律思想丰富而深刻。

宠疏云："礼之所去，刑之所取，失礼则入刑，相为表里者也。"[1]不仅如此，汉代审判决狱也受儒家思想影响，如汉儒董仲舒"以《春秋决狱》二百三十二事，动以经对"；[2]其他以《春秋》大义、圣人微旨断狱者甚多。汉以后此风不坠。魏晋时期法典的编制与修订多为儒臣主持，礼律融合愈演愈烈。律学家也正以此为其使命。

杜预在《律本》的奏章中说："刑之本在于简直，故必审名分。……今所注皆网罗法意，格之以名分。"所谓"格之以名分"，就是用儒家所倡导的等级名分去统率法律精神，把儒家的礼渗透到法律中去。杜预认为："自上及下，尊卑贵贱，物有其宜"，"天子之位至尊，万机之政至大，群臣之众至广，不同于凡人"。故君主、群臣、百姓"礼不得同"，应各守其礼。[3]

张斐同杜预一样，认为法律的基本精神是礼，法典的制定应符合礼法合一的原则。《晋律》始于《刑名》，终于《诸侯》，张斐认为这一体例正好体现了"王政布于上，诸侯奉于下，礼乐抚于中"的原则。[4]所谓"礼乐抚于中"，就是礼乐的精神必须贯彻到法律条文中去，也就是以礼率律。刘颂也强调法律必须以"尽理"为标准，其"理"即礼乐、名分。他认为对"尽理之法"必须严格遵守，"行之信如四时，执之坚如金石"，并认为"原心定罪"、"法外之仁"均为法未"尽理"的产物，也就是礼法尚未合一的副产品。他还认为在司法过程中，司法官吏依法解决不了的疑难案件，应请大臣根据经义判断。

《晋律》的拟订者除贾充一人外，其余几乎全是倾向儒家主义者。律学家对礼法名分的推重，对晋律影响十分显著。晋律之儒家化，首先表现在其"峻礼教之防，准五服以治罪"。[5]五服是同一家庭成员去世时，其他成员因其与死者之亲疏远近而穿的五种不同丧服，并由此决定五种不同服丧时间，[6]开后代依服制定罪之先河。五服是用以区分家庭成员之亲疏、远近、尊卑之关系的，它根据亲缘（姻亲、血缘）、辈分、性别、年龄等因素将家庭成员严格区分，使之形成一个尊卑有分、男女有别、长幼有序、亲疏有异的关系网，典型地体现儒家"亲亲、尊尊"的原则和"礼者为异"的精神。晋律还规定许多出礼入律的犯罪。如"亏礼废节谓之不敬"，"陵上僭贵谓之恶逆"，"违忠欺上谓之谩"，"逆节绝理谓之不道"等等。晋律还特别注重维护家庭关系与亲

---

[1] 《后汉书·陈宠传》。
[2] 《后汉书·应劭传》。
[3] 《晋书·礼志》。
[4] 《晋书·刑法志》。
[5] 《晋书·刑法志》。
[6] 五服有不同说法，周制丧服分五等，即：父之死，斩衰三年，用极粗麻布为服，不缝下边；父不在母之丧，齐衰二年，父在母之丧，祖父母、伯叔父母或兄弟之丧，均齐衰一年；用粗麻布为服，缝下边；从父母、从兄弟之丧，大功六月，用粗熟布为服；再从伯叔父母、再从兄弟或外祖父母之丧，小功三月，用稍粗熟布为服；族伯叔父母或族兄弟之丧，缌麻三月，用极细熟布为丝者为服。

属伦常,如其除重奸伯叔母之令外,对子孙违犯教令,敬恭有亏,父母告子不孝而欲杀之皆许等,盖皆始于晋律。[1] 儒家化之晋律对后世的影响也十分深远,此如近人陈寅恪先生所言:"古代礼律关系密切,而司马氏以东汉末年之儒学大族创造晋室,统制中国,其所制定之刑律尤为儒家化。既为南朝历代所因袭,北魏改律复采用之,斩转嬗蜕经由(北)齐,隋以至于唐,实为华夏刑统不祧之正宗"。[2]

(二)在立法、执法、司法审判等法律实践方面,律学家们也各有建树

1. 在立法方面,杜预提出"文约而例直,听省而禁简"的观点和"法出一门"的主张。杜预说:"法者,盖绳墨之断例,非穷理尽性之书也。故文约而例直,听省而禁简。例直易见,禁简难犯。易见则知所避,难犯则几于刑措。"[3] 意思是说,法律应与"穷理尽性"的经书有所区别,其语言应简明易懂,条例应明白准确,法律形式要单纯,概念要明确,条文要简约,不要烦密。这样人们就可以据以知道何去何从,达到太平而刑措的境界。杜预参与制定的晋律的确十分精简,它将七百七十三万余言的汉代律文解说,精简为十二万六千三百字,真可谓"蠲其苛秽,存其清约"。

在立法方面,杜预还主张"法出一门"。杜预认为,"法出一门,然后人知恒禁,吏无淫巧,政明于上,民安于下。"[4] 在这方面,刘颂也有类似观点。他在对晋惠帝的上疏中指出,皇帝为政所追求的尽善尽美,曲当无遗,是法官可钻的法律空子,也是一案多判的原因。并且"奸伪者因法之多门,以售其情,所欲浅深,苟断不一",结果是"事同议异,狱犴不平"。因此他力主"法令断一,事无二门"[5] 杜、刘关于法令划一的主张,虽有特殊的背景,但历代都有政出多门,法令不一的现象。法令划一不仅可避免人民"不知所避"、无所适从的情况,而且可以防止乖吏舞文弄墨,出入人罪,于法律之中呈其奸巧。这对于树立法律权威,提高法律效率,更好地保护人民权益具有普遍意义。

2. 在执法方面,刘颂提出了一系列有见地的观点。

(1)刘颂主张"纲举"、"网疏"。针对当时"大纲不振"而"微过必举"的情况,刘颂认为,微小的过失不足以害政,司法官却反复纠缠;相反,豪强大族横行霸道,鱼肉百姓,却可逍遥法外。这是为政者本末倒置。刘颂分析其原因,说:"夫大奸犯政而乱兆庶之罪者,类出富强。而豪富者其力足悼,其货足欲,是以官长顾势而顿笔。下吏纵奸,惧所司之不举,则谨密网以罗微罪,使奏劾相接,状似尽公,而挠法不亮固已在

---

[1] 瞿同祖:《中国法律与中国社会》,中华书局 1981 年版,第 337 页。
[2] 陈寅恪:《隋唐制度渊源略论稿》,商务印书馆 1944 年版,第 73 页。
[3] 《晋书·杜预传》。
[4] 《艺文类聚》卷五四。
[5] 《晋书·刑法志》。

其中矣。"〔1〕意思是说,那些大奸害政者多是豪强大族,他们依仗强大政治势力同官府抗衡,有足够的钱财买通官府,于是官府便"顾势而顿笔"。而放了大奸的小官害怕上级纠举,便搜罗小罪,表面上是尽心公务,实际是害法、挠法、奸法。这种做法无异于"放凶豹于公路,而禁鼠盗于隅隙"。刘颂认为,即使是圣人君子也不能无过,法律不能对于人们的"小疵"微过斤斤计较。据此,刘颂提出了"纲举"、"网疏"的主张。他认为:"纲举则所罗者广,网疏则小必漏。所罗者广则为政不苛,此为政之要也。"〔2〕

（2）刘颂主张执法中实行分工,各司其职。他首先认为君主、大臣、司法官应明确分工,各司其职。刘颂认为:"君臣之分,各有所司,法欲必奉,故令主者守之;理有穷塞,故使大臣释滞,事有时宜,故人主权断。"〔3〕意思是说,对于具体案件的审理,司法官必须依法进行,严格执法,做到"主者守文,死生以之,不敢错思于成制之外以差轻重"。若遇"事无正据,名例不及"的疑难案件,则应由中央主管司法之大臣作出法律解释;而超出法律之外的"非常之断、出法赏罚",则由皇帝作出决断,"不得出以意妄议,其余皆以律令从事"。这样便可以做到"法信于下,人听不（容）惑,吏不容奸,可以言政,人主执斯格以责群下,大臣小吏各守其局,则法一矣"〔4〕。其次,刘颂还论述到监司、狱官、法吏之分工合作。他说:"夫监司以法举罪,狱官案劾尽实,法吏据辞守文。"意即首先由监司负责检举罪行,提出诉讼;然后由狱官负责审核犯罪事实,侦查案情,甄别真伪,查证属实;最后由法官依照法律条文,按罪量刑,作出判决。他们应遵循"狱官唯实,法吏唯文,监司则欲举大而略小"的工作原则。这一套司法程序是刘颂对我国古代司法经验的总结,并上升到理论高度,对于保证依法断案,打击犯罪,防止冤假错案,有着十分重要的意义。

第三,刘颂还提出了"复肉刑"的重刑思想。详见第六章。

3. 在司法审判方面,律学家也提出了综合刑、理、心、情、事的心理学审判方法与"罪刑法定"的原则。

在断狱案谳方面,我国远在周朝时就总结出一套"五听"的方法。《周礼·秋官·小司寇》载:"以五声听狱讼,求民情。一曰辞听。观其言,不直则烦;二曰色听。观其颜色,不直则赧然;三曰气听。观其气息,不直则喘;四曰耳听。观其听聆,不直则惑;五曰目听。观其眸子,不直则目毛然。"这是一种心理学的司法审判方法,具有深刻的科学道理。在这方面,魏国时人刘邵（生卒不详）曾有建树,〔5〕此外便是张斐了。他

---

〔1〕　《晋书·刘颂传》。
〔2〕　《晋书·刘颂传》。
〔3〕　《晋书·刑法志》。
〔4〕　《晋书·刑法志》。
〔5〕　冯友兰:《中国哲学史新编》（第四册）,人民出版社1986年版,第14～22页。

在《律表》中提出了一套结合刑、理、心、情、事五个方面的审判方法。刑即刑名,是定罪量刑的法律依据;理,是贯彻在刑法中的礼义原则;心是犯罪的动机;情是反映犯罪心理特征的外在情绪表现;事即犯罪的情节事实。这五个因素综合起来,就是说审理案件时,要以刑法为依据,以理为指导,弄清犯罪的动机,观察罪犯的犯罪心理特征,并查清犯罪事实,这样就可以正刑断狱了。在司法实践中,断狱案谳是个十分复杂的事情。张斐从犯罪心理角度和司法实践经验中提出的这一理论,将犯罪嫌疑人的动机与情绪结合,心理与行为结合,法律与事实结合,对于甄别犯罪无疑具有重要的参考价值。

在定罪量刑方面,刘颂提出了罪刑法定的司法原则。刘颂在上疏惠帝中指出,定罪量刑都应以国家颁布的律令的明文规定作为法律依据,若无明文规定,则应依刑名、法例原则精神,法律明文规定与刑名、法例均无涉及的均不得论罪。[1] 这就是现代刑法中所谓"法无明文规定不为罪"或罪刑法定的原则。刘颂不仅是我国法律史上最早明确提出罪刑法定原则的法学家,比西方最早提出这一原则的贝卡利亚[2]也要早上十五个世纪。为了贯彻这个原则,刘颂还批驳了"看人设教"、"随时之宜"的做法。他认为,"看人设教"、"随时之宜"是立法原则,即在制定法律时应考虑到法律规定的对象与社会形势等,但不应作为司法原则。由于立法时已考虑了大量而普遍的人情风俗,故在审理案件时,不能以"看人设教"、"随时之宜"为借口阻挠成文法的实施。至于立法不当,则自当改之。[3] 此外,刘颂还认为在法律规定的范围之内,允许司法官对该法律规定持有不同的理解或异议,但必须根据法律的精神来决断。这实质上是一种司法民主。

(三)在对法律的研究方面,律学家也取得了重要成就,推进了法律的科学化

1.在法典体例研究方面取得了一定成绩。在这方面,曹魏时律学家陈群、刘邵指出了以往法典的缺陷。他们认为法典"篇少则文荒,文荒则事寡,事寡则罪漏"。意即法典篇目太少,以至条款过于疏阔,有漏罪情况,后人增设的条款又与其本意相左,不成体系,杂乱无章。他们还认为汉《九章律》将法典总纲《具律》置于第六篇,"既不在始又不在终",不伦不类。对此,《魏律》在制定时将前代所遗留律令条目系统化为十八篇,将《具律》改为《刑名》置于法典之首,取开宗明义之效。晋代继承了这一法典体例的改革,不仅充实了《刑名》篇的内容,而且在《刑名》外增设《法例》篇,述"随事轻重取法"的原则。北齐时合《刑名》、《法例》为《名例》一篇,置于篇首,并确立十二

---

〔1〕《晋书·刑法志》。
〔2〕 贝卡利亚(1738～1794年),意大利刑事古典学派创始人。他著有《论犯罪与刑罚》一书,他在论述刑罪原则时论及罪刑法定原则,为西方首次论及该原则的法学家。
〔3〕《晋书·刑法志》。

篇的篇数,为唐律所承继。

2.在法律语言的规范化方面,律学家也取得突出成就。对此贡献最大的要数张斐。他对几十个法律专有名词下了准确而形象的定义。他在《律表》中说:"其知而犯谓之故,以为然谓之失,不意误犯谓之过失,逆将害未发谓之戕,唱首先言谓之造意,二人对议谓之谋,制众建议谓之率,不和谓之强,违忠欺上谓之谩,背信藏巧谓之诈","逆节绝理谓之不道,亏礼废节谓之不敬","陵上僭贵谓之恶逆","两讼相趣(趋)谓之斗,两和相害谓之戏,无变斩击谓之贼"等等。

律学家的这些成就总结了我国古代人民的智慧与经验,对准确地制定、理解、运用法律,推动法律名词的标准化,法律语言的规范化,法律规范的科学化,乃至整个法律科学的发展都是杰出的贡献。

综上所述,律学家对封建正统法律思想既有继承,又有发展。继承方面如强调礼法合一,以礼率律,法自君出等等。发展的方面则大致表现在这样几点上:"理直刑正"的立法主张,所谓理直刑正即强调立法必须"尽理","穷理尽性",必须例直文约;"随事取法"的审判原则,即主张定罪量刑应"刑"、"理"、"心"、"情"、"事"综合考察,补"论心定罪"的不足;严明执法,分工负责的执法制度。这些主张丰富了封建正统法律思想。

三、律学的价值与影响

在我国古代,法理学与法律学均不甚发达,律学无疑是其中一片绿地。律学家们发掘整理前人的法律经验,并提出许多前人没有论及的法律理论,取得了丰硕的成果。它不仅给当时的法制建设与司法实践以直接的理论指导,而且把我国古代法律的科学化与学科化都推进了一大步。但是,"由于传统律学诞生并成长于以封闭的自然经济为基础,政治上专制主义不断强化的国家,作为与政治密切相关的学术受不同历史阶段社会政治、学术思潮和经济关系变动的影响,形成了重归纳轻演绎,重考证轻分析,重实用轻理论,重刑事轻民事和重成案轻判断等一系列特点"[1] 在传统的王权政治与经学政治的影响下,学术研究的独立性和学科的发展受到极大限制,法学也不例外。魏晋南北朝时期,政治统治相对宽松,思想领域相对活跃,应该说是学术发展的好时机。但是,由于律学家们囿于传统学术的路径,缺乏独立的学术品格和批判的思维方式,他们无法认识到人民在法律和法治中的地位及作用,没有确认个人在法律中的主体地位,没有认识到平等、正义对于法律存在的真实意义,也没有将法律定位于保护与救济公民的权利与利益。为了维持社会的长治久安,律学始终未能走上独立与科学的发展道路。他们将法治理论与儒家思想融为一体,用儒家思想渗透、

---

[1] 何敏:《传统注释律学发展成因探析》,载《比较法研究》,中国政法大学出版社1994年版,卷八。

支配法制建设与法律实践,即在法律儒家化的导引下使法学偏离了正确的发展轨道,从而使律学受到极大的历史局限,法律也无法在社会生活中发挥其应有作用,这或许正是律学留给后人的深刻启示。

第三节 唐初统治集团的法律思想

　　唐初统治者李世民[1]和辅佐他的名臣魏征[2]、房玄龄[3]、长孙无忌[4]等人,都亲身经历了隋朝由盛转衰、迅速灭亡的全过程,亲眼目睹了农民起义的风暴,不得不引以为戒,认真吸取隋朝骤亡的教训,兢兢业业,以免重蹈隋亡的覆辙。对此,唐太宗李世民深有感触,他常对臣下说:"为君之道,必须先存百姓,若损百姓以奉其身,犹割股以啖腹,腹饱而身毙"[5] 他还引古人的话说:"舟所以比人君,水所以比黎庶。水能载舟,亦能覆舟……可不畏惧!"[6]因此他"动静必思隋氏,以为殷鉴。"[7]此外,隋末唐初,"百姓凋残,疲于兵革,田苗荒废,饥馑存臻"[8] 鉴于这种局面,唐太宗即位后即确定了"安人宁国"的方针。他认为,只有徭役不兴,年谷丰稔,百姓安乐,国家才能安宁。他说:"夫安人宁国,唯在于君,君无为则人乐,君多欲则人苦。"[9]他的臣下也劝他"无为而治"。李世民为不失"安人之首","故夙夜孜孜,惟欲清静,使天下无事。"[10]甚至"每临朝,欲发一言,未尝不三思,恐为民害,是以不多言"[11] 在"安人宁国"方针指导下,唐初统治集团采取了矜恤民困、与民休息、轻徭薄赋、少兴土木兵戈的政策。李世民在一批创业功臣辅助下,擢用贤能,整饬吏治,"抚和齐民,劝课农

---

[1] 李世民(公元599年~649年),中国历史上有作为的皇帝之一,在位二十三年,因"贞观之治"而影响深远。
[2] 魏征(公元580年~643年),钜鹿(今属河北)人。太宗时任谏议大夫,以敢于犯颜直谏著称。著有《魏郑公谏录》一书。
[3] 房玄龄(公元579年~648年),齐州临淄(今山东淄博)人。太宗时任尚书左仆射,曾参与主持制定贞观律令。
[4] 长孙无忌(公元? ~659年),河南洛阳人。太宗时历任吏部尚书、司空、司徒等职。主持编写《唐律疏议》。
[5] 《贞观政要·君道》。此书为武周时期史官吴兢编辑,集中反映了李世民及其统治集团的政治法律思想。
[6] 《贞观政要·教戒太子诸王》。
[7] 《贞观政要·刑法》。
[8] 《贞观政要·政体》。
[9] 《贞观政要·政体》。
[10] 《贞观政要·政体》。
[11] 《资治通鉴·唐纪》(八)。

桑",并在这一方针指导下臻善政制,加强法制,形成了一套新的法律思想。

一、礼刑结合,相互为用

礼刑并用的思想在中国古代由来已久,经过两汉及魏晋南北朝的充实发展,至唐达到一个新的阶段。唐初在治国方略上曾有讨论,有人主张"以威刑肃天下",[1]而魏征等人则主张以仁义治天下,认为"仁义,礼之本也;刑罚,理之末也"。[2]李世民基本上采纳魏征的意见,他认识到隋文帝"不悦儒术,专任刑名",常因小过定重罪,特别是隋炀帝"益肆淫刑",以致"败之亦促"。因此,唐初采用了既制礼又定刑,礼刑并用的政策。太宗认为:"为国之道,必须抚之以仁义,示之以威信"。[3]魏征也提出"设礼以待之,执法以御之"。《旧唐书·刑法志》云:"古之圣人为父母,莫不制礼以崇敬,立刑以明威。"一方面,统治者注重礼治德教,提出"为臣贵于尽忠,亏之者有罪,为子者行孝,亏者必诛,大则肆诸市朝,小则终贻黜辱"[4]"失礼之禁,著在刑书",另一方面,由于失礼入刑故"刑典仍用"。[5]魏征认为,法律是"国之权衡也,时之准绳也。权衡所以定轻重,准绳所以正曲直。"[6]还提出"圣君任法不任智,任公不任私"的思想。唐初礼刑并用的思想,以后被发展、总结为"德礼为政教之本,刑罚为政教之用,犹昏晓阳秋相须而成者也"。[7]

二、重视立法,宽简稳定

唐初统治集团在总结隋亡的教训时,发现其法纪败坏,一方面法令滋彰,另一方面却任意废法,"宪章遐弃",[8]造成"人不堪命,遂至于亡"的结局。因此,他们十分重视法制建设,认为"安民立政,莫此为先",[9]在立法原则上,从李渊起便强调务在宽简,使人易知。他曾指示修律大臣说:"本设法令,使人共解,而往代相承,多为隐语,执法之官,缘此舞异,宜更刊定,务使易知"[10]史书记载,李渊颁布的《武德律》"务在宽简,取便于时"。[11]太宗也贯彻了宽简易知的立法原则。他认为"国有法令,

---

〔1〕《资治通鉴·唐鉴》卷二。
〔2〕《贞观政要·公平》。
〔3〕《贞观政要·择官》。
〔4〕《全唐文·黜魏王泰诏》。
〔5〕《通典》卷一七,《刑八·宽恕》。
〔6〕《贞观政要·公平》。
〔7〕《唐律疏议·序》。
〔8〕《隋书·刑法志》。
〔9〕《唐大诏令集》卷八二。
〔10〕《旧唐书·刘文静传》。
〔11〕《旧唐书·刑法志》。

惟须简约,不可一罪作数种条,格式既多,官人不能尽记,更生奸诈。若欲出罪,即引轻条;若欲入罪,即引重条。"[1]他还认为:"死者不可复生,用法务在宽简"[2] 与隋律相比,太宗所主持制定的《贞观律》简约得多。《贞观律》五百条中将大辟降为流者九十二,流为徒者七十一,并删去"兄弟连坐俱死"之法,比先秦死刑"殆除其半",[3]"凡削烦去蠹,变重为轻者,不可胜记"[4] 贞观十一年,又删去武德以来"敕三千余条,定留七百条,以为格"[5] 这一原则远及后世,如史书载《永徽律》"画一之制,简而易从,约法之章,疏而不漏"[6]

不仅如此,在立法原则上李世民还力主稳定,"不可数变"。他认为变更法律务必"详慎而行之",否则贻害无穷。他说:"法令不可数变,数变则烦,官长不能尽记,又前后差违,吏得以为奸";[7]"诏令格式,若不常定,则人心多惑,奸诈益生"[8]

唐初统治者所采用的这些立法原则,是适合当时社会需要的,它们对于促进生产发展,经济恢复,社会稳定及树立法律权威都起到了积极作用。

三、明正赏罚,一断以律

赏与罚,是法家历来重视的"二柄",即推行法治的有力工具。太宗也非常重视其作用,他认为:赏罚是国家的大事,必须十分慎重,应做到赏必当功,罚必当罪,决不可任情喜怒,滥赏滥罚,"天下丧乱,莫不由此"[9] 魏征对赏罚也很有见解。他认为:"夫刑赏之本,在乎劝善而惩恶,帝王之所以与天下为画一,不以贵贱亲疏而轻重者也。"[10]他认为实施赏罚不能由爱憎、亲疏、远近而违背公平仁义的原则,只有这样才能"邪正莫隐,善恶自分"。因此,在执法方面,唐初统治者十分重视赏罚的作用,严惩贪官污吏,而且重视执法的公平,力主不分贫富贵贱,定罪量刑,"一断以律",并且皇帝带头守法,以身垂范,并主张:

(一)重惩贪官污吏

在执行法律,维护法律尊严、权威方面,唐初统治者尤其注重惩治贪官污吏。李

---

[1] 《贞观政要·刑法》。
[2] 《贞观政要·刑法》。
[3] 《旧唐书·刑法志》。
[4] 《旧唐书·刑法志》。
[5] 《新唐书·刑法志》。
[6] 《唐大诏令集》卷八二。
[7] 《册府元龟》卷一五一。
[8] 《贞观政要·刑法》。
[9] 《贞观政要·求谏》。
[10] 《贞观政要·刑法》。

世民认为贪赃枉法是隋亡的主要原因,因此他"深恶官吏贪蚀"[1]他经常晓谕臣下不要贪赃枉法。他说如果大臣"能备尽忠直,益国利人,则官爵立至"。相反,如果"见金钱财帛不惧刑网,径即受纳,乃是不惜性命"[2]为官徇私贪污,枉法受贿,不仅破坏了国家法度,而且损害了人民利益;如果赃贿败露,便身败名裂;即便未被发现,也会因担心东窗事发而整日恐惧不安,忧心忡忡,以至抑郁而死,故"为贪臣,必亡其身"[3]不仅如此,还将愧及子孙,与奉公执法进而加官晋爵相比,真是十分可笑。魏征对廉洁奉公也十分重视,他曾把"守文奉法,任官职事,不受赠遗,辞禄让赐,饮食节俭"作为"贞臣"的标准[4]唐初,君臣上下对贪赃枉法的重视,无疑是唐初官吏比较奉公廉洁,吏治比较清明的重要原因。《贞观政要》记载:由于太宗"深恶官吏贪蚀,有枉法受贿者,必无赦免。在京流外有犯赃者,皆遣执奏,随其所犯,置以重法,由是官吏多自清谨"。

（二）执法不避权贵

在封建社会,皇帝口含天宪,言出即法。皇帝独揽立法权与最后审判权,凌驾于法律之上。贵族与官僚也往往受到优待,享有与其身份相对称的法定特权。他们触犯刑律往往借特殊身份而得以宽宥。但是,鉴于隋朝毁法坏纪以至败亡的历史教训,出于唐王朝长治久安的考虑,李世民不得不严明法制,要求官吏奉公守法,严格执法。他告诫群臣说:"朕见隋炀帝都不以官人违法为意,性多猜忌,惟忌有反叛者。朕则不然,但忌公等不尊法式,致有冤滞"[5]贞观二年,太宗和房玄龄等讨论公平执法问题时,赞扬诸葛亮"尽忠益时者,虽雠(仇)必赏,犯法怠慢者,虽亲必罚"[6]以后他还要求执法官向诸葛亮学习"按举不法,震肃权豪"[7]维护法律权威,严格执法,唐初在中央和地方都设置监察机关监督法官的执法,并对贪赃枉法者"随其所犯,绳以重法"。贞观九年,岷州都督高甑生诬告功勋卓著的军事将领李靖"谋反",据律当死。有人因为高甑生是李世民旧部请求宽恕,唐太宗断然拒绝,他说:"甑生违李靖节,又诬告靖谋逆,虽是藩邸旧劳,诚不可忘。然治国守法,事须画一,今若赦之,使开侥幸之路。且国家建义太原,元从及征战有功者甚众,若甑生获免,谁不觊觎?有功之人,

---

〔1〕《贞观政要·政体》。

〔2〕《贞观政要·贪鄙》。

〔3〕《贞观政要·贪鄙》。

〔4〕《贞观政要·择官》。

〔5〕《魏郑公谏录》卷八。

〔6〕《贞观政要·公平》。

〔7〕《贞观政要·贪鄙》。

皆须犯法,我所以必不赦者,正为此也",[1]终于"坐减死边"。[2] 就连皇叔江夏王李道宗也因"坐赃下狱",受到"免官,削封邑"的处分。[3]

(三)统治者以身垂范,带头守法

贞观十一年,太宗觉得有些案子处理有失公允,问大理寺卿刘德威是怎么回事。刘德威解释说,这件事缘于皇上,不在大臣。皇上如爱从宽处理,则群臣从宽发落;皇上如爱从重定罪,则群臣亦用法苛酷。如今法官对罪犯从重处罚无罪,而从轻发落便获大罪,因此他们为免罪而引用重条,这不是有人教他们这样做,而是畏怕获罪而已。如果皇上"一断以律,则此风立变矣"。[4] 唐太宗欣然接受,由是"断狱平允"。大臣魏征也曾指出皇帝带头守法的重要性。他说:"居人上者,其身正,不令而行;其身不正,虽令不从。"[5]李世民确实能够以身作则,注意克制自己的感情,避免因自己的特殊身份而影响法律的公平执行。贞观元年,吏部尚书长孙无忌佩刀进宫,守门校尉一时疏忽,长孙无忌出宫时才发现他带有佩刀。大臣封德彝奏请判处校尉死刑,而对长孙无忌这位国舅只以"误带刀入"判处徒刑二年,还可用罚铜二十斤代替。太宗应允,而大理寺卿戴胄不同意,他认为校尉失察和长孙无忌带刀入宫都有"误"。而长孙无忌处尊极之位,不能称误。按法律规定,供御汤药、饮食、舟船,误不如法者,皆死。皇上如念长孙无忌之功,那就不是法官们所能决断的。但如依据法律,"罚铜未为约理"。太宗深以为然,他说:"法者非一人之法,乃天下之法,何得以无忌国之亲戚,便欲挠法耶?"后来终于免校尉之死。[6] 太宗即位初,所选官吏大都伪造资历。太宗颁发敕令限其自首,否则处死。后来温州司户参军柳雄诈冒资荫事发,戴胄"据法断流"。太宗十分恼火,认为这是让他"示天下以不信",戴据理力争,认为皇上不应因"一朝之念而许杀之",而应忍小念而存大信,太宗折服,并表示"朕法有所失,卿能正之,朕复何忧也。"这样的事还有很多。县令裴仁轨私自役使门夫,依法罪不至死,李世民却怒而"欲斩之",监察御使李乾佑为之力争,说:"法者,陛下所与天下共也,非陛下所独有也。今仁轨坐轻罪而抵极刑,臣恐人无所措手足"。最后李世民终于收回成命,并升李乾佑为侍御史。[7] 又如,广州都督党仁弘"为人所讼,赃百余万",犯法当死,太宗"志其老而有功",免其死罪,为此还下诏罪己,以示不应曲法。[8] 由于皇上

〔1〕《贞观政要·刑法》。
〔2〕《资治通鉴》卷一九四。
〔3〕《旧唐书·李道宗传》。
〔4〕《资治通鉴》卷一九四。
〔5〕《魏郑公谏录》卷五。
〔6〕《贞观政要·公平》。
〔7〕《资治通鉴》卷一九二。
〔8〕《新唐书·刑法志》。

能够严以律己,守法护法,据法处断,"官吏多自清谨,制驭王公妃主之家,大姓豪猾之伍,皆畏威屏迹,无敢侵欺细人",[1]对官吏之守法、执法产生了重要影响,从而出现了唐初"志存公道,人有所犯,一一于法"的局面。

四、慎刑恤狱,务求其实

唐初"安人宁国"的方针,在司法方面的表现,就是要求司法官吏慎刑恤狱,谨防冤滥,务求其实。这一方面是由于隋朝"生杀任性;滥肆淫刑"的教训,如《隋书·刑法志》记载,隋炀帝"敕天下窃盗已(以)上,罪无轻重,不待奏闻,皆斩"。另一方面,唐初统治者对严刑酷罚的根由、危害有深刻的认识。唐太宗认为司法官吏的职业病就是用法"意在深刻","利在杀人,危人自达,以钓身价",[2]对此深感忧虑,力主"深宜禁止,务在宽平"。[3] 魏征也指出,法官们用法"意渐深刻",法无定科,任情轻重,是造成"受罚者无所控告,当官者莫敢正言"[4]的原因。为此,在司法领域,尤其是对待死刑犯罪方面,唐初统治集团强调了慎刑恤狱的思想。

(一)选任公正善良之人执法

贞观元年,在讨论死刑问题时,太宗强调死者不可复生,用法力求宽简。他问大臣有什么办法可以做到用法平允,大臣王圭建议选任公正良善之人执法,并对断狱允当者,予以重赏。太宗采纳了他的建议,并规定:"自今以后,大辟罪,皆令中书、门下、四品已上及尚书九卿议之"。[5] 从而开了我国古代九卿会审制度的先河。它对慎重地使用死刑发挥了积极作用。

(二)完善死刑复核程序

贞观五年,唐太宗在盛怒之下,杀了"若据常律未至极刑"的大理寺丞张蕴古,事后他后悔不已,埋怨臣下没有提出异议,以致错杀,这件事给他很大震动,感到原来对待死刑犯的"三复奏"制度不能避免枉杀事件。他认为三复奏"须臾之间,三奏便讫,都为得思,三奏何益",遂将死刑复核程序由"三复奏"改为"五复奏"。[6] 虽有死刑,虽令即决,皆须五复奏,具体做法是:在决前一日、二日复奏二次,执行之日复奏三次。并且下诏说:"自今门下省覆,有据法令死而情有可宥者,宜录状奏"。[7] 李世民这种

---

〔1〕《贞观政要·公平》。
〔2〕《贞观政要·刑法》。
〔3〕《贞观政要·刑法》。
〔4〕《贞观政要·公平》。
〔5〕《贞观政要·刑法》。
〔6〕《贞观政要·刑法》。
〔7〕《贞观政要·刑法》。

明法慎刑、原情执法的思想,在司法实践中得以贯彻,并形成定制。史书载:贞观四年"天下断死罪二十九人,几致刑措"〔1〕虽有溢美,却也反映了在这方面取得的成就不斐。

(三)反对刑讯逼供,注重犯罪事实

在封建社会,断狱验案,刑讯逼供乃是常事。然而"三木之下,何患无词",刑讯拷打往往造成屈打成招与冤抑而死的冤、假、错案。对此,魏征提出了理狱断罚应以事实为依据,反对刑讯逼供的司法主张。他首先指出刑讯逼供的原因,是司法官在审讯前先做一个主观判断,然后严刑拷打,迫使受讯者承认法官的先入之见;而此先入之见不是根据案件本身提出的,而是求诸"人主之微旨"得出的。这些法官被称为"能"人、"忠"臣。这种情况,罕有不造成冤狱者。因此他提出:"凡理狱之情必本所犯之事以为主,不严讯,不旁求,不贵多端"〔2〕意思是说,在审理案件时必须以犯罪事实为主,不搞刑讯逼供,不旁求罪证,以此来防止主观臆断,出入人罪,捕风捉影,罗织罪名。

李世民从明法慎刑思想出发,要求司法官重视证据,对于证据不足者,不得轻易判决。如刑部尚书张亮揭发侯君集约他谋反,李世民以为此言空口无凭,"两人相证,事未可知",仍像往常那样对待侯君集。后来,侯君集谋反,事实败露,才将其正法。〔3〕不仅如此,李世民还平反昭雪了一批查证属实的冤案错案。比如并州总管刘世让威镇边陲,突厥惧其威名乃施反间计,"言世让与可汗通谋,将为乱"。高祖李渊在没有查清事实的情况下便将刘诛杀,并籍其全家。贞观初,李世民从突厥的降者那里得知世让并无谋反的逆谋,便为之平反。李世民还为因得罪高祖的幸臣裴寂而被诬致死的开国元勋刘文静平反昭雪,当时李渊尚在,但李世民仍为其"追复官爵"〔4〕

唐初统治集团以"安人宁国"为总方针的法律思想,适合了唐王朝建立后统治者以隋亡为殷鉴,谋求唐朝长治久安的需要。他们继承了汉代以来礼法并用、德刑相济的政策,注重立法的简约与稳定,在执法中注重赏罚,严惩贪官污吏,皇上带头守法,维护法律的公允,在司法中贯彻慎刑恤狱的原则,创立九卿会审的制度,改三复奏为五复奏,审理案件重证务实。这些立场、方针、政策在封建君主专制制度许可范围内最大限度地确立和维护法律的权威、尊严,在一定程度上约束了贵族、官吏的恣意横行,也使得人民群众的生产生活与社会秩序得以安定、发展,从而出现了"贞观之治"的盛世局面,也为盛唐之到来打下了坚实的基础。史书记载:唐初"商旅野次,无复盗

〔1〕《新唐书·刑法志》。
〔2〕《贞观政要·公平》。
〔3〕《旧唐书》卷六九。
〔4〕《旧唐书》卷五七。

贼,囹圄常空,马牛布野,外户不闭。又频致丰稔,米斗三四钱,行旅自京师至岭表,自山东至于沧海,皆不赍粮,取给于路、入山东村落,行客经过者,必厚加供待,或发时有赠遗……"[1] 显然,这种"天下帖然,人人自安"的局面与唐初统治集团重视法制的思想是分不开的。

第四节 《唐律疏议》中的法律思想

一、《唐律疏议》的形成与地位

《唐律疏议》的形成经历了一个相当长的时期。唐朝建国之初,高祖于武德二年(618 年)诏纳言刘文静等,参酌隋开皇律令,制定新格五十三条,是为唐朝立法开端。不久又命尚书左仆射裴寂、右仆射肖瑀、大理寺卿崔善为、给事中王敬业等人,根据唐初社会政治、经济形势,参照隋律制定《武德律》十二篇,于武德七年颁行全国。太宗即位后,随着国家基础的稳定,命房玄龄、长孙无忌修改《武德律》,自贞观元年至十一年,历经十年完成了《贞观律》,仍为十二篇。高宗时,以《武德律》和《贞观律》为基础,由太尉长孙无忌、左仆射于志宁等人,编成《永徽律》十二篇,于永徽二年(651 年)颁行全国。鉴于"律学未有定疏,每年所举明法,遂无凭准"的情况,于永徽三年高宗下诏"宜广召解律人条义疏奏闻",由长孙无忌、于志宁等人负责,对律文进行统一解释[2]。长孙无忌等人根据"网罗训诰,研核丘坟"的原则,对《永徽律》进行逐句逐条的注疏,阐释其法律精神,称为"律疏"。经皇帝批准,该律疏于永徽四年(653 年)颁行,附于律正文之后,与律文具有同等效力,疏与律合在一起统称《永徽律疏》,又名《唐律疏议》。唐律"疏议"的目的,原是为了适应与满足科举考试的需要,以后成为完善立法与统一司法的重要手段。《唐律疏议·名例》说:"今之典宪,前圣规模,章程靡失,鸿纤备举,而刑宪之司执行殊异。""不有解释,触涂睽误"。因此,"疏议"实际成为唐律不可缺少的组成部分,它与"律文并行",司法官在断狱中也"皆引疏析之"。律疏引经据典,言简意赅,追根溯源,条分缕析,不仅对统一适用法律和加强中央集权封建国家的法治起了重要作用,而且通过阐明许多封建法制的概念、原则与理论,大大推动了封建法学的发展。这种"律""疏"结合的形式,也对后世及周边的日本等国产生了深远的影响。

中国封建正统法律思想自汉中期形成后,便开始了与律的融合,如曹魏《新律》有"八议"之制;《晋律》"准五服定罪";《北魏律》规定"官当"之制;《北齐律》列入"重罪

[1]《贞观政要·政体》。
[2]《旧唐书·刑法志》。

十条"等等,这种融合至唐律中最终完成。从此以后,封建正统法律思想不仅控制了人们的思想、精神,更成了人们日常生活中必须遵守的行为准则。唐律使封建正统法律思想法典化。因而,从这一角度而言,《唐律疏议》的产生,对中国封建正统法律思想的发展来说无疑是重大事件之一。

此外,法律是一个民族文化的产物和重要组成部分。它不仅反映了产生它的社会在一定时期的政治、经济、思想、道德、风俗、风情等状况,并对它们发生影响;而且法律还是该民族社会历史与传统的承继者和传递者。因而,研究唐律,又可以帮助我们更好地把握唐朝的法律思想。

二、《唐律疏议》中的法律思想

《唐律疏议》的法律思想主要有以下四个方面:

(一)德主刑辅,以礼率律的思想

《唐律疏议·名例》说:"德礼为政教之本,刑罚为政教之用,犹昏晓阳秋相须而成者也"。这句话是说:德礼是国家政治教化的根本,而刑罚是其辅助手段,二者相互为用,相辅相成,都是治理国家、教化人民所必不可少的。这一思想在唐律中反映的非常充分:

1.唐律以儒家经义作为确定一般法律原则的主要依据。《唐律疏议》的"名例"篇位于律首,是唐律立法精神与基本原则的集中体现,而确定这些原则的主要依据便是儒家经义。如《名例》"妇人有官品邑号"条规定:"诸妇人有官品及邑号,犯罪者,各依其品,从议、请、减、赎、当、免之律,不得荫亲属。"疏议曰:"依礼'凡妇人,从其夫之爵位。'注云:'生礼死事,以夫为尊卑。'故犯罪应议、请、减、赎者,各依其夫品,从议、请、减、赎之法。若犯除、免、当者,亦准男夫之例。"这个疏议之依据便是《礼记》。唐律还用两部不同经典之经义来疏议同一法律规定。如"名例""老小及疾有犯"条规定:"诸年七十以上、十五以下及废疾,犯流罪以下,收赎。""九十以上、七岁以下,虽有死罪,不加刑。""疏议"曰:"依周礼:'年七十以上及未龀者,并不为奴'……"又曰:"礼云'九十曰耄,七岁曰悼,悼与耄虽有死罪,不加刑。'爱幼养老之义也。"这里就引用《周礼》与《礼记》两书。又如"名例""议"条的疏议说:"周礼云:'八辟丽邦法。'今之'八议',周之'八辟'也。"说明律中的"八议"原则来自周礼规定的"八辟"之制。

2.儒家经义是确定罪名的主要依据。唐律是一部刑法典,罪名是不可少的。其中一些重要罪名即来自儒家经义。如《名例》"十恶"中之"不睦"罪来自《礼记》"讲信修睦"及《孝经》"民用和睦"等语;又如礼云:"闻亲丧,以哭答使者,尽哀而问故",故有"匿不举哀"罪;礼云:"孝子之养亲也,乐其心,不违其志,以其饮食而忠养之",故有"供养有缺"罪。其他如谋反、谋大逆、大不敬等罪名皆与此类似。

3.儒家经义是确定刑罚的主要依据。"五刑"是唐律中规定的刑罚,包括笞、杖、徒、流、死。五刑的刑种、刑罚等级的确定都与儒家经义有关。首先说明"五刑"的来源。《孝经·援神契》云:"圣人制五刑,以法五行"。《孝经·钩命诀》云:"刑者,也,质罪示终"。其次,"扑作教刑",故有笞刑;《书经》云:"鞭作官刑"。以后以杖易鞭,故有杖刑;《周礼》云"其奴男子入于罪隶",故有徒刑;《书经》云:"流宥五刑",故有流刑;《礼记》云:"公族有死罪,磬之于甸人",故有死刑。最后,对流刑之等级,因《书经》有"五流有宅,五宅三居",故流分三等。

4.违礼之程度决定刑罚的轻重。衡量违礼程度之标准主要包括行为人地位、侵害对象及侵害结果三个因素。首先,行为人地位即身份是决定处罚的重要因素。对于同一犯罪行为,行为人地位越高,处罚越轻;反之,地位越低,受罚越重。如"妻殴詈夫"条规定:"诸妻殴夫,徒一年";而"媵及妾犯者,各加一等"。同为殴夫行为,对媵妾之处罚要比妻重,因其地位低也。其次,侵害对象也是决定处罚的重要因素。同一个行为人,同一犯罪行为,其侵害对象地位越高,处罚越重;反之,则越轻。如同为杀人,杀死皇帝为"谋反",处斩并株连家属,部曲、财产、田室没官;而杀死府主刺史、县令则构成"不义",只追究行为人的刑事责任。最后,侵害结果不同则受处罚不同。同一行为人,同样侵害对象,其侵害礼的行为结果不同,行为人受罚也不同。侵害结果越严重,处罚越严重,反之则越轻。如谋杀缌麻以上尊长,流三千里;已伤者,绞;已杀者,皆斩。

由上可见,唐律"于礼以为出入",使得儒家的礼义道德牢固地处于统率律的支配地位,而刑罚处于体现和保护礼的从属地位,法律的儒家化已达到登峰造极的地步。总之,德主刑辅,礼法结合,这是唐律中所反映的最基本的法律思想。

(二)维护封建皇权的思想

封建专制主义的基础是中央集权;而中央集权则集中体现在皇帝集权。唐律通过确认和保护至高无上的皇权来体现维护皇权的思想。

1.皇帝拥有全国最高立法权、行政权和司法权。

(1)皇帝享有全国最高立法权。主要指皇帝拥有以下三种权力:第一,制定国家法律的决定权。唐律本身的编纂过程就可说明这一点。唐高祖即位初颁敕命裴寂、肖禹等十二人"撰定律令,大略以开皇律为准",并于武德七年下诏"颁行天下",此即武德律。唐太宗时,"命长孙无忌、房玄龄与学士法官更加厘改",定律五百条,分为十二卷,于贞观十一年颁行,是为贞观律。此后之永徽律及疏、开元律等无不受皇帝命而撰修而成。唐律还把任何擅自改动律法,损害皇帝立法权的行为定为犯罪,予以严惩。《唐律疏议·职制》规定:对法律"若不申议,辄奏改行者,徒二年"。第二,颁行单行法规的决定权。《唐律疏议·断狱》"辄引制敕断罪"条规定:允许皇帝"制敕断罪、临时处分"。此条疏议曰:"事有时宜,故人主权断,制敕量情处分"。第三,修改法律的决定权。修改法律是立法权的重要组成部分。唐律将它赋予皇帝。《唐律疏议·职制》"律令式不便辄奏改行"条规定："诸称律、令、式，不便于事者，皆须申尚书省议定奏闻"。对该"议定奏闻"最终由皇帝做出裁断，决定是否修改。上述三权使皇帝"口含天宪""朕即法律"成为事实。

（2）皇帝拥有最高行政权。主要体现在以下三个方面：其一，皇帝拥有行政组织权。唐律通过规定国家行政机构的编制及官吏职守中重要问题来确保此权，并惩治有违犯规定的行为。《唐律疏议·职制》"置官过限及不应置而置"条规定，官署人数编制均由国家核定，不可随意增加。凡"署置过限及不应置而置"者，要按超编人数追究刑事责任。"官人无故不上"条规定，官吏皆须按时到岗行职，无故不到者，按所缺时日受罚。其二，皇帝拥有行政指挥权。唐律规定官吏必须绝对服从皇帝发布的制敕，并对违犯制敕的行为予以惩处，以确保皇帝的最高行政指挥权。《唐律疏议·职制》规定："诸诈伪制书及增减者，绞；未施行者，减一等"。其三，皇帝拥有行政决策权。唐律规定各级官吏必须及时反映本辖区真实情况来保证皇帝的正确决策。《唐律疏议·职制》曰："事应奏而不奏，不应奏而奏者，杖八十"。《诈伪律》规定："诸对制及奏事上书，诈不以实者，徒二年；非密而妄言有密者，加一等"。上述三权使皇帝成为名副其实的最高行政长官。

（3）皇帝享有最高司法权。皇帝不仅拥有立法、行政上的最高权力，还独揽最高司法权。皇帝拥有直诉案件的受理与审判权，[1] 议的裁决权，[2] 上请的决定权，[3] 死刑的复奏权，[4] 恩赦权。[5] 皇帝所享有的上述司法裁决权都是终审裁决，这样他就享有生杀予夺的最高司法权力，从而集立法、行政、司法之权于一身，权重而位尊，不可一世。此外，他还享有军队调拨权，[6] 成了全国军队总司令。

2. 唐律还严惩各种针对皇帝个人包括皇室的犯罪行为，以确保皇帝权力与人身的绝对安全，维护其至高无上的地位。这些罪行都是十恶不赦的大罪，主要有三类：即谋反；谋大逆；危害皇帝安全；大不敬。

《唐律疏议·贼盗》规定："诸谋反（谓谋危社稷）及大逆者（谓谋毁宗庙、山陵及宫阙）皆斩；父子年十六以上皆绞，十五以下及母女、妻妾、祖孙、兄弟、姐妹若部曲、资财、田室并没官；男夫年八十及笃疾，妇人年六十及笃疾者，并免。伯叔父、兄弟之子皆流三千里，不限籍之同异"。还规定："虽谋反，词理不能动众，威力不足率人者，亦皆斩；父子、母女、妻妾并流三千里"；"诸口陈欲反之言，心无真实之计，而无状可寻

---

〔1〕《唐律疏议·斗讼》：诸邀车驾及挝登闻鼓，若上表，以身事自理诉，而不实者，杖八十。

〔2〕《唐律疏议·名例》：诸八议者，犯死罪，皆条所坐及应议之状，坐奏请议，议定奏裁。

〔3〕《唐律疏议·名例》：八十以上，十岁以下及笃疾，犯反、逆、杀人应死者，上请。

〔4〕《唐律疏议·断狱》：诸死囚，不待复奏报下而决者，流三千里；即奏报应决者，听三日乃行刑，若限未满而行刑者，徒一年。

〔5〕《唐律疏议·断狱》："闻知恩赦而故犯，不得以赦原。"

〔6〕《唐律疏议·擅兴》："诸擅兴发兵，十人以上徒一年，百人徒一年半，百人加一等，千人绞。"

者,流三千里"。

在保卫皇帝安全方面,《唐律疏议》详尽规定了为皇帝制药有误[1]、制作食物误犯食禁[2]、制造车船不牢固[3]、对皇帝使用的车马衣物保护修整误不如法[4]及阑入宫门、擅开宫门[5]等犯罪行为。在保护皇帝的权威和尊严方面,《唐律疏议》规定了大祀不合法律规定[6]、盗窃御宝[7]、上书触讳[8]、攻击皇帝[9]及拒不执行皇帝命令[10]等犯罪,并对上述各罪均详细解释。

唐律对皇权的极端尊荣和维护,是与其对皇帝的认知一致的。《唐律疏议·名例》中说:"《左传》云:'天反时为灾,人反德为乱。'然王者居宸极之至尊,奉上天之宝命,同二仪之覆载,作兆庶之父母,为子为臣,惟忠惟孝"。由于皇帝禀承昊天之明命,居九五之至尊,冒犯他就是违背上天的意志,破坏自然秩序的和谐,因此皇帝是神圣不可侵犯的;而侵犯者往往受到极严厉的处罚。古人把这一切叫做"君为臣纲",乃"三纲"之首。唐律以保护三纲为目标,其实都是贯彻"君为臣纲"的。唐律对皇权的过分推崇,使封建王朝的兴衰过分依赖皇帝个人。这种体制虽为诸如贞观之治、开元盛世这种盛世之产生提供可能,但却不能保护封建王朝的长治久安,而极易造成它的兴衰更替、循环往复的历史局面。

(三)等级特权思想

唐律"一准乎礼",而"礼者为异"。这样法律不能不确认和维护人与人之间的等级划分,因个人的不同身份而形成不同的法律地位,从而形成法律的等级性或阶级性。唐律的这一思想通过以下两个方面表现出来:

1. 优待官贵。中国自周时起就有"礼不下庶人,刑不上大夫"的传统。少数贵族官吏等人因其特殊身份而形成法律上的特权阶级,享有种种为一般平民所不容染指的特权。那时法律尚不公开,《国语·晋语九》:"先王议事以制,不为刑辟"。这种不平等也是不公开的。而在唐律中,人与人之间的不平等已成为公开的了。这主要表

[1] 《唐律疏议·职制》:"诸合和御药,误不如本方及封题误者,医绞……"
[2] 《唐律疏议·职制》:"诸造御膳,误犯食禁者,主食绞……"
[3] 《唐律疏议·职制》:"诸御幸舟船,误不牢固者,工匠绞……"
[4] 《唐律疏议·职制》:"诸乘舆服御物,持护修整不如法者,杖八十……"
[5] 《唐律疏议·禁卫》:"阑入宫门,徒二年,殿门,徒二年半。……未奉诏而擅开宫殿门者,绞。"
[6] 《唐律疏议·职制》:"诸大祀不预申期及不颁所司者,杖六十……"
[7] 《唐律疏议·贼盗》:"诸盗御宝者,绞;乘舆服御服者,流二千五百里……"
[8] 《唐律疏议·职制》:"诸上书若奏事,误犯宗庙讳者,杖八十;口误及余文书误犯者,笞五十;即为名字触犯者,徒三年……"
[9] 《唐律疏议·职制》:"诸指斥乘舆,情理切害者,斩;非切害者,徒二年。"
[10] 《唐律疏议·职制》:"对捍指使,而无人臣之礼者,绞。"

现在以下五个方面：

（1）特权阶级不受普通司法机构和法律程序的约束。当这些贵族、官吏犯罪时，普通司法机构不能逮捕、审问，除非有皇帝的许可。《唐律疏议·名例》规定："诸八议者，犯死罪，皆条所坐及应议之状。先奏请议，议定奏裁，流罪以下，减一等。其犯十恶者，不用此律"。这里的"八议"就是指八种特权人物，包括亲（皇帝及皇太后、皇后、皇太子、妃的亲属），故（皇室故旧），贤（有大德行者），能（有大才艺者），功（有大功勋者），贵（职事官三品以上，散官二品以上，爵一品者），勤（大勤劳者），宾（前朝皇室贵族）。他们犯罪后，先将其罪状交由"都堂集议"，然后奏请皇帝裁决。如皇帝下旨免究，则不能拘问审理。

（2）特权阶级不受拘系刑讯。唐律规定这些人犯罪后不能拷讯，但可据三人以上的众证定罪，违背此制故加拷讯之官吏是有罪的。《唐律疏议·断狱》："诸应议、请、减，若年七十以上，十五以下及废疾者，并不合拷讯，皆据众证定罪，违者以故失论"。这些人除八议所属外，还有所谓"请"和"减"者。"请"指皇太子大功以上亲属，应"议"者期以上亲和五品以上官；"减"适用于七品以上官，及应请的亲属。

（3）审问以后，法司不能依照普通司法程序对特权阶级犯罪分子加以判决。唐律规定，八议犯死罪非十恶者，由皇帝裁决；五品以上犯罪非十恶、反逆、缘坐、杀人等者，也应奏请皇帝裁决；七品以上官及应请的亲属犯流罪以下减一等处罚。[1]

（4）判决以后，在实际执行刑罚中，特权人物都有优免的机会。唐律主要规定两种办法。一是赎。适用于应议、请、减范围内及九品以上官，及七品以上官之父母、祖父母、妻子、孙，犯流罪以下者，允许听赎。一是官当。一般官吏犯徒流罪后都可以以其官爵折抵罪刑，官爵愈高，当罪愈多。[2] 唐律还规定，以现任职当罪之外尚有余罪的，或当罪已尽后又犯法者，可以历任官当之。[3] 其保护可谓无微不至。

（5）除上述四项单方面法定特权外，特权阶级在与一般平民诉讼时亦享有优于平民之特权。唐律否认士庶在诉讼上平等之地位，无论其为原告、被告，均不与平民对质；唐律还规定，平民侵犯官吏处罚加重，加重之程度与被侵犯者官品高低成正比。反之，官贵侵犯平民，处罚轻得多。

2. 良贱异法。唐律不仅区分贵贱，即官吏、贵族与平民的社会地位不同；而且区分良贱，即良民与贱民之社会地位亦不相同。良民是自由人，士农工商是也；而贱人则是列入贱籍的人，他们在人格、身份、财产、职业甚至行动自由方面都有限制。由此决定他们的法律地位与良民不同。唐代之贱民主要指部曲、杂户、官户等。严格地说，贱民不包括家奴、长随、佃户、雇工人等。但实际上他们与平民亦有区别。良贱之

---

〔1〕《唐律疏议·名例》。
〔2〕《唐律疏议·名例》。
〔3〕《唐律疏议·名例》。

区别主要有:在婚姻方面,禁止良贱通婚;[1]刑罚方面,良贱同罪异罚;诉讼方面,奴告主皆死,《唐律疏议·斗讼》规定:"诸部曲、奴婢告主,非谋反、逆、叛者皆绞。"而主告奴无罪;《唐律疏议·斗讼》规定:主告奴婢、部曲"即同诬告子孙之例,其不在坐限。"如此等等。

(四)宗法伦理思想

中国古代社会长期以自然经济为基本经济形态,它以一家一户为生产单位,家是社会的细胞,它承担着劳动力及物质资料的生产与再生产的角色。家庭的和谐稳定有十分重要的意义。为此,中国自西周时起便形成了以自然经济为依托,以姻亲、血缘为基础的宗法社会,礼正是维系这种宗法社会的纽带。这使得礼表现出浓厚的伦常色彩与突出的家族主义。唐律亦自始至终贯穿了这一思想。

1. 准五服以制罪。五服是一个区分家族成员远近、亲疏关系的伦理标准,《晋律》准五服以制罪,将这个伦理标准作为法律标准确定下来,唐律加以继承。服制在唐律中的法律意义有四个方面。其一,服制是确定罪之有无的标准。比如骂人在常人不算一回事,但骂尊长如祖父母、父母等便是严重的犯罪;[2]其他如犯讳[3]私和[4]族内婚[5]等与此类似,皆因服而产生。其二,服制上之亲疏尊卑影响甚至决定刑罚之轻重。如唐律规定,骂兄姊杖一百,而骂伯叔父母及姑又加一等,徒一年[6]。其三,亲属间要负连带法律责任。一种情况是荫庇,如有关议、请、减、官当等规定可荫及亲属;另一种情况是族株,如犯谋反、大逆等重罪将牵连其亲属[7]。此外,唐律还规定亲属之间有容隐的义务[8]。其四,服制还影响刑罚的执行。唐律中关于罪犯存留养亲[9]及移乡避仇[10]等的规定皆与服制有关。

2. 维护父权即家长权。中国家族是父权家长制的,父祖是统治之首脑,家族中所有人口,包括妻妾子孙及他们的妻妾,未婚的女儿孙女,同居的旁系卑亲及本族的奴婢等,都在他的权力之下;财产权、部分的司法权、宗教权亦握在他的手中。就父对于子女来说,这种家长权主要有如下三种。一是教令权。唐律赋予父以教令子女之权

[1]《唐律疏议·户婚》。
[2]《唐律疏议·斗讼》。
[3]《唐律疏议·名例》。
[4]《唐律疏议·贼盗》。
[5]《唐律疏议·户婚》。
[6]《唐律疏议·斗讼》。
[7]《唐律疏议·贼盗》。
[8]《唐律疏议·名例》。
[9]《唐律疏议·名例》。
[10]《唐律疏议·贼盗》。

力。他可以任意打骂责罚违反教令之子女,即使伤之,所负责任也很轻。《唐律疏议·斗讼》规定:"若子孙违反教令,而祖父母、父母殴杀者,徒一年半"。父母也可以不孝之罪控告违反教令之子女,请求代为惩治。这些"不孝"行为包括:告言诅骂祖父母、父母,祖父母、父母在别籍异财,供养有缺,居父母丧自身嫁娶,释服从吉,闻丧匿不举哀,及诈称祖父母、父母死等。[1] 二是主婚权。父有包办子女婚姻之权利,子女只可从命。《唐律疏议·户婚》规定:就算子女先在外订婚,父后为其订亲,仍须以父所订之亲为己亲,"违者杖一百"。这种权力还包括:父可命令子孙与媳妇离婚等。三财产权。父有家产的所有权。《唐律疏议·户婚》规定:"诸祖父母、父母在,而子孙别籍异财者,徒三年"。这里的父权实即家长权。其行使者不一定是祖父、父,有时是祖父之兄弟,父之兄弟,或同辈兄长。父权只能由男性获得,女性无权染指。如父死,母居从子之地位,如果儿子未成年,母则由亲等最近之旁系男性尊亲负责教养与监护。族长是家长的延伸,因家与族是不分的,家族内的事务由族长负责,如族祭、祖墓、族产管理及家际纠纷调整等。

3. 维护男权主要是夫权。性别的差异也是宗法社会区分人的一个重要标准。其法律意义有二。首先,在婚姻关系中,男尊女卑,亦即"夫为妻纲",夫之地位高于妻,夫权主要有三个方面:其一是夫的家庭地位高于妻。唐律规定:"诸殴伤妻者,减凡人二等",反之,"诸妻殴夫,徒一年,若殴伤重者,加凡斗伤三等";[2] 其二是夫有主动离婚权,其理由有七,即所谓"七出",《唐律疏议·户婚》规定:"伉俪之道,义期同穴,一与之齐,终身不改。故妻无七出及义绝之状,不合出之。七出者,依令:'一无子,二淫佚,三不事舅姑,四口舌,五盗窃,六妒忌,七恶疾'";其三是妻负有诸多单方面的义务,如妻要为夫守丧,《唐律疏议·户婚》:"诸居父母及夫丧而嫁娶者,徒三年。"妻不可背夫逃亡《唐律疏议·户婚》:"即妻妾擅去者,徒二年,因而改嫁者,加二等。"等。其次,在家族中,男性优于女性,如家长权只由男性承继,财产之继承一般只限于男性,只有无男子继承时才由女性继承。[3]

总之,唐律维护宗法伦理,将人们以亲缘、性别、年龄等因素严加区分,在家庭中也确立等级界限,表现出突出的家族主义和浓厚的伦常色彩。

上述法律思想贯穿、指导了唐律几乎所有条文,对于封建正统法律思想来说,唐律没有什么创新,但它对法律正统法律思想的深入民间,换言之对它的普及和推广,则起了至关重要的作用。

---

〔1〕《唐律疏议·名例》。

〔2〕《唐律疏议·斗讼》。

〔3〕《唐律疏议·户婚》;又见张晋藩:《中国古代法律制度》,中国广播电视出版社 1992 年版,第 438 ~ 439 页。

第五节 唐中后期庶族地主对封建正统法律思想的补充

一、唐中后期的文化历史状况与庶族地主的代表人物

唐朝在玄宗李隆基执政时国力达到顶峰,迎来了唐代第二个太平盛世,史称"开元盛世"。但在他执政的后半期,皇帝个人骄奢淫逸,任用佞人李林甫、杨国忠,宠信宦官杨思勖、高力士,政治日趋腐败,法制松弛,儒学衰落,土地兼并激烈,社会矛盾尖锐。中央宦官专权和朋党之争的痼疾愈演愈烈,地方藩镇割据势力亦恶性发展,终于导致公元755年"安史之乱"的爆发。安史之乱是唐朝由强盛走向衰弱的转折点。唐朝面临的重重危机,引起地主阶级统治集团内部的分化。一批新兴的庶族地主从维护唐王朝政权出发,要求刷新政治,匡世救弊,振兴儒学,整饰法制。其中影响较大的有韩愈倡导的儒学复兴运动;王叔文发动,柳宗元、刘禹锡参与的永贞革新运动;白居易等提出的改革弊政的主张等。

韩愈(768~824年),字退之,号昌黎,邓州南阳(今河南南阳)人,唐代著名文学家、思想家。唐德宗贞元进士,曾任监察御史,国子监博士。宪宗元和十二年,他随同裴度平定淮西藩镇之乱,升为刑部侍郎。后因劝阻宪宗迎佛骨被贬为潮州刺史。以后又召为国子监祭酒,历任京兆伊,兵部、吏部侍郎等职。著有《韩昌黎集》。韩愈的法律思想以反对佛、道,恢复封建正统法律思想的统治地位,特别是弘扬仁义为宗旨。

柳宗元(773~819年),字子厚,祖籍河东郡(今山西永济县),唐代著名文学家、唯物主义思想家。唐顺宗时,王叔文作宰相,发动了永贞革新运动。柳宗元参与了这场政治运动。王叔文失败,柳宗元也被贬,终身受政治迫害。他的著作总集叫《柳河东集》,共四十五卷。他的法律思想有两个突出方面:一是用进化的观点描述社会的演进,认为国家与法律产生于"势";二是用唯物主义观点批判"天人感应",主张司法改良。

刘禹锡(772~842年),字梦得,苏州(今浙江嘉兴)人,唐代著名诗人、文学家、唯物主义思想家。他和柳宗元一同参与了王叔文的政治改革,失败后,同样受到迫害。其著作,据《新唐书·艺文志》载有《刘禹锡集》四十卷,宋初时有散佚,后人编有《刘梦得文集》。在法律思想方面,他提出了著名的"人以法制胜"的观点,强调法律对于人类战胜自然及法律作为惟一的是非标准对于人类文明兴衰存废所起的关键作用,从而在哲学上论证了实行法治的必要性。

白居易(772~846年),字乐天,晚号香山居士,原籍太原,后迁居下(今陕西渭南)。唐代现实主义诗人、文学家、思想家。白居易早年家境贫困,自幼离家远游,对社会生活有较多接触。他"聪慧绝人,襟怀宏放",少年出众,29岁考中进士,曾任县

尉、左拾遗等职,后贬为江州司马。以后历任杭州刺史、苏州刺史、刑部尚书。著有
《白氏长庆集》。现有顾颉刚点校《白居易集》。白居易生于安史之乱以后,鉴于当时
朝纲不振的局面,他为了"图将来之安,补既往之败",使唐王朝重返"贞观之升平,复
开元之富寿",白居易从儒家传统立场出发,极力主张为政宽简,清廉简直,奉法爱人,
提振纪纲。白居易对于犯罪根源及司法改良等问题的深入探讨,是其对法律思想的
突出贡献。

二、庶族地主对封建正统法律思想的补充

韩愈、柳宗元、刘禹锡及白居易等人,就其所受的教育和思想倾向而言仍属封建
正统思想。但由于出身、个人经历及所处的时代不同,他们在坚持封建正统法律思想
整体框架的前提下,结合时代特点提出了一些新的观点和主张,对封建正统法律思想
作出了必要的补充和完善。

(一)法律的产生与发展是"势"所必然

关于国家与法律的产生,汉以来的封建正统法律思想坚持君权神授和圣主制定
礼法,为法律的产生披上了一层神秘色彩。而柳宗元则认为法律是时势发展的必然
产物,既非神授,也不是圣人之意。他说:人类最初过着原始生活,"彼其初与万物皆
生,草木榛榛,鹿豕狉狉,人不能搏噬,而且无毛羽,莫克自奉自卫",[1]人与人之间为
了生存不可避免地要相互争夺,"争而不已,必就其能断曲直者而听命焉。其智而明
者,所伏必众。告之以直而不改,必痛之而后畏。由是君长刑政生焉。"[2]这段话清
楚地表明,在柳宗元看来,国家与法律是人类相互争夺的产物,是出于人类实际生活
需要而产生和发展起来的。为了解决争端,就必须由少数"智而明"者出面来调解和
评断,而对于调解和评断后仍不服从者则只能靠"刑政"暴力来制服,于是就产生了大
大小小的各级统治者和刑罚。所以,法律的产生"非圣人之意也,势也。"不仅如此,法
律的变革与发展,亦是历史的必然,也是不以人的意志为转移的。"势"变了,国家的
法律制度也得随之变化。他以"封建制"为例加以说明。"彼封建者,更古圣王尧、舜、
禹、汤、文、武而莫能去之。盖非不欲去之也,势不可也"[3] 同样,"郡县制"代替"封
建制"亦是必然之势。

柳宗元试图在社会内部寻找国家和法产生的原因,把法律的产生看成是理断曲
直的需要,尽管仍是一种道德史观,而不是唯物史观,但与神权法思想相比无疑是个
很大的进步。

---

[1] 《柳河东集·封建论》。
[2] 《柳河东集·封建论》。
[3] 《柳河东集·封建论》。

(二)以"天人交相胜"的观点挑战"天人感应"学说

在天人关系上,刘禹锡不同意董仲舒的天人感应学说,提出了"天人交相胜"的观点,强调人对自然的能动作用。他说:"大凡入形器者,皆有能有不能。天,有形之大者也;人,动物之尤者也。天之能,人固不能也;人之能天亦有所不能也。故余曰:天与人交相胜尔。"[1]他还说:"天之所能者,生万物也;人之所能者,治万物也。"[2]

不仅如此,刘禹锡还进一步提出了"人以法制胜"的法哲学思想来论证他的天人交相胜观点。他认为:"天之道在生殖,其用在强弱,人之道在法制,其用在是非"[3]这一思想与赫胥黎的"天择"与"人治"之分的思想十分相似。意思是说,生殖万物是天之大道,这些生物能否生存则看其生命力的强弱;人则不同,它是生活在一个法制的社会里,其生存不是靠强弱,而是靠是非公道。人可以依靠法制在社会范围内改变体力强弱相胜的自然状态,这就是"人之道"战胜"天之道"[4]他说:"人能胜乎天者,法也。法大行则是为公是,非为公非。天下之人,蹈道必赏,违善必罚"[5]也就是说,在一个法治的社会里,法律是衡量人们行为是非的惟一标准。行善合法则受赏,为恶违法则受罚。人们不会认为与天有什么关系。如果法制废弛,是非混乱,受赏者不一定是善人,受罚者未必是恶人。人们就认为这是天的干预。如果法制完全废弃,"则是非易位,赏恒在佞而罚恒在直。义不足以制其强,刑不足以胜是非。人之能胜天之实尽丧矣"[6]由此,刘禹锡提出:"是非存焉,虽在野,人理胜也;是非亡焉,虽在邦,天理胜也"[7]就是说,如果法制昌明,是非公在,即使在荒郊野外,人理也能战胜天理;如果法制败坏,是非不存,即使在庙堂之上,天理也要战胜人理了。

此外,刘禹锡还分析了"天人感应"之说产生的原因,认为人们对天的迷信主要在于法制的废弛。他认为,在法制完备的时候,人道是光明的,生在这个时代的人,都知道祸福的缘由;对于天既不感恩也不怨恨;而在法制废弛的时代,人道暧昧,不起作用,人们不知祸福由何而来,就把本来属于人的事归之于天。其实天对于人是不干预的。这就从反面说明了法制对于人类社会是何等重要。此外,刘禹锡也指出,人们对于自然的无知,也是对天迷信的一个原因。

刘禹锡"人以法制胜"的法哲学思想,是我国古代法律思想史上的光辉一页。他在"天人之际"这一哲学范畴内强调了法律对于人类战胜自然及法律作为惟一的是非

---

〔1〕《刘梦得文集·天论上》。
〔2〕《刘梦得文集·天论上》。
〔3〕《刘梦得文集·天论上》。
〔4〕《刘梦得文集·天论上》。
〔5〕《刘梦得文集·天论上》。
〔6〕《刘梦得文集·天论上》。
〔7〕《刘梦得文集·天论中》。

标准对于人类文明兴衰存废的关键作用。

(三)在德刑关系上坚持"刑礼迭相为用"

在德刑关系上,儒家一直坚持"德主刑辅",即以礼教为先,然后辅之必要的刑罚。但白居易鉴于安史之乱以后,唐王朝所面临的阶级矛盾愈加尖锐的特殊局面,却明确提出了刑礼应当"循环表里,迭相为用"[1]的观点。所谓迭相为用,是指刑礼都很重要,互为表里,各有侧重,不应有固定的排序,应有时以礼为先,有时以刑为先。他说:"夫刑者,可以禁人之恶,不能防人之情;礼者,可以防人之情,不能率人之性;道者,可以率人之性,又不能禁人之恶。循环表里,迭相为用"[2] 为了说明自己的观点,白居易首先对礼刑的作用进行了分析,他认为,礼的作用是引导和教化,使人"知耻格";而刑的作用在于"纠人恶",使人"知劝惧"。但要真正发挥各自的作用,却又离不了对方的支持与配合,即"刑行而后礼立,礼立而后道生。始则失道而后礼,中则失礼而后刑,终则修刑以复礼,修礼以复道。故曰:刑者,礼之门;礼者,道之根。知其门,守其根,则王化成矣"[3] 可见,对于治国来说,礼与刑是同等重要的,刑对礼来讲是重要的保证条件;礼对道来讲是前提和基础。既然刑与礼同等重要,因而不应有固定的先后顺序,应当根据"理乱之深浅"为转移,即"当其惩恶抑淫,致人于劝惧,莫先于刑。铲邪窒欲,致人于耻格,莫尚于礼。反和复朴,致人于敦厚,莫大于道,是以衰乱之代,则弛礼而张刑;平定之时,则省刑而弘礼;清净之日,则杀礼而任道"[4] 意思是,行拨乱之政,应以刑为先,治平世则隆礼省刑,根据不同的形势,采取不同的治理方法。

白居易的礼刑关系说,突破了儒家传统的德主刑辅的观点,更有利于地主阶级的统治。

(四)司法改良主张

1. 主张赏罚务速,提高司法效率。对于汉以来中国司法实践中普遍实行的"秋冬行刑"制度,柳宗元进行了严厉的批判,并主张赏罚务速,不应受时令限制。

2. "升法科,选法吏"。白居易从唐朝前后期的对比中,认识到既要有贞观之法,又要有贞观之吏,才能恢复唐初贞观之治的法治状况。他认为,有好的法律没有好的法官去执行,法律也不会发挥作用。如果朝廷轻法学,贱法吏,那么,小人就会充任司法官。他们中"有黩货贿者矣,有祐亲爱者矣,有陷仇怨者矣,有畏权豪者矣,有欺贱

---

[1] 《白居易集》卷六四。
[2] 《白居易集》卷六四。
[3] 《白居易集》卷六四。
[4] 《白居易集》卷六四。

弱者矣"〔1〕由这些人司法,"重轻加减,随其喜怒;出入比附,由严爱憎。官不察其所由,人不知其所避。"为此,白居易主张"高其科,重其吏"。他说:"悬法学为上科,则应之者必俊人也;升法直为清列,则授之者必贤良也。然后考其能,奖其善;明察守文者,擢为御史,钦恤用情者,迁为法官。如此,则仁恕之诚,廉平之气,不散于简牍之间矣。掊刻之心,舞文之弊,不生于刀笔之下"〔2〕此外,他还主张让法官"厚其禄,均其俸","使天下之吏温饱充于内,清廉形于外,然后示之以耻,纠之以刑"〔3〕这种主张与西方的法官高薪制颇为相似。

（五）"贫困思邪而多罪"的犯罪根源论

犯罪是一个十分复杂的社会现象。其中人民生计的贫困是犯罪的一个重要根源。白居易正是从这方面进行深入的探讨,提出了"贫困思邪而多罪"的观点。在《止狱措刑》中,他说:"臣闻仲尼之训也,既庶矣,而后富之;既富矣,而后教之。管子亦云:仓廪实,知礼节;衣食足,知荣辱。然则食足财丰,而后礼教所由兴也。礼引教立,而后刑罚所由措也"。白居易还把历史上的成康之治、文景之治与桀纣暴政、强秦苛政相比较,认为大凡天下富庶,海内殷实之时,则人知耻格,不犯刑法,囹圄空虚;而当暴政仇敛,力殚财竭之时,则百姓穷苦,有怨无耻,奸宄并兴,群盗满山,赫衣塞路。由此他得出了"贫困思邪而多罪"的结论。他说:"由是观之,刑之繁省,系于罪之众寡也,教之兴废,系于人之贫富也。"〔4〕他认为:"故人苟富,则教斯兴矣;罪苟寡,则刑斯省矣"。相反,如果"财产不均,贫富相并,虽尧舜为主,不能息忿争而省刑狱也。衣食不充,冻馁并至,虽皋陶为士,不能止奸宄而去盗贼也"〔5〕这种分析具有一定的道理。

唐中后期庶族地主的法律思想从理论上讲,创新不多,他们大都是将先秦儒家法律思想中的某一点加以发挥和拓展,但却具有明显的针对性和实用性,因而对于加强现实法制建设不无裨益。

思 考 题

1. 魏晋南北朝时期"玄学"包含的法律思想有哪些?
2. 简述魏晋南北朝时期律学的主要内容。

---

〔1〕《白居易集》卷六五。
〔2〕《白居易集》卷六五。
〔3〕《白居易集》卷六四。
〔4〕《白居易集》卷五五。
〔5〕《白居易集》卷五五。

3. 简述唐初统治阶级的主要法律思想。

4. 论述《唐律疏议》中的法律思想。

5. 唐中后期庶族地主代表人物对封建正统法律思想的补充有哪些?

6. 简要评述中国封建正统法律思想从西汉到唐朝的发展和完善。

参考书目

1. 瞿同祖:《中国法律与中国社会》,中华书局 1981 年版。

2. 陈寅恪:《隋唐制度渊源略论稿》,三联书店 2004 年版。

3. [英]崔瑞德编:《剑桥中国隋唐史》,西方汉学研究课题组译,中国社会科学出版社 1990 年版。

4. (唐)长孙无忌等撰,刘俊文点校:《唐律疏议》,中华书局 1983 年版。

5. 张晋藩主编:《中国法制通史》(第三、四卷),法律出版社 1999 年版。

6. 高潮、马建石主编:《中国历代刑法志注译》,吉林人民出版社 1994 年版。

7. 何勤华:《中国法学史》(修订版)第一卷第三、第四章,法律出版社 2006 年版。

第五章 宋元明清

——中国封建正统法律思想的僵化和衰败

学习目的与要求

处于中国封建社会后期阶段的宋元明清,此时期的社会、政治、经济等问题尖锐、复杂,宋明理学因此兴起和盛行。本章的目的就是使学生能够了解该时期中国封建正统法律思想的僵化和衰败情况,特别是明末清初启蒙思想家对封建正统法律思想前所未有的挑战。

通过本章的学习,要求学生能够对宋明理学兴起和盛行的原因有所了解,比较准确、全面的掌握该时期朱熹、王守仁、丘濬、黄宗羲、顾炎武、王夫之等代表人物法律思想的基本内容,并对理学、心学做出客观的归纳和评价。

宋元明清处于中国封建社会的后期阶段。经历了唐朝的鼎盛之后,中国封建社会便告别了辉煌,其内部无可奈何地酝酿起了衰变的因素。尽管在这一阶段,经济、文化和科学技术仍有不同程度的发展,但我们不得不承认,这种发展已是强弩之末。

公元 960 年,赵匡胤从后周夺取政权,建立宋朝后,为了改变前代藩镇割据,大权旁落的局面,采取了一系列强化皇权的措施,如"文人知州事",即起用文官充任地方官吏;将政府兵制改为雇佣兵制,防止军权独揽;杯酒释兵权等,使封建专制主义有了进一步发展,但却同时造成了宋朝的"积贫积弱"状况。继之而起的明朝更是把专制皇权发展到极端。明太祖朱元璋废除了宰相制度,令中央六部直接对其负责,真正实现了皇权的至高无上。但如此庞大的封建帝国,仅靠皇帝一人进行统治是根本做不到的,不得已皇帝只能在六部之外,培植亲信作为自己的助手。于是,宋代的"差遣"大员,明代的大学士,清代的军机处等便纷纷出现。仅有这些亲信还不够,明朝的皇帝们还纷纷起用宦官加强对各级官员及亲信等的监控。这一切足以表明,进入封建社会后期的皇权已发展到了这样一种地步,即皇帝对自身以外的任何其他人都不再相信。如此恶性发展的君主专制制度,不仅日益暴露出其政治上的腐朽性,同时更成了整个社会发展进步的桎梏。

　　经济上,进入封建社会后期以后,土地兼并日趋激烈。宋朝改变了中国封建社会早中期所实行的土地限田政策,"不抑兼并",结果导致土地迅速两极分化,贫富分化加剧。据记载:北宋中期,全国已垦土地,有70%被享有免税免役特权的官僚豪绅占有,而这些人仅占总人口的不足1/3〔1〕明清两代,兼并之风有加无已,土地高度集中于少数统治者手里。土地大量掌握在少数特权人手里,不仅激起了广大无地农民的反抗,加剧了阶级矛盾,还使国家财政入不敷出,国力下降。此外,从明朝中叶起,东南沿海一带商品经济相对比较发达的地区又出现了资本主义经济的萌芽,从另一方面进一步促使了封建经济的衰变。

　　面对上述如此众多的社会、政治、经济等问题,统治阶级在加强专制统治的同时,也强化了对人民的思想统治。宋明理学的兴起和盛行就是明证。宋明理学家们把"理"解释成是世界万物的本原,是先天地而生的,认为忠孝仁义、三纲五常等名教是永恒不变的,公开为地主阶级的永恒统治而辩护,用封建伦理道德加强对人们思想和精神的束缚,儒家学说的正统地位更加牢固。然而,随着资本主义经济萌芽的出现和阶级矛盾、民族矛盾的加剧,明末清初在思想文化领域里诞生了一批中国历史上最早的、未受外来思想影响、土生土长的启蒙思想家。他们以民本思想为武器,向封建专制主义展开了猛烈批判。这场思想启蒙运动,虽不如同时期的西方启蒙运动那样声势浩大,但对当时的中国来说,其影响力亦不容低估,它使沉闷了近二千年之久的中国思想界为之耳目一新。

　　上述这一切反映到法律思想领域,便形成了这一时期法律思想的以下特色:

　　1.随着宋明理学的产生和盛行,封建正统法律思想的原则日益绝对化,封建正统法律思想的地位愈发牢固。但由于时代的发展和现实的需要,封建正统法律思想中的某些观点和主张也在不断修正,如德主刑辅的德刑关系论就逐步被修正为德刑并重的新关系论。

　　2.随着封建正统法律思想同封建社会的立法、司法等具体法律实践活动结合日益紧密,出现了一批如明代丘濬这样的中国历史上少有的专门法律学家。他们开始自觉地对自汉代以来所形成的封建正统法律思想进行系统地总结,并提出了一些新颖的观点和主张。但从整体而言,从宋代开始封建正统法律思想已渐显暮气和僵化。

　　3.为了批判封建专制主义,明末清初的启蒙思想家们把自己的批判矛头直指封建正统法律思想,从而使封建正统法律思想遇到了前所未有的挑战。尽管启蒙思想家们的法律思想缺乏系统性,还显得较为零乱和幼稚,但却显现出了勃勃生机,而封建正统法律思想已到了穷途末路之时。

---

〔1〕《文献通考·田赋考四》。

第一节 理学及其法律思想

一、理学的形成与发展

理学,又称"道学",是对形成于宋代并在我国封建社会后期长期占据统治地位的一种学术思想的总称。

宋明时期的部分儒家认为"天即是理","理"为万物之本、宇宙之本,世上万物皆由"理"所派生。由于汉儒治经侧重于训诂,而宋明理学融合了佛教哲学和道家学说,又以阐发义理、兼谈性命为其主要内容,因此这一学说被称为"理学"。理学的主要目的在于为已衰败的封建制度寻求一条生路。

理学之所以在宋代兴起并成为官方思想,有着深刻的历史背景。公元960年北宋王朝的建立,标志着中国社会进入封建社会后期,这是中国封建国家中央集权加强和巩固的时期,也是中国封建社会由成熟逐渐走向衰落的时期,阶级矛盾与民族矛盾都十分尖锐复杂:

1. 在经济上,北宋采取"不抑兼并"的土地政策,使得贫富分化加剧、无地农民增多,农村中出现了大量的佃户,国家的财政收入受到直接影响。

2. 在政治上,宋太祖结束五代十国的战乱后,采取了一系列加强君主权力的措施。如任用文人充任地方官吏,即"文人知州事",中央政府对地方的任何事务皆有权过问;在开国初收夺高级将领的兵权,改府兵制为雇佣兵制等,从而使皇权空前集中,但也由此形成了宋自开国始的"积贫积弱"状况。同时,土地兼并激起人民的反抗,农民阶级与地主阶级的矛盾空前尖锐,农民战争频繁发生。统治者为了改变内外交困的政治局势,"用重刑以救时弊",引进了凌迟,恢复了肉刑以及腰斩、磔、枭首等残酷的死刑。

3. 在民族关系方面,北宋之后民族矛盾加剧。在中国北方、东北方同时与两宋王朝存在的还有由契丹族建立的辽、女真族建立的金两个少数民族政权。在激烈的民族矛盾面前,腐朽的汉族统治者在信心与实力等方面都不能与新兴的少数民族竞争,但在文化心理上却总以正统自居,并以传统文化凝聚了汉民族,企图借此延续自己的封建专制统治。

4. 在思想文化方面,儒家的正统思想地位虽在汉武帝时依靠封建政权的强制性手段得以确立下来,但在理论上并未形成完整的体系。其后随着魏晋玄学的兴起、佛教的广泛传播以及道教在民间的深入影响,儒家思想的正统地位在一定程度上受到了冲击。而此时的整个封建社会陷于一种思想混乱之中,故又出现了新的思想危机。

由于上述原因,宋代统治者为了稳定其封建专制统治,在思想意识上急需在儒、佛、道等思想中选出其一作为新的理论武器,以此巩固封建专制统治,加强对广大劳动人民的剥削和镇压。最终,由于道教和佛教都不适合作为封建专制国家的指导思想,儒家思想强调等级制度,提倡尊卑、贵贱的区分,维护封建等级特权,特别是北宋初年在思想领域就已出现的以阐释儒经义理、兼谈性命为主的唯心主义"理学",把三纲五常等封建伦理道德视为"天理",并强调它是人们应该普遍遵守的信条,使封建正统法律思想得到了进一步的发展和完善,在传统的封建正统法律思想中注入了新鲜的时代内容,它正符合封建统治阶级专制统治的迫切需要。"理学"就是在这种形势下应运而生并发展起来的。

程颢、程颐兄弟二人是宋代理学的奠基人,世称"二程"。宋代理学的重要代表则是朱熹。

我们在本节中介绍的理学法律思想,主要是唯心主义理学的代表人物——朱熹的法律思想。

朱熹(1130～1200年),字元晦,徽州婺源(今江西婺源县)人,出身于官僚地主家庭。十九岁中进士,历任浙江提举及江西常平茶盐、知漳州等官,晚年在福建招徒讲学。著有《朱文公文集》、《朱子语类》、《四书章句集注》、《周易本义》、《诗集传》等,被称为"集诸儒之大成者"。

二、理学法律思想的基本内容

(一)视封建"三纲五常"为"天理"

宋代"理学"把封建伦理所提倡的"三纲五常"视作"天理",将其作为人人必须普遍遵守的重要道德信条。

朱熹认为"人人有一太极",有"天命之性",即人们都有至善至美的道德;只是由于现实生活中的人们受到了清浊不同的"理"与"气"的影响,人性也就有了善恶之分。而要改变人的气质,只有遵循与天地同存的"三纲五常"才能达到至善的人性,即"存天理,灭人欲"。

在理学看来,三纲五常等封建伦理道德规范就是"天理",国家和法都是"理"的体现,封建法律和纲常礼教就是圣人为了教育和治理劳动人民而设立的,即"天理只是仁义礼智之总名,仁义礼智便是天理之件数";[1]"礼者,天理之节文,人事之仪则";[2]"法者,天下之理";[3]"礼字、法字实理字,日月寒暑往来屈伸之常理,事物当

---

〔1〕《晦庵先生朱文公文集·答何叔京》。
〔2〕《晦庵先生朱文公文集·答曾择之》。
〔3〕《晦庵先生朱文公文集·学校贡举私议》。

然之理"〔1〕朱熹认为违背封建纲常名教及封建法律的言行,就是违背了"天理",就应受到相应的惩罚;而封建统治者对这些人的惩罚行为,也就变成了维护"天理"的正义行动。从而使封建伦理道德观念深入到社会的各个角落,严重地窒息了广大劳动人民的精神生活,对中国封建社会后期的政治法律变革也起到了一定阻碍作用。

(二)主张德礼政刑"相为终始"

朱熹继承了儒家"道之以政,齐之以刑,民免而无耻;道之以德,齐之以礼,有耻且格"的传统观念。但他并不是简单地重复儒家的这一观点,而是在此基础上进行了系统论述。

在"德礼"与"政刑"的关系上,朱熹认为两者都是"天理"的产物,都是由天理所决定的,都是统治者进行统治的方法和工具,其目的又都是"存天理,灭人欲"。因此,二者在本质和目的上是一致的。但"德礼"、"政刑"又不是同一物,它们两者间还存有一定的差异:

首先,它们具有不同的特征。"政刑"具有暴力性;"德礼"所要求的是人们以"知善之可慕"、"知不善之可羞"〔2〕的自觉行为,这种自觉行为只能靠引导和教育来启发。

其次,它们在治理国家中所处的地位不同。"德礼"是"本"、"精"、"形","政刑"是"末"、"粗"、"影"。"政刑"必须以"德礼"为指导,而"德礼"的贯彻又必须通过"政刑"的实施来保证。

朱熹不仅提出了"政刑"与"德礼"的概念,还分别提出了"政"与"刑"、"德"与"礼"两对关系,并指出"政"、"刑"、"德"、"礼"四者互相依存、互为始终。

关于政与刑的关系。朱熹认为"政"就是法律和制度等行为规范:"政,谓法制禁令也",〔3〕它告诉人们应当做什么,不应当做什么;"刑"就是一系列的刑罚措施。关于"政"与"刑"的关系,朱熹认为首先应立制,然后再以刑罚作相应的保障:"先立法制如此,若不尽从,便以刑罚齐之",〔4〕刑罚的目的就是迫使人们服从"法制禁令"。如果没有"政","刑"也就失去了标准;而没有"刑","政"也无法实现。

关于德与礼的关系,朱熹认为"德"是一种心理上的道德品质或善心,"礼"是"制度品节"。在朱熹看来,"德"是"礼"的依据,"礼"是"德"的保障:"德者,义理也,义理非礼不行,故欲以德道民者,必以礼齐民"〔5〕

〔1〕《晦庵先生朱文公文集·答吕子约》。
〔2〕《晦庵先生朱文公集·读两陈建议遗墨》。
〔3〕《论语集注·为政》。
〔4〕《朱子语类大全·论语(为政上)》。
〔5〕《晦庵先生朱文公文集·答程允夫》。

　　朱熹还将"德"、"礼"、"政"、"刑"四种统治方法与其人性论联系了起来。认为由于人们的"气禀"存有"浅、深、厚、薄"的差异,人们"气质之性"中包含的"人欲"的程度也不同,他们就具有了不同的社会素质。朱熹把常人分成"气禀"最厚、厚、薄、最薄四类,而"德"、"礼"、"政"、"刑"这四种策略又分别以上述四类"气禀"为各自的对象。

　　经过"德"、"礼"、"政"三个阶段之后,对"不从"者施以刑罚是天理、仁义的要求。但刑并不能完全铲除其"为恶之心",刑的作用至此便失去了威力。这就对"德礼"提出了新的任务。同时,刑罚不仅直接辅助"政",也间接辅助"礼",最终为"德"创造条件。由此构成了由"德"经"礼"、"政"及"刑",又由"刑"至"德"的"相为终始"的循环运动,它在整个社会范围内逐次地、有目的地改造着"禀赋"之人,又由浅而深地清扫着各类人的"人心"。这样就使"德、礼、政、刑"在时间和空间上获得了和谐的统一,从而使他的"德刑"关系说具有了明显的特点,冲击了传统的"德主刑辅"法律思想。

　　(三)主张人治优于法治

　　对于治理国家主要依靠人治还是主要依靠法治,以朱熹为代表的"理学"继承了先秦儒家的"人治"思想:

　　1.君主自律重于法律。朱熹认为"法"是由人制定的,君主"以制命为职",[1]国家立法的好坏首先决定于君主自身的善恶,即君主的"心术"决定国家的治乱:"人主之心一正,则天下之事无有不正"。[2] 只要君主革去私念、悟得天理,就可使尧舜之道再现。他认为三代以后"政体日乱,国势日卑",其主要原因就在于三代以后的君主独断专行。

　　2.认为治理国家不仅"为政必有规矩",即有法可依,而且还必须有好的法律可依:"法弊,虽有良有司,亦无如之何"。同时,又认为法律不会是尽善尽美的,不可能依靠有缺陷之"法"治理好国家。所以,"大抵立法必有弊。未有无弊之法。其要只在得人",说明法律是要靠"人"去执行的:"法也待人而行"。[3]

　　总之,朱熹特别注重并极力夸大"人治"的作用。认为"只消用一个好人作相,自然推排出来",[4]只要"择一户部尚书,则钱谷何患不治?而刑部得人,则狱事亦清平矣"。[5] 在他看来,要达到"存天理,灭人欲"的目的,只靠法律是远远不够的。因此,他强调统治者特别是君主的"模范"作用和各级封建官吏在执法时灵活性的效能,为

---

〔1〕《晦庵先生朱文公文集·经筵留身面陈四事札子》。
〔2〕《晦庵先生朱文公文集·己酉拟上封事》。
〔3〕《朱子语类大全·论治道》。
〔4〕《朱子语类大全·论治道》。
〔5〕《朱子语类大全·历代一(西汉)》。

加强对人民的镇压和提高封建统治效率服务。

(四)"以严为本,而以宽济之"的执法思想

在执法方面,以朱熹为代表的"理学"根据德刑并用原则,首先提出了"正(指仁义道德、中庸之道等)"、"权(指权宜之计)"交替使用的辩证理论,[1]强调了"王道"应与"霸道"交替使用,一改过去只择其一的偏颇策略。

朱熹首先肯定了刑罚的作用。认为如果没有刑罚,所有法令就会成为一纸空文:"号令既明,刑罚亦不可驰。苟不用刑罚,则号令徒挂墙壁尔"[2]

其次,在刑罚的执行问题上,朱熹一反传统儒家的"仁政"思想,主张以"严"为本:"或问为政者当以宽为本,而以严济之。曰:'某谓当以严为本,而以宽济之'"[3]朱熹极力反对执法为"宽"的主张,认为执法必须从"严":"古人为政,一本于宽,今必须反之严",[4]因为如果执法过宽,必然使坏人得志,而平民不仅"不蒙其惠",还"反受其殃"。因此"今人说宽政,多是事事不管。某谓坏了这'宽'字"[5]朱熹进一步论证了"宽政"与"轻刑"所带来的诸多弊端:"刑愈轻,而愈不足以厚民之俗,往往反以长其悖逆作乱之心,而使狱讼之愈繁,则不讲乎先王之法之过也"[6]流宥等轻刑之法也使"杀人者不死,伤人者不刑,虽二帝三王不能以此为治于天下"[7]因而,朱熹特别反对人们站在犯罪分子一边主张"宽刑":"今人说轻刑者,只见所犯之人为可悯,而不知被伤之人尤可念也。如劫盗杀人者,人多为之求生,殊不念死者之为无辜,是知为盗贼计,而不为良民谋也"[8]因此,朱熹认为应站在被害者的角度考虑这一社会问题,而被犯罪分子侵害的人更应该值得同情,应严厉打击犯罪分子,而不能滥用"恻隐之心"。

再次,以朱熹为代表的"理学"主张应严格限制赎刑,小罪轻罪可赎而大罪、重罪决不可赦。朱熹甚至主张恢复"肉刑",以此增强刑罚的威慑力量。

最后,朱熹经过长期的观察,发现当时的司法制度和治狱存有许多弊端。对此,朱熹积极主张精选治狱之官:"欲清庶狱之源者,莫若遴选州县治狱之官。今县之狱委于令,其选固已精矣,而未必皆得人,其弊未易革也"[9]为了提高封建司法效率,

---

〔1〕《孟子集注·离娄上》:"天下之道,有正有权,正者万世之常,权者一时之用。"
〔2〕《朱子语类大全·论治道》。
〔3〕《朱子语类大全·论治道》。
〔4〕《朱子语类大全·论治道》。
〔5〕《朱子语类大全·论治道》。
〔6〕《晦庵先生朱文公文集·戊申延和奏札一》。
〔7〕《朱子语类大全·邵子之书》。
〔8〕《朱子语类大全·论刑》。
〔9〕《晦庵先生朱文公文集·戊申延和奏札二》。

以便及时有效地惩罚犯罪,朱熹主张"明谨用刑而不留狱",要求地方官吏在审理案件时不仅要"据罪论刑",[1]断得公平合理,还要及时处理狱案,不能对犯人进行无限期的拘禁。这一观点被后来的启蒙思想家王夫之所继承和发扬。朱熹还主张引用《尚书·大禹谟》"罪疑惟轻,功疑惟重"的理论来对待疑案。[2]这些主张,对于维护封建法制、限制法外行刑,无疑具有一定的积极意义。

三、理学法律思想的主要特点及其评价

(一)理学法律思想的主要特点

理学法律思想的主要特点在于它反映了当时思想文化战线的复杂性与尖锐性。

传统儒家思想中的君臣父子、三纲五常等封建伦理道德观念,经过程朱理学的说教,披上了神圣的外衣,弥补了封建正统法律思想形式上粗浅直观的缺陷,使之在理论上具有更缜密和思辩的特点,从而完成了封建正统法律思想的哲理化与系统化的过程,为中国封建社会后期法律思想的社会伦理化打下了坚实的理论基础。

理学深刻影响了宋明时期的封建正统法律思想及其立法、司法实践,使其进入一个前所未有的发展阶段。首先,由于刑罚被程朱理学说成是"存天理,灭人欲"的正义手段,因此,先前的儒家思想总是以"德主刑辅"、"恤刑慎杀"作为司法实践的指导思想,而在理学形成之后却代之以血腥的镇压,具有很大的残酷性。其次,封建伦理道德观念披上"理学"的外衣之后,更富有迷惑性与欺骗性。加之封建统治阶级不遗余力的宣传,"三纲五常"、"男尊女卑"等封建伦理道德观念便严重压抑着广大劳动人民的生存和生活自由,这也是造成中国封建社会后期停滞不前的社会原因之一。

虽然理学作为统治者的正统思想在思想文化领域中占据主要地位,但由于封建制度的弊端日益显露,人民的反抗日益激烈,以致许多人起来反对程朱理学对思想文化的统治。陈亮及其所代表的浙东学派成为其中最主要的代表,他们以"功利主义"反对理学,认为:"功到成处,便是有德;事到济处,便是有理。"陈亮针对理学"谈性命而辟功利",[3]认为自古以来"义利双行,王霸并用",[4]义与利、天理与人欲是相辅相成的,而不是截然对立的。这种反理学的思想震动了自理学产生以来封建正统法律思想的基础。

---

〔1〕《晦庵先生朱文公文集·尧舜象刑说》。
〔2〕《晦庵先生朱文公文集·尧舜象刑说》。
〔3〕《宋元学案》卷五六。
〔4〕《宋元学案》卷三〇。

(二)理学法律思想的评价

"理学"的产生和发展,标志着儒家思想体系的进一步完善。它结束了自魏、晋以来在封建社会意识形态领域中佛、道与儒学争胜的局势,理学成为封建社会后期占统治地位的官方学术,统治中国封建社会后期的思想界长达七百余年。其结果,导致了封建正统法律思想的进一步理论化和系统化,使封建正统法律思想进入了一个新的发展阶段,并影响了同时代及其后来社会的立法、司法活动。

朱熹的法律思想是中国封建社会后期正统法律思想。它与历代封建王朝的崇本抑末政策相联系,并结合强化封建礼教的种种措施,严重遏制了商品经济的正常发展,压抑了人民伴随商品生产关系而萌发的权利观念,阻碍了法学和法律思想的成长。这种阻碍作用越是到了自然经济日趋瓦解、资本主义经济因素逐渐萌芽的封建社会末期,便越显得突出。

第二节　心学及其法律思想

一、心学的概念及形成

心学是宋明理学中的一个派别,盛行于宋明时期,特别是明嘉靖以后。心学的创始人是南宋的陆九渊(1139～1193年)。他把儒家思想中的思孟学派和佛教禅宗思想糅合在一起,又接受程颢"天"即"理"、"天"即"心"的思想,特别强调人的主观意志——"心"的作用,以心即人的主观性作为其哲学核心,形成了"心即理"及"宇宙便是吾心,吾心即是宇宙"的主观唯心主义思想体系,故其所创立的学派被称之为"心学"。明中叶以后,王守仁继承并发展了陆九渊的心学思想,把"心学"发展到一个更加完善的阶段。因而,"心学"又称"陆王心学"。王守仁的思想在明嘉靖以后曾左右思想界达一百余年之久,甚至影响到近现代。

我们在本节中所介绍的心学法律思想就是心学的主要代表人物王守仁的法律思想。

王守仁心学思想的产生与他所处的时代背景有关。明初,经济上的土地关系有所缓和,曾一度出现过相对繁荣稳定的局面;政治上,明代废除行之已久的宰相制度,集一切大权于君主一身。但到明中期,中国的封建社会正处在一次新的社会危机和历史变迁之中,明王朝已开始由稳定转入衰落:

经济上,全国范围的土地兼并空前激烈,"皇庄"遍立,国家税田急剧减少,赋税全部集中在农民身上,皇帝与王公勋戚带头疯狂掠夺民财,广大农民陷于极度困境之中,造成大批自耕农破产,严重的流民问题危及着封建经济的存在和发展。同时,手工业和商品经济的迅速发展导致资本主义商品经济在传统的"强本抑末"政策之下艰难而顽强地生存着,它不仅从内部破坏封建经济的发展,而且也冲击和破坏着传统的封建秩序。

政治上,阶级斗争的激化又加剧了统治阶级的内部矛盾,阶级矛盾和民族矛盾空前尖锐,不仅各地农民起义频繁发生,而且西北地区的边患也日益严重。明武宗专任"阉宦小人",致使宦官刘瑾等既操纵朝廷的大政方针,又利用东、西、内三厂排除异己,刑戮妄加,引起封建统治阶级内部政治的腐败和矛盾的激化,各地方藩王也先后起兵,使整个明王朝走向没落,封建伦理纲常受到极大破坏。

思想领域中,被奉为正统的程朱理学早已失去生命力,日益造成思想上的僵化和学术上的空疏。在这种形势下,一些比较清醒的地主阶级思想家,为挽救封建统治危机、整饬统治阶级的内部秩序,预防和镇压农民的反抗斗争,开始寻求新的统治策略来巩固封建纲常名教,同时也可以为宋以来的程朱理学注入新的内容,借以巩固和加强封建道德教化,以之作为精神支柱继续其封建专制统治。

王守仁认为政治、经济的动荡是由于道德沦丧,而道德沦丧则是由于学术不明,学术不明又是由于程朱理学的僵化。他从批判程朱理学的流弊入手,意图用其心学即道德之学来救治人心,以此解决明王朝的统治危机,寻求维持封建社会长治久安的良策。

二、心学的法律思想

王守仁(1472～1528 年),字伯安,浙江余姚人。曾隐居浙江绍兴阳明洞,又曾创办阳明书院从事学术研究与讲学,自号阳明子,故世称阳明先生。他是明中叶著名的哲学家、教育家、政治家和法律思想家。王守仁死后 40 年,他的论著由其门人辑有《王文成公全书》。[1]

王守仁不仅是封建正统法律思想的继承者,还是封建正统法律思想的实践者。他既是封建地主阶级的思想家,又是一位封建官僚,曾参加镇压农民起义和平定宁王的叛乱,官至南京兵部尚书。封建正统法律思想通过他的政治活动得到了理论和实践的统一。因此,王守仁的法律思想不仅通过其著述,还通过其系列的政治措施得以表现出来。

(一)因地制宜的立法思想

王守仁特别强调在立法时应考虑时代的特殊性与地域的差异性,认为法律的制定"犹行陆者必用车马,渡海者必用舟航",[2]即应根据当地的具体情况区别对待。

─────────────

〔1〕 又名《王阳明全集》,总计三十八卷。
〔2〕 《王阳明全集·谏迎佛疏》。

1.王守仁因地制宜的立法思想主要表现在税法的制定上。为镇压各地频繁不断的农民起义,明王朝急需筹措足额的军饷。但当时各地方政权却"库藏渐竭","计无所措";中央政府也"力或不逮",如果"重课农民","贫民则穷困已极,势难复征"[1]。就是在这种情况下,王守仁要求改变一贯禁商止贩的被动措施,提倡"商贾疏通",但同时应制定税法,对商贩"照例抽税"[2]。

对于税法的制定,王守仁认为应当"因地势之便,从民心之欲",即应考虑地理位置的不同和尊重当地居民的风俗习惯,不能拘泥于辖区的界限,也不能用行政手段简单地硬性规定。在制定税率时也要慎重稽考,"斟酌适中"[3]。此外,在具体的征收税率方面,王守仁主张对专事贩运的商人征税应重于农民及平民的少量贸易活动;即使同是对商人征税,对长途贩运的行商征税也应轻于坐商。总之,王守仁有关制定税法的主张虽反映了他因时因地立法的思想,但这并不表明王守仁反对"重农抑商"的传统政策。相反,他认为制定税法不过是特殊情势之下的"一时权宜"之计,"候事稍宁",国家就应立即"另行具题禁止"[4]。

2.王守仁因地制宜的立法思想还表现在对少数民族及边远地区的立法主张之中。王守仁在镇压了思恩、田州兵乱之后,他总结实践经验后指出:"思、田地方,原系蛮夷瑶童之区,不可治以中土礼法"。因此,主张立法应"以顺其情不违其俗,循其故不易其宜"[5]。这一主张集中表现了王守仁因地制宜的立法思想,也反映了明王朝统治阶级与边疆地区的少数民族奴隶主等地方统治者之间又联合又斗争的矛盾关系,以及意图联合他们共同镇压少数民族人民反抗封建统治的政治策略。

(二)"申明赏罚"的刑罚思想

王守仁非常重视赏罚对于国家治理的作用,他曾引用吴起的话说:"法令不明,赏罚不信,虽有百万,何益于用?""赏罚,国之大典"[6]。他认为如能恰当地运用赏罚,"夫刑赏之用当,而后善有所劝,恶有所惩,劝惩之道明,而后政得其安"。赏刑的目的是使"善者益知有所劝,则助恶者日衰;恶者益知有所惩,则向善者益多"[7]。

在德与刑的关系问题上,王守仁并未着重论述谁主谁辅或谁先谁后,而是着重论述了它们各自的作用。他认为治理国家首先要有一个良好的社会风尚:"天下之患,

---

〔1〕《王阳明全集·疏通盐法疏》。
〔2〕《王阳明全集·再请疏通盐法疏》。
〔3〕《王阳明全集·疏通盐法疏》。
〔4〕《王阳明全集·疏通盐法疏》。
〔5〕《王阳明全集·处置平复地方以图久安疏》。
〔6〕《王阳明全集·绥柔流贼》。
〔7〕《王阳明全集·绥柔流贼》。

莫大于风俗之颓靡",而"古之善治者,未尝不以风俗为首务"[1] 但是以往仅重视了风俗教化,而未重视刑罚,因而刑罚的作用只是使人安分守己而已,并未能使人"致良知"。所以,应当在重视教化的同时,特别重视刑罚的辅助作用。

在政局紊乱、农民起义此起彼伏的形势下,王守仁将法家的"赏罚"思想吸收到正统法律思想之中。他认为"由于赏罚之不行","法令不明,赏罚不信,虽有百万,何益于用!"[2]即由于赏罚不明,造成了军队"近年以来士气不振、兵律欠严,盖由姑息屡行,激励之方不立,规利避害者获免,委身效职者难容,是以偷靡成习,节义鲜彰"[3]因此他说:"悬非格之赏,以倡敢勇,然后士气可得而振"[4]

他还主张速赏速罚:"古者赏不逾时,罚不后事。过时而赏,与无赏同;后事而罚,与不罚同。况过时而不赏,后事而不罚,其亦何以齐一人心而作士气"[5]他指出:"罚典止行于参揭之后,而不行于临阵对敌之时;赏格止行于大军征剿之日,而不行于寻常用兵之际",以便利于及时扑灭劳动人民的反抗斗争。他建议通过立法:"所领兵众有退缩不用命者,许领兵官军前以军法从事;领兵官者不用命者,许总统兵官军前以军法从事。所统兵众有能对敌擒斩功次,或赴敌阵亡,从实开报,核侃是实,转达奏闻,一体升赏。至若生擒贼徒,鞫问明白,即时押赴市曹斩首示众,庶使人知警畏"[6]为了取得赏罚大权,他甚至奏明皇帝,说明一旦"假臣等以赏罚重权,使得便宜从事",他就会"举动如意,而事功可成"[7] 为提高军队的战斗力、防止人民的进一步反抗,他严令部下"但有擅动地方一草一木者,照依军令斩首示众"[8]

(三)区别对待的执法思想

对于执法,王守仁认为由于"地里遥远,政教不及","小民罔知法度",[9]应灵活掌握"词讼差遥钱粮学校等项,俱听因时就事,从宜区处。应申请者申请,应兴革者兴革,务在畜众安民,不必牵制文法"[10]

王守仁主张在司法活动中应"情法交申",[11]区别不同情况分别对待。他认为对

---

[1]　《王阳明全集·送别省吾林都宪序》。
[2]　《王阳明全集·申明赏罚以厉人心疏》。
[3]　《王阳明全集·收复九江南康参失事官员疏》。
[4]　《王阳明全集·万松书院记》。
[5]　《王阳明全集·申明赏罚以厉人心疏》。
[6]　《王阳明全集·申明赏罚以厉人心疏》。
[7]　《王阳明全集·攻治盗贼二策疏》。
[8]　《王阳明全集·行岭北道申明教场军令》。
[9]　《王阳明全集·添设清平县治疏》。
[10]　《王阳明全集·申行崇义县查行十家牌法》。
[11]　《王阳明全集·恤重刑以实军伍疏》。

属于同一罪名的不同犯罪行为,"就其情罪轻重而言,尚亦不能无等"。所以,只有"取其罪犯之显暴者,明正典刑","酌其心迹之堪悯者,量加黜谪",才能使"奸谀知警,国宪可明"[1]。因此,他在处置反叛的"从逆官员"时,主张对罪大恶极的处以死刑;对由于受"迫胁"或"被胁从令"的官员则酌情处理,或降职或免官;对被迫参加反叛的士兵及下级军官则"免其死罪,令其永远充军",认为只有这样做才能"情法得以两尽"[2]。王守仁在对待农民起义问题上,具体应用了其区别对待的执法思想,对农民起义军采用了无情镇压与分化瓦解的两种手段。一方面,他禁止部下"贪功妄杀,玉石不分",[3]以防止起义农民殊死反抗;另一方面,他要求部下尽力反复劝诱起义农民"改恶迁善","实心向化",以"开自新之路",且不但不追其"既往之恶",还可以"量给米盐,为之经纪生业"[4]。这种策略虽不能从根本上遏止劳动人民的反抗斗争,但也确实瓦解了农民起义的队伍,在一定程度上削弱了农民军的整体战斗力。

（四）以"保甲"、"乡约"正风俗

如上所述,王守仁非常重视刑罚的作用,但他又认为刑罚的作用是有限的,它只能使人安分守己,而不能使人变成"圣人"。所以要想清除人们心中的"物欲"、显现心中的"良知",就不能仅仅依靠刑罚,还需要依靠教化的作用。他举例分析平定人民的反叛行为并不困难,困难的是如何彻底清除人民的"心腹之寇",即所谓的"破山中贼易,破心中贼难"[5]。王守仁坚持统治人民的根本方法在于教化:"徒事刑驱势迫,是谓以火济火,何益于治? 若教之以礼,庶几所谓小人学道则易使矣"[6]。因此,他在平"乱"的同时建立了保甲制度,并领导订立了"乡约",欲从实践上以行政措施来推行教化。

王守仁坚持利用我国古已存在的保甲制度来贯彻封建礼法。对此,他提出了《申行十家牌法》的主张,[7]就是以十家为一甲相互组织起来,互相监督,共防奸邪之人,使盗无藏身之处。

王守仁在组织保甲制度的同时,还创立了乡约组织,设约长、约副、约正、约史、约赞等。乡约组织的活动宗旨为:"孝尔父母,敬尔兄长,教训尔子孙,和顺尔乡里,死丧相助,患难相恤,善相劝勉,恶相告戒,息讼罢争,讲信修睦,务为良善之民,共成仁厚

〔1〕《王阳明全集·处置从逆官员疏》。
〔2〕《王阳明全集·恤重刑以实军伍疏》。
〔3〕《王阳明全集·咨投湖广巡抚右副都御史秦夹攻事宜》。
〔4〕《王阳明全集·绥靖流疏》。
〔5〕《王阳明全集·与杨仕德薛尚谦》。
〔6〕《王阳明全集·牌行南宁府延师讲礼》。
〔7〕《王阳明全集·申谕十家牌法》。

之俗"〔1〕 王守仁极力推行的"乡约"制度,即在一个乡约中通过"一长三簿一会"强化封建道德规范的教化作用:一长,即推选"年高有德为众所敬者为约长"。三簿,即设立一簿记"同约姓名及日逐出入所为";设立"彰善"簿,以表彰好人好事;设立"纠过"簿,以批评坏人坏事。一会,即定期举行由全乡人参加的"全约大会",在会场设"告谕牌"和"香案",又"设彰善位于堂上","设纠恶位于阶下",以表彰好人好事,劝善戒恶,息讼罢争,借此使为善者继续为善,为恶者改邪归正,以达到"正风俗"的目的。

王守仁多次发布《告谕》,要求"每家给与一通,其乡村山落,亦照屯堡里甲分散",并让各地广泛宣传《告谕》。《告谕》的内容主要有四个方面:第一,节俭办丧事,不得用鼓乐、办佛事;第二,有病不求巫;第三,婚事从俭,不得大会宾客、酒食连朝;第四,"街市村坊,不得迎神赛会,百千成群"〔2〕。

三、心学法律思想的主要特点及其评价

王守仁作为封建地主阶级的思想家,一生都以巩固封建制度、维护封建秩序为己任,这是他法律思想的核心,也是他法律思想的主要特点。他以儒家"圣人"为追求目标,以明德亲民为政治信念,用一系列维护封建社会的政治军事功绩来实践宋儒"格物致知"及《大学》"治国平天下"的理论;他以知行合一、内圣外王为其学说的突出特点,一扫宋以来理学家的迂腐之气,为后代儒家学者树立了圣人人格的楷模,被明儒黄道周肯定为是可与伊尹并列的"圣人"〔3〕。

王守仁在明初以来朱熹理学被定为一尊而又日益走向僵化、失去生命力的形势下,起而批判程朱理学,倡导陆九渊的心学,提倡以自心良知为是非标准,敢于怀疑、敢于思考的精神,这在封建社会后期对于冲破朱熹思想的束缚,解放思想,起了重要作用。他注重事功和积极进取的精神、敢于创新的风格,启发了明后期以及明末清初的一些进步思想家,"不以天子是非为是非"的黄宗羲明显受到了陆王心学的影响。

王守仁为了巩固封建制度、维护封建秩序,提出并实践了他的因地因时立法、情法交申、申明赏罚等法律思想,力主从社会最基层做起,建保甲、立乡约、倡仁俗,进行综合治理,以达"正风俗"、巩固封建统治的目的。王守仁的这些主张对挽救明王朝的灭亡确也起了一定的作用,其中的某些思想甚至在当代社会也有一定的借鉴作用。

---

〔1〕《王阳明全集·南赣条约》。
〔2〕《王阳明全集·告谕》。
〔3〕《黄漳浦集·王文成公集序》。

第三节 《大学衍义补》中的法律思想

《大学衍义补》系明代中叶的著名政治家、思想家丘濬所撰。丘濬(1420～1495年),字仲深,号琼台,琼山(今海南省海口市)人。他少时即以聪敏好学而闻名乡里,景泰五年(1454年)举进士,后官至礼部尚书、文渊阁大学士,特命参与中枢机务,"尚书入内阁者,自始"[1]。

丘濬任职期间,经历了明永乐、宣德、正统、景泰、成化、弘治等七世,因而能够洞察明王朝的腐败与倾轧;同时,他以惊人的毅力博览群书,尤其致力于典章制度的研究,使其能熟悉历代律令制度及各种法律思想,获得了从理论上对自汉以来的封建正统法律思想和历代统治者的经验教训进行分析、归纳的条件。他认为宋人真德秀所撰《大学衍义》一书仅发挥了格物、致知、诚意、正心、修身、齐家诸义,而"于治国平天下条目未具,乃博采群书补之",[2]"汇辑十年"最终撰出《大学衍义补》。在该书中,丘濬以"经世致用"为指导思想,汇集前代政治、经济、文化、军事,尤其是法律思想与法律制度方面的大量材料,仿真氏所衍之义,于齐家之下又补以治国、平天下之要,补其所缺,专门阐述其"治国平天下"的道理和主张。但在内容上,他并没有照搬前人的主张,而是在每一段史料之后,以附加按语及注解的形式,在继承、发展孔孟以来德主刑辅儒家思想的基础上,结合明代当时的实际需要,来阐发自己的政治、法律主张,提出了一些很有价值的法律思想。可以说,《大学衍义补》是对汉以来封建正统法律思想的一次系统而全面的总结。

一、关于法律的起源

丘濬从董仲舒的神权天命观出发,强调了君主与圣人立法设刑全是"承天意"。他根据《易经》的"系辞"及宋代道学家对它的解释,认为刑狱的出现"虽作于圣人,非圣人所自为也,因天地自然之理耳",其用意在于"去天下之梗",即"圣人"在治天下时,对于"有为生民之梗者",如同天地万物对给造物者以梗阻的"必用雷电击搏之"一样,也"必用刑狱断制之"[3]。他因此认为"天地生人,而于人之中命一人以为君,以为人类主","天子之事,皆天之事",如"号令之颁,政事之施,教条之节,礼乐制度之具,刑赏征讨之举",皆"非君之自为也,承天意也"[4]。即认为君主、圣人"承天

---

[1]《明史·丘濬列传》。
[2]《明史·丘濬列传》。
[3]《大学衍义补·总论礼乐之道》。
[4]《大学衍义补·序》。

意"而立法设刑。

丘濬还根据先秦法家关于法的学说从物质利益方面着手分析了法的起源。他认为圣王设刑立法是人多物少、有欲必争的产物,是用以确定人们的财产并"禁民为非"的手段:"生齿日滋,种类日多,地狭而田不足耕,衣食不给。于是起而相争相夺。……是以圣王随其时而为之制",[1]圣王"既分田授井以养之,立学读法以教之,又制为禁令刑罚以治之"。[2]显然,在法律的起源问题上,丘濬是将儒法学说合而为一。

丘濬还通过对西周的礼与刑、春秋时期的"铸刑鼎"、战国时的"法经"、秦汉时刑罚的确立等的论述、分析,初步认识到法律形成的历史进程。认为在人类初期的"国初民少之际",即"陶唐之前,法制未立",[3]当时的人们依"道"、"德"去维持"等级分明"、"各有其有"的社会秩序;后来,道德混乱,争夺发生,圣王"一道德而同俗""化成天下";[4]只是"自尧始","三代帝王,本乎德以为教,而又制为礼法,命大臣降于天下,使亿兆之众莫不知新法则而遵行",[5]由此,法也就产生了。在考证刑法典的形成时,他又指出了"三代未有律之名",[6]认为律只是到后来才出现的,通过这样的推论,清楚地勾勒出了中国古代法律起源的线索和规律:习惯、习惯法、成文法。

二、关于法律的目的

对于法律的目的,丘濬继承了董仲舒的"天讨"说,认为国家立法的目的,在于除暴安善、"牧善斯民",[7]他说:"天为民以立君","君为民以立政","天之立君,君之任官,无非以为民而已"。[8]并从以下诸方面分析了刑罚的目的:

刑罚的惩戒目的。丘濬认为"辟以止辟",统治者设立、运用刑罚的目的是以刑罚制止人们的犯罪,而不是以此来恐吓人民;[9]同时,"赏必加于善,刑必施诸恶","有如是之罪,必陷如是之刑",[10]说明了奖罚有别、罪与刑应相适应。

刑罚的教育目的。丘濬认为刑罚的正确运用可以令人弃恶从善:"古之置狱,所

---

〔1〕《大学衍义补·总论威武之道》。
〔2〕《大学衍义补·详听断之法》。
〔3〕《大学衍义补·总论任官之道》。
〔4〕《大学衍义补·一道德而同俗》。
〔5〕《大学衍义补·家乡之礼》。
〔6〕《大学衍义补·定律令之制》。
〔7〕《大学衍义补·择民之长》。
〔8〕《大学衍义补·择民之长》。
〔9〕《大学衍义补·谨祥谳之议》。
〔10〕《大学衍义补·总论制刑之义》。

以聚罢憝之心而教之"，现今"设为国刑，以专纠夫不恭之人，使之愿为上焉"，[1]等等。

刑罚的预防作用。丘濬认为它包括两个具体的方面：一是防止犯罪者本人重新犯罪："惩之于小，所以戒其大；惩之于初，所以戒其终"；[2] 二是经过对犯法者的惩罚以威吓他人不要违法犯罪："除去不善以安夫善，使天下之不善者有所畏而全其命，天下之善者有所恃而安其身"；[3] "人之真有犯者，则必决然而不宥。……不惩，则必有仿而为者于其后矣。惩之于细，则大者不作；戒之于先，则后者不继；惩一人以惧千万人；戒一事以遏千万事。圣人之虑远矣；圣人之心仁矣"。[4]

三、关于"礼乐刑政"四者的辩证关系

丘濬强调崇礼重法、明刑弼教，认为治国之道，虽应以德礼教化为先，但刑以辅政、刑以弼教也是不可少的，故其主张"礼乐刑政"缺一不可。

丘濬认识到了道德教化与法律强制的不同作用，以及二者在实际运用中的联系与依赖性。因此，强调重视德教礼乐的同时，又肯定了刑政的功效，他说："礼乐刑政，其致一也，必有礼乐以为刑政之本"；[5] 又说："人君以此四者治天下，不徒有出治之本，而又有为治之具；……又有为治之法。本末兼该，始终相成，此所以为王者之道，行之天下万世而无弊"。[6]

他还从另一角度即"法治"与"人治"的对比之中，得出"人必与法兼用"的结论，认为仅有"王者之治"而没有法律作为保障，那么，随着明君的离世或朝代的更替，"王者之治"也必然会"废坠"；反之，如能"有法制以维持之"，则有可能使之"持循"长久不去。[7] 说明他已认识到法制在保证君主权力、等级秩序和财产所有制等方面的重要作用；同时也表明他和一般儒家所持的"人存则政举，人亡则政息"的"人治"论之间有着重要的差别。

至于德、礼、刑之间主次关系，丘濬认为"礼乐者，刑政之本；刑政者，礼乐之辅"，[8] 认为只有刑政而没有德礼，即是"徒法"；只有德礼而没有刑政，则是"徒善"。仅依其中的任何二者都不会治理好国家，四者对于为政不可缺一，所以"人君为治，因在修德以为化民之本"，如果修之以德不通，就须以礼来齐民；但"导之而不从，

---

[1]　《大学衍义补·制刑狱之具》。
[2]　《大学衍义补·总论制刑之义》。
[3]　《大学衍义补·总论制刑之义》。
[4]　《大学衍义补·谨详谳之议》。
[5]　《大学衍义补·总论朝廷之政》。
[6]　《大学衍义补·圣神极化之极》。
[7]　《大学衍义补·圣神极化之极》。
[8]　《大学衍义补·总论朝廷之政》。

化之而不齐"就只好使用"法制禁令"。又认为礼制与法制都应体现并服从纲常,以纲常为准则。符合纲常原则的是"正礼"、"善法";否则即是"非礼"、"淫刑"。[1] 总之,道德与法律在本质上是一致的,不过道德又高于法律,法律应服从道德,应以道德原则作为指导,从而在传统理论基础之上比较全面地揭示了封建道德与封建法制的关系。

从上述分析可以看出,丘濬的礼乐刑政统一观,是根基于儒家传统的"德主刑辅"思想的:只是"德主刑辅"思想中以"德"为主,强调德教的作用;而丘濬在强调德教的同时也强调刑的作用。

四、关于立法原则

丘濬对前代立法中的经验教训,做了大量的分析、总结后,提出了"本天之理,制事之义,为民之利,因事立法,宜时处中"的立法原则。

1."应经合义"与"便民"的立法原则。丘濬认为:国家立法必须以儒家经典中的纲常道德为指导,一切准于礼义;同时又要符合民心和社会发展的实际需要。丘濬认为:礼、义皆出自于儒家经典,人总是违反了礼义后才入刑罚的:"经者,礼义所自出;人必违于礼义然后入于刑法。律令者,刑法之所在。议而校定,必礼义、法律两无歉矣。本是以立天下之法",所以,一定使之不悖于经义。同时,由于儒家经典是"天理"、"民心"的体现,因而,立法应"以便民为本",[2] 并且要做到"因时以定制,缘情以制刑",[3] 力争使法律宽严适中,以适应实际需要。

2."法有定制"与"随时制宜"的原则。丘濬认为在法律的立废问题上应当谨慎:"国家制为刑书,当有一定之制"[4] 当然,这些法令应保持稳定性与连续性,因为"法明则人信,法一则主尊",[5] 所以,这些法令不能仅"施之于一时",还应"为法于百世"。[6] 他还主张立法须"经常"、"简易":"盖经常,则有所持循而无变易之烦;简易,则易以施为而无纷扰之乱。以此立法,则民熟于耳目,而吏不能以为奸";[7] 立法还须注意"随时制宜,补偏弃废",[8] 即"随时世而变易"。[9]

3."听民自便"与"与民争利"的原则。这是丘濬针对明代当时尖锐的经济矛盾

[1]《大学衍义补·一道德而同俗》。
[2]《大学衍义补·山泽之利》。
[3]《大学衍义补·定律令之制》。
[4]《大学衍义补·总论制刑之义》。
[5]《大学衍义补·定律令之制》。
[6]《大学衍义补·谨号令之颁》。
[7]《大学衍义补·经制之义》。
[8]《大学衍义补·军伍之制》。
[9]《大学衍义补·礼仪之节》。

所提出的一项立法原则,也反映了当时处于萌芽状态的资本主义经济亟需进一步发展的要求。他强烈地批判了传统的重农抑商及厚赋重敛制度,阐发了他关于减少国家干涉、"听民自便"等以法律手段鼓励经济发展的经济法律观点:"天生五材,民并用之。君特为民理耳,非君所得而私有也",[1]认为"人人各得其分,人人各遂其愿","各有其有"是"天理"的要求与体现,[2]目的是从法律上对个人的财产利益给予肯定和保护。为此,他提出"立法以便民为本",应以"为民之利"、"薄税宽敛"、"随时以处中"等为经济立法原则,制定"经常可久"的贡赋制度,[3]以最终实现他所期望的"省力役、薄税敛、平物价,使富者安其富,贫者不至贫,各安其分,上下得其所"[4]的理想。

除此之外对于土地所有制,丘濬主张以法令明确予以维护:"终莫若以听民自便正为得也。必不得已创为之制,必也因其已然之俗而立为未然之限。不追咎既往,而惟限制其将来",[5]即允许土地的自由买卖("已然之俗"),但在法律上又须限定其占用之数("未然之限"),以防土地兼并过分集中。他还猛烈地批评了当时的禁榷茶禁制度,主张以法令保护和促进商品经济的发展,将盐、茶官营改为国家监理下的私人自由生产和经销制度:"盐之为利,禁之不可也,不禁之亦不可也,要必于可禁不可禁之间,随地立法,因时制宜,比使之下不至于伤民,上不至于损官,民用足而国用不亏";同时,"官不可于民争利,非但卖盐一事也。大抵立法以便民为本,苟民自便,何必官为!"[6] 说明了私人经济的发展于国、于民皆有利。

丘濬坚持立法应布之于众,且条款简明、文字通俗易懂。指出法律"应明示布于民,以使民晓之善恶";拟定法典时,还应"直书其事,显明其义",即"书其所犯之罪,所当用主刑。或轻或重,或多或少,或加或减,皆定正名,皆著实教。使读律者不用讲解,用律者不致差误",这样官吏也就"不可以有限之法,而尽无穷之情",[7]等等。

丘濬还提出了"分类条例……与大明律并行"的观点,[8]主张法律形式的多元化。

丘濬以上有关立法原则的论述,"是对我国唐、宋、明各代立法经验总结而成的,在'因时'与'稳定'上皆有兼顾,因而这种立法思想比较全面"。[9] 他的上述精辟见

---

[1] 《大学衍义补·总论理财之道》。
[2] 《大学衍义补·总论理财之道》。
[3] 《大学衍义补·贡赋之举》。
[4] 《大学衍义补·市籴之令》。
[5] 《大学衍义补·山泽之利》。
[6] 《大学衍义补·山泽之利》。
[7] 《大学衍义补·定律令之制》。
[8] 《大学衍义补·定律令之制》。
[9] 马小红主编:《中国法律思想发展简史》,中国政法大学出版社 1995 年版,第 232 页。

解,即便在当今也仍有值得我们借鉴之处。

五、关于司法原则

对于守法的重要性,丘濬强调法是"循天理之公,而不徇乎人欲之私"的治国工具,君臣上下都须严格遵守,做到"坚如金石,信如四时",各级官吏以至君主更应起表率作用,即"人主尽心狱事",[1]"居人上者,立法制,明禁令,必先有诸己,然后为之",[2]认为形成刑狱冤滥的主要原因是官员们的执法犯法及贪赃、畏惧权势。[3]他指出人君惩罚犯罪是承天意、安民生,为"公"而非为"私",必须顺乎民心:"人君之刑赏,非一己之刑赏,乃上天之刑赏。非上天之刑赏,乃民心之刑赏。是故赏一人,必众心之所同喜;刑一人,必众心之所同怒。"[4]"人君之刑赏,非一人喜怒之私,乃众人好恶之公也";为此,他反对"诏狱","人臣有罪,或至加以鸩毒,惟恐外闻,皆非天命天讨之公也";他又勉励官吏"守法不挠","执一定之成法,因所犯而定其罪",[5]必须依法办事。

丘濬坚持选任司法官吏时须有一定的条件限制。因为"典狱之官,民之死生系焉",刑狱官吏如"能敬慎以治狱,则所行无非仁;能重民命,则足以延国命矣"[6] 为此,他提出了选择刑狱官吏的基本标准:"通经学、明义理、备道德者",这种人既"能守法,而又能与法外推情察理";或"无一毫之私以制人之性命"、且有"至公无私之德"者;或"易直仁厚之长者"、"禀性刚直之人";[7]或是选用能灵活运用法律之人,即"守一定之法,而任通变之人"。[8]

丘濬主张应将任人与任法联系起来:"法者,存其大纲,而其出入变化固将付之于人"。[9] 主张由司法官吏据具体案情灵活应用法令,只是不能超出法律的限度:"法所载者,任法;法不载者,参以人",由"用法者斟酌损益之"。[10]

丘濬主张在将全部成文法"明白详悉,颁布天下"[11]之后,还应将令、例作为律的补充,即"事有律不载而具于令者,据其文而援以为证;……法者百世之典,例者一时

─────────

〔1〕《大学衍义补·顺天时之令》。
〔2〕《大学衍义补·谨好尚以率民》。
〔3〕《大学衍义补·简典狱之官》。
〔4〕《大学衍义补·谨号令之颁》。
〔5〕《大学衍义补·公赏罚之施》。
〔6〕《大学衍义补·典简狱之官》。
〔7〕《大学衍义补·典简狱之官》。
〔8〕《大学衍义补·公铨选之法》。
〔9〕《大学衍义补·谨号令之颁》。
〔10〕《大学衍义补·定律令之制》。
〔11〕《大学衍义补·谨号令之颁》。

之宜。有时异势殊,不得尽知法者,则引法与例,取载于上";〔1〕但应以法为主,有法就不能用例,法高于例,例仅仅作为法的一种补充,即"法所不载,而后用例"〔2〕

对于诉讼,丘濬要求审讯官吏要"严证佐,按图本",这样就可使"讼平矣",〔3〕即强调证据在诉讼中的重要地位及作用。

六、关于犯罪的根源

丘濬在前人从人性角度分析犯罪根源的基础上前进了一大步,主要从经济、政治、思想诸方面,分析了犯罪的根源。

在经济方面,他分析的结果是:"民穷"导致了民众"犯法。"〔4〕他认为经济状况直接与人的思想、行为有联系:"天下之治乱,验于风俗之厚薄,衣食之有无。骨肉相残多,其风俗之偷也可见;盗贼之劫掠者众,其人之穷也可知"〔5〕 因此,必须注意"养民"、"富民",只有这样才能使社会安定,减少盗贼之类事件的频繁发生。

在政治方面,他从分析陈胜吴广起义的原因入手,得出如下结论:"饥寒迫身则散,徭役烦扰则散;赋敛重多则散",民心散则"祸乱"发,"横敛厚征,治天下之大蛊";〔6〕特别是他还尖锐地指出了:"民之所以为盗,不在朝廷则在官吏";犯法"非迫于不得已,则陷于不自知";"盗寇之生发,固有民穷而为之者,亦有官吏激发而致之者"〔7〕 说明他已经从历史与现实的分析中,认识到了犯罪的重要原因:赋敛繁重、征发频繁、官逼民反等因素,这一结论是比较正确的。

在思想方面,他认为盗发于"左道"、"邪术",即除儒家正统思想之外的佛、道等宗教思想,也是犯罪的根源之一。"盗贼之窃发,往往以妖术惑众","假神"以作乱〔8〕 为此,他主张对"敢有非吾之道而道其所道者;……凡天下神祀,非夫经典所载及祖宗以来著在祀典者,一切革之","违者治以重罪",〔9〕主张以法律手段消灭异己思想。

七、慎刑恤狱、原情定罪的刑罚理论

丘濬在研究、分析犯罪原因之后,对儒家经典《尚书》中有关刑罚的观点及前人论

---

〔1〕 《大学衍义补·定律令之制》。
〔2〕 《大学衍义补·定律令之制》。
〔3〕 《大学衍义补·详听断之法》。
〔4〕 《大学衍义补·戒滥纵之法》。
〔5〕 《大学衍义补·详听断之法》。
〔6〕 《大学衍义补·经制之义》。
〔7〕 《大学衍义补·遏盗之机》。
〔8〕 《大学衍义补·遏盗之机》。
〔9〕 《大学衍义补·总论祭祀之义》。

述进行了归纳和总结,从而形成了他独特的法律见解。

主张慎刑恤狱与"刑不滥"。丘濬主张应分别根据罪情的轻重,慎重量刑,"哀矜折狱","有是实而后可加以是名,有是罪而后可施以是刑",以期罚当其罪,使"情之重者服以上刑,轻者服以下刑",达到"朝廷无冤狱,天下无冤民"的局面;[1]他主张"恤刑"、"慎刑",具体表现为"治狱必先宽","罪疑从轻","免不可得而后刑之,生不可得而后杀之";"遇有疑狱,会众详谳"。[2] 在刑罚的运用上一定要慎之又慎。

根据犯罪的原因,丘濬主张"原情定罪"。他认为:"盖狱以明照为主,必先得其情实,则刑不滥,……则轻于用刑。……使人无私情,使人无拒意。……原情定罪,至再至三,详之以十议,原之以三宥";[3]"原情以定罪,因事以制刑",[4]强调治狱一定要掌握原告、被告的情况,允许被告"输其情",要仔细收集并审核各种证据,最后合情合理地依法定罪量刑,即在"原情"的基础上做到"求其出而不可得,然后入之;求其生而不可得,然后死之"。[5] 因此他主张加重"失入"的罪责。总之,"论罪者必原情。原情二字,实古今谳狱之要道也"。[6] 在原情定罪的同时,他还主张定罪量刑应通经用法,即要注重犯罪人的动机是否符合传统的封建道德准则,"论事主经义,而言刑必与礼并","刑罪必主于经义",[7]从而使经义具有了与刑律同等的效力。在一般情况下,应"随事情而权其轻重","如此,则于经于律,两无违悖",[8]但当经义与刑律发生冲突时,就应"制之以义,而不可泥于法"。[9] 其实这是德主刑辅观的再运用。但这里的"原情定罪"已与董仲舒的"原情定罪"、"引经断狱"有所不同:前者是要求在有刑律的情况下,严格地根据案情依法定罪量刑;后者则是在刑律与经义互相冲突时,取经义用之。这也反映了时代的进步性。

丘濬还反对刑讯及族刑、刺配、以金赎肉刑、滥赦。分别见于《大学衍义补·总论制刑之义》、《大学衍义补·简典狱之官》、《大学衍义补·戒滥纵之失》。在这里,丘濬对于暴政苛法、赎与赦等弊端揭露无遗,其批判的尖刻程度已超过前代思想家对这些问题的认识;他提出的合理见解,不仅在明中、后期,而且在明以后也产生了较好的影响。

总之,丘濬在《大学衍义补》中的主要贡献,在于他为挽救明代统治危机,系统总

---

[1] 《大学衍义补·明流赎之义》。
[2] 《大学衍义补·谨详谳之议》。
[3] 《大学衍义补·总论制刑之义》。
[4] 《大学衍义补·顺天时之令》。
[5] 《大学衍义补·总论制刑之义》。
[6] 《大学衍义补·谨详谳之议》。
[7] 《大学衍义补·定律令之制》。
[8] 《大学衍义补·明复仇之义》。
[9] 《大学衍义补·简典狱之官》。

结、继承了我国封建正统法律思想中的法律观、刑罚观和其他各种法律思想,从而开创了我国古代比较法学研究的先河。在此基础上,丘濬对法的起源、法的目的、立法与司法、犯罪根源及刑罚中的诸问题,作了进一步的发挥,提出了许多具有鲜明时代特征的法律观点和带有启蒙因素的法律主张,对后世产生了深刻的影响,成为研究中国法律思想史、制度史的经典著作。

第四节　启蒙思想家的法律思想

我们在这里阐述的的启蒙思想家是指产生于明清之际,未受任何外来思想影响,具有中国特色的启蒙思想家。封建正统法律思想发展到明末清初时遇到了前所未有的挑战:日益僵化的思想体系与迅速发展的经济之间的冲突愈演愈烈,阶级矛盾与民族矛盾又交错其中。启蒙思想家的产生为封建正统法律思想敲响了丧钟。

启蒙思想家之所以在明末清初产生,有着以下深刻的历史背景:

明末清初,中国封建社会已经进入衰亡阶段。这一时期的社会经济、政治、思想等领域都呈现出前所未有的特点。首先,在经济领域,资本主义的生产关系随着商品经济的进一步繁荣有了相当的发展,它促使封建经济进一步蜕变,同时又强烈要求打破现有封建生产关系的桎梏。资本主义生产关系的萌芽与发展成为启蒙思想家产生的经济基础,它为启蒙思想家提供了新的思想武器和思维方式。其次,在政治领域,阶级斗争、民族斗争、政治斗争等显得格外复杂和激烈,阶级矛盾与民族矛盾交织在一起。明王朝虽在李自成农民起义的打击下迅速灭亡,但满清贵族的入关又使广大劳动人民陷入民族灾难之中,新的阶级矛盾和民族矛盾出现;统治集团内部也出现了新的反对派,特别是新兴的资产阶级已在政治上与地主阶级内部的反对派结成了联盟,向封建专制发动了猛烈进攻。再次,明末农民大起义充分暴露了封建专制的黑暗与野蛮,也暴露了封建纲常礼教的虚伪和罪恶,为启蒙思想家创造了思想解放的前提。最后,明末清初的启蒙思想家也是中国传统文化的必然产物。启蒙思想是对中国传统思想的一次更新,启蒙思想家都深受中国传统文化的影响。在新的形势下,启蒙思想家用新的观念和思维模式对传统文化进行加工,"去粗存精",他们的思想主张都可以在传统儒学中找到理论根据。

中国历史在明末清初发生的深刻变化必然在经济、政治、法律和思想文化领域有所反映。封建社会的日益腐朽、明末的内忧外患,使正直的士大夫同时感到了亡国与"亡族"的危机;而资本主义的萌芽和新兴资产阶级的利益要求,又给意识形态领域以强烈的刺激,促使先进的思想家们去思索,去寻找新的社会出路。他们对封建专制制度的认识日益深刻,逐渐将对明王朝统治的不满情绪转移为对整个封建制度的怀疑。因此,明清之际的思想界格外活跃,各种思想并起,其中最著名的就是形成了一种带有民主启蒙意义的反对封建专制的激进思潮。其主要代表人物就是明末清初的三位思想家:黄宗羲(1610~1695年)[1]、顾炎武(1613~1682年)[2]、王夫之(1619~1692年)[3]。他们三人有着类似的经历:明末反对宦官专权、力图革新,明亡之后又都积极进行过抗清斗争,抗清失败后都从事理论和学术研究,都具有着崇高的民族气节。他们亲身经历了"国破家亡"之后,密切注视日益严重的社会危机,感到二千年的封建专制已处于"天崩地解"的危机关头;又由于他们与新兴资产阶级的关系日益密切,就有可能用新的观点和方法去研究历史,分析封建制度。因而,他们适应了时代的要求,以民权和民本作为依据,将理论批判的矛头直接指向了封建专制制度,在很多方面提出了体现新兴资产阶级利益和要求的主张,特别是提出了"天下为主,君为客"、"君臣共治"、"许庶人议政"等一系列带有民主主义倾向的法律思想。

一、启蒙思想家的法律思想

(一)启蒙思想家法律思想的基本内容

1.倡导分权,反对封建专制集权。我国君主专制制度在封建社会初期就已形成,秦汉之后则进一步完善。到明代,由于采取废除宰相、任用宦人、以严刑治吏及残酷镇压劳动人民起义等政治措施,使这种专制制度发展到登峰造极的程度,其固有的矛盾和弊端也日益暴露出来。因此,当时反对封建统治的农民阶级、新兴资产阶级以及地主阶级内的反对派从不同的角度、以不同的方式对这种君主专制制度进行了不同程度的批判。在这些批判中,又以启蒙思想家的批判最为尖锐、深刻。

黄宗羲亲身经历了国家剧变,深感君主专制制度不但是明王朝倾覆的直接原因,也是整个社会发展的主要障碍,断定君主专制制度是造成天下大乱、民不聊生的根本原因,从而把批判的矛头直接指向君主专制。

(1)揭露和批判了"君权神授"。黄宗羲指出人君最初是人们推举出来为天下人办事的,君主的产生是基于维护社会"公利"的需要。黄宗羲认为君主必须以兴天下之利、除天下之害为己任,因此君主应该"不以一己之利为利,不以一己之害为害"[4]。黄宗羲认为无论是从君主的产生,还是从君主的职责来看,君与民的关系都应是客与主的关系,君主的职责就是为民服务,人民设君以为天下,而不是将天下归

---

〔1〕　黄宗羲:字太冲,号南雷,浙江余姚人,中国古代著名思想家,著有《明夷待访录》等多种著作。

〔2〕　顾炎武:字宁人,号亭林,江苏昆山人,中国古代著名思想家,著有《日知录》、《天下郡国利病书》、《亭林诗文集》。

〔3〕　王夫之:字而农,号姜斋,世称船山先生,湖南衡阳人,著有《读通鉴论》、《尚书引义》、《噩梦》等。

〔4〕　《明夷待访录·原君》。

于君："古者，以天下为主，君为客；凡君之所以毕世而经营者，为天下也"[1]。即劳动人民是主体，是天下的主人，而君是客体，是劳动人民的公仆。可是后来的君主，治理国家不是为了谋"公利"，而是把国家当成一家一姓的私产，以便"传之子孙，受之无穷"。他们为了争夺国家这种"产业"，不惜采用各种手段残害人民。这种"以君为主，天下为客"的统治关系是造成天下不得安宁的根本原因，即所谓"今也以君为主，天下为客，凡天下之无地而得安宁者，为君也"，所以天下之人都"怨恶其君"，把专制的君主"视之如寇仇，名之为独夫"[2]。

　　黄宗羲指出君主集大权于一身，颠倒了原来君、民之间的客、主关系，它不仅使天下百姓深受其害，而且也给君主自身及其宗族带来了覆灭的灾难，所谓"远者数世，近者及身，其血肉之崩溃在其子孙矣"[3]。同时，君主集大权于一身，也使所有的官吏变成了君主独裁的附属物，成为君主专权的工具："臣为君而设者也，君分吾以天下而后治之，君授吾以人民而后牧之，视天下人民为君囊中之私物"[4]。这就必然造成选官任职方面的"任人唯私"，而君主也是"能事我者贤之！不能事我者否之"[5]，所中选的只能是君主的"仆妾"或"奔走服役之人"，从而将整个国家变为"家天下"。君主集大权于一身，还导致了宦官专权："阉宦之祸，历汉、唐、宋而相寻无已，然未有若有明之为烈也"[6]。明代的宦官已不仅干涉朝政，甚至直接掌权，以致"宰相六部，为阉宦奉行之员而已"[7]。他指出造成宦官专权的最重要的原因就是"由于人主之多欲也"[8]。黄宗羲认为君主的个人独裁既使国家政权成为敲剥人民的残暴工具，又不能发挥宰相百官的作用，以致造成了阉人专权的恶果。

　　黄宗羲列举了君主专制及封建法令谋取私利、敲剥人民、独断专横等罪恶后，断定："为天下之大害者，君而已矣"，"天下之乱即生于法之中"[9]。认为应废除这样的制度和法令。由此可见，黄宗羲并不是仅仅斥责了君主个人，而是否定整个封建专制制度和封建法制，为中国近代资产阶级向封建法制发动攻击吹响了前进的号角。

　　（2）黄宗羲就限制君权、实行分权，提出了如下主张：其一，利用相权分君权。黄宗羲认为，明初罢置宰相使君主更加独裁、专制。他主张在恢复宰相制的同时，要加重相权，从而使皇帝与宰相形成互相制约之势。其二，实行君臣共治，以弱君权。黄

---

[1]　《明夷待访录·原君》。
[2]　《明夷待访录·原君》。
[3]　《明夷待访录·原君》。
[4]　《明夷待访录·原君》。
[5]　《明夷待访录·置相》。
[6]　《明夷待访录·奄宦》（上）。
[7]　《明夷待访录·奄宦》（上）。
[8]　《明夷待访录·奄宦》（下）。
[9]　《明夷待访录·原法》。

宗羲认为"天下之大,非一人所能治",君与臣都是为治天下而设,都以天下人为重。因此,君与臣之间"名异是实同",臣不必为君而节死尽忠,君也无权要求臣为其"仆妾"。臣"为天下非为君也,为万民非为一姓也";君应将臣视作"师友"[1] 这种君臣关系一旦确定,君也就失去了独断之权。其三,实行地方分治,削弱集权。黄宗羲认为君主大权集于一身的基础是高度集中的中央集权制,而要削弱中央集权制,就必须采用地方分治的办法。黄宗羲总结了历史上实行封建制和郡县制的经验教训,认为分封诸侯的弊端则在于中央政教不能通达地方,而实行郡县制的弊端是使天下争伐不息。因此,他主张"欲去两者之弊,使其并行不悖",只能采取"地方分治"。他所坚持的"地方分治"的内容就是给地方相对独立的军事、经济自主权,以削弱封建专制主义的中央集权:一旦地方军事"统帅专一,独任其咎,则思虑自周,战守自固";"一方之兵,自供一方"、"一方之财,自供一方"[2] 实质上就是要加强地方的相对独立性和自主性,从而削弱君权,限制中央集权力量。其四,让学校参政、议政。黄宗羲认为学校是"治天下之具",[3] 更是体现民意的场所,学校不但应参与法律的制定,还应使其有权监督法律的实行;京师太学祭酒(即校长)的地位应与宰相相同;君主与宰相、六卿、谏议大夫等应在每月初一亲临太学,听从劝谏;各地方学校也应享有评议、监督和弹劾本地官吏的权力,即"郡县官政事缺失,小则纠绳,大则伐鼓号于众"[4]

顾炎武与黄宗羲相同,也认为原来的封建制与郡县制都有弊端:封建之失,其专在下;郡县之失,其专在上,加之上对下"人人而疑之,事事而专之","故郡县空,本末俱弱"。因此,顾炎武认为"寓封建之意于郡县之中,而天下治矣"。也就是要在郡县之中揉进封建制所具有的一定的独立自主性内容。他认为这是"于不变之中,而寓变之制;因已变之势,而复创造之规"[5] 他认为如果把地方的军民财政大权"一归于郡县,则守令必称其职,国可富民可裕,而兵农各得其业矣"[6] 为此,顾炎武建议对称职的郡县官吏给予世袭其官的奖赏,对不称职的郡县官吏或撤职或流徙或绞斩:"居则为县宰,去则为流人,赏则为世官,罚则为绞斩",[7] 认为这种办法可在一定程度上分君权而加强地方的自治权。同时,为反对封建君主专制主义,解决"其专在上"及"其专在下"的弊端,顾炎武比黄宗羲和王夫之提出的"君臣共治"主张更进一步,要求实行"百官分治",强调必须依靠众臣百官来治理国家:"天子之所恃以平治天下者,百官也";反对君主独裁,反对"当天下一切之权而收之在上"的"独治",要求以此

---

〔1〕《明夷待访录·原臣》。
〔2〕《明夷待访录·方镇》。
〔3〕《明夷待访录·学校》。
〔4〕《明夷待访录·学校》。
〔5〕《亭林文集·郡县论》。
〔6〕《日知录》卷九。
〔7〕《亭林文集》卷一。

分散帝王的权力而加强地方的自治权,提出了"以天下之权,寄之天下之人"的"众治"思想,主张各级官吏"分天子之权以各治其事","一命之官,莫不分天子之权,以各治其事,而天子之权乃益尊"[1]同时,宜多设基层官吏,"小官多者其世盛,大官多者其世衰"[2]。顾炎武的主张,实际上就是让更多的地主阶级士大夫共同执政、分掌政权。

王夫之与黄宗羲、顾炎武一样,坚决反对君主专权,主张分权分治。他认为君权过重,致使"言出法随","万方统于一人,利病定于一言,臣民之上达难矣";[3]君主"独断"难免亡国。他认为君主应当"虚静慎守",分权于臣下。同时,王夫之与黄宗羲一样,也非常重视宰相的作用,认为"宰相无权,则天下无纲,天下无纲而不乱者,未之或有。"主张宰相不仅可以与君主分权,甚至可以与君主争权,而且在君主无道时可以代君行事,即"君相可以造命"[4]。

王夫之不但反对大权集于君主一身,也反对中央集权制,认为应实行分权,他的"分权"理论既包括分配给群臣百官各自独立行使的权力,也包括中央与地方的分级、分层管理。王夫之的理想是要建立"一统"的法制体系,明确君主、宰相、州、郡、县各级机构的权限划分,互不干涉:"天子之令不行于郡,州牧刺史之令不行于县,郡守之令不行于民,此之谓一统"[5]。这就是他所向往的封建中央集权制度。在这个"一统"的体系中,尊君与分权有机地结合在一起,君、臣与民都可参与国家的立法活动,这是王夫之对传统的君权至上法律观的重大理论突破。

2. 以"天下之法"取代"一家之法"。明末清初的启蒙思想家认为,由于秦汉以来的法制只为"一姓之私"效劳,致使"天下分崩离析"、"势在必革",因此建立新的"一代之治"便成为当务之急。

以"天下之法"取代"一家之法"是黄宗羲法律思想的核心。黄宗羲围绕这一核心揭露批判了君主专制的黑暗与封建法律的残酷,提出了独具特色的立法、司法主张。首先,黄宗羲将维护君主专制的封建法律称为"一家之法"、"非法之法"。他认为"后世之法"只体现了君主及其家族利益,而不是为天下人利益而设:"后之人主,既得天下,惟恐其祚命之不长也,子孙不能保育也",所以才"思患于未然以为之法","三代以上之法……未尝为一己而立也。后之人主……其所谓法者,一家之法而非天下之法也"。他举证分析这样的法只能称为"一家之法"。同时又指出:"后世之法,藏天下于筐箧者也;利不欲其遗于下,福必欲其敛于上"。即封建法律所规定的只是

---

〔1〕《亭林文集》卷九。
〔2〕《日知录》卷八。
〔3〕《尚书引义》。
〔4〕《读通鉴论》卷二四。
〔5〕《读通鉴论》卷五。

君主的特权和广大劳动人民应尽的义务,而没有规定劳动人民的任何平等权利。这样的法令已经失去了立法的应有本旨,必定引起"天下之乱",因而只能将其称之为"非法之法"[1]。其次,黄宗羲进一步分析了"一家之法"与"非法之法"在立法、司法等方面所造成的严重后果。一是导致"法不得不密"[2]。他说:"后世之法……藏天下于筐箧者也……不得不密。法愈密而天下之乱即生于法之中"。后世之法为维护君主个人的利益和非法利益而越来越繁密,国家之乱也就越来越多。二是有法不依,毁坏法制:"夫非法之法,前王不胜其利欲之私以创之,后王或不胜其利欲之私以坏之。坏之者固定以害天下,其创之者亦未始非害天下者也"[3]。三是压抑和限制了贤良人士才能的充分发挥。所谓"自非法之法桎梏天下人之手足,即有能治之人,终不胜其牵挽嫌疑之顾盼;有所设施,亦就其分之所得,安于苟简,而不能有度外之功名"[4]。四是使胥吏舞文弄法,其所用者,皆"深刻网罗,反害天下"之人[5]。他说今之胥吏,以徒隶为之,这些人"创为文网以济其私。凡今所设施之科条,皆出于吏,是以天下有吏之法,无朝廷之法"[6]。黄宗羲认为依靠这样的法律是永远也不能治理好国家的。最后,黄宗羲认为"一家之法"在明末清初这个"天崩地解"的时代已走到了尽头。他断定一家之法是天下之乱的根源,主张废尽秦汉以来的"非法之法"、克服"一家之法"弊端的惟一出路在于立"天下之法",以此取代"一家之法"。黄宗羲认为法律应该与国家政权一样,"为天下,非为君也;为万民,非为一姓也"[7]。

黄宗羲在这里将几千年来"君之天下之主"的次序颠倒过来,明确将"以天下为主,君为客"作为立法的最高指导思想,"天下为主,君为客"也成为黄宗羲法律思想的政治理论基础,是黄宗羲要求以"天下之法"取代"一家之法"的政治原因。他认为"法愈疏而乱愈不作,所谓无法之法也"。即只有废一家之法,兴天下之法,人们才能不把天下当作筐箧中的私物去争夺,天下才能太平。

王夫之针对"一姓之私"法制的私有性,指出了"公"与"私"的界限,即辨别公私须考察"一人之正义"、"一时之大义"、及"古今之通义"。立法须立"公"去"私",体现"古今之通义"之"公","不可以一时废千古,不可以一人废天下"[8]。因而,法律既不是为皇帝一人服务的御用工具,也不能是"一时之制"。法律应体现"古今之通义"。王夫之以他的远见卓识,预言了封建专制制度的必然灭亡,宣告了封建法制与

---

[1]《明夷待访录·原法》。
[2]《明夷待访录·原法》。
[3]《明夷待访录·原法》。
[4]《明夷待访录·原法》。
[5]《明夷待访录·原法》。
[6]《明夷待访录·胥吏》。
[7]《明夷待访录·原臣》。
[8]《读通鉴论》卷一四。

正统法律思想的衰败。秦王朝之所以为后世唾弃与指责,原因就在于其立法以"私己而已"[1] 所以,王夫之认为设法立制的目的在于为公,以"大公"之法取代"大私"之法,是法制发展的必然趋势。认为君主个人的意志仅仅是"一人之义"、"一时之义",属于"私"的范畴;只有"天下之大公"才是真正的"公",才能作为立法的宗旨。

3. 任法与任人并重,严法治吏。黄宗羲认为人治和法治在君主专制制度下都可致乱,真正的法治(即"治法")应是"天下之法"流行,天下之人都可享受到"治法"的保护。传统观念与现实中的人们普遍认为"有治人无治法";而黄宗羲则断定"治法"优于"治人","吾以谓有治法而后有治人",强调了任法重于任人。[2] 在黄宗羲看来,只有把天下作为天下人的天下、有了天下人的公平之法以后,才能实行法治,才能有治理天下的公正之人。他认为:由于天下之治乱"系于法之存亡",两千年来封建社会大乱不止的原因在于"天下之法"不兴,所以只有"天下之法"流行,社会才能安定;又由于"天下之法"不兴、"一家之法"泛滥、君主任人唯私,所以只有"天下之法"盛行,才有利于人才的出现,才可以限制、约束那些贪婪残忍之人,使其不能再继续危害天下。

顾炎武注重任人,非常重视整饬吏治,明确指出了设立法令的目的首先是为了正官。他盛赞唐朝"以礼防民,而法行于贵戚"的做法。同时,顾炎武认为治吏仅靠法令还不够,还须有"清议"之类的封建伦理道德辅助,"天下风俗最坏之地,清议尚存,犹足以维持一二;至于清议亡,而干戈至矣"[3] 他认为地方的"清议"应对官吏的行为具有很大的约束作用,主张"官职之升沉,本与乡评之与夺";"乡举里选,必先考其生平,一玷清议,终身不齿"。[4]

王夫之总结了历代统治经验特别是明亡的教训,指出当时在法制推行方面所存在的三大缺陷:其一,没有一套因时制宜、可安邦定国的法律制度;其二,"任法"不"任道";其三,在处理法与人的关系时,"任法而不任人"或者"任人而废法"。

为消除法制推行方面的缺陷,王夫之主张首先制定以"天下之公"的法律,使君臣知道有法可依,民众知道有法所守:"有国也,始有制法之令焉"[5] 这样的法令即使存在某些缺陷也比无法而治要好的多,即"天下将治,先有制法之主,虽不善,贤于无法也"。[6] 王夫之所论述的这些内容,已超出了执法用刑的范围,已触及到立法的本质问题。其次,"任法"应与"任人"、"任道"相结合。他指出:"任人而废法,……是治

〔1〕《读通鉴论》卷一。
〔2〕《明夷待访录·原法》。
〔3〕《日知录》卷一三。
〔4〕《日知录》卷一三。
〔5〕《读通鉴论》卷三一。
〔6〕《读通鉴论》卷三一。

道之蠹也"[1] 但片面强调"任法而不任人",仅以法律治国也有许多弊病,势必造成"律外有例,例外有奏准之令",一事一法,法繁刑密。它既导致胥吏舞文弄法,任意出入人罪,"意为轻重,贿为出入";[2] 又造成了法禁繁苛残酷的恶果:"夫法之立也有限,而人之犯也无方。以有限之法,尽无方之慝,是诚有所不能矣"[3]。这不仅无裨于国家的治理,反而会使各种矛盾激化。由于法的完善与否、法执行的准确与否及法的社会效益等完全决定于人的素质。法是需要人去执行的,人君治吏、治民都不可能离开法,法由君主操之、大臣裁之、州牧县令守之。所以择人也是为政之道的关键所在:"择人而授以法,使之遵焉,非法以课人,必使与科条相应,非是者罚也";[4] "以道言之,选贤任能以匡扶社稷者,天下之公也"[5]。这是王夫之总结了历史经验后得出的一个正确结论。最后,主张以"道"指导"法"的实施。王夫之的"道"是指以孔孟所倡导的"德"、"礼"去引导、教化广大劳动人民。但与正统思想不同的是他以"为民"、"为公"和平均为前提来论"道"。因此,他的"礼"要求"好民之所好","整齐其好恶而平施之","均平专一不偏不吝",[6] 都具有平等之义;他的"德"则强调统治者应去"一姓之私",而为"天下之大公"。王夫之在充分肯定法律积极作用的同时,也强调了"任道"的积极意义:"治天下以道,未闻以法也。道者,导之也,上导之而下遵以为路也"[7] 指出了"任法,则人主安而天下困;任道,则天下逸而人主劳",就是因为"天下之大,田赋之多,固不可以一切之法治之也"[8] 王夫之在这里特别强调了"任道"重于"任法"的辩证关系。

王夫之在总结了片面强调"任人"或"任法"的危害后,认为君主须依法整顿吏治,恤民情,百姓才能够心悦诚服接受其统治。主张"严者,治吏之经也"[9] 认为越是位尊权重的高官,越应以法束缚之。王夫之认为法律既然是公意的体现,就应该维护公共利益,就应对侵害公利的贪官、曲解公意的昏官尤其对贪赃而故入人罪的官吏予以严惩,应"倍宜加等"。如果"严下吏之贪,而不问上官,法益峻,贪益甚,政益乱,民益死,国乃以亡"。所以,只有严之于上官,才能防止官吏的不法行为。君主如能依法治好这些"上官",则"天下无贪吏"[10]

----

〔1〕《读通鉴论》卷十。
〔2〕《读通鉴论》卷四。
〔3〕《读通鉴论》卷四。
〔4〕《读通鉴论》卷十。
〔5〕《读通鉴论》卷五。
〔6〕《读四书大全说》卷一。
〔7〕《读通鉴论》卷五。
〔8〕《读通鉴论》卷一六。
〔9〕《读通鉴论》卷四。
〔10〕《读通鉴论》卷四。

4.简法宽刑,明慎用刑。顾炎武坚决反对苛酷繁密的封建法制,极力称赞我国少数民族统治时期的疏法省刑:"《盐铁论》言匈奴之俗,略于文而敏于事","魏太武始制反逆、杀人、奸盗之法,号令明白,政事清简,无系讯连逮之烦,百姓安之"[1] 同时也反对用例破法、因例立法,认为这是造成繁法滥刑的重要原因,即"昔之患在于用例破法,今之患在于因例立法,自例行而法废矣……吏胥得操其两可之权"[2]

顾炎武认为要做到简法宽刑,必须"以礼防民",即用封建礼义来教育和约束人民,并提出了恢复宗法制度的建议:"古之王者,不忍以刑穷天下之民也,是故一家之中,父兄治之,一族之中,宗子治之……原父子之亲立君臣之义以权之,……刑罚焉得而不中乎。是故宗法立而刑清,天子之宗子,各治其族,以辅人君之治,罔攸兼于庶狱,而民自不犯于有司,风俗之醇,科条之简,有自来矣"[3] 他认为"礼义治人之大法,廉耻立人之大节"[4] 由此可见,他过分夸大了礼教的作用,似乎人们只要遵守封建的礼义廉耻就可以均"贫富"、去"争心",就能够简法宽刑。

"法贵简而能禁,刑贵轻而必行",[5] 这是王夫之坚持的最理想的立法和司法原则。他说:"简者,宽仁之本也。……简者,临民之上理,不以苛细起纷争"[6] 并指责了因繁法滥刑所造成的各种社会危害。为了做到法简,必须统一法制。为此,他反对法外有例、例外有令,要求慎择折狱之吏,申画一之法,除条例之繁,严失入之罚。王夫之的简法宽刑,归结起来就是要建立一个简而有法,内严外宽的统一的法制,即"宽斯严,简斯定,吞舟漏网,而不敢再触梁笱"[7] 他认为只有律文宽简,用刑才能准确,用刑准确百姓才能知道有所畏惧。宽简的原则体现了仁义之本,既可以做到大罪不漏、小过不察,惩恶扬善,又有利于维护法律的统一与威严,遏制胥吏法外用刑,减少冤狱的发生,并达到"安民,裕国,兴贤,远恶"的目的。[8]

王夫之总结历史经验后,得出如下的结论:"宽"、"不忍"、"哀矜"应是帝王用法的"精意"[9] 他既对封建法律的繁密酷刑进行了严肃批判,也反对"宽猛相济"的所谓"猛",主张在任何情况下都不应当"猛"。他用许多史例说明了"法愈疏,闲愈正";[10] 反之,繁刑苛法不仅难以拯救乱世时弊,反而会使矛盾激化,造成更大的社会

〔1〕《日知录》卷二九。
〔2〕《日知录》卷八。
〔3〕《日知录》卷六。
〔4〕《日知录》卷一三。
〔5〕《读通鉴论》卷二二。
〔6〕《读通鉴论》卷一一。
〔7〕《读通鉴论》卷一。
〔8〕《读通鉴论》卷五。
〔9〕《读通鉴论》卷一二。
〔10〕《读通鉴论》卷四。

动荡:"法愈密,吏权愈重,死刑愈繁,贿赂愈章……见知故纵,蔓延相逮,而上下相倚以匿奸,闰位之主,窃非分而梦寐不安。藉是以箝天下,而为天下之所箝"[1] 由此他认为求治不宜过急,它不仅不能简法宽刑,反而使法繁刑密,达不到救治的目的。

王夫之还要求司法断狱要"尽理""原情",论罪量刑必须"酌理参分"。尽理原情就是要"明慎"用刑,"明慎"就是要证佐有据,他提出了"同恶者"、"见知者"、"被枉者""三者具而以明慎自旌"的证佐标准。[2] 此外,明慎还要速断,不得借口"明慎"而留狱,指出"留狱者,法之为大扰也"。[3] 明慎用刑还应准许民众越诉和请代书。同时,王夫之也反对无原则地为笼络人心而任意赦免。他说:"赦者,小人之幸,君子之不幸";[4] 也反对鼓励告奸,认为鼓励告奸极易导致乱政。

5.立法应"趋时更新"、保类卫群。启蒙思想家的这一观点,主要表现在王夫之的有关论述之中。王夫之认为法律应随着社会历史的不断变化而变化,随着时代的发展而发展。他坚决反对传统的"奉天法古"论,提出了法律"趋时更新"[5]的辩证理论。

第一,王夫之认为法律"趋时更新"是社会发展的客观规律和必然要求,它不以任何人的意志为转移。与传统儒家坚持的"天不变,道亦不变"历史观不同,王夫之将社会发展的趋势和规律分别称之为"势"和"理",又以"天"作为"势"、"理"的总称:"顺之必然之势者,理也。理之自然者,天也。……天者,理而已矣。理者,势之顺者而已矣"[6] 他以"郡县"制取代"封建"制的事实来说明社会制度和法律的产生、发展之间的联系和规律,认为在夏、商、周三代由于"民淳而听于世族",[7]所以分封诸侯在当时是顺"势"合"理"的。但之后的客观形势发生了变化,分封制终因违背"势""理"而为"郡县"制所取代。王夫之断言:"郡县之行,垂二千年而弗能改,合古今上下皆安之,势之所趋,岂非理而能然哉!"[8] 由此可见,法律制度的以新代旧是历史规律的必然要求。

第二,王夫之以"天下之公"为基点,批判了"圣法不可变"的"正统"论,断定法律必须"趋时更新"。他首先明确了"统"的含义:"统之为言,合而并之之谓也,因而续之之谓也";然后据此驳斥了"正统"论,认为中国几千年的历史基本上是"一离一合",同时又是"绝而不续",认为"正统"并无什么历史根据。

第三,王夫之揭示了"有定理而无定法"与"事随势迁,而法必变"的规律,深刻论

[1]《读通鉴论》卷一。

[2]《读通鉴论》卷二。

[3]《读通鉴论》卷四。

[4]《读通鉴论》卷一一。

[5]《思问录外篇》。

[6]《宋论》卷七。

[7]《读通鉴论》卷二一。

[8]《读通鉴论》卷一。

述了改革旧法的必要性,并预示了法律"趋时更新"的前景。他认为法律及一切制度都必须"因其时而取宜于国民",[1]决不能拘泥于某种旧法而不变。他仍以封建、井田、肉刑为例,说明这三种制度之所以在"三代"取得成效主要是由于"因天因人","趋时而立本"。[2]法律制度是向前发展的,不可能倒退,"汉以后之天下,以汉以后之法治之",[3]这就是"事随势迁,而法必变"[4]的有力证明。王夫之虽反对"法古",但并不一概排斥古法,他既强调"道相沿而易衰,法已久而必弊",[5]又主张"推其所以然之由,辨其不尽然之实",[6]认为在立法、变法时应吸收古法中的"精意"。

第四,王夫之认为,种族是自然和社会的基本形式,上自人类,下至昆虫,都维护自己的种族利益。王夫之视民族利益高于一切,以至将它作为判断和取舍君主及其法制的最高标准,即"保其类者为之长,卫其群者为之君"。[7]

以法保类卫群,一是表现在各民族互不侵扰,各自为安,保持本民族的特征:"各生其所生,养其所养,君长其君长,部落其部落;彼无我侵,我无彼虞,各安其纪而不相渎耳"。[8]这一主张虽含有民族独立的因素,但并非意味着他主张各民族平等:"夷狄非我族类也,……如其困穷而依我,远之防之,犹必矜而全其生,非可乘约肆淫,役之残之,而规为利也"。[9]虽然王夫之在这里有明显的种族偏见,但他主张民族和睦、互不侵扰,反对欺压少数民族的思想值得肯定。二是表现为维护国土的完整和不可侵犯。他认为各民族应"各守其地"、"各居其所",如侵略他国则为天所不容。他主张"王者之于戎狄,暴则惩之,顺则远之,各安其所,我不尔侵,而后尔不我虐"。[10]认为只要是国家疆土,即使是"遐荒之地"也应坚决保卫:"遐荒之地,有可收为冠带之伦,则一广天地之德而主人极也;非道之所可废,且抑以纾边民之寇攘而使之安"。[11]这表现了他强烈的爱国主义思想,也与他的社会实践活动相吻合。

(二)启蒙思想家主要代表人物法律思想的差异

明末清初启蒙思想家的法律思想虽基本一致,但也各具特色,存有一些差异。

---

〔1〕《读通鉴论》卷二十五。
〔2〕《读通鉴论》卷五。
〔3〕《读通鉴论》卷五。
〔4〕《读通鉴论》卷五。
〔5〕《四收训义》卷二八。
〔6〕《读通鉴论》卷末,叙论二。
〔7〕《黄书·原极》。
〔8〕《宋论》。
〔9〕《读通鉴论》卷一二。
〔10〕《读通鉴论》卷七。
〔11〕《读通鉴论》卷三。

在明清之际的启蒙思想家之中,理论上最有代表性、建树最大的是黄宗羲,他第一次提出了具有近代民权、民主色彩的法治(即"治法")主张,其民本主义的法律思想成为后来资产阶级改良派法律思想的先声。黄宗羲在对封建正统法律思想的批判中,侧重于揭露封建法制反礼教的罪恶,主张"君臣共治";在法与人的关系问题上,认为法比人重要;特别是他提出的以"天下之法"代替"一家之法"的口号,设计出了一幅具有划时代意义、与民主相联系的"法治"蓝图。

顾炎武、王夫之的法律思想也富有民主性特征,他们侧重于用新的观点对立法、司法等问题进行总结,并提出新的主张,而黄宗羲的法律思想却很少涉及司法问题。他们对于宋明理学的批判直接动摇了封建正统法律思想的根基。

顾炎武虽也强调"以天下为公",但他与黄宗羲、王夫之不同的是,在反对君主专权方面主张实行"众治";在司法方面,特别强调宽法简刑。

对于法律问题论述最多、涉及面最广的则是王夫之。他从立法、司法等各方面对我国古代的法律思想进行了系统总结和改造。但与黄宗羲代表新兴资产阶级的反封建要求有所不同,他是当时中小地主阶级反封建专制思想的代表,虽然他的法律思想显示出前所未有的深度和广度,具有很多的民主性精华,但与黄宗羲相比,又带有更多的封建性糟粕。但他能够在深入改造封建法律及其学说的基础上,提出自己的富有民主性色彩的法律思想。在政治上反对封建专制暴政,要求建立一个维护中小地主利益的强大民族国家;认为法律与自然、社会一样都是不断变化发展的;从历史进化观出发,反对君主专制,要求改革政治制度,实行"君臣共治"、"分治",但同时主张尊君、维持封建等级制;在立法的指导思想上,不仅坚持"以天下为公",还坚持"严以治吏,宽以养民"和"保类"、"卫群";提出了土地非王者私产、"有其力者治其地"[1]等进步主张。

二、启蒙思想家法律思想的主要特点及其评价

(一)启蒙思想家法律思想的主要特点

启蒙思想家黄宗羲、顾炎武与王夫之,他们尖锐地抨击了封建君主专制;彻底否定封建土地制度和"重农抑商"的传统政策,主张工商皆本,提出了限制土地兼并的均田思想;对封建专制法律及其"法治"作了深刻批判,提出以"天下之法"取代"一家之法"的主张。归纳起来,他们的法律思想具有如下特点:

第一,强烈的民主性和批判性。明末清初启蒙思想家和法律思想,具有强烈的反对封建君主专制的精神,影响极其深远。黄宗羲通过赞美三代以上的"天下之法",猛

[1] 《噩梦》。

烈抨击了"一家之法",主张以"天下之法"取代"一家之法",使天下之人"各得自私,各得自利",用法律保护天下人的利益。顾炎武以亡秦为例谴责明末繁法苛刑之害,指出"法禁之多,去亡之具",关键在于"正人心,厚风俗而已"。[1] 王夫之也总结明亡的教训,认识到了"治道之坏,坏于无法",[2]反对繁法酷刑,主张"法贵简而能禁,刑贵轻而必行"。[3]

第二,鲜明的中华民族特色。明末清初启蒙思想家的法律思想是他们总结历史经验教训的产物,他们对统治中国达五百年之久的唯心主义理学进行了系统的总结和批判,同时又继承和发扬了中国封建法律文化中的民本性精华,如"德主刑辅,德刑并用"、"有治法而后有治人"等。特别是由于启蒙思想家很少受西方思想影响,其启蒙法律思想具有鲜明的民族特点。这不仅表明了我国明末清初的法律思想在理论上的卓越成就,而且也表明了它在产生的时间上早于西方启蒙思想。

第三,明显的不彻底性和缺乏系统性。明末清初新兴资产阶级力量的薄弱造成了启蒙思想家理论上的软弱,封建传统势力的强大和时代条件又决定了他们思想上的不成熟,加之阶级的局限性,致使他们的法律思想未能走出封建正统思想的藩篱,表现出朦胧与幼稚、不彻底性和缺乏系统性等早期启蒙思想所具有的特点。导致他们只能利用托古改制来论证自己的法律主张,在具体论述中也无法摆脱传统的"德主刑辅"思想的影响。虽然他们尖锐地批判了封建专制制度,但并未形成一个足以与封建正统思想相抗衡的思想体系,也提不出一个能够取代旧政体的新政体,只是提出了一个"限制君权"或分权的理想方案;虽然他们设计出了"天下之法"、"天下大公"的远景,但又找不到达到这一目标的可行途径,最终只能以改良君主制而告终。

（二）对启蒙思想家法律思想的评价

产生于明末清初的启蒙思想家,是中国历史上最早的、未受任何外来思想影响的启蒙思想家。他们发起的启蒙思想运动虽不如同时代的西方启蒙思想运动影响大,但在当时的中国确也使沉闷了近二千年的思想文化界耳目一新。

黄宗羲、顾炎武与王夫之被后人并称为"清初三大师"。他们既吸收了传统的民本性精华,也抛弃了传统的专制性糟粕,但很少受西方的影响,具有鲜明的民族特色,因此是一种中国式的启蒙思想。在法律思想上,他们提出了具有民主、平等观念的法治观点,他们的法律思想是我国最早的闪现近代资产阶级民主主义光芒的启蒙思想,彻底动摇了封建正统法律思想的根基,具有划时代的意义。虽然由于阶级的局限性和历史条件的限制,他们的法律思想具有明显的不彻底性和缺乏系统性等缺陷,但这

[1] 《日知录·法制》。
[2] 《读通鉴论》卷一七。
[3] 《读通鉴论》卷二二。

些思想家所取得的成就却已达到了当时社会条件下所能达到的先进水平。

　　黄宗羲的《明夷待访录》及其他著作,曾被清统治者列入禁毁书目,直到百年之后的嘉庆年间才有刻本,并成为19世纪末资产阶级改良主义变法运动反对封建专制的思想武器。特别是黄宗羲在对君主制的批评与讨伐中所提出的法律主张与崭新的法治观更是令时人惊醒。黄宗羲"天下为主,君为客"的思想变封建正统法律思想中的"君权神授"为"君权民授",变"君权至上"为"设君以为天下",体现了黄宗羲思想中"民主""民权"的因素,标志着封建正统法律思想遭到了彻底的否定。以"天下之法"为核心的"法治"观也为传统的"人治"与"法治"之争划上了一个句号。黄宗羲的法律思想影响了同时代直至二百年之后的中国近代社会。在近代地主阶级开明派,资产阶级改良派与民主派的法律主张中,都可找到黄宗羲法律思想的印记。因此,黄宗羲的法律思想在明末清初之际对思想界的震动、对近代资产阶级思想的兴起都产生了巨大的积极影响。

　　顾炎武与王夫之作为封建社会后期的启蒙学者,其法律主张及思想也具有很强的民主性和先进性。王夫之法律思想中的民主因素,加速了封建正统法律思想的衰败,对人们思想的解放及后来资产阶级维新运动都有一定的积极作用。

思 考 题

1. 简述朱熹的法律思想。
2. 简述王守仁的法律思想。
3. 简述丘濬《大学衍义补》中的法律思想。
4. 启蒙思想家法律思想的基本内容有哪些?
5. 如何评价我国启蒙思想家的法律思想?

参考书目

1. 张国华:《明清之际启蒙思想家的法律思想》,载《自修大学》1984年第7期。
2. 张国华、饶鑫贤主编:《中国法律思想史纲》(下),甘肃人民出版社1987年版。
3. 夏勇:《飘忽的法治——清末民初中国的变法思想与法治》,载《比较法研究》2005年第2期。
4. 杨鹤皋:《宋元明清法律思想研究》,北京大学出版社2001年版。

第六章　中国古代关于若干具体法律问题的争论

　　本章详细地介绍了中国传统社会对一些具体的法律问题的争论,从而使中国法律思想史更加丰满。通过学习,要求理解这些争论的主要观点以及争论产生的社会背景和思想根源,并加以客观评价。

　　封建正统法律思想确立后,有关基本法律思想的争论已十分罕见,这是大一统文化专制的必然结果。但在实践方面,围绕着立法、司法等具体问题,仍时有不同意见,有些问题的争论还很激烈,并旷日持久地产生了一定的影响。中国封建社会中,严格意义上的法律家和法律学家极少,各个学派的思想家和统治者们对法律问题的阐述大都局限于法哲学层次而作为治国方略的一部分展开。这些关于若干具体法律问题的争论刚好弥补了这一不足,成为中国法律思想史中不可或缺的一部分。

第一节　刑事方面

一、肉刑的存废

　　在中国古代文献中肉刑是个专用术语,系指盛行于奴隶社会中的墨、劓、剕、宫等刑种。它以"断肢体,割肌肤"为特征,故称肉刑。汉初文帝以肉刑无法体现君主作为天下父母的仁慈之政为理由而被废除。然而,此后相当长的一段时间内围绕着肉刑的存废却一直争论不休,直到隋唐以后才渐趋平息。

　　从现有史料来看,早在东汉光武帝建武十四年就有人对肉刑的废止明确表示不满。《后汉书·杜林傅》载:"群臣上言:古者肉刑严重,则人畏法令;今宪律轻薄,故奸轨不胜。宜增科禁,以防其源。"光武帝于是下令群臣讨论是否恢复肉刑。讨论中主张恢复者人数不少,但光禄勋杜林极力反对,光武帝采纳了其意见。

东汉末年汉献帝时,崔寔、郑玄、陈纪、荀悦、仲长统等名儒鉴于政局动荡不安,又一次提出了恢复肉刑的主张。时隔不久,曹操辅政向百官征求对肉刑的态度,结果多数人主张恢复,惟独孔子二十世孙孔融反对,并力排众议,其观点历经波折终被接受。

曹魏政权建立后,有关肉刑的存废争论更趋激烈。魏文帝时太傅钟繇再一次提出恢复肉刑,从而在朝臣中引发争论,参加讨论者多达百余人。赞成者以钟繇为代表,反对者则以司徒王朗为首。魏末正始年间,河南尹李胜又旧话重提,主张恢复肉刑,征西将军夏侯玄坚决反对,事亦未果。

晋时,肉刑的存废仍是众说纷纭。律学家刘颂、元帝时廷尉卫展、骠骑将军王导、太常贺循、侍中纪瞻、中书郎庾亮、谘议参军梅陶、散骑郎张嶷等呼吁恢复肉刑,而中书郎桓彝、大将军王敦等持有异议,认为“百姓习俗日久,忽复肉刑,必骇远近”[1]于是乃止。

北宋神宗时,韩绛又请复肉刑,南宋著名理学家朱熹亦对肉刑持肯定态度,但陈亮等反对之。

以上是有关肉刑存废争论的大致情况。就总体而言,无论是对肉刑赞同者,还是反对者,其所依据的基本理论都是儒家的仁政学说。主张恢复肉刑者其基本观点大致可以概括为如下几个方面:认为汉文帝将原来肉刑中的斩右趾改为死刑太重,扩大了死刑的范围,故应该恢复比死刑轻的斩右趾;汉文帝改革后的刑罚体系结构上不合理(汉文帝以前的刑罚:墨、劓、刖、宫、大辟;改革后的刑罚为:髡钳城旦舂即五岁徒刑、笞三百、笞五百、死等),生刑与死刑之间轻重过于悬殊,缺乏过渡,结果是造成了死刑犯的增多,应以肉刑作为中间刑;肉刑可以去掉犯人重新犯罪的手段,既可以起到预防犯罪的作用,又可以威吓与警告其他人。

在所有赞同恢复肉刑的人中,以班固和刘颂的观点较为系统。如刘颂认为:“圣王制肉刑,远有深理”,“亡者刖足,无所用复亡。盗者截手,无所用复盗。淫者割其势,理亦如之。除恶塞源,莫善于此,非徒然也。此等已刑之后,便各归家,父母妻子,共相养恤,不流离于涂路。有今之困,创愈可役,上准古制,随宜业作,虽己刑残,不为虚弃,而所患都塞,又生育繁阜之道自若也”,因而反对恢复肉刑,是“拘孝文之小仁,而轻违圣上之典刑”[2]此外,曹魏时的钟繇则从增殖人口的角度主张恢复肉刑,他认为当时人口锐减,应尽快增加人口,故当斩右趾者如不弃市而复肉刑,“虽断其足,犹任生育”,可“岁生三千人”[3]

反对肉刑者的主要观点是认为肉刑过于残暴,一旦受刑,终身为耻,不仅不能禁

---

〔1〕《晋书·刑法志》。
〔2〕《晋书·刑法志》。
〔3〕《三国志·魏书·钟繇传》。

止犯罪,而且杜绝了犯人弃恶从善,改过自新之路。此外,从法律的作用讲,死刑所不能禁止的,肉刑也同样不能禁止,因此,在死刑与徒刑之间增加肉刑,只能使朝廷徒增不仁之名。尽管恢复肉刑的呼声不断,但由于肉刑违背了人类刑罚逐步从野蛮走向文明的总趋势,因而基本上未被恢复。

二、复仇问题

复仇是原始社会的习惯。现代人类学研究表明:在氏族社会中,大致每个民族都存在着这样一个习惯,即凡本氏族成员受到他氏族成员的羞辱与伤害,每一个氏族成员都有为受害者复仇的权利和义务。中国当然也不例外。进入阶级社会以后,由于中国特有的家国合一的社会结构,家族在社会中占有极重要的地位,从而使复仇的习惯被沿袭下来。那么,国家应该如何对待复仇问题,就自然成了一个争论不休的问题。

在诸子百家中,儒家出于孝道,对复仇持赞赏态度。《礼记·檀弓上》载:"子夏问于孔子曰:'居父母之仇如之何'?夫子曰:'寝苫枕干不仕,弗与共天下也;遇诸市朝不反兵而斗'。曰:'请问居昆弟之仇如之何'?曰:'仕弗与共国,衔君命而使,虽遇之不斗'。曰:'请问居从父昆弟之仇如之何?'曰:'不为魁,主人能则执兵而陪其后'"。《礼记·曲礼》中更是明确提出了儒家对待复仇问题的基本原则:"父之仇,弗与共戴天;兄弟之仇,不反兵;交游之仇,不同国"。"不反兵"的解释不尽相同,其中最为常见的是指常将复仇的兵器带在身边,以免临时返回去取。

而法家与儒家相反,坚决反对复仇,如商鞅在秦国变法时就明确规定:"为私斗者,各以轻重被刑"[1]结果使秦"民勇于公战,怯于私斗"。法家强调国家的利益高于一切,试图斩断个人同家族之间的血缘关系,因而禁止复仇。

汉武帝以后,儒家思想成了正统,复仇之风由此大开,民间和舆论对复仇者一般持赞扬态度,结果使复仇之风愈演愈烈,据《汉书·鲍宣传》载:汉时"怨仇相残"已成了严重的社会问题,后汉时仇杀竟成了百姓"七死"之一[2] 面对此风,官方举棋不定,时而禁止,时而放纵,正常的法律秩序受到了严重的挑战。为此,许多朝臣上疏,建议禁止复仇,如东汉初年桓谭上疏云:"今人相杀伤,虽已伏法,而私结怨仇,子孙相报,后忿深前,至于灭户殄业,而俗称豪健,故虽有怯弱,犹勉而行之,此为听人自理而无复法禁者也。今宜申明旧令,若已伏官诛而私相杀伤者,虽一身逃亡,皆徙家属于边,其相伤者,加常二等,不得雇山赎罪。如此,则仇怨自解,盗贼息矣。"[3]建议朝廷下令禁止替已服官诛者复仇。东汉和帝时,尚书张敏又对复仇提出驳议,认为"春秋

〔1〕《史记·商君列传》。
〔2〕《后汉书·桓谭传》。
〔3〕《后汉书·桓谭传》。

之义,子不报仇,非子也。而法令不为之减者,以相杀之路不可开故也。"[1]主张将舆论与法律分开。

三国曹魏文帝时,为了安定局势,增加生产力,明确下令禁止复仇,"丧乱以来,兵革未戢,天下之人,互相残杀,今海内初定,敢有私复仇者,皆族之。"[2]但由于反对者较多,不久即变通为复仇者只要在官府备案,则可追杀仇人。此后,从隋唐至明清,法律对复仇皆未作明令禁止。有关复仇问题的争论也从未平息,如唐武则天时,民人徐元庆将冤杀其父的县尉赵师蕴杀死,然后自首,武则天欲赦死,时任左拾遗的陈子昂认为:"先王立礼以进人,明罚以齐政,枕戈仇敌,人子义也;诛罪禁乱,王政纲也;然无义不可训人,乱纲不可明法;元庆报父仇,束身归罪,虽古烈士何以加?然杀人者死,画一之制也,法不可二,元庆宜伏辜;《传》曰'父仇不共天',劝人之教也,教之不苟,元庆宜赦。臣闻刑所以止遏乱也,仁所以利崇德也,今报父之仇,非乱也,行子之道,仁也。仁而无利,与同乱诛,是曰能刑,未可以训。然则邪由正生,治必乱作,故礼防不胜,先王以制刑也。今义元庆之节,则废刑也。迹元庆所以能义动天下,以其忘生而及于德,若释罪以利其生,是夺其德,亏其义,非所谓杀身成仁,全死忘生之节也。臣谓宜正国之典,置之以刑,然后旌闾墓可也,请编之令,永为国典。"[3]陈子昂的观点与前引张敏的观点大致相同,认为复仇是为人子之义;而以法严禁复仇,则是国家的法度,二者不可混淆。

柳宗元则不同意陈子昂的观点,专门撰写了《驳复仇议》一文进行反驳,主张有限制的复仇,即对"杀人而不义"和"父不受诛"者可以复仇。他说:

"旌与诛莫得而并焉。诛其可旌,兹谓滥,黩刑甚矣。旌其可诛,兹谓僭,坏礼甚矣。果以是示于天下,传于后代,趋义者不知所向,违害者不知所立,以是为典可乎?"

"若元庆之父不陷于公罪,师蕴之诛独以其私怨,奋其吏气,虐于非辜。州牧不知罪,刑官不知问,上下蒙冒,吁号不闻。而元庆能以戴天为大耻,枕戈为得礼,处心积虑,以冲仇人之胸,介然自克,即死无憾,是守礼而行义也。执事者宜有惭色,将谢之不暇,而又何诛焉?其或元庆之父,不免于罪;师蕴之诛,不愆于法,是非死于吏也,是死于法也。法其可仇乎?仇天子之法而戕奉法之吏,是悖骜而凌上也。执而诛之,所以正邦典,而又何旌焉?"

"《周礼·调人》曰:'调人,掌司万人之仇。凡杀人而义者,令勿仇,仇之则死。有反杀者,邦国交仇之。又安得亲亲相仇也。'《春秋·公羊传》曰:'父不受诛,子复仇可也。父受诛,子复仇,此推刃之道,复仇不除害。'今若取此以断两下相杀,则合于礼矣。且夫不忘仇,孝也;不爱死,义也。元庆能不越于礼,服孝死义,是必达理而闻

〔1〕《后汉书·张敏传》。
〔2〕《三国志·魏书·文帝纪》。
〔3〕《新唐书·孝友传》。

道者也。夫达理闻道之人,岂其以王法为敌仇者哉?议者反以为戮,黩刑坏礼,其不可以为典,明矣"[1]

仔细分析柳宗元的观点,我们不难发现他仍未能从根本上化解礼与法之间的矛盾。对此,唐宪宗时的职方员外郎韩愈看得十分清楚:"伏以子复父仇,见于《春秋》,见于《礼记》,又见于《周官》,又见于诸子史,不可胜数,未有非而罪之者也,最宜详于律。而律无其条,非阙文也。盖以为不许复仇,则伤孝子之心,而乖先王之训;许复仇,则人将倚法专杀,无以禁其端矣"。至于如何解决,韩愈的办法是"宜定制曰:凡有复父仇者,事发具其事由,下尚书省集议奏闻,酌其宜而处之,则经、律无失其指矣"[2] 简言之,就是具体事情具体处理。明代的丘濬进一步发挥了柳宗元的观点,认为,父兄如果被人故杀,报官而官府不纠察,子弟复仇,官吏应免职,报仇者无罪;如果不报官而擅自杀之,若杀之有理,"情有可矜",可坐其罪而免其死,将其流放。如此即可"与经与律两无违悖。人知仇之必报而不敢相杀害以全其生,知法之有禁而不敢辄专杀以犯于法。则天下无难处之事,国家无难断之狱,人世无不报之仇,地下无枉死之鬼矣。"[3]

在中国古代,敢于明确反对复仇的不多,北宋的王安石是其中之一。他说:"明天子在上,自方伯、诸侯以至于有司,各修其职,其能杀不辜者少矣"。即使有不幸被杀的无辜者,其子弟应逐级上告,"以告于天子,则天子诛其不能听者,而为之施刑于其仇",不允许子弟自己去复仇。所谓复仇,是因为"乱世则天子、诸侯、方伯皆不可以告","辜罪之不常获也",于是就有"父兄之仇而辄杀之者,君子权其势,恕其情而与之,可也"。在王安石看来,复仇之兴,是乱世特殊历史条件下的产物,随着国家法制的逐步加强,复仇就成了一种"不法行为"[4] 王安石不拘泥于春秋之义,而是着眼于安危治乱,着眼于维护封建法制的权威,故对复仇持完全否定的态度。

上述有关复仇问题的争论,反映到封建立法之中,就是最终形成了几条限制复仇的规定:父为官府所杀和"杀人而义"不得复仇;复仇的对象只限于仇人自身,不得扩及其家人;过失杀人者或杀人者已经判处,后遇"恩赦"释放,不得复仇,但杀人者需由官府迁徙他乡。

三、赦与非赦问题

赦或赦免是中国古代对犯罪者减轻或免除刑事处罚的一种制度。从现有史料来看,有关赦最早见于《尚书·舜典》"眚灾肆赦"的记载。眚,过失;灾,意外事故和灾

〔1〕《柳河东集·驳复仇议》。
〔2〕《旧唐书·刑法志》。
〔3〕《大学衍义补》卷一一○。
〔4〕《王文公文集·复仇解》。

害。意为因过失和意外而不幸犯罪者可以赦免。此后,有关赦的记载便频繁见于史料之中。如《周礼·秋官·司刺》中还将其归纳为"三宥三赦","一宥曰不识,再宥曰过失,三宥曰遗忘;一赦曰幼弱,再赦曰老耄,三赦曰蠢愚",可见赦的理论在逐步完善。

先秦儒家出于仁政需要,一般主张赦宥,认为对老、幼、愚犯罪应体察其特殊情况而从轻或免除处罚;对疑狱应宁以其轻,不从其重。

法家则坚决反对赦罪,主张"不赦过,不宥刑"。

西汉武帝以后,随着封建正统法律思想的确立,赦一方面由理论而转变为制度并沿用至清朝而不改;另一方面使用的更加频繁,大凡皇帝即位、改年号、册封皇后、立太子、生皇孙、平叛乱、遇灾异、帝后有病、郊祀天地、行婚丧寿庆,甚至获珍禽异兽都可以成为赦的理由,赦的名目也越来越多,有"大赦"、"曲赦"(局部地区)、"特赦"、"常赦"、"恩赦"、"郊赦"等。有学者统计,西汉刘邦在位十二年,大赦九次;文帝在位二十三年,大赦四次;景帝在位十六年,大赦五次;武帝在位五十五年,大赦十八次;昭帝在位十三年,大赦七次;宣帝在位二十五年,大赦十次;元帝在位十五年,大赦十二次;成帝在位二十六年,大赦九次;哀帝在位六年,大赦四次;平帝在位五年,大赦四次。[1] 赦使用之频繁由此可见一斑。

清末著名法学家沈家本对中国古代历朝使用赦免的情况进行了详细考察之后,得出如下结论:政治较为清平,法制较为严明之时,赦令一般较少。愈是乱世,赦令愈频繁;赦令愈多,铤而走险,以身试法者也愈多。赦的结果如此,因而从汉到清几千年中反对赦免的呼声一直不断,如汉代的匡衡、王符、荀悦,三国时的孟光、诸葛亮,唐朝的李世民,宋朝的欧阳修,五代时的张允,元代的赵天麟、苏天爵、陈天祥,明代的丘濬等皆是非赦论者。纵观上述人的观点,可大致归纳如下:

1.《尚书·舜典》中的赦罪与后世作为一种制度的赦免不是一回事。舜典中的赦或出于过误,或出于不幸,而且只是针对一人一事,自有其道理;而后世的赦针对的是天下所有罪人,且不问其过、误、故犯,一概除之,完全失去了古人"眚灾肆赦"的本意。故两者不可类比。

2.后世之赦"罪无大小咸赦除之,甚至十恶之罪常赦所不原者亦获赦焉",这就叫作"惠奸宄,贼良民",结果必使屡教不改的人得意,善良的人寒心。有失社会公正,放纵人性中的丑恶。如王符认为犯罪之人往往恶性难改,"虽得赦宥之泽,终无改悔之心,旦脱重梏,夕还囹圄",特别是那些"敢为大奸者",才必过人,他们既有钱又会奉承,想方设法讨好上者得以一犯再犯。

3.赦罪只是权宜之计,不可作为常典,更不可数赦。王符认为古代大乱之后的开

---

〔1〕 沈家本:《历代刑法考》卷二。

国之君为了安定民心才不得不行一次大赦。丘濬主张:"当承平之世,赦不可有,有则奸宄得志而良民不安;当危疑之时,赦不可无,无则反测不安而祸乱不解。"

4.赦罪的目的在于使人得生,但数赦的结果适得其反。明代的刘基认为:"刑,威令也,其法至于杀,而生人之道存焉;赦,德令也,其意在于生,而杀人之道存焉。""刑有必行,民知犯之之必死也,则死者鲜矣。赦者所以矜蠢愚,宥过误",使人"知罪不避而辄原焉,是启侥幸之心而教人犯也",最后恶贯满盈,"不得已而诛之,是以恩为陷也"。

5.赦罪有百害无一利。王符认为守法的人不会犯罪,数赦对他们不但无益反而有害;受害者希望皇帝"诛恶治冤,以解蓄怨",数赦就会使孝子见仇而不得讨,亡主见物而不得取,痛莫甚焉。此外,司法官明知判刑后罪犯可能获赦,就会有所顾虑,而不敢认真办理,以便留待赦免。久而久之,势必破坏法制的尊严。

尽管非赦说在中国古代声势颇大,但对法律的实际影响并不太大,历代统治者仍滥行大赦,使之成为中国古代法律制度中的一大特征。

四、族诛连坐

族诛即"罪人以族",在中国古代起源极早,夏代即有"孥戮"[1]的记载,秦将其发展为"夷三族",后世竟然还出现过夷五族、七族、九族乃至十族的恶例。连坐晚于族诛,产生于春秋战国时期。如商鞅在秦变法,"令民为什伍",一家犯法,其他几家连坐。

先秦儒家主张德治、爱民、慎刑,反对严刑峻法,反对族诛连坐。如荀子不但谴责"以族论罪",还进而提出了"杀其父而臣其子,杀其兄而臣其弟"的主张。

法家则支持族诛连坐,并在其执政时大力实施。封建正统法律思想确立后,尽管族诛连坐与儒家主张大相径庭,但历代统治者为了加强镇压,族诛连坐仍未被彻底废除。族诛连坐是一种野蛮的制度,其存在势必会受到一切有识之士的指责。如在汉昭帝始元六年召开的盐铁会议上,以御史大夫桑弘羊为首的一方和贤良文学们就对株连的存废展开了激烈的争论。

贤良文学们坚持儒家观点,反对株连,要求废除"首匿相坐之法",即要求允许亲属隐匿不告而不相坐。他们说:"今以子诛父,以弟诛兄,亲属相坐,什伍相连,若引根本之及华叶,伤小指之累四体也。如此,则以有罪株及无罪,无罪者寡矣。"他们认为,"首匿相坐之法立,骨肉之恩废,而刑罪多",所以反对"父子之相坐"、"什伍之相坐",主张"恶恶止其身",并进而指出,严刑峻法并不能预防犯罪,"纣有炮烙之刑,而秦有收孥之法",导致民心离散,"父子相背,兄弟相慢","骨肉相残,上下相杀",自取灭

---

[1] 《尚书·甘誓》。

亡。可见,在贤良文学知士看来,实行族诛连坐,一方面淡化了亲情,使骨肉相残;另一方面从法律作用角度讲也无助于预防犯罪,因而应该废止。

对此,桑弘羊等坚决反对。其理由:一是亲属之间,血脉相通,理应连坐。"一室之中,父兄之际,若身体相属,一节动而知其心",罪犯的亲属最知情。此外,尊长对卑弱负有不教之责,"居家相察,出入相司。父不教子,兄不正弟,舍是谁责乎?"二是进行威吓,预防犯罪。首匿相坐,使大家知道:"为非,罚之必加,而戮及父兄,必惧而为善"。[1]桑弘羊的观点与先秦法家的观点基本一致。

在中国古代,反对株连或主张限制株连的人不少,但从理论上论证最为充分的则首推明代的丘濬。他在《大学衍义补》一书中对此进行了充分论证:

1.族诛连坐非远古制度。"古者五刑极于大辟死,一身之外无余刑,至秦人始有三族之法,罪及妻、子、同产。夫以一人之有罪,而其妻、子固无罪也,况一族乎?"

2.株连父族尚为不可,那么,株连母族、妻族则更是毫无道理可言。"父之族同一气脉之相传,且犹不可,又况于母族、妻族乎?"此外,如果大家以一女子适人而连累其一家一族,甚至"绝宗殄祀",以后大家生女就会不嫁,长此以往,"则人类几不绝乎!"

3.从历史上看,只有行仁政才会国祚长久。"虞廷(指虞舜时代)罚不及嗣,周室罪人不孥。秦法一人有罪,并坐其家室。仁暴之心既殊,国祚所以有长短之异也。文帝即位之初,即除去秦人之苛刑,汉祚之延,几于三代,未必不基于斯"。

4.因诽谤妖言罪而株连他人于法理不通。"所谓妖言之令,尤为无可凭据。言出于人之口,而又入于人之耳,甚无形迹也。徒以一人之言而坐其一人之罪且不可,况其家族乎?"丘濬认为:"有国者恐其摇民惑众或致奸宄之生、祸乱之作,必明立禁条,须必见于手书,著于简牍,成夫文理,质证对验,明白无疑",然后才可定罪,否则根本不应坐之。

五、亲属能否相容隐

亲属在犯罪时应当相互容隐,不能相互告发,原本是先秦儒家的一种理想。《论语·子路》载有叶公与孔子的对话:"叶公语孔子曰:'吾党有直躬者,其父攘羊,而子证之。'孔子曰:'吾党之直者异于是:父为子隐,子为父隐,直在其中矣。'"《孟子·尽心上》也载有孟子与其弟子桃应的一段对话:"桃应问曰:'舜为天子,皋陶为士,瞽瞍(舜父——引者注)杀人,则如之何?'孟子曰:'执之而已矣。''然则舜不禁欤?'曰:'夫舜恶得而禁之?夫有所受之也。''然则舜如之何?'曰:'舜视弃天下犹弃敝屣也。窃负而逃,遵海滨而处,终身䜣然,乐而忘天下'。"《荀子·宥坐》亦记载有一个类似的故事。"孔子为鲁司寇,有父子讼者,孔子拘之,三月不别。其父请止,孔子舍之。

---

[1]《盐铁论·周秦》。

季孙闻之,不悦,曰:'是老也欺予,语予曰:为国家必以孝,今杀一人以戮不孝,又舍之。'冉子以告。孔子慨然叹曰:'呜呼! 上失之,下杀之,其可乎! 不教其民而听其狱,杀不辜也。三军大败,不可斩也;狱犴不治,不可刑也。罪不在民故也。'"可见,无论是孔子、孟子,还是荀子都是主张父子相隐的。

先秦法家反对亲属相隐,如商鞅认为"夫妻、交友不能相为弃,恶盖非","民人不能相为隐",《商君书·禁使》。即夫妻等亲友亦不能放任别人的恶行,掩盖别人的罪过,并主张"任法去私",亲属之间相互揭发,否则连坐。

汉以后,儒家的理想终于变为了现实,"亲亲得相首匿"成了国家的律文,并历经整个封建社会而不改。在封建正统法律思想占统治地位的中国封建社会,主张"亲属容隐"的络绎不绝,如东汉的班固、卫展,南北朝的蔡廓,明代的丘濬等均持这一观点,他们认为父子相讼会伤及骨肉亲情,如班固说:"兄弟相为隐,与父子同义,朋友相为隐者,人本接朋结友,为欲立身扬名也,朋友之道四焉,通财不在其中,近则正之,远则称之,乐则思之,患则死之"[1] 蔡廓云:"鞫狱不宜令子孙下辞,明言父祖之罪,亏教伤情,莫此为大! 直今家人与囚相见,无乞鞫之诉,使民以明伏罪,不须责家人下辞"[2] 不仅主张亲属相隐,还进而反对亲属在法庭上作证。卫展则从维护君权的角度论证了亲亲得相首匿的必要,他说:"相隐之道离,则君臣之义废,则犯上之奸著矣"[3]

与赞同之声相比,在中国封建社会中反对亲属容隐的则微乎其微,比较著名的人物除汉时的桑弘羊之外,便是清代的袁枚了。因而显得极为珍贵。袁枚在《读孟子》一文中借题发挥,对亲属容隐之说进行了批判,指出孟子答桃应问时所说的"瞽瞍杀人,皋陶执之,舜负而逃",不是"至当之言",而是"好辩之过",不懂得法不可废也。他还批评周世宗柴荣对其父杀人,"知而不问","柴守礼杀人,世宗知而不问,欧公以为孝,袁子曰:'世宗何孝之有'?"赞美皋陶执法如山,并说:"三代而后,皋陶少矣! 凡纵其父以杀人者皆孝子耶? 彼被杀者独无子耶? 世宗不宜以'不问'二字博孝名而轻民命也"。

袁枚的观点有其一定的道理,但在重视家族利益的中国封建社会,亲属容隐是不可能被放弃的。

六、司法时令说

"司法时令说",即"赏以春夏,刑以秋冬",以此来顺应天意。司法时令说在中国起源极早,《左传》襄公二十六年即有此类记载。后受儒家思孟学派"天人合一"和董

---

[1]　班固:《白虎通》。

[2]　《宋书·蔡廓传》。

[3]　《晋书·刑法志》。

仲舒"天人感应"学说的影响,自汉以后,"刑以秋冬"成了一项法定的司法制度。与此同时,这一制度也一直受到非正统法律思想家的尖锐批判,如汉代的王充、唐代的柳宗元等,特别是柳宗元曾专门撰写有《断刑论》一文对此进行批驳。纵观历代思想家们对司法时代说的批判,其理论不外乎以下两点:一是从哲学上指出"天人感应"学说本身的荒谬;二是从法律角度指出这一制度的弊端:不利于及时打击犯罪。如柳宗元认为司法时令说不利于赏善罚恶,还会造成"为善者怠,为恶者懈"的恶果,无异于"驱天下之人入于罪"。此外,柳宗元还揭露了案件积压所造成的犯罪人员的悲惨处境。他说:"使犯死者自春而穷其辞,欲死不可得,贯三木,加连锁,而致之狱吏,大署者数月,痒不得搔,痹不得摇,痛不得摩;饥不得时而食,渴不得时而饮,目不得瞑,支不得舒,怨号之声,闻于里人"。[1] 因而,赏刑不愈月随时而行,不仅有利于打击罪犯,使天下之人从善远罪,对于人犯也更不人道。需要指出的是,司法时令说固然有其荒诞的一面,但也应看到其积极的一面,在皇权凌驾于一切之上的封建社会,惟有"天意"才能束缚皇权。因而,司法时令说在一定程度上也起到了抑制滥刑的作用。如汉末王莽曾违背此制度于春夏行斩刑,导致"百姓震惧,道路以目","除顺时之法"后来成了讨伐王莽的主要罪状之一。[2]

七、刑讯问题

刑讯又称拷鞫、拷问、榜掠、掠治等,是指在审讯过程中,使用暴力手段逼取口供,作为定罪量刑依据的一种方法。在中国古代,刑讯始于奴隶社会,盛行于秦汉,魏晋以后逐步规范化和制度化。刑讯的存在和盛行,造成了大量的冤假错案,不可避免地引起了许多有识之士的指斥。

从现有史料来看,在中国古代最早明确提出反对刑讯的是西汉的路温舒。他曾为此专门上疏汉宣帝指出:"夫人情安则乐生,痛则思死。捶楚之下,何求而不得?"并建议宣帝"除诽谤以招切言,开天下之口,广箴谏之路,扫亡秦之失","省法制,宽刑罚",[3] 从法理上指明了刑讯与冤假错案之间的必然关系。

南北朝时梁朝周弘正在路温舒的基础上进一步指出:"凡大小之狱,必应以情正以言,依准五听,验应虚实,岂可全凭拷掠,以判刑罪?""重械之下,危堕之上,无人不服,诬枉者多"。[4]

此后,宋太宗赵匡义、金世宗等亦对刑讯进行了批判,但其言论与路、周大致相同。除上述这种对刑讯完全持否定态度的言论外,亦有人主张对刑讯采取限制的办

─────────────

〔1〕《柳河东集·断刑论(下)》。
〔2〕《汉书·王莽传》。
〔3〕《汉书·路温舒传》。
〔4〕《陈书·沈洙传》。

法,如清末两江总督刘坤一和两湖总督张之洞的观点即是如此,他们在《第二次会奏变法事宜疏》中建言:"敲扑呼号,血肉横飞,最为伤和害理,有悖民牧之义! 地方官相沿已久,漠不动心。拟请以后除盗案命案证据已确而不肯供认者,准其刑吓外,凡初次讯供时及牵连人证,断不准轻加刑责"。

八、同罪异罚问题

西汉中期以后,中国法律开始了漫长的儒家化进程,"八议"、"官当"等一些儒家的主张相继进入了法典,同罪异罚终于成了法定原则。与此同时,围绕着同罪异罚问题也在中国封建社会思想界乃至统治者中间展开了旷日持久的争论。西汉的贾谊,东汉的郑玄,南北朝的李彪、刘秀之,宋代的王安石,明代的丘濬等无不赞颂同罪异罚。西汉初年,贾谊就在《治安策》中带头对法家所主张的刑上大夫的观点和做法进行指责,主张刑不上大夫,他说:"廉耻节礼以治君子,故有赐死而无戮辱。是以黥劓之罪不及大夫,以其离主上不远也","君之宠臣虽或有过,刑戮之罪不加其身者,尊君之故也","今而有过,帝令废之可也,退之可也,赐之死可也,灭之可也。若夫束缚之,系之,输之司寇,编之徒官,司寇小吏詈骂而笞榜之,殆非所以令众庶见也"。长期如此,便"非所以习天下也,非尊尊贵贵之化也"。以后数千年间,这一论调便被不断重弹。如王安石认为:"命夫命妇不躬坐狱讼者,贵贵也。王之同族有罚不即市者,亲亲也。贵贵亲亲,如此而已,岂以故挠法哉!"[1]

对"八议"等推崇备至的则非丘濬莫属,他说:"王之亲故,不可与庶人同列,有罪议之,所以教天下之人爱其亲族,厚其故旧。国之贤能,不可与庸常同科,有罪议之,所以教天下之人尚乎德行,崇乎道艺。有功者则可以折过矣,有罪议之,则天下知上厚于报功,而皆知所懋。有位者不可以轻摧辱,有罪议之,则天下知上之重于贵爵,而皆知所敬。有勤劳者不可以诅抑,有罪则议之,使天下知上之人不忘人之劳。为国宾者宜在所优异,于有罪则议之,使天下知上之人有敬客之礼。先儒谓八者天下之大教,非天子私亲故而挠其法也。人伦之美,莫斯为大"[2]。

但几千年来,反对同罪异罚等特权原则的亦不乏其人,较著名的有汉代的王充、唐代的吕温和宋代的李觏、司马光等。王充等从正面论证了同罪同罚的道理,他说:"法乃天下之公器也,法可宥焉,天子不得以私诛;法可诛焉,天子不得以私宥"[3]。即强调法是天下的公器,对任何人都必须一视同仁。司马光、李觏也持类似的观点,如司马光说:"愚以为法者天下之公器,惟善持法者,亲疏如一,无所不行,则人莫敢有

---

[1]　转引自杨鸿烈:《中国法律思想史》下册,商务印书馆 1998 年版,第 120 页。
[2]　丘濬:《大学衍义补》。
[3]　王充:《论衡》。

所恃而犯之"〔1〕只有亲疏如一,法律才会被尊重,才能起到维护社会秩序的功能。李觏说:"法者,天子与天下共也,如使同族犯之而不刑杀,是为君者私其亲也;有爵者犯之,而不刑杀,是为臣者私其身也。君私其亲,臣私其身,君臣皆自私,则五刑之属三千,止为民也。庆赏则贵者先得,刑罚则贱者独当,上不愧于下,下不平于上,岂适治之道耶? 故王者不辨亲疏,不异贵贱,一致于法。"〔2〕

吕温则主要从同罪异罚的后果对"八议"等制度进行了抨击。他认为允许功臣恕死必然导致弃信与废刑的后果。他说:"有国之柄,莫大乎刑赏。人生有欲,不可以不制;天讨有罪,不可以不刑,盖刑者,圣王所以佐道德而齐天下者也。功济乎物,不可以不赏;赏劝乎功,不可以不信。盖信者,圣人所以一号令而惇天下者也。然则恕死之典,弃信而废刑。何以言之,夫立功者,……非尽能贤,或者起屠贩垄亩行阵之间。乘帝王应天顺人之势,用力无几,遂贪天功,超腾风云,各得变化,率劳怙宠,倔强自负,僭冒无厌,见利忘义,是宜崇威峻法,大为之防,而反丹书铁券,许以不死。其功大者,可以五作乱而十犯上,孰不以暴为无伤乎? 且人君之言,如涣汗不反,既与之要天地,誓山河,卒一旦失驭,有黥韩之罪,〔3〕神怒之怨,不得已而诛,是弃信也。若恣行凶险,躐突宪纲,或好锋将发,衅逼宗社,乃念斯言之玷,忍而不诛,是废刑也。"并进而指出,最好的办法是废除这一制度,"使贤而有功,惊宠惧满,自居无过之地,何恕死为? 使愚而有功,已小人不幸,又告以无死,是增骄而启奸,适所谓赏之以祸也。虽恕之死,其能免乎?"〔4〕

最后,还需指出的是,尽管王充等人反对贵贱异法,要求同罪同罚,但对于封建社会中普遍存在的良贱问题却都不曾涉及。相反,对于良贱的划分还持肯定态度,如司马光就把"杖责"作为"持家驭奴之道"。

第二节 民事方面

一、别籍异财问题

别籍异财是指祖父母、父母在,或为父母服丧期间,子孙欲分户另过。儒家重血缘、讲亲情,维护大家庭和孝道,因而反对别籍异财。唐朝以后的中国封建法典更是把别籍异财的行为列为十恶之一的不孝,如《唐律·名例律》"十恶"中的"不孝"罪的

---

〔1〕 司马光:《司马温公文集》。
〔2〕 李觏:《李觏集》。
〔3〕 黥指黥布,即英布;韩指韩信。两人均为汉高祖刘邦的武将,后因反叛被杀。
〔4〕 吕温:《吕衡州集·功臣恕死议》。

第一条就是"父母在,别籍异财"。疏议又加上:"祖父母在,而子孙别籍异财者,徒三年。若祖父母、父母令别籍者,徒二年,子孙不坐";"诸居父母丧……兄弟别籍异财者,徒一年"。

对于以法律手段强迫父母兄弟同居的做法历来反对者不少,如宋代的袁采,清代的李绂等。袁采认为:"兄弟义居,固世之美事","顾见义居而交争者,其相疾有甚于路人,前日之美事,乃甚不美矣。兄弟当分,宜早有所定。兄弟相爱,虽异财亦不害为孝义。一有交争,则孝义何在?"[1]李绂专门撰写有《别籍异财议》一文剖析大家族的弊端,批评主张兄弟义居的朱熹。他认为对于兄弟"禁其争财可也,禁其分居恐未可也"。理由是:第一,"古者未尝禁人分居也",他举例说孟子论述王政时所称的"八口之家"就是小家庭,但同样可以"相友相助相扶持";第二,相反,大家庭的出现则是衰世"渐失友助扶持之意"的结果。面对着衰世,有些人想用累世同居的办法来"助亲睦而激薄俗",但这对于大多数家庭来讲是做不到的。因为要想累世同居就得立法,就得方方面面都有章可循,此外还需"代有贤者主持倡率而后可行"。否则"财相竞,事相诿,俭者不复俭,而勤者不复勤,势不能终日,反不如分居者各惜其财,各勤其事,犹可以相持而不败也。"不仅如此,他还认为,家长年老如过七十便应"传家政,或年虽未衰,别有疾病而不任综理,则子孙析居,亦无不可"[2]。

袁采、李绂对别籍异财问题的看法,只涉及大家族制度,并不涉及家长制,这一点通过上面的介绍不难看出。

二、同姓不婚及近亲结婚问题

同姓不婚是中国封建法律中所规定的禁止结婚条件,即如男女同姓,禁止结婚,违者,不但婚姻无效,男女当事人还要承担刑事责任。

为什么不允许同姓相婚? 支持者解释说原因有三,一是礼教,二是优生,三是禁忌。对于前两者,班固《白虎通·姓名篇》及《嫁娶篇》讲得十分详细:"人所以有姓者何? 所以崇恩爱,厚亲亲,远禽兽,别婚姻也。故纪世别类,使生相爱,死相哀,同姓不得相娶,为重人伦也。""不娶同姓者,何法? 法五行,异类乃相生。"至于禁忌,《国语》中讲得明白,"娶妻避其同姓,畏灾乱也"。

反对者认为,战国以后人口流动颇繁,姓与血缘已无关系,如清末修律大臣沈家本在《删除同姓为婚律》一文中,在考证了历史上姓氏混乱的情况后指出:不但"其氏相同,而其祖不同,谓之同姓,名实殊乖";而且还有"视其本宗,转同异姓"的错误,因而建议将此条从律文中删除[3]。

---

〔1〕　袁采:《世范·睦亲篇》。

〔2〕　转引自杨鸿烈:《中国法律思想史》,商务印书馆1998年版,第286页。

〔3〕　沈家本:《寄簃文存》卷一。

与同姓不婚相近似,还有近亲结婚问题。出于维护礼教的需要,中国封建法律大都禁止近亲结婚,如《唐律·户婚律》规定:"……其父母之姑舅两姨妹及姨,若堂姨母之姑,堂姑,己之堂姨及再从姨堂,外甥女,女婿姊妹并不得为婚姻,违者各杖一百,并离之"。但在现实生活中,由于农业社会中人际交往较少,近亲结婚者不在少数。因而,便不断有人著文,要求放宽此条,如宋代的洪迈在其所著的《容斋随笔》中便主张表兄弟姊妹可以结婚。此外,明代的朱善还专为此上疏皇帝,说:"民间姑舅及两姨子女,法不得为婚,仇人抵讼,或已聘见绝,或既婚复离,甚至儿女成行,有司逼夺,按旧律尊长卑幼相与为婚者有禁,盖谓母之姊妹与己之身是为姑舅两姨,不可以卑幼上匹尊属,若姑舅两姨子女无尊卑之嫌",况且古人此类通婚"甚多,愿下群臣议,驰其禁"。[1]

三、七出三不去

"七出""三不去"是中国封建法律所规定的离婚制度之一。"七出"是指如果女方具有下述七种情况之一,男方即可单方面休妻:不顺父母;无子;淫;妒;有恶疾;口多言;窃盗。而"三不去"则是指如女方具备有所取无所归、经三年之丧和先贫后富等三条中的任何一条,男方则不得休妻。七出、三不去所维护的是大家族的安宁和利益,它把离婚的权利完全交给了男方。

在以男权为中心的中国封建社会,七出、三不去得到了许多封建士大夫的支持和拥护,如明代的王玮就曾专作《七书议》一文对此加以赞扬,他说:"妻道二:一曰奉宗祀也,一曰续宗祀也,二者人道之本也。今其无子,则是绝世也,恶疾则是不与共粢盛也,是义之不得不绝者也。夫不顺父母,以其逆德也;淫,以其乱族也;妒,以其乱家也;多言,以其离间也;窃盗,以其反义也;五者其恶德之见绝于人者也。无子之绝世,恶疾之不可与共粢盛,二者其恶德之见绝于天者也,其于义所当绝,均也。"并竟然认为由于"三不去"的存在,封建法律对于女子实在是关爱有加了。"今自'七出',言之,无子恶疾,固妇人之不幸也,而出之若过乎严矣,然三不去者,妇人孰无之? 使其无子恶疾矣,而或其有所取无所归也,与更三年之丧也,前贫贱而后富贵也,则固不得而去之也,又是未尝不宽甚矣"。[2]

从现有史料来看,在中国古代从整体上否定"七出""三不去"者尚不多见,但对其中某几项进行批驳者却大有人在,如明代的宋濂即指出"七出"中的"恶疾"与"无子"极不合理。他说:"'七出',是后世薄夫之所云,非圣人意也。夫妇人从夫者也。淫也,妒也,不孝也,多言也,盗也,五者天下之恶德也;妇而有也,出之宜也。恶疾之与无子,岂人之所以欲哉? 非所欲而得之,其不幸也大矣,而出之,忍矣哉! 夫妻人伦

---

[1]《明史·刘三吾传》。

[2]《皇明文衡》卷九。

之一也。妇以夫为天,不务其不幸,而遂弃之,岂天理哉? 而以是为典训,是教不仁以贼人道也。仲尼没而邪辞作,人之不信,而驾圣人以逞其说,呜呼! 圣人之不幸,而受诬也是甚矣哉!"[1]清代的俞正燮著有《妒非女人恶德论》一文,认为"妒非女人恶德,妒而不忌,斯上德矣",[2]主张将妒从七出中删除。在一个男尊女卑思想占统治地位的社会中,宋濂、俞正燮的观点已属不易。

中国古代民事法律欠发达,有关此方面的思想亦较少,上述几个方面是其主要者。

思考题

1. 简述丘濬的反族诛连坐思想。
2. 简述中国古代思想家反对赦免的思想。
3. 中国古代思想家为什么主张复仇?

参考书目

1. 霍存福:《复仇、报复刑、报应说》,吉林人民出版社 2005 年版。
2. (明)丘濬:《大学衍义补》。
3. (唐)柳宗元:《驳复仇议》。

---

〔1〕 转引自杨鸿烈:《中国法律思想史》,商务印书馆 1998 年版,第 270～272 页。
〔2〕 转引自杨鸿烈:《中国法律思想史》,商务印书馆 1998 年版,第 270～272 页。

第七章　中国法律思想的转型

学习目的与要求

　　本章介绍中国近代社会转型时期的法律思想。要求领会中国近代法律思想转型的社会基础和思想原因;掌握早期改革派、洋务派、太平天国领导人、资产阶级改良派、资产阶级革命派以及急进民主派法律思想的基本内容和其意义;掌握中国近代法律思想发展演变的规律,并以马克思主义法学观对上述思想作出基本的评价。

　　鸦片战争的爆发,掀开了中国历史新的一页,中国自此逐步沦为半殖民地半封建社会;同时也不得不改变自己固有的发展轨迹,向西方国家发展的方向靠拢。在这个阶级矛盾和民族矛盾空前激烈、社会急剧变革的近代中国,各个阶级和阶层围绕着反帝反封建这一时代主题,形成了各种不同政治主张和思想观点,展开了激烈的论战与斗争。此外,中国自古就有以变法推动社会改革的传统,鸦片战争以后,随着民族危机的加深,终于在甲午战争以后,变法图强又一次成为了举国上下的一致呼声,腐败的清王朝出于继续维护其统治的需要,也不得不于19世纪末20世纪初展开了变法活动。众所周知,法律制度的变化涉及每一个人的利益,因而变法引起了整个社会的极大关注,成为各个派别论战与斗争的焦点。

　　尽管这一时期的法律思想观点新旧交织,错综复杂,但其核心则是坚持纲常名教的封建正统法律思想与宣传和推行民主、共和的资产阶级法律思想的斗争,斗争的结果是资产阶级法律思想逐步取代了封建法律思想,完成了中国法律思想的转型。

　　纵观这一时期法律思想的发展,大致可以划分为如下几个阶段:

　　1.早期改革派的法律思想。鸦片战争前夕,清王朝已经陷入内外交困的窘境。鸦片战争的惨败,更使这种窘境和封建制度的弊端暴露无遗。地主阶级内部以林则徐、龚自珍、魏源等为代表的一批有识之士,在深受震惊、痛感耻辱之余,出于强烈的爱国心,提出必须进行相应的社会改革,匡时救世。早期改革派在法律思想上,主要是揭露封建黑暗,主张"师夷长技",进行"更法"。

　　2.具有宗教性质的太平天国领导人的法律思想。1851年爆发了中国近代史上规模最大的农民革命——太平天国革命。这次农民起义既是对封建社会历次农民起义的全面总结，又是近代资产阶级民主革命的起点。这一特定历史背景，决定了太平天国农民起义领袖法律思想的多重性和复杂性：既有进行土地改革的反封建的革命民主主义法律观；又有要求绝对平均的小生产者的法律观；还有要求发展资本主义经济，采用资产阶级法制原则的资产阶级法律思想，同时也夹杂着浓厚的封建色彩。这一切足以表明，在社会急剧变革的近代中国，农民阶级本身也在发生着变化，其先进人物的思想正日益发展为民主革命思想的先声。

3.洋务派的法律思想。太平天国革命被镇压下去之后，以曾国藩、李鸿章、张之洞等为首的清廷内部一批掌握地方实权的封疆大吏们，出于富国强兵的目的，提出了学习西方物质文明、兴办军事和民用工业的主张，史称洋务派。在法律思想上，洋务派的基本观点是"变器不变道"，或"中学为体，西学为用"，即在坚持不违反封建纲常伦理的前提下，"采用西法以补中法之不足"。洋务派及早期改革派的法律思想可以视为是在特定的历史条件下，统治阶级中的有识之士在封建正统法律思想的范围内为挽救封建统治而提出的一个自救纲领。

4.资产阶级改良派的法律思想。实践已充分证明，在中国要想真正学习西方变法图强，无论是靠地主阶级，还是靠农民阶级，都是不可能的。这一时代重任历史地落在了新生的资产阶级肩上。甲午战争后，全国掀起了救亡图强的爱国运动。以康有为、梁启超为首的资产阶级上层代表人物利用宫廷矛盾发动了一次维新变法运动，主张通过和平手段，用自上而下的改良办法，建立君主立宪制度，此即史称戊戌变法。资产阶级改良派的法律思想大致可以归纳为以下几点：用君主立宪取代君主独裁；以平等观取代等级观；用近代法律取代古代法律。

5.资产阶级革命派的法律思想。戊戌变法失败后，资产阶级革命派兴起。以孙中山、章太炎等为首的资产阶级革命派抛弃了改良派托古改制的形式，主张以革命手段推翻封建专制制度，建立民主共和国。与改良派相比，革命派对西方近代法律思想的理解也更加透彻。在法律思想上，资产阶级革命派不但坚决反对封建法制的专制主义和纲常礼教原则，反对帝国主义的治外法权，而且明确提出通过"分权"学说，建立起一个资产阶级民主性质的与中国国情相结合的具有中国民族特色的法律体系。

综上所述，中国传统法律思想的转型，经过了这样几个步骤：地主阶级早期改革派及洋务派开启变法先河；资产阶级改良派为从传统向近代转型搭起桥梁；资产阶级革命派会通中西，完成了西方资产阶级法律思想的输入。

需要指出的是，由于近代中国政局的多变，西方列强的欺压以及资产阶级发展的局限，使近代中国的民主法治思想发展既不充分，也不成熟，反封建的任务远未完成。

第一节　早期改革派和洋务派的法律思想

一、早期改革派的法律思想

(一)早期改革派的概念与形成

此处所称之早期改革派,是指在鸦片战争前后,在满清统治阶级内部出现的一些有识之士,他们在对世界大势有了基本的认识之后,针对社会矛盾剧烈变化的基本现实,在检讨和批判封建王朝的种种腐败和弊端后,提出必须采取必要的应对措施,进行相应的社会改革措施。他们的根本目的是为清王朝的继续生存寻求出路。

他们痛感"变法图强"关系到中华民族的生死存亡;他们强烈的爱国心使他们超出了一般意义上的"忠臣"范畴;他们不是着眼于个人和个案,而是把制度本身作为他们的考察对象;他们对统治集团摧残和扼杀人材的现象予以抨击,主张不拘一格地选用人材,任用贤人良士成为执法者;他们针对鸦片输入对国家和人民造成的巨大危害,主张用严厉的手段禁绝鸦片;他们面对来自西方的严峻挑战,认真研究西方的情况和制度,提出了"师夷长技以制夷"的应战策略。他们强烈的危机感、卓越的见识和炽烈的爱国热忱使他们成为时代的改革者。

在此以前,中国对于当时世界的认识,是落后、含混而又肤浅的。在当时的中国人眼中,"天朝"是世界的中心,是文明的象征。而"天朝"以外,不过是"蛮夷"的所在。他们不但不具备精神文明,而且也缺乏必要的物质文明。他们即使有先进的东西,也不过是"奇技淫巧"。有学者认为:"事实上,中国在长久以来鲜有足以匹敌的对手,因而养成了中国惟我独尊的观念,由自满而生怠惰,由怠惰而入瞌睡"。[1] 从某种意义而言,这种认识是正确的。

当时,中国社会对西方的了解极为模糊,对来自西方的挑战普遍认识不足,王闿运可以说是当时知识阶层中头脑比较清楚的人物,但他对于西方的事物,也采取通行的鄙夷态度,其称:"火轮者,至拙之船也;洋炮者,至蠢之器也,船以轻捷为能,械以巧便为利。今夷船煤火莫发则莫能行,炮须人运而重不可举,若敢决之事,奄忽临之,骤失所恃,束手待毙而已。"[2] 并且,他没有认识到现在的"夷人"与以往的蛮夷有了根本的不同,而认为夷人仍是"其尊中国也如天,其觊觎也如鬼。其羡我土地、物产、

---

〔1〕 张云樵:《伍廷芳与清末政治改革》,香港联经出版社 1987 年版,第 38 页。
〔2〕 《湘绮楼文集·陈夷务疏》。

礼乐、制作之繁富,其欲袭我政事、官爵、文章之华贵"的古之夷狄。[1] 这种认识代表了当时中国社会对西方的认识水平。

早期改革派的形成,完全是时势的产物。从其生成的条件而言,基本上可以概括为以下几个方面:

1.世界大势所趋的必然结果。中国以自然经济为主的农业生产方式,造就了闭关保守的社会意识和统治策略。中国与世界的联系,人为地被割断了。甚至对于外国的东西,一律采取盲目的排斥。即使是明知外国的事物是先进的,也自甘落后。所谓"宁可使中国无好历法,不可使中国有西洋人",就是这种愚昧观念的典型例子。清王朝建立以后,特别是康熙时期的"礼法之争"以后,清政府继续采取自我封闭的锁国政策,阻碍了中国和世界的交流。清政府为限制和防范外夷,制定了一系列的法律和章程,如乾隆二十四年的《防范外夷条规》、嘉庆十四年的《民夷交易章程》、道光十一年的《防范夷人章程》,此外还有大量的上谕和官方文书。这些法律中有一些内容是必要的,而有一些是与世界发展的大趋势背道而驰的。如其中规定:外国人不得买中国书,不得学习中文,不得在中国划船取乐,等等。[2]

而在此时,西方的工业革命正在进行,至 19 世纪初,西方国家不但在经济上取得了突飞猛进的发展,其政治制度和法律制度也已基本完成了从封建制度向资本主义的过渡。它们的社会生产力获得了极大的发展。这种发展不但使其国力大为增强,而且使国家具有极大的侵略与扩张性。世界经济与政治的落差,使得它们必然会对经济落后、政治制度保守的国家和地区进行领土上、经济上、政治上和文化上的入侵和压迫。

对于中国而言,这种情况是前所未有的,也是根本无法回避的。不管历史多么悠久,文化多么绚烂,传统多么深厚,社会结构多么稳定,都不能凭藉自身固有的力量与之对抗。而惟一的出路就是顺应这种世界大势,改造旧传统,创造新传统;改造旧文化,创造新文化;从社会结构上,从社会制度上、从文化的适应性上进行根本性的改变。在这种世界大势的逼迫下,早期改革派形成了他们的变法思想。

2.西学的渐进。尽管中国的封建王朝统治者采取了闭关锁国的政策,但世界文化的交流与融合是不可避免的。事实上,从明朝以来,西方的宗教、文化和科学技术已通过各种方式传入了中国。其中,基督教的传教士是进行这种科学文化输入的主要传播者。16 世纪以来,西方的一些传教士,如著名的利玛窦等人就到中国传教。他们在传教之余,通过译书和著述,传播了西方的科学技术和人文科学知识,使一些中国人对数学、物理学、化学、地理学、天文历算学等近代的自然科学有了基本的了解。同时,他们也向西方介绍了中国的基本情况。当时,中国一些开明的知识分子对于这

[1]　《湘绮楼文集·御夷论》。
[2]　张晋藩:《中国法律的传统与近代转型》,法律出版社 1997 年版,第 340 页。

些新型的知识也采取了选择性接受的态度,如:徐光启、李之藻、王徵、黄宗羲、方以智、刘献庭等人就是其中的典型代表人物。如徐光启与利玛窦共同翻译了古希腊数学名著《几何原本》,他还述编了《泰西水法》(熊拔三著)。

到鸦片战争前,西学的渐进尽管仍是小范围和缓慢的,但通过多年的积累,近代科学的基本知识已大多传入中国。到1842年,鸦片战争结束时,传教士们共出版了中文图书和刊物138种,其中属于介绍世界历史、地理、政治、经济等方面知识的有32种,如《美理哥合省国志略》、《贸易通志》、《察世俗每月统记传》、《东西洋考每月统记传》等[1]。这些书刊,成为日后林则徐、魏源、徐继畬等人了解世界情况的重要资料。在此期间,传教士还在中国开办了第一个中文印刷所,第一所对华人开放的教会学校,第一家中文杂志,编写了第一部英汉字典,等等。

西学东渐为早期改革派的思想形成创造了必要的条件。它使得这些思想家掌握了初步的西学知识,使他们"睁开眼睛看世界"有了必要的理论基础,为他们形成自己的思想体系提供了基本的素材。

3.时局的逼迫。虽然中国最终将不得不被拉入世界大势之中,虽然西学东渐使中国的文化传统必然要做重新的检讨和更新,但如果没有时局的逼迫,传统的力量还是会使中国在原有的老路上继续走下去,思想的变迁不可能会自动出现。因为西学的传入规模与传统的中国文化相比较,不过是沧海一粟而已。

鸦片战争前夕,中国社会正处于内忧外患的重重困扰之下。清王朝在经历了康熙、雍正、乾隆三朝100余年的兴盛之后,从盛世开始走向衰落。清王朝在政治统治、经济秩序、文化发展等方面遇到了极大的危机。遍及五省、历时九年的白莲教起义,使清王朝的统治遭受了极为沉痛的打击,社会中的、制度上的弊病都充分暴露出来。在经济上,社会的贫富分化现象极为严重,一方面,富者占有良田逾万顷;另一方面,举债破产、颠沛流离者的数目逐年增加。即所谓:"贫者日愈倾,富者日愈壅"[2]。这种不正常的现象使社会基础的稳定受到极大的威胁,社会矛盾急剧激化。

在政治上,封建专制制度也开始走向极端,皇权统治达到了前所未有的极端程度,君臣关系等同于主奴关系。这种情况直接导致了清王朝的吏治腐败,这种官僚政治的没落的典型例证为:大臣们以"多磕头,少说话"为做官的信条。阿谀奉承、因循苟且成为保证自己职位的最好方法。正如龚自珍所描述的那样:"官愈久,则气愈偷;望愈崇,则谄愈固;地益近,则媚亦益工"[3]。清王朝政治的危机,还体现在官员们贪婪地搜刮民脂民膏,并且贪污腐败的现象已经达到相当严重的程度。当时曾任陕西巡抚的刘蓉在一封书信中写道:"今天下之吏亦众矣,未闻有以安民为事者,而赋敛之

---

〔1〕　熊月之:《西学东渐与晚清社会》,上海人民出版社1994年版。

〔2〕　《龚自珍全集·平均篇》。

〔3〕　《龚自珍全集·明良论二》。

横,刑罚之滥,民膏而殃民命者,天下皆是。……今之大吏,以苞苴之多寡,为课绩之重轻,为黜陟之典乱;今之小吏,以货贿之盈虚,决讼事之曲直……"[1]

法律制度是社会政治的主要内容,它的完善与否是社会稳定的关键。此时,清朝法律制度的基本状况是黑暗与腐败。不但皇权凌驾于法律之上,自上而下的各级官员也普遍任意枉法。加之讼师胥吏助纣为虐,玩法行私,包揽辞讼。或无端罗织罪名,或随意出入人罪,使得普通百姓把打官司视为畏途。另外,这种封建法律制度已无法调整随着资本主义商品经济和对外贸易中出现的新的法律关系。

在文化上,由于清王朝采取的文化高压政策,不但民族民主思想被强力压制,就是一般的学术、文学创作研究也被无端的限制,正如龚自珍所言:"避席畏闻文字狱,读书只为稻粱谋"。由此造成了文化和思想的凋敝。知识分子只好埋头考据,形成了不问世事、脱离实际的学风。科举制度更成为压制人才、束缚思想的工具。从龚自珍、魏源到洪秀全、洪仁玕等人的科举历程,就能看出这种制度的深刻弊端。

在对外关系上,由于清王朝对于西方的冲击缺乏必要的应对措施,使得他们在西方政治、经济和军事的压迫下一筹莫展。帝国主义利用贸易,特别是非法的鸦片贸易对中国进行掠夺。随着鸦片的大量输入,吸食鸦片不但成为巨大的社会问题,而且直接导致了对中国经济、财政、军事的极大危害。这一切,引起了社会的严重不安。正如林则徐所说:"若犹泄泄视之,是使数十年后,中原几无可以御敌之兵,且无可以充饷之银"[2]

（二）早期改革派的代表人物

早期改革派的人物中主要包括统治阶级内部的一些有识之士。其中有政府官员,也有社会上的贤良之士。

1.林则徐,生于1785年,字元抚,又字少穆、石麟,福建侯官（今闽侯）人。他出生于一个家道中落的望族。其天资聪颖,19岁中举人,26岁中进士。曾任学政、（江南道）监察御史、（浙江省）道员、（浙江）盐运使、（江苏）按察使、（江宁）布政史、（河东）河道总督、湖广总督等职。其在从政经历中,以办事认真、清正廉洁而获好评。1838年底,被任命为钦差大臣,节制广东水师,查禁鸦片。在此期间,他组织翻译了大量的有关西方政治、经济、军事的资料,对西方的情况有了比较深入的了解。鸦片战争爆发后,因战获罪而被革职。次年,赴浙江筹划海防,后获罪充军新疆。以后复用为陕西巡抚、云贵总督。1850年,在前往广西任上途中病逝。留有著作《林文忠公政书》、《信及录》、《云左山房文钞》等。

林则徐在广东查禁鸦片之时,出于知己知彼的目的,在上任抵达广州后,便迅速

---

[1]　《养晦堂文集·卷三》,转引自张晋藩:《中国法律的传统与近代转型》,法律出版社1997年版。
[2]　《钱票无甚碍宜重禁吃烟以杜源片》,见《筹办夷务始末·道光朝》。

展开了对自己面临的对手的研究和判断工作。据当时《澳门月报》的报道："中国官府全不知外国之政事，……惟林总督行事全与相反，署中尝有善译之人，又指点洋商、通事、引水二三十位，官府四处打听，按日呈递，亦有他国夷人甘心讨好，将英吉利书籍卖与中国……"他还聘请了精通外国语的人，翻译外国的书报，及《澳门新闻纸》、《四洲志》、《万国公法》等。这一切，虽然可以说从本初的目的上而言，只是一种"用兵之道"。但这的确可以说是"睁开眼睛看世界"的开端。

2. 龚自珍，生于1792年，又名巩祚，字瑟人，号定庵，浙江仁和（今杭州）人。幼年从学于其外祖父、著名学者段玉裁，打下了牢固的学术功底。他虽赋有才学，但直到38岁，历经5次会试落第后，始中进士。他从小就有经世济民之志，注意研究"东西南北之学"，21岁刻印《怀仁馆词》，段玉裁在其序中称："自珍见余吴中，年才弱冠，余所观所业，诗文甚多。间有治经史之作，风发云逝，有不可一世之概"。并在读了龚自珍的《明良论》后，更赞叹："吾且耄，犹见此才而死，吾不恨矣"。其后，他师从"公羊学"大师刘逢禄，更深研经世致用之道。但其一生宦途不畅，没有获得过较高的官职。48岁以礼部主事弃官归，"不携眷属兼从，以一车自载，一车载文集百卷以行，不以贫自馁也"。1841年卒，享年50岁。

龚自珍的时代，正是满清开始走向衰败的阶段，龚自珍比世人更清楚地看出这种衰败的苗头。当众人还对即将到来的危机浑然不知，沉溺于盛世遗绪之时，他已经看出中国已处于重重危机之中。他在其《丁亥诗》中表达了他深深的忧虑："……看花忆黄河，对月忆西秦。贵官勿三思，以我为杞人"。

龚自珍的思想，源于他对现实的关心，对社会的批判。他洞悉社会的隐患和世事的不平，从而在诗文中努力道出自己忧世忧民的心志，试图唤醒国人认清眼前的危机。他努力摆脱当时经学家的烦琐、媚古和空疏，力图另辟蹊径，但终归不得志而终生。他曾自叹："纵使文章惊海内，纸上苍生而已"。但时事很快验证了他的预言，在他逝世前一年，鸦片战争爆发，清政府终陷于巨大的危机之中。

3. 魏源，生于1794年，字默深，湖南邵阳人。28岁中举人，其后会试屡不中。32岁时，江苏布政史贺长龄聘其编辑《皇朝经世文编》；33岁，入贺长龄幕府；36岁，捐得内阁中书一职，就此得以深入研究清政府的典章制度。这一切经历，对其形成经世思想，影响甚巨。其后，他曾与龚自珍、林则徐等人结宣南诗社，共论时事。1841年，魏源48岁时，入钦差大臣裕谦幕府。同年5月，林则徐与邓廷桢被发配新疆伊犁，6月，途径江苏，魏源迎于京口，两人晤谈终日。议论时局，感慨万千。林则徐将他在广东所译的《四洲志》、《澳门月报》以及粤东奏稿并其在浙东搜集的船炮模型图样等尽付于魏源，嘱其撰写"海国图志"。同年8月26日，英军攻陷镇海，钦差大臣裕谦投水而死，魏源时为其幕府，对此深受刺激，激愤之下，埋首撰写《圣武志》，次年书成。其后，立即开始撰写《海国图志》。50岁中进士后，官任江苏东台、兴化知县、高邮知州等职。晚年潜心著述，著作甚多，但其最为重要的仍为《圣武记》和《海国图志》。这两本书,均是受鸦片战争失败的刺激后的发愤之作。其意义在于告诫国人,中国不可再行闭关锁国之策,而应进入一个崭新的"海国时代"。而《海国图志》在中国近代史上更是占据着举足轻重的地位。此后,他曾多次重修、增补二书。在《海国图志原序》中,魏源写道:"是书何以作?曰:为以夷攻夷而作,为以夷款夷而作,为师夷长技以制夷而作"。他的"师夷长技以制夷"的思想是早期改革派的思想和行动的纲领。也是后来为洋务派、资产阶级改良派所推崇的行动纲领。

(三)早期改革派的变法思想

1.旧的法律制度的社会基础已经动摇。在早期改革派看来,清王朝的社会基础已经出现了难以愈合的裂缝,社会上"百业废弛,贿赂公行,吏治污而民气郁"[1]　如此社会制度上的弊病已经不可能靠简单的修补来去除。这种制度上的黑暗突出体现在其对人的束缚上,龚自珍以形象的比喻对这种状态加以描述,他认为,在这种制度之下,人"手欲勿动不可得",[2]而在苛政陋法中,更似"卧以独木,缚之以长绳,俾四肢不可屈伸,则虽甚痒且甚痛,而亦冥心息虑以置之耳"[3]　在龚自珍的眼中,在清王朝的统治下,现实的图画完全是一幅末世的情景:"日之将夕,悲风骤至,人思灯烛,惨惨目光,吸饮暮气,与梦为邻。"龚自珍还把矛头直指封建专制制度,他认为,这种制度本身,就使得君主必然要采用使人丧失廉耻以屈从自己的统治方式。他在《古史钩沉论·一》中阐述了这一观点:"昔者霸天下之氏,称祖之庙,其力强,其志武,其聪明上,其财多,未尝不仇天下之士。去人之廉,以快号令;去人之耻,以嵩高其身;一人为刚,万夫为柔,以大便其有力强武……"剥夺了知识分子的羞耻之心。在这样的策略下,臣僚们只能以奴才自居。他们最好仅仅只"知车马、服饰、言词捷给而已,外此非所知也"[4]　这种奴化统治的结果就是"万马齐喑",世无可用之才。

龚自珍特别对封建的法律制度进行了揭露和批判。他认为,朝廷的那些律令条例不过是束缚人们手脚的"长绳"。"天下无巨细,一束之于不可破之例,则虽以总督之尊,而实不能以行一谋、专一事",在这种情况下,人们动辄得咎;繁文缛节使人精力尽耗于无用之事,所谓"朝见而免冠,夕见而免冠",[5]法律成为了束缚官员能动性的枷锁。在龚自珍看来,司法的黑暗腐败是封建法律制度的必然结果。他对于司法官吏在判案时的主观臆断、用法畸轻畸重、随意出入人罪等现象表示了极大的愤慨。他还对于胥吏把持辞讼,操纵刑狱的现象进行了细致的分析。指出:在全国范围内,这

---

〔1〕　包世臣:《艺桥双楫》。
〔2〕　《龚自珍全集·明良论四》。
〔3〕　《龚自珍全集·尊隐》。
〔4〕　《龚自珍全集·明良论二》。
〔5〕　《龚自珍全集·明良论四》。

种由幕僚、刑名师爷们把持诉讼的情况,是造成吏治败坏、司法黑暗的重要原因。

魏源则从种种社会现实状况中看出社会制度的腐朽:"夷烟蔓宇内,货币漏海外,漕赋以比日敝,官民以比日困,此前代所无也;士之穷而在下者,自科举则以声音训诂相高,达而在上者,翰林则以书艺工敏、部曹则以胥吏案例为才,举天下人才尽出于无用之一途,此前代所无也"[1] 他同样对清王朝的吏治腐败加以揭露和抨击。他嘲讽那些文武官员"儒臣鹦鹉巧学舌,库臣阳虎能窃弓"[2] 而满朝的大臣们多是"除富贵而外不知国计民生为何事","除私党外不知人材为何物"的"鄙夫"。他们"以晏安鸩毒为培元气","以养痈贻患为守旧章","以缄默固宠为保明哲"[3]

在这种状况之下,清王朝的统治处于极大的危机之中:"芨芨乎皆不可以支岁月,奚暇问年岁?"[4]从而,可以得出的结论是,社会的变法改革势在必行。

2."变法"是拯救王朝统治的惟一出路。如何拯救这个濒临灭亡的王朝统治呢?早期改革派得出的结论是必须进行"变法"。只有"变法"才有出路。龚自珍告诫清政府应该迫切地"思变法",而不能一味"拘一祖之法,惮千夫之议,听其自,以俟踵兴者之改图尔。"就是说,不变法,只能是等待被推翻的结局。所以,当政者,应该从速进行自上而下的改革:"与其赠来者以劲改革,孰若自改革"。魏源也主张因势变法,他声称:"变古愈尽,便民愈甚。"只有彻底地对社会加以变革,顺乎民情,以"便民"、"利民"为宗旨。百姓才能安乐,王朝才能兴盛。

早期改革者还殚精竭虑地为这种自上而下的改革寻找理论基础。龚自珍论证说,自然界的一切事物都在不断地变化之中:"万物之数括于三:初异中,中异终,终不异初"。人类社会、政治法律制度也概莫能外,"自古至今,法无不变,势无不积,事例无不变迁,风气无不移易"[5] 魏源也称:"天下无数百年不敝之法,也无穷极不变之法,亦无不除弊而能兴利之法,亦无不易简而能变通之法"[6] 要兴利除弊,必须进行变法。他还通过列举事实的方法证明法律是在不断地进步的,而不是越古越好。他写道:"后世之事胜于三世者三大端:文帝废肉刑,三代酷而后世仁也;柳子非封建,三代私而后代公也;世族变为贡举,与封建变为郡县何异?"[7] 他认为,社会是发展的,"执古"和"泥法"的人不过是"读周、孔之书,用以误天下"的庸儒[8] 他坚持认

[1] 《明代食兵二政录叙》,见《魏源集》上册。

[2] 魏源:《江南吟十首》。

[3] 魏源:《默觚下·治篇十一》。

[4] 《龚自珍全集·西域置行省议》。

[5] 《龚自珍全集·上大学士书》。

[6] 魏源:《淮南盐法轻本敌私议自叙》。

[7] 魏源:《默觚下·治篇九》。

[8] 魏源:《默觚下·治篇五》。

为:"时愈近,势愈切。圣人乘之,神明生焉,经纬起焉"。[1] 要顺乎世界发展的大势,而不能逆历史的潮流而动。

早期改革者认为,根据现实的情况,变法应是多方面的。龚自珍称,典章制度是亟待加以改革的重要内容。他的"更法"措施主要有:其一,修改繁杂的礼仪制度,使君臣可以从容地"坐而论道",以培育廉明的朝廷;其二,改革科举制度,"改功令,以收真才",改造八股取士制度和用人制度,不拘一格地选拔和任用人才;其三,加强内外大臣的职权,改革对官员的奖惩制度,实质上要求君主能够有条件地放权。魏源则认为,变革必须从变人心开始。"革虚"、"祛虚患",从而解决"人心之寐患"、"人材之虚患"。他主张必须在变异人心"去伪、去饰、去畏难、去养痈、去营窟",改革吏治,兴利除弊。

关于变法的方式方法,早期改革者们都认为,应该采取自上而下的、温和的渐变方式进行封建体制内的变革。龚自珍主张"仿古法而行之"。他自称"药方只贩古时丹",也就是说,他并不想改变以往的君主统治方式。魏源也认为变法应在不改变"道"的基础上进行。也就是说,任何形式的社会改革都不能改变基本的社会价值标准。

3. "师夷长技以制夷"的务实主张。面对"西人东来"的现实状况。早期改革派敏锐地感到必须用新的眼光、新的策略来应付目前的局面。而不能沿袭以往对待"蛮夷"的方法。林则徐不但通过翻译外国的报纸和书籍了解敌情,更深入地了解西方国家的军事状况和政治制度。他聘请了当时对于西方最有了解的一些人,这些人对于他"探访夷情,知其虚实,始可定控制之方",提供了极大的帮助。其后,魏源的《海国图志》,也是受林则徐委托,并接受了林则徐为其提供大量资料的基础上完成其撰写工作的。而魏源在他的著述中,不但完成了林则徐的委托,把有关西方国家的情况汇编出来,为世人"睁开眼睛看世界"提供了最初的材料。他更进一步地提出了御敌的方略。这就是著名的"师夷长技以制夷"的主张。他认为,世界已经进入了一个"海国时代",闭关锁国只能使自己永远处于落后和挨打的境地,只会重蹈鸦片战争失败的覆辙。而要达到"制夷"的目的,不能仅仅依靠自身的东西,而要从对手那里获取有用的东西,这就是"师夷长技以制夷"。魏源的"师夷长技以制夷"的主张,并没有仅仅停留在口号上,而是有着实际的内容:其一,了解西方国家的基本情况。他在竭力介绍西方情况的同时,批评那些保守、目光短浅的人物"徒知侈强中华,未睹寰瀛之大"。其二,提倡学习西方的先进技术。不但要掌握军事上的"船坚炮利",也应该学习一些其他的工业生产技术,如建议准许兴办新式船械厂局。可以说,这种生产形式已经具有一些资本主义的商品生产的性质。其三,介绍并赞许西方国家的政治、法律制度。

---

[1]　魏源:《皇朝经世文编序》。

如他着重介绍了美国的民主制度,认为这种制度:"以部落代君长,其章程可垂奕世而无弊"。并且"议事听讼,选官举贤,皆自下始,众可可之,众否否之,众恶恶之,三占从二,舍独循同,即在下预议之人,亦先由公举,可不谓周乎"。对西方式的民主制度颇为倾心,他甚至对美国的总统制大加赞赏:"一变古今官家之局,而人心翕然,可不谓公乎"。

（四）早期改革派法律思想的主要特点及评价

以林则徐、龚自珍、魏源为代表的早期改革派,在清王朝处于内忧外患的局势之际,在传统文化受到西方巨大冲击的历史条件下,提出了他们的变法主张。他们的思想不同于以往封建制度下的变革思想,首先,他们不是仅仅拘泥于一时一事,而是从制度上对封建统治加以全面的检讨、揭露和抨击;其次,他们以"睁开眼睛看世界"的态度,认真地思考对待西方政治上、经济上和文化上的严峻挑战;再次,他们对于传统的儒家思想加以反思。如他们对于传统的轻法观念进行了一定程度的纠正。

早期改革派是打破清朝沉闷、烦琐学风的先行者,他们以"经世致用"的态度面对社会的危机,他们试图用变法来拯救这种危机。他们的思想具有巨大的启蒙作用,开创了思想发展的新局面,开启了晚清变法思想发展的序幕。可以说,晚清的变法思想家们都从他们的著作中汲取过有用的影响,他们的一些观点甚至现在也未可言为过时。梁启超说:"晚清思想之解放,自珍确与有功焉。光绪间所谓新学家者,大率人人皆经过崇拜龚氏之一时期,初读《定庵文集》,若受电然"〔1〕。

从思想发展的角度来看,早期改革派的变法思想有其自身鲜明的时代特点。其一,他们的变法思想及主张的理论根据,主要来源于中国固有的传统思想。而西方的影响基本是被动的,也是相当浅显的。这是与当时西方影响的程度相对应的。其二,他们对于西方资本主义制度及封建制度自身的认识基本上还是表层的,对于两者的差距还是看作量上的差别。所以,变法主要是"变器",而基本没有涉及"变道"。其三,变法理论还处于"形而下"的阶段,即变法主张多属于支离零散的"有感而发"或就事论事,尚未形成较完整的"形而上"之变法理念。其四,虽然,他们更注意法律的状况,更强调法律的社会作用,但这种认识还很初级,远没有形成真正意义上的法律学说。

二、洋务派的法律思想

（一）洋务派的形成和发展

所谓"洋务",第二次鸦片战争以前称为"夷务",就是指涉及外国的事务。自鸦

---

〔1〕　梁启超:《清代学术概论》,上海古籍出版社1997年版。

片战争以后,清政府在军事上屡屡遭受重大失败。特别是与英法联军之战,清军无力招架,以至于一败涂地,甚至于北京为敌军所占,不得已屈辱求和。在蒙受巨大的损失与羞辱之后,许多有识之士,在深受刺激之下,有幡然猛醒之感。其中一些是身临其境、与"洋人"直接周旋交道的王公大臣,如:恭亲王奕䜣、侍郎文祥等,另外还有一些疆臣,如:曾国藩、李鸿章、左宗棠等。他们在长江下游与太平天国作战时,也曾与洋人多有接触,对于西方的军事力量有比较深入的了解,认识到中国现有的武力实不足以与其相抗衡。于是,开始谋求在军事上、外交上,甚至在政治上加以变革,以能仿效西方的富国强兵之法,达到振兴朝纲,抗衡西人的目的。这些人物是清政府日后在事务上与洋人接触最多者,他们负责交涉洋人所要求的通商、传教、设派领事、议定条约等事务。在接触期间,他们认识对西方国家有了比较深入的认识,试图在教育上、实业上、军事上引进西式的方法和制度,以求能抗敌御侮,这些人基本上构成了洋务派的主体。

　　洋务派思想的形成,有其政治、经济和文化的背景。从政治上而言,当时,太平军、捻军等农民起义先后被镇压,国内矛盾相对缓和,而此时外患又起。对抗来自西方的压力,解决对外关系问题成为清廷统治的首要任务。尤其是第二次鸦片战争中,中国再次溃败,首都也被侵略者占据。这一切,使朝野上下大为震动。"洋务"成为最为重要的王朝事务,引起了人们的普遍重视。在经济上,由于政治上、军事上的原因,引进资本主义的经济生产方式被认为是"自强"的有效手段。西方的经济理论也开始影响中国的经济发展。在文化上,西学已开始大规模地进入中国,对传统文化造成了巨大的冲击。据统计,从 1843 年到 1860 年,香港、广州、福州、厦门、上海和宁波这六个城市出版的西书达 434 种,为 1811 年至 1842 年这一阶段的三倍以上。[1] 并且,中国的知识分子开始出现主动了解、吸收西学的趋向。特别应该提到的是,一些知识分子已具有资产阶级改良主义的倾向。其主要的代表人物有:冯桂芬(1809～1874 年)、王韬(1828～1897 年)、郭嵩焘(1818～1897 年)、薛福成(1838～1894 年)、郑观应(1841～1920 年)、马建忠(1844～1900 年),以及容闳(1828～1912 年)等。这些人对西方的了解相当的深入,他们或曾入西人开办的书馆参与译书(如王韬入墨海书馆并曾游历欧洲)、或留学外国(如容闳毕业于美国耶鲁大学)。他们通过对西方的直接了解,看到中西在制度上的差别,看到了中国封建制度中落后的一面。所以,他们倡言学习西方,这种意义上的学习已超过了"师夷长技"的范围,而是更主动、更深入的学习,这些人与洋务派的关系极为密切。如,冯桂芬、郭嵩焘本身就是官员,他们与洋务派的人物过往甚密,冯桂芬还曾入李鸿章幕府;薛福成、马建忠直接参加了洋务派的外交活动;王韬曾上书曾国藩;郑观应曾在上海轮船招商局担任重要职务;等等。这

────────

〔1〕 熊月之:《西学东渐与晚清社会》。

些人的思想对于洋务派的思想形成影响巨大。

(二)洋务派的代表人物

洋务派包括统治阶级中各个方面的人物,其中有握有统治大权的皇族人员,其代表人物为恭亲王奕䜣。大臣中的实力派,其中包括:曾国藩、李鸿章、左宗棠、张之洞等。而形成比较系统的思想的主要人物为曾国藩、李鸿章和张之洞等人。

1. 奕䜣,生于 1833 年,是道光皇帝第五皇子,咸丰皇帝的弟弟,册封为恭亲王。奕䜣本来并非热衷于洋务者,其态度的转变始于第二次鸦片战争。1860 年,英法联军进攻北京,咸丰逃往承德。奕䜣被任命为全权大臣,留京负责交涉议和。桂良(奕䜣的岳父,曾任河南巡抚、湖广总督、云贵总督、热河都统、直隶总督、东阁大学士等职)、文祥(生于 1818 年,满族人,进士出身;曾任吏部右侍郎、工部右侍郎等职)等协助他办理议和事务。在与西人交往的过程中,奕䜣等人在思想观念上发生了巨大的变化。首先,他们认识到,在与西方各国的交往中,必须放弃以"天朝上国"自居的虚骄心态。不能再如以往视其为古时的"夷狄",而应代之以平等的态度和礼节,与西方各国建立平等的国家间关系。其次,他们从皇朝精锐对英法联军在军事上的轻易溃败这一事实出发,反思清政府及清军的腐败和衰微,认识到必须在政治、经济、军事上刻不容缓地进行变革。再次,他们认为,从现实的局面分析,对清王朝最大的威胁是太平天国,其为"心腹之害";而俄英等国是"肘腋之忧"、"肢体之患"。所以应与西人讲和,并"借洋兵助剿"太平军。最后,他们从实际事务活动的需要出发,认为应该设立一个专门办理一切与外交事务有关的部门,即总理各国事务衙门。日后,该机构实际上成为了洋务运动的最高领导机构,奕䜣、曾国藩、李鸿章等皆曾掌管该机构。

2. 曾国藩,生于 1811 年,字伯涵,号涤生,湖南湘乡人。27 岁中进士,选翰林院庶吉士。曾任礼部、兵部侍郎等职。1852 年,因丁忧回籍居丧。时值太平军攻入湖南省境,他组织地方武装,后发展为"湘军",与太平军对抗。太平天国被镇压后,曾国藩曾任两江总督、直隶总督兼北洋大臣等要职,因与太平军作战有功而封侯,1872 年去世。其著作甚多,其中最有名的是其《家书》,后人辑有《曾文正公全集》。

3. 李鸿章,字少荃,生于 1823 年,安徽合肥人。1847 年中进士,授翰林院编修。1853 年,在家乡举办团练对抗太平军。后入曾国藩幕府,襄办营务。1861 年,回乡组织淮军。1862 年,率淮军赴上海。同年,升任江苏巡抚。1865 年 4 月署两江总督。次年,接替曾国藩为钦差大臣。1870 年任直隶总督兼北洋大臣,掌管清廷外交、军事、经济大权,成为洋务派的首领。19 世纪 60 年代后,曾先后创办了江南制造总局、上海轮船招商局、开平矿务局、天津电报局、上海机器织布局等企业,并创建了北洋海军。1895 年,任总理各国事务衙门大臣。1900 年义和团运动期间,支持张之洞、刘坤一等人发动的"东南互保",力主与外国联合剿灭义和团。1901 年 11 月病故。其著作有《李文忠公全集》。

李鸿章执掌清政府大权长达 40 余年,对晚清的政局影响巨大。梁启超在《中国四十年来大事记》中称:"自李鸿章之名出现于世界以来,五洲万国人士,几于见有李鸿章,不见有中国。一言以蔽之,则以李鸿章为中国独一无二之代表人也。……李鸿章为近四十年来第一紧要人物。读中国近世史者,不得不读李鸿章,而读李鸿章传者,亦不得不读中国近世史,此有识者所同认也"。

4. 张之洞,生于 1837 年,字考达,号香涛,河北南皮人。26 岁中进士,先任翰林院编修和湖北、四川学政、吏部主事、内阁学士兼礼部侍郎等职;光绪七年(1881 年)后,历任山西巡抚、两广总督、湖广总督、两江署理、军机大臣和学部大臣等要职。为洋务派后期的主要领袖。张之洞所总结的"中学为体,西学为用"这一口号,实际上成为了洋务派的理论纲领。也是后人认识洋务运动的标识物。其主要著作辑录于《张文襄公全集》中。

张之洞与其他的洋务派代表人物不同,他是由"清流党"转向而成为洋务派的,所以其思想有其保守的一面。所谓"清流党"是指当时与"洋务派"持有不同治国方略的政治派别。在最高权力层中,慈禧实际上是这一派别的支持者。其代表人物为:李鸿藻、翁同龢(1830～1904 年,咸丰朝状元,光绪帝的老师;历任工、户部尚书、军机大臣)与张之洞等。其宗旨是提倡维护传统,抵制西方文化的侵袭。外交上要求采取强硬与主战的态度。但随着局势的变化,"清流党"逐渐分化,有人甚至投到洋务派的阵营中。比如,"清流党"的骨干人物张佩纶不仅入了"清流党"的最大对头李鸿章的幕府,更入赘为婿。

清末民初时的学者辜鸿铭在其著作《清流传》中对张之洞的转变有如下描述:"……张之洞痛恨李鸿章所任用的引进外国方式方法的人们之粗鄙失德和极端腐化。……对引用外国方式的做法的确是坚决反对,因为那样势必泥沙俱下。但中法之战后,张之洞看到,只用儒家学说难以对付像孤拔(Courbet)海军元帅那其丑无比的装有可怕大炮的巨型军舰这类东西。于是,张之洞开始妥协了。他意识到,采用那些可怕的外国方法是必要而不可避免的,便打算把那些方法的粗鄙和丑陋的成分尽量去掉"。其方式为:"为国则舍理而言势,为人则舍势而言理"。所谓"言理"就是坚持中国固有的文化传统,用中国的文明改造西方的粗鄙。

(三)洋务派的法律思想

1."逢变局须变法"的变法主张。洋务派认为,中国在当时已处于变局之中,必须因变而变。其中以李鸿章的一段话最具代表性:"今则东南海疆万余里,各国通商传教,来往自如,麇集京师及各省腹地,阳托和好之名,阴怀吞噬之心,一国生事,诸国簧煽,实为数千年未有之变局。轮船电报之速,瞬息千里,军器机事之精,工力百倍,炮弹所到,无坚不摧,水路关隘,不足限制,又为数千年无有之强敌。""外患之乘,变幻如此,而犹欲以成法制之,……诚未见其效也"〔1〕 所以,他主张,要自强必须先变法。曾国藩也认为时至今日,在器械、财用、选卒等方面不必拘泥成法,而可以"师夷智",学习西人先进的东西,不能一味坚持以往的统治理念和统治方式了。

张之洞认为,中国正处于有史以来最大的变动之中。他惊呼:"今日之世变,岂特春秋所未有,抑秦汉至元明所未有也。语其祸,则共工之狂,辛有之痛,不足喻也"〔2〕 他看到,在这种变化中,中国的旧法已不合乎现代的需要,必须改变:"迨去古益远,旧弊日滋,而旧法旧学之精意渐矣。今日五洲大通,于是相形而见绌矣"〔3〕 他从传统的典籍中寻找变法的根据:"……请征之经,穷则变,变则通。尽力变通,趣时损益之道。与时偕行,易义也。器非求旧,惟新,尚书义也。学在四夷,春秋传义也。"

洋务派的变法主张,具体体现于法律制度上,以张之洞"采西法以补中法之不足"的思想为代表。张之洞认为,从现实情况而言,清王朝旧有的法律已经不能应付"世变",应亟待加以改进。他说:"从前旧法,自不能不量加变易。东西各国政法,可采者亦多,取其所长,补我所短,揆时度势,诚不可缓"〔4〕 是变器的前提条件:"不变其法,不能变器"。而法制是可以变的,他称:"夫不可变者,伦纪也,非法制也;圣道者,非器械也;心术也,非工艺也"〔5〕 张之洞的"采西法以补中法之不足"的思想主要体现在 1901 年,他与刘坤一联名所上的《江宁会奏变法三折》中。其主要有两方面的内容。其一,整顿中法。具体为九条措施:除讼累;省文法;恤刑验;省刑责;重众证;改罚锾;修监羁;派专官。其二,采用西法。建议清政府聘请西方各国"名律师",博采各国的法律,为中国编定矿律、路律、商律等法律,并负责交涉刑律。

2. 务实学、倡实务的实用主义路线。洋务派的实用主义路线,肇源于林则徐。他在鸦片战争后总结失败的经验时,认为,失败的首要原因在于战备的"器不如人"。他在一封信中写道:"窃谓剿逆不谋船炮水军,是自取败也。……彼之大炮,远及十里内外,若我炮不能及,彼炮先已及我,是器不良也"。他认为,要改变自取其辱的境地,必须改变"器不良"的状况,而这就要求以务实的态度向西方学习。

当时,普遍的情况是,社会上的智识阶层对时代的变迁认识严重不足。一些对世界大势一无所知的人,对变法持极端敌视的态度。甚至认为,中国的科技比西方不差,认为"技艺"不是立国之本。如大学士倭仁说:"历代之言天文者,中国最精,言数学者中国为最,言方技艺术者中国为备"。并坚称:"立国之道,尚礼义不尚权谋,根本

---

〔1〕 转引自杨国强:《李鸿章论》,载《中华文史论丛》第 52 辑,上海古籍出版社 1993 年版。

〔2〕 《张文襄公全集》卷二〇二。

〔3〕 张之洞:《劝学篇·益智》。

〔4〕 《张文襄公全集》卷三七。

〔5〕 《张文襄公全集》卷二〇三。

之图,在人心不在技艺"。方浚颐也说:"而所谓天赐勇智者表正万邦者,要不在区区器械"。针对这种主张,洋务派以实用主义的态度予以反驳。奕䜣在其上疏中说,既然中国有科技人材,就请你为朝廷推荐上来吧。"如果实有妙策可以制外国而不为外国所制,臣等自当追随该大学士之后"。但"如别无良策,谨以忠信为甲胄,礼义为干橹等词,谓可折冲樽俎,足以制敌之命,臣等实未敢信"[1]。

　　洋务派的实用主义路线,还表现在对待外国的态度和采用循序渐进发展策略上。在对待西方国家的态度问题上,洋务派认为,在现实条件下,应改变对待外国一律防范和敌视的态度。在一定的情况下,也应该采取平等信任的态度。曾国藩曾说:"夷务本难措置,然根本不外孔子'忠信笃敬'四字。笃者厚也,敬者慎也。信只不说假话耳,然却极难;吾辈当从此一字下手,今日说定之话,明日勿因小利害而变"。当然,这样做,也有想以传统文化感化外人的妄想和屈于下风的无奈。但也表现了态度上的一种根本性的转变。与从"夷务"向"洋务"的转变一样,心态的转变实际上意味着认识上的转变。在改革应该循序渐进的问题上,他们主张,变革必须采取渐进的方式,不可急功近利。李鸿章称:"是故华人之效西法,如寒极而春,必须迁延忍耐,逐渐加重"[2]。

　　3."中学为体,西学为用"的行动纲领。洋务派认为,变法是必须的,但在变法的方式方法问题上,他们采用了"变器不变道"的纲领。他们认为,改革是必须的,但不能改变中国的立国之本,"要以不悖三代圣人之法为旨"。这一纲领,最终被张之洞归纳为"中学为体,西学为用"。"体"是根本,"用"是权宜。一切的求改革、办洋务,目的都在于维护这个"本",法律概莫能外。张之洞说:"盖法律之设,所以纳民于轨物之中,而法律本原实与经术相表里。其最著者为亲亲之义、男女之别,天经地义,万古不刊"[3]。

　　一方面,他们认为,不学习西方是没有出路的。如张之洞在《劝学篇·循序》中写道:"今欲强中国存中学,则不得不讲西学"。另一方面,他们坚持西学必须架构于中学的基础之上。张之洞说学习西学"不先以中学固其根底,端其识趣,则强者为乱,弱者为人奴,其祸更烈于不通西学者矣"。也就是说,西方的东西必须要在中学的基础上加以衡量和变通,才能切实应用于中国。归根到底,纲常礼教是社会的根本,是"道",它是永恒不变的。曾国藩认为,"三纲之道",是神圣不可侵犯的,"地维能赖以立,天柱所赖以尊"[4]。失去了它无异于天塌地陷。张之洞也说:"三纲为中国神圣

〔1〕《筹办夷务始末·同治朝》卷四八。
〔2〕 转引自杨国强:《李鸿章论》,载《中华文史论丛》第52辑,上海古籍出版社1993年版。
〔3〕《张文襄公全集》卷三七。
〔4〕《曾文正公全集·喻纪泽》。

相传之圣教,礼政之原本"〔1〕 采取"中学为体,西学为用",体现在国家的统治方法上,就是要在汲取西学为我所用的基础上,坚持传统儒家的治国方略。

洋务派强调学习西方,必须坚持儒家思想的核心内容。如曾国藩强调仁学和礼治,以为立国的根本。他称:"孔门教人,莫大于求仁。"〔2〕有了仁,就可以"平物我之情,而息天下之争"。他还竭力宣扬"诚",认为它是天下万物的根源。他说:"窃以为天地所以不息,国所以立,贤人德业之所以可大、可久,皆诚为之也。故曰,诚者,物之始终,不诚无物"。所以,"仁"与"诚"是维系纲常礼教的根本,同时,也必然是适用法律的根据。曾国藩推崇礼治,他称:"先王之制礼也,人人纳于轨道之中,自其弱齿,以立制防"〔3〕 由此,他提出要"以礼自治,以礼治人"。对于仁和礼的关系,曾国藩宣称,它们是互为表里的:"昔仲尼好语求仁,而雅言执礼,孟子亦仁礼并称。盖圣王所以平物我之情,而息天下之争,内之莫急于仁,外之莫急于礼"〔4〕

洋务派在时势的逼迫下,不得不考虑西方国家政治制度中的先进之处。但他们并不愿意采取拿来主义的方法,而是转向传统中去寻求民主政治的本土资源,从传统儒家的人本主义中寻求改革的根据。张之洞强调民心。他认为变法的成功与否在于民心的向背:"法之变与不变,操于国家之权,而实成于士民之心"。他在总结了历史的经验后说:"尝考古帝王所以享国长久者,财力兵力权谋术数皆不足恃,惟民心为可恃。诚使君仁民悦,则虽积贫积弱,而不至于危;虽有四裔强邻,见其国之民气固结,天心眷注,则隐然有不可动摇之势,而不敢生其凌侮觎觊之心"〔5〕 所以,他认为应该采用"宽猛相济"的统治方式以得民心。他说:"夫弭乱于既兆,不如防患于将然。……窃谓抚良民则以熙温宽平为治,惩乱民则以刚断疾速为功"〔6〕 要实行"宽平"之治,应该做到"赋敛轻"与"刑罚平"。"赋敛轻不至竭民财,刑罚平不肯残民命"〔7〕

总之,洋务派法律思想的基本主张是以"中学为体,西学为用"为指导,采用西方近代法律的体例,保有中国传统法律的核心——纲常礼教,变形不变质,变表不变里。因为,他们认为,立国之本是不可变异的,变了这个本,它的文化特质就会失去,中国就不再是中国了。实际上,从历史的观点来看,他们的这种担心也不是没有根据的。

---

〔1〕《劝学篇·循序》。
〔2〕《曾文正公全集·日课四条》。
〔3〕《曾文正公全集·江宁府学记》。
〔4〕《曾文正公全集·王船山遗书序》。
〔5〕《张文襄公全集》卷一。
〔6〕《张文襄公全集》卷六。
〔7〕《张文襄公全集》卷六。

第二节　太平天国领导人的法律思想

一、洪秀全的法律思想

洪秀全,广东花县人,太平天国运动的领袖。其生于 1814 年(嘉庆 18 年),自幼聪颖好学,13 岁已为童生。16 岁时,初到广州府城应试,铩羽而归后被聘为村塾教师。1836 年,再次赴广州投考,结果仍是落第。但此行期间,他遇到一个外国传教士,并得赠一套名为《劝世良言》的小册子。这本书对洪秀全的思想转变起到了决定性的作用,小而言之,它改变了洪秀全本人一生的命运;大而言之,它在某种程度上改变了清王朝的命运,甚至近代中国发展的路途。这本《劝世良言》的作者梁阿发早年接受英国长老会传教士马礼逊和米怜的影响,受洗后成为了传教士和布道师。《劝世良言》是他介绍基督教的小册子,其中除了大段引用马礼逊和米怜的圣经译本及加入自己的注释性说教外,还根据中国的现实情况而加入了一些有针对性的议论,并含有比较隐晦的政治寓意。比如,它一再暗示,中国由于长期的道德衰颓,整个社会已濒临巨大灾难的边缘;另外,书中还把“天国”解释为教徒们在尘世间聚会的所在。1843年,洪秀全、冯云山创立了“拜上帝会”,开始利用宗教形式发动和组织群众,为武装起义做准备。1851 年发动起义,建立“太平天国”。1853 年攻克南京,并以此定都,称之为“天京”,1864 年病逝。洪秀全的法律思想新旧混杂,宗教与世俗混杂,革命性与保守性混杂,反映了特定历史时期中国一部分农民、知识分子内心的真实想法和要求。

（一）洪秀全有关法律的思想主要体现在其“天法”的论述和实施之中

洪秀全在受到《劝世良言》的影响之后,成为了基督教的信奉者,他倡言拜上帝,而抛弃了传统的孔孟之道。他“将偶像扫除,并将塾中孔子牌位弃去”。但是,这种对传统的摒弃并不是完全的,而是想寻求一种实际的改造方法。比如,他所竭力反对的“六不正”,即:淫为首、忤父母、行杀害、为盗贼、为巫觋、为赌博。这与传统思想其实是并行不悖的,他还称“周文、孔丘身能正”,他们是正人的典型。但是,实质上,传统的东西已被他的“天道”所改造。同在《原道救世歌》中,他称:“道之大原出于天”,“天父上帝人人供,天下一家自古传”,“天人一气理无二,何得君王私自专”。表达了他的“天”与帝王的“天”迥然不同。他的“天”与基督教的“天国”更为接近的。在他的认识中,现世已是混浊不堪:“世道乖漓,人心浇薄,所爱所憎,一出于私”。

洪秀全对于清王朝的这种认识的形成,主要的原因有三个:其一,由于参加科举考试屡屡受挫,而对现行的社会体制产生一种怨恨。其二,清政府的腐败和软弱,使其产生一种鄙视和憎恶。鸦片战争后,“当时的广东民怨沸腾,对清廷的轻蔑之情随处可见"[1] 其三,基督教教义中对"天国"的描写对他的影响。这一切,使洪秀全不但走上了反清的道路,而且谋求建立人间的"天国",在这个天国中,其首领是"天王",其首府为"天京",其法律是"天法"(或称"天令"、"天条")。"天法"是神圣不可抗拒的,"宁可受刀,莫犯天条"。最终,"天法"被奉为"太平天国"的制度基础。"除妖安良,政教皆本天法;斩邪留正,生杀胥秉至公"(以杨秀清名义发布之《太平救世歌》)。

(二)绝对的平等是洪秀全法律思想的重要内容

社会平等不但是洪秀全追求的目标,也是太平天国切实实施的一项制度,这就是他在太平天国中实行的"圣库制度"及定都天京后颁行的《天朝田亩制度》。在洪秀全看来,人世间的"陵夺斗杀",其根源在于"一出于私"。所以,要想建立一个"天下一家,共享太平"的新世界,就必须实行绝对的平等。在"圣库制度"中,要求"人无私财",一切缴获要归公,所有人的衣食开支均由公款平均供给。并且发布诏令:"凡一切杀妖取城所得金玉绸帛宝物等项,不得私藏,尽缴归天朝圣库,逆者议罪"。在《天朝田亩制度》中,这种平等具体体现为:"凡分田,照人口,不分男妇,算其家人口多寡,人多则多分,人寡则寡分","凡天下田,天下人同耕。此处不足,则迁彼处;彼处不足,则迁此处。凡天下田,丰荒相通,此处荒则迁彼丰处,以赈此荒;彼处荒则迁此丰处,以赈彼荒处。务使天下共享天父主皇上帝大福,无处不均匀,无人不温饱"。另外,平等的观念还体现在其倡导的"男女平等"上。《原道醒世训》中有一段著名的话:"天下多男人,尽是兄弟之辈;天下多女子,尽是姐妹之群。"

应该指出,洪秀全的法律思想中存在着许多封建主义的思想成分,这是时代的产物,洪秀全是不可能凭借自我的能力克服这种时代之局限的。这突出表现在两个方面:其一,皇权思想。自古以来,所有的起义者、造反者都有着"取而代之"、改朝换代的现实愿望,洪秀全自然也不例外。事实上,在太平天国初期,他的这种思想就已经形成了。他在《龙潜诗》中写道:"等待风云齐聚会,飞腾六合定在天";在《斩邪留正》诗中,这种皇权意念表达得更清楚:"易象飞定在天",自命帝王的信念跃然纸上。但是,在太平天国取得一定胜利后,洪秀全的皇权思想开始膨胀。在《天父诗》中,他声称:"只有人错无天错,只有臣错无主错","一句半句都是旨,认真遵旨万万年"。这完全是一种极端的君主专制思想的体现,而"遵旨便救逆旨刀",更使这种专制思想达到了登峰造极的程度。正是在这种思想的指导下,太平天国在大好的形势下,频生内乱,大大削弱了自己的力量。在太平天国后期,洪秀全更是独揽大权,任人唯亲,把太平天国变成了"家天下",最终导致彻底的失败。其二,等级特权思想。洪秀全这种思

〔1〕《剑桥晚清史》上卷,中国社会科学出版社 1985 年版,第 292 页。

想,是对他自己在太平天国早期提倡的平等、平均思想的否定。当初,他凭借"平等"、"平均"的口号,吸引了大批拥护者和追随者。但是,他很快就抛弃了这种务实的主张,而实行起等级特权制度。他提出以封建等级为治国之道,要恪守"君君、父父、子子、夫夫、妇妇"。提倡"贵贱宜分上下,制度必判尊卑"及"妻道在三从,无违尔夫主"。这实质上就是"三从四德"的翻版。

二、洪仁玕的法律思想

洪仁玕,生于1822年,号益谦,别字吉甫,广东花县人。洪仁玕是洪秀全的族弟,也是"拜上帝会"的最早信徒。他早年的经历与洪秀全很相似,自幼学习经史,自视甚高。但科场不利,多次考秀才不中,只好在家乡担任塾师。后受洪秀全的影响,参与了洪秀全组织的许多活动,并积极地宣传"拜上帝会"的教义。洪秀全金田起事时,他恰在清远县任教传教,得到消息后,多次意图与太平军联系,但均因种种困难而未成功。其后,他曾在花县起事以策应太平军,但很快被清军击溃。失败后他在广东、上海、香港等地流亡多年。其间,他多次想前往南京,均未能如愿。直到1859年,他才得以到达"天京"。其时,太平天国正处于"朝中无将,国内无人"的危难时刻,洪仁玕一到南京,被洪秀全封为"开朝精忠军师顶天扶朝纲干王",总理朝政。并"降诏天下,要人悉归其制",成为太平天国后期的主要领袖人物。在此期间,出于"善辅国政,以新民德"的需要,他撰写了著名的《资政新篇》。在经洪秀全批改后,《资政新篇》被作为太平天国的官方文书颁行,成为太平天国后期的政治经济纲领。洪仁玕的其他著述还有《立法制喧谕》、《英杰归真》、《诛妖檄文》、《军次实录》以及《洪仁玕自述》等。1864年,天京陷落后,洪仁玕在石城被俘,同年,在南昌遇害。

洪仁玕的思想,具有其特殊性和重要性。它在某种程度上而言,也超出了"农民起义"的范畴。不仅仅倡言对旧王朝的批判,也不仅仅立足于破坏性,而是重视太平天国的制度建设,意图构造一种新型的王朝统治形式。这种形式超越了中国传统的国家组织方式,吸收了西方的资本主义政治制度思想的内容,具有强烈的时代性。他的思想形成于其流亡香港期间。在香港,他"授书夷牧"之家,得以广泛接触西人和西方的思想。从现实中,他痛感外国势力对中国社会的危害,深刻地认识到传统政治体制的局限性和落后性。为了使中国富强,并为了日后"辅佐天王",他以极大的热情认真地研读西方的科学著作和社会政治著述。并留心于西方的政治制度,探求它们得以富强的制度原因和社会生活背景。实质上,他的愿望就是创立一个资本主义制度形式的新型国家。

洪仁玕的法律思想主要有以下几方面内容:

1.以法制作为立国的根本。在洪仁玕看来,在当时情况下,"立法制"是太平天国"万不容己之急务"。立法是治理国家的根本,他把这种主张归纳为:"国家以法制为先。"他认为:"照得国家以法制为先,法制以遵行为要,能遵行而后有法制,有法制而后有国家,此千秋不易之大经……"[1] 他引用古今中外的事例,极力阐明自己的观点。他称,中国古代的周朝之所以"肇八百里之畿",原因在于周公制《周礼》;外国如英吉利,成为最强的国家,是"法善"的结果。《资政新篇》中称:"英吉利,即俗称红毛邦,开邦一千年来未易他姓,于今称为最强者,由法善也"。俄国和日本也是在学习先进国家的法律制度之后,成为了"北方冠冕之邦"的。所以,国家的根本应该是确立法制。[2]

2.妥善立法,度势变革。在建立国家法制的基础上,洪仁玕进一步指出,一个国家,不但要"立法制",而且,在此基础上,还应该做到"立法当"和"立法善"。他说:"立法善而施法广,积时久而持法严,代有贤智以相维持,民自固结而不可解,天下永垂不朽矣。"他认为,太平天国的法制建设,必须采用"革故鼎新"的变革,而在法制的实行中,必须"因时制宜,度势行法"。他称:法律是具有"定"和"无定"双重性质的,其二者又互相依存:"无定而有定,有定而无定"。法律必须在稳定和适当的变易中发展,即所谓:"法之质,在乎大纲一定不易;法之文,在乎小纪,每多变迁"。在《资政新篇》中他提出了二十八条改革措施。其主要内容为:加强中央的领导,做到"权归于一";为"上下通情",设新闻馆;加强经济建设,创办新型企业;设学校,办报纸,加强文化教育;开医院,奖励慈善事业,建立社会福利机构;制定"柔远人之法",搞好对外关系;等等。

3.倡行"恩威并济"、"教法兼行"的统治方式。洪仁玕认为,治理国家,必须采用"恩威并济"的方法。一方面,他强调要"执法严",严格执行法律。其主要内容是:国家官吏要率先遵纪守法,"要先禁为官者,渐次严禁在下";在执法中要做到严格执法,不避权贵;要严明赏罚,有功必赏、有罪必罚。在"执法严"的同时,也要注意运用道德教化的方法。其原则是:"德化于前,刑罚于后"。他主张:"法外辅之以法而入于德,刑外化之以德而省于刑"。他认为,教法兼行可以达到匡正民风的作用:"教行则法著,法著则知恩,予以民相劝戒,才德日生,风格日厚矣"。洪仁玕反对洪秀全所专断的苛刑酷罚,他委婉地要求洪秀全:"自今而后,可断则断,不易断者付小弟率六部等议定再献,不致自负其咎"。他还主张善待轻犯,使其改过自新。

4.具有资本主义成分的经济法律观。洪仁玕的经济法制观,具有较明确的资本主义成分,他主张利用国家的权力,发展资本主义经济。其主要措施有:颁行私人投资法,他主张发展近代意义上的交通、工矿事业,鼓励"富民"投资开发,兴办实业;颁行劳资法,他要求废除封建的人身依附关系,禁止"卖子为奴",同时准许"富者"请人、雇工。他还设定商业金融利率不超过千分之三,工矿实业利率不超过千分之二

〔1〕　洪仁玕:《立法制喧谕》。
〔2〕　洪仁玕:《资政新篇·法法类》。

十,等等.[1]

洪仁玕的思想,在当时的时代中,可以说是一个奇迹。它综合了古代和现代,中国与西方,宗教与世俗,理想与现实的种种要素。不但在理论上有着缜密的条理性和逻辑性,并且也具有极为现实的可行性。可惜,他到达天京时,太平天国已陷入无可挽回的危机之中。同时,洪秀全的所作所为也使其治国方略难以实现。有学者认为,是"洪仁玕揭开了中国近代法律思想史的序幕",他所提出的一系列有利于资本主义经济发展的法制措施,即使是半个世纪后的沈家本也未曾提及.[2]

第三节　资产阶级改良派的法律思想

一、资产阶级改良派的形成和发展

在近代思想的历史中,变法思想是一条主线。至戊戌变法前,变法思想达到了一个空前的高度,形成了以康有为、梁启超为代表的资产阶级改良派。这一政治派别形成的原因是多方面的,概括而言,主要有以下几个方面:

(一)富国强兵、抵御西人的目标追求

也许可以说,中国近代史上的一切变法主张的根本目的就在于富国强兵、抵御西人。西人的船坚炮利,使天朝的颜面扫地。从而,自强运动成为近代中国社会发展的明确轨迹。在整个社会,自强成为了一座指引前进方向的灯塔。洋务运动就自我标榜为"自强运动"。而自强的首要目的实质上是谋求与西方相抗衡,在于与外国的竞争。实际上,一百年来,在中国,人们已深深地迷恋于这种竞争。人们提出过无数振聋发聩的口号,掀起过无数惊天动地的狂潮。科学技术的引进,经济的发展,政治上的改良,目标都直指西方,要赶超它,要与之抗衡。由此,以至于像国民的生活改善,社会财富的增加,这些西方国家经济发展的首要目标,在中国都变得模糊不清,变成了退而求其次的东西。人们可以忍耐国家富强起来的一切后果,贫困、无知,甚至是被奴役。在戊戌变法的前夕,人们认为,牺牲传统文化、放弃传统的统治方式是自强的必然。在资产阶级改良派看来,对外的矛盾是迫不及待地需要解决的。梁启超就把中国的"外竞"作为最为值得焦虑的问题,他说:中国感到忧虑的不是内部贫富之间的阶级冲突,而是两种不同国家——富国和穷国之间的国际冲突。所以,可以说,富国强兵、抵御西人的目标追求是资产阶级改良派形成的直接原因。

〔1〕　潘念之主编,华有根、倪正茂:《中国近代法律思想史》上册,上海社会科学出版社1993年版。
〔2〕　潘念之主编,华有根、倪正茂:《中国近代法律思想史》上册,上海社会科学出版社1993年版。

（二）变法思想的积淀结果

在资产阶级改良派形成以前，变法思想通过半个世纪的积淀，已经形成一股强大的思想潮流。龚自珍、魏源的思想仍然继续发挥着自身的作用。梁启超称："今文学之健者，必推龚魏"[1] 洋务派与保守派的论战也使变法主张在统治集团上层获得极广泛的认同。西方的物质文明和其国家体制，已成为士大夫阶层热衷的话题，即如翁同龢所言：士夫开口说欧罗。特别是一些具有资产阶级意识的人物，大力鼓吹西学，从社会体制的角度提出了其变法主张。如，冯桂芬指出，中国有"四不如夷"："人无弃才不如夷，地无遗利不如夷，君民不隔不如夷，名实必符不如夷"[2] 提出要多方面地向外国学习。王韬指出，变法要以"泰西为纲"，要"以欧洲诸大国为富国之纲领，制作之枢机"[3] 提出要以学习西方的政治法律制度为变法的根本。薛福成赞成君主立宪，他称："君民共主，无君主、民主偏重之弊，最为斟酌得中"[4] 另外，西学的广泛传播，也为资产阶级改良派的思想形成提供了较为坚实的理论基础。根据统计，1860 年至 1900 年，共出版西学书籍达 555 种，其中哲学社会科学 123 种[5]

（三）日本变法成功的示范效应及甲午战败的刺激

"西方的冲击"，对于中国而言，是一个致命的问题。其实，对于许多东方国家，它具有同样的意义。我国台湾的李永炽教授称：它是"以西方帝国主义为主体，以非西方国家为客体的世界性课题"[6] 而在回应"西方的冲击"的成效上，日本表现得最为成功，它在政治上最先恢复了自己的主动性。而在其他国家，此时，正在恢复自我的努力过程中挣扎。日本的明治维新，不但使其主权得以恢复，而且国力迅速增强，其突出的成果就是在甲午战争中打败了中国。在此战役中，清王朝苦心经营的北洋舰队几乎全军覆没，辽东半岛被占据，并被迫于次年签订了屈辱至极的《马关条约》，割地赔银，元气大损。这一现实的结果，极大震动了中国朝野和社会各阶层，变法呼声一时骤起。人们认为，必须效法日本的明治维新，进行彻底的变法，才是中国富强的必由之路。沈家本说："日本旧时制度，唐法为多，明治以后，采用欧法，不数十年，遂为强国"。所以，学习西方，实现变法成为了中国的惟一选择。而只要学了西方，学了日本，中国的自强之梦就会实现。康有为对此充满了乐观："日本效欧美，以三十年

---

[1] 梁启超：《清代学术概论》，上海古籍出版社 1997 年版。
[2] 冯桂芬：《制洋器议》，中州古籍出版社 1998 年版，《校颁庐抗议》197 页。
[3] 王韬：《韬园文录外编》。
[4] 薛福成：《出使日记续刻》卷四。
[5] 熊月之：《西学东渐与晚清社会》。
[6] 李永炽：《日本学者对清末变法运动的看法》，见台湾所编《戊戌政变及其影响》。

而募成治体,若以中国之广土众民,近采日本,三年而宏规成,五年而条理毕,八年而成效举,十年而图霸定矣"。这种认识,也成为资产阶级改良派思想形成的起点之一。

二、资产阶级改良派的主要人物

1. 康有为,生于 1858 年,号长素,别号更生,广东南海县人。生于一个理学世家。幼年从其伯祖读书,"授以诗文,教以道义"。康氏其家学渊源,特别注重于程朱理学。正是在这种教育形式熏陶之下,康有为从小就"不苟言笑,成童之时,便有志于圣贤之学,开口辄曰圣人,圣人也"。19 岁时,康有为跟随广东大儒朱次琦(朱九江),"研究中国史学历代政治沿革得失",从而在思想上经历了重大的转变。朱九江的学问,以经世致用为主,厌弃无用的高谈阔论。康有为深受影响,眼界也为之大开,"从此谢绝科举之文,土芥富贵之事"。后来,他又深研佛经。梁启超称其"潜心佛理,深有所悟";他认为"与其布施于将来,不如布施于现在","与其恻隐他界,不如恻隐于最近"。于是乎"纵横四顾有澄清天下之志"。从此之后,他坚定地走上了经世致用之道。这也使他不再拘泥于传统的经纬之策,而是采用东西兼收并蓄的方法,努力地汲取西方文化中有用的成分。其"得西国近事汇编及西书数种览之……复阅海国图志、瀛环志略等书,购地球图"。后来,康有为从广东到北京,途经香港和上海时,"见西人殖民政治之完整,属地如此,本国更进可知,因思其所以致此者,必有道德学问,以为之本原。乃悉购江南制造局及西教会所译出各书尽读之"。从此,开始"大讲西学",走上了探索变法的道路,认为"守旧不可,必当变法"。

1888 年(光绪十四年),康有为到北京,在国子监当监生。此时,恰逢中国马江战败,内忧外患使清政府的统治受到极大的挑战。康有为上书光绪帝,"请变成法,通下情,慎左右,以图自强。"此后至 1898 年间,他曾七次上书清光绪帝,提出其变法维新主张。其中,以 1894 年的"公车上书"最为著名。当时,甲午战争中,中国惨败于日本,举国震动。康有为其时正在北京参加会试,他联合十八省 1 200 多名举人,上万言书。请拒和、迁都、变法。其后,康有为曾经创办《中外公报》、主办强学会。得以接触沟通许多政要大员、朝廷命官。并最终得到光绪皇帝的赏识,接受他的变法主张,力行变革。1898 年,终于酝酿成戊戌变法。"戊戌政变"后,康有为逃往日本。此后,他组织保皇会,反对革命。辛亥革命后回国。1912 年组织孔教会,倡言"定孔教为国教"。1917 年,康有为病逝于青岛。康有为的著述极多,其中对当时和后世影响较大的有:《新学伪经考》、《孔子改制考》、《大同书》,等等。后人辑有《康南海先生集》。

2. 梁启超,生于 1873 年,字卓如,一字任甫,号任公,又曾经自号沧江、中国之新民、饮冰室主人等。广东新会人。梁启超自幼即表现出超人的才能。12 岁就考中秀才,17 岁考中举人,可谓科场十分得意,似乎他将会很顺当地走上传统的仕途。但他于 18 岁在广州拜康有为为师后,思想上发生了巨大的变化。自此,跟随康有为从事维新变法活动。"戊戌政变"后,亡命日本,旅居日本达 10 余年。在此期间,他游历了夏威夷、南洋、澳洲、美国、加拿大等地,考察了当地的政治和民情;并先后创办了清议报、新民丛报、新小说、政论、国风报等有影响的报刊。他利用各种宣传工具批判时政,鼓吹君主立宪,介绍西方的政治制度、思想和著述。他的文字通畅奇诡、立论新颖、"笔端横生感情"。从而深受欢迎,对于新知识、新思想的传播起到了巨大的作用。辛亥革命后,梁启超放弃了君主立宪的主张,在天津创办庸言报。后曾出任北洋政府的司法总长、制币局总裁、总统府顾问等职务。1915 年,发表《异哉所谓政体问题者》一文,反对袁世凯复辟帝制,维护共和。1917 年,梁启超出任内阁财政总长,但任职未久。1918 年,他与丁文江等人赴欧洲考察,并参观巴黎和会,此行对他思想的变化影响极大。1920 年,梁启超决定放弃政治活动,专心致力于教育事业;此后,他曾在清华学校、南开大学、东南大学等著名学府讲学或任教;并曾任清华大学国学研究院导师〔1〕北京图书馆馆长、司法储才馆馆长,1929 年辞世。

梁启超一生的著述非常丰富,其主要的著作有《中国历史研究法》、《中国近三百年学术史》、《先秦政治思想史》、《清代学术概论》、《中国文化史》等;后人辑有《饮冰室合集》。

3. 谭嗣同,生于 1865 年,字复生,号壮飞,湖南浏阳人。他的父亲谭继洵,曾任湖北巡抚等职事。谭嗣同在年轻时代曾跟随父亲辗转各地,后来,他又独立游历了许多地方,对国情、民情以及社会现实有了深入的了解,对清王朝统治秩序中存在的危机有切身的感受。他在《三十自纪》中对"风景不殊,山河顿异;城郭犹是,人民复非"〔2〕的社会现实状况极为感慨。谭嗣同在参加科举考试屡屡落第后,愈发加深了对现实的不满。甲午战争中,中国败于"小国"日本,整个社会,特别是知识阶层极为震惊,谭嗣同在思想上受到极大的刺激。他在自己的诗作中表达自己沉痛的情感:"世间无物抵春愁,合向苍冥一哭休。四万万人齐下泪,天涯何处是神州。"这种悲愤的情感也使他坚定地走上了经世之路。1895 年,谭嗣同到北京去造访康有为,恰适康有为正在南方。他与梁启超进行了深入的晤谈,梁启超向他介绍了康有为的思想和学术主张。谭嗣同对此甚为折服,表示愿为康氏的私淑弟子。1896 年,谭嗣同赴南京候补知府,并写出了著名的《仁学》。1898 年,他被光绪帝任命为执掌变法事宜的"军机四章京"(其余三人为:内阁侍读杨锐、中书林旭和刑部主事刘光第)。戊戌变法失败后,谭嗣同于 1898 年 6 月 28 日就戮于北京的菜市口,同时遇难还有:林旭、康广仁、杨锐、杨深秀、刘光第。世人并称为"戊戌六君子"。谭嗣同的著作主要有:《仁学》、《以太说》、《报贝元征书》等。现已有《谭嗣同全集》出版。

4. 严复,生于 1853 年,字又陵,又字几道。福建侯官(今闽侯)人,14 岁入福州船厂附设之海政学堂。1877 年赴英国学习海军课程,在此期间,他认真研读了大量的西

---

〔1〕　与王国维、陈寅恪、赵元任一同并称为"四大导师",为中国教育史留下了一段佳话。

〔2〕　《谭嗣同全集》,中华书局 1981 年版,第 206 页。

方思想家的著作,并曾参观过英国的法院。据称,他经常与当时的驻英公使郭嵩焘"论析中西学术政制之异同,往往日夜不休"[1] 1879 年,严复毕业归国。先任福州船政学堂教习,次年,出任北洋水师学堂总教习。他所翻译的赫胥黎之《天演论》、亚当斯密的《原富》(即《国富论》)、斯宾塞的《社会通诠》、孟德斯鸠的《法意》(即《法的精神》)等西方经典著作,对中国近代思想的发展影响甚巨。此外,他还写作了许多政论文章,主张维新变法,驳斥顽固派,其中以《原强》、《辟韩》、《救亡决论》等最为著名。1911 年(宣统三年),清政府设立海军部,严复被任命为协教统,受赐为文科进士,充学部文词馆总纂,又为资政院议员。辛亥革命后,其思想趋于保守,提倡旧学,反对新文化运动,1921 年逝世。其著译编为《侯官严氏丛刊》、《严译名著丛刊》等。

三、资产阶级改良派法律思想的基本内容

(一)深入进行变法的政治要求

甲午战争的失败,使人们不得不对以往的变法措施和主张进行深入的反省。通过多年的经营,清王朝拥有了比较现代化的工业,也拥有了在当时较为强大的海军舰队。但最终仍归于失败。从而,资产阶级改良派认为,必须进行更深层次变法,才有可能挽救清王朝的统治。

康有为通过撰写《新学伪经考》和《孔子改制考》等著作,从特定的角度,采取特定的形式对传统的经典和思想加以否定和抨击。他利用儒学的旧形态,宣传变法维新的新思想。在《新学伪经考》中,康有为通过对"今文经"与"古文经"何为真经的"学理"考证,对东汉以来被独尊为儒学正宗的古文经学加以抨击。这实质上是对封建正统思想的否定。因为,无论古文经是否伪经,它都的确是正统儒家思想的理论基础。而这种正统思想一直被标榜为神圣不可侵犯的,它们是封建统治的根本,是与可变之"器"根本不同的"道"。即所谓"天不变道亦不变"。《新学伪经考》实质上是对"道"的一次破除。这种对变法理论的探求从深度上而言已远远超越了前两代变法者(即前述的早期改革派和洋务派)。前两代的变法者均是谋求从传统中寻求变法的理论依据。他们从儒家经典中努力寻找它们,他们在几十年间,不过挖掘出极为雷同的一些章句,如:"穷则变,变则通,通则久";"天行健,君子以自强不息";"周虽旧邦其命维新";等等。由此,我们可以看出这种挖掘的确不得不另辟蹊径了。

《新学伪经考》的作用在于破除了变法维新的思想阻碍,康有为的另外一部著作《孔子改制考》则成为他创建其本人变法思想体系的重要著述。在这部著作中,康有为把孔子认定为"托古改制"的始作俑者。他称,《六经》均是孔子为托古改制而作,

---

〔1〕 王莲常:《严几道年谱》,1936 年上海商务印书馆史学丛书本。

其中的"微言大义"体现在改制。《六经》统一于《春秋》,《春秋》之传在《公羊》。只有《公羊春秋》才是孔子阐发"圣法"的真经。那么,《公羊春秋》为什么这么重要呢?其原因在于它所阐发的"公羊三世说"。所谓"公羊三世"是指《公羊春秋》中的"通三统"、"张三世"之说。前者的内容是说中国古代的夏商周三代是不同的,它们在更替之时,都曾经历过一个因时变革、有所损益的过程。而不是一以贯之、一成不变的。所以,可以得出的结论是,变法是天经地义的,理想社会如"三代"都是如此,现代就更不用说了。而后者的内容是说,社会的历史演进包括三个阶段,即:"据乱世"、"升平世"、"太平世"。社会的进步与文明程度是随着"三世"的交替而不断发展的。康有为用他所了解的历史进化论和西方的政治法律学说,改造、附会"公羊三世说",把它解释为:"据乱世"等同于君主专制时代;"升平世"等同于君主立宪时代;"太平世"相当于民主共和时代。根据这种社会发展规律,康有为论证了当前的中国正处于"据乱世"的末期,现在是向"升平世"进化的历史转型时期。这种转型需要实行相应的变法维新措施,才能达到顺利平稳的过渡。根据这种理论,中国的变革是必须的,合理的;由像他本人一样的低级士人参与的"布衣改制"是有理由的,是"合乎古训"的,是适应时代要求的。而如果不能顺应时代发展的要求,抱残守缺,则难逃王朝覆灭的命运的。他直截了当地指出:"时既变而仍用旧法,可以危国",只有变法维新,才能使清王朝的统治摆脱危机,走上自强之路。所谓"能变则存,不变则亡,全变则强,小变仍亡"。[1]

梁启超虽然在学术观点上不完全同意其师,他称康有为的《新学伪经考》"往往不惜抹杀证据或曲解证据,以犯科学家之大忌"。但在倡言变法这一基本点上,他也采取了与康有为相同的观点和方法。他同样坚定认为变法维新是救亡图存的惟一出路。他用比康有为更加清晰准确的资产阶级进化论观点,来论证变法的合理性。他认为,人类世界与自然界一样是不断变化的。地球在变,时辰在变,季节在变,社会同样也在变,社会制度的各种组成部分会随着社会的改变而改变,国家的军事制度、教育制度、考试制度都必须变化,法律更是如此。他说:法律的变动是"天下之公理也"。并且他把"三世"的划分运用于法律制度的更迭,即"有治据乱世之律法,有治升平世之律法,有治太平世之律法"。[2]

针对变法的反对者所坚持的"祖宗之法不可变"之类的顽固观点,梁启超从多方面、多角度予以反驳。他认为,法律在其运用过程中,肯定会逐渐产生出自身的弊病:"法行十年或数十年或百年而必弊,弊而必更,天地之道也"。[3]其称,如果在世事不断变化的情况下,一味地不思进取,恪守祖宗的不变之法,必然会导致可悲的后果,必

---

〔1〕 《上清帝第六书》。
〔2〕 《饮冰室文集·论中国宜讲求法律之学》。
〔3〕 《饮冰室文集·变法通议》。

然在世界上沦落为弱者,为他人所欺,最终的结果就是亡国灭种。所以,他得出的结论是,变法已不是可变可不变的问题,而是一种大势所迫、不得不为的必然。他写道:"法者,天下之公器也;变者,天下之公理也。大地既通,万国蒸蒸,日趋其上,大势相迫,非可于制。变亦变,不变亦变。变而变者,变之权操诸己,可以保国,可以保种,可以保教"〔1〕。而如果不进行彻底变法,则"万无可以图存之理"。

梁启超还列举了清朝法律实际发生的种种变化,以说明变法不但是可能的,也是可行的;并且,变法并不至于引起什么灾难性的后果。如军事上"坚壁清野之法,一变而为长江水师,再变而为防河圈禁","由长矛弓箭而变为洋枪、洋炮";外交上"使用闭关绝市之法,一变而通商十数国",商业上也从闭关自守变为了"开埠通商"。所以,法律制度也应该因变而变,而不能梦想"一食而求永饱,一劳而求永逸"。

梁启超提出应该针对现状找出变法亟需解决的问题,他在著作中列举了社会中存在的种种弊端:"工业不兴"、"商务不讲"、"学校不立"、"兵法不讲"、"官制不善"。如此"因延积弊,不能振变",必然要导致"国家衰弱,民不聊生",加之西方列强的侵略和瓜分,中国在这种情况下,割地丧权,处境十分危急,犹如"一羊处群虎之间,抱火厝之积薪之下而寝其上"。在此生死存亡之际,变法已不再是什么该不该变的问题,而是"大势所迫"的必然,而变法的根本应该是从法律制度上加以改变。他称:"法治主义为今日救时的惟一主义"。

谭嗣同早年曾反对过变法,认为"道"是永恒不变的,它可以不随天变,也不随地变。甲午战争的失败,深深地刺激了谭嗣同,使他成为变法的积极倡导者。他主张从思想基础上进行变革,破除"圣人之道无可云变"的精神束缚。他称:"不变法,虽圣人不能行其教"〔2〕在国家危难之际,只有变法才能挽狂澜于即倒。他认为,不变法是不能改变中国的现实问题的:"不变今之法,虽周孔复起,必不能以今之法治今之天下"〔3〕。

严复认为,中国必须变法,不然必定灭亡,这是"天下理之最明,而势所必至者"。从而,救亡之道、自强之谋皆在变法。他断言,天下没有"百年不变之法",现实的状况说明,古人所立之法于今已不可通行,如果"犹责子孙令其谨守其法",必定导致危亡。〔4〕

（二）实行"宪政"的变法维新主张

改良派的变法主张,体现在具体的改革方法上,就是废除君主专制制度,实行君

〔1〕 《饮冰室文集·变法通议》。
〔2〕 《谭嗣同全集·仁学》。
〔3〕 《谭嗣同全集·上欧阳瓣师书》。
〔4〕 严复:《拟上皇帝万言书》。

主立宪制度。在此以前,虽然宪政理论已被介绍和宣传,但从具体实行这一意义上,是改良派提供了明确的行动纲领和实施的手段,并最终导致了戊戌变法的必然结果。在改良派看来,中国之所以内忧外患频繁出现,积贫积弱的现实得不到根本的改变,其原因不仅仅在于没有外国的船坚炮利,也不仅仅在于缺乏现代化的经济,根源是君主专制制度的存在。要使中国彻底摆脱陈旧落后、被动挨打的局面,达到国家富强、人民安乐的优良之治,必须从统治制度的根本之处入手。具体的方法就是实施宪政,确立"君主立宪"政体。改良派寄希望于清政府主动地进行自上而下的改革,他们为清政府提供了一系列的政治改革方案。

1.制定宪法。康有为认为,要实行改革,其首要的任务在于必须制定确定君主立宪政体的宪法。他称:"变法全在定典章宪法"。因为,在他看来,只有用宪法对国家政体加以确定,才可能使国家的政治生活纳入有序的轨道,变法才能取得成功。他主张仿照日本的明治维新,把"定宪法"作为"维新之始"。他指出:"各国之一切大政皆奉宪法为圭臬"。即宪法是国家的根本法,它不但能使国家的政治制度得以确定,而且还可以保障变法的顺利施行,减少内部的动荡。他断言:"若能立宪法,改官制,行真维新,则内乱必不生"。而如果不能制定宪法,则局面必是:"恶之者驳诘而不行,决之者仓卒而不尽,依违者狐疑而莫定,从之者条画而不详"〔1〕

梁启超认为,君主立宪政体是最为优良的政体〔2〕他主张仿照英国实行君主立宪政体。针对戊戌变法的失败教训,他指出,必须制定成文宪法,而不能如以往那样"今日上一奏,明天下一谕"的发表一些"纸上空文"。

2.设议院、开国会。康有为认为,议院制是一种十分理想的制度,它的确立,可以使国家"百废并举,以致富强"。早在《公车上书》中,他就提出了设议院、开国会的主张。他建议举"议郎","上驳诏书,下达民词,凡内外兴革大政,筹饷事宜,皆令会议于太和门,三占从二,下部施行"。康有为设想,设立议院可以达到"上广皇帝之圣聪","下合天下之心志","君民共体","休戚与共"。议会的作用在于"民信上则巨款可筹;政皆出于一堂,故德意无不下达;事皆本于众议,故权奸无所容其私"。他肯定这种制度要优越于专制政体,召开国会可以使"君与国民共议一国之政法",从而达到"庶政与国民共之"的共治局面。在这种政治制度下,"人君与千百万国民合为一体",并且"立宪法以同受其治,有国会合其议,有司法保护其民,有责任政府以推行其政"〔3〕在国会的组织方式上,康有为主张,不但在中央"设议院",一切政事都要在议会中进行讨论,而且,在省、府、县中分级设立〔4〕在戊戌变法期间,他建议清帝:

---

〔1〕 康有为:《上清帝第六书》。

〔2〕《饮冰室文集·变法通议》。

〔3〕 康有为:《请君民合治满汉不分折》。

〔4〕 康有为:《上清帝第四书》。

"预定国会之期,明诏布告天下"。并在召开国会之前,谏言仿照日本明治维新时的方法,先在宫中设立"立法院"或"制度局"。其"制度局"的构想被他认为是"变法之原",他设想的制度局由十二个局组成,即法律局、度支局、学校局、农局、工局、商局、铁路局、邮政局、矿务局、游会局、陆军局、海军局。

梁启超认为,"立国会"是专制政体区别于立宪政体的重要特征。他声称,"宣布宪法,召集国会"是中国进行变法的当务之急。他在研究了世界各国的政治制度后,总结出这样的结论:除英国这样的不成文宪法国家而外,世界大多国家都是先有国会,然后制定出宪法。所以,应该以召集国会作为变法的开端。

严复与康、梁的主张有所不同,他提倡设乡局以建立地方自治的基础。他设计的方法是:"一乡一邑之间,设为乡局,使及格之民,推举代表,以与国之守宰相助为理",以此形成地方自治的基础,进而实行宪政。[1]

3. 实行"三权分立"的宪政方式。康有为认为,实现"三权分立"的政治统治方式,是实现国家富强的关键所在:"行三权鼎立之制,则中国之治强,可计日待也"。[2]他主张,在中国实行君主立宪政体,必须采用"三权分立"的方式。他引证西方的政治学说来解释他的这种主张:"近泰西政论,皆言三权,有议政之官,有行政之官,有司法之官,三权立,然后政体备"。[3]他还把国家比喻为人的身体,以此论证"三权分立"的必要性。他说:"夫国之政体,犹人之身体也。议政者譬如心思,行政者譬如手足,司法者譬如耳目,各守其官,而后体立事成"。[4]他进一步分析批评了清政府政治体制中不实行分权的弊病:"今万几至繁,天下至重,军机为政府,跪对不过须臾,是仅为出纳喉舌之人,而无论思经邦之实。六部总署为行政守例之官,而一切条陈亦得与议,是以手足代谋思之任,五官乖宜,举动失措"。[5]由此,只有实行"三权分立",才能在立宪政体制度基础上实现限制君权,并明确国会、政府和司法机构的职责的目的。即:"以国会立法,以法官司法,以政府行政"。

梁启超结合西方的政治理论思想和中国的实际情况,构造了自己独特的"三权分立"理论。其内容为:国会行使立法权,国务大臣行使行政权,独立审判厅行使司法权。此三权分而论之,称为"用",它们是可分的;此三权统而论之,称为"体",其为不可分之权,统掌于君主之手。即"三权之体皆莞于君主"。

谭嗣同虽然没有使用"三权分立"这一词汇,但他明确表示中国应该仿行西方的分权制。他说:"西国于议事办事,分别最严。议院议事者也,官府办事者也。各不相

---

〔1〕　严复译:《法意》,商务印书馆 1979 年版。
〔2〕　康有为:《请定立宪开国会折》。
〔3〕　康有为:《上清帝第六书》。
〔4〕　康有为:《请讲明国是正定方针折》。
〔5〕　康有为:《请讲明国是正定方针折》。

侵,亦无偏重。明示大公,阴互牵制。治法之最善而无弊者也".[1]

(三)主张采用西方的政治法律制度形式

在关于采用什么形式的政治法律制度这个问题上,资产阶级改良派虽然是爱国主义者,但出于对现实的认识,他们认为,西方国家的政治法律制度应该是中国仿效的样板。从而,他们均主张学习西方,仿效西方,甚至是全盘地引进西方的政治法律制度。

康有为研读了西方的政治理论著作,并收集了许多日本的法律和章程,在对其进行了研究之后,他主张采用西方的法律制度模式。对于原有的刑法典,他建议:"今宜采罗马及英、美、德、法、日本之律,重订施行"。以此解决外国藉口中国的刑罚过重,而坚持其治外法权的问题。他还要求全面移植西方的法律制度,以适合当前社会变化的需要。他称:"其民法、民律、商法、市则、船则、讼律、军律、国际公法,西人皆极详明。既不能闭关绝世,则通商交际,势不能一概予通行。然既无律法,吏民无所率从,必致更滋百弊。且各种新法,皆我所夙无,而事势所宜,可补我所未备。故宜有专司,采定各律以定率从".[2]

梁启超深受西方法律的影响,他十分推崇卢梭、孟德斯鸠等人的法治主张。从而从根本上认为西方的法律制度是合理而优越于中国固有法律制度的。比如,他十分赞赏西方的资产阶级契约论,认为,法律的起源有所不同,其中西方式的起源于契约的法律是最完美无缺、公正无私的。

谭嗣同认为,西方国家的政治法律制度中"法度政令之美备"是值得借鉴的。他主张"尽变西法",全面地引进西方的法律制度。他的理论根据是天下的器和道都是相通的。外国的道是与中国之道一般无二的。他说:"且道非圣人所独有也。尤非中国所私有也,……彼外洋莫不有之"。既然如此,引进外国的法律制度就是理所当然的了。他主张鼓励私人投资近代工业,发展民族资本主义经济;他举例说明西方国家是如何促使社会投资工业的:"西人于矿务铁路及诸制造,不问官民,只要我有山有地有钱,即可由我随意开办",而在此基础上,会有诸多的仿效者,"一人获利,踵者纷出".[3] 如此,则工业会迅速兴起。在政治上,他要求仿行西方国家的分权制,兴民权,设议院;强调要努力摆脱封建政治统治对人的束缚,争取政治上的解放:"衔勒去,民权兴,得以从容谋议,各遂其生,各均其利"。他还倡言改革旧律,实现资产阶级法律制度,培养具有近代法学知识的法律人才,以适应变法图强的需要。他主张,在修改旧律时,要注意"使中西合一,简而易晓,因以扫除繁冗之簿书"。他建议,仿效西方

---

〔1〕《谭嗣同全集·壮飞楼知事篇第五·平权》。

〔2〕 康有为:《上清帝第六书》。

〔3〕《谭嗣同全集·报唐拂尘书》。

的教育制度,建立各级书院。并在大书院中,通过不同科目的专门培养,造就法律人才。使这些法律人才在国家管理中发挥出作用,使"凡府史皆用律学之士"[1]。

严复十分赞赏西方国家实行的资产阶级法制,其一,他认为西方国家由议会立法,由自治地方实施法律,是一种可以得到民众拥护而达到"无乱"的好办法;其二,西方国家的狱政公正,是其富强所依赖的重要方面;其三,严复认为,西方国家的律师辩护制度、陪审制度,是实现司法公正、减少冤案的重要手段;其四,他认为西方国家的刑事判决中运用经济制裁的方式,是一种合理而有效的方式,他说:"西国轻罪,多用瑗罚,故法行而民重廉耻,可谓至便"[2]。

(四)其他有关法律的思想主张

1.康有为"大同世界"之构想。《大同书》是康有为的一部重要著作。它写成于1902年,但其思想的形成可以追溯到戊戌变法以前。从内容上,它是康有为对"公羊三世说"中"太平世"的具体描述和理论发挥;从形式上,它是对理想社会的一种构想。在人类的思想发展史上,对理想社会的悬想和描述,一直是人们表达自己对善的追求,对美好事物渴望的一种形式。从宗教中的极乐世界、天国,到作家笔下的理想国、乌托邦、太阳城、桃花源,等等,无不是这种追求的产物。康有为的"大同世界"当然也是表述他对理想社会的一种理解,它杂糅了《礼运》中的"小康"、"大同",佛教中的"慈悲"、"平等",西方资产阶级的"自由、平等、博爱"及空想社会主义的许多成分[3]。但更重要的是,他在《大同书》中也表达了对现实社会的一种改造方案。

在康有为的"公羊三世说"中,"太平世"对应的社会形态是民主共和政体。但在《大同书》中,大同世界已经超越了简单的政体形式。它已被发挥和扩展为人类未来的一幅"至善至美"的图画。在大同世界中,国家已不存在,与国家相关存在的君主、军队、战争也不复存在。甚至无阶级,"一切平等";无私有财产,"天下为公";无家庭,全社会"公养、公教、公恤";并且,"机器日新",人们的"愿求皆获",在生产力的发展下,人们物质上、文化上的需求获得了极大的满足。至于法律,在大同世界中,法律已被最终取代。以往,人们之所以会犯罪,是因为人们"有身有家"而至于贫困,贫困会导致"盗窃、骗劫、赃私、欺隐、诈伪、偷漏、恐吓、科敛、占夺、强索、匿逃、赌博之事";有君长则有争夺,为争夺则不惜"倾国为兵";"有夫妇则争色争欲",从而则有奸淫之事;其他如,父子兄弟宗族、爵位、私产、税役关津、军兵、名分,等等,都是导致犯罪的原因。有犯罪就有刑罚、有诉讼、有法律。最终导致"日张法律如牛毛"[4]。而在大

---

[1]《谭嗣同全集·报贝元征》。
[2] 潘念之主编,华有根、倪正茂:《中国近代法律思想史》上册,上海社会科学出版社1992年版。
[3] 张国华、饶鑫贤主编:《中国法律思想史纲》下册,甘肃人民出版社1984年版,第368页。
[4] 康有为:《大同书·刑措》。

同社会中,这一切都被消灭,所以,犯罪、刑罚、诉讼和法律也会随之而消亡。"……惟大同之道。无仰事畜之累,无病苦身后之忧,无田宅什器之需,无婚姻祭祀丧葬之费,……则无复有窃盗、骗劫、赃私、欺隐、诈伪、偷漏、恐吓、科敛、占夺、强索、匿逃、赌博,乃至杀人谋财之事。则凡此诸讼悉无,诸刑悉措矣"[1] 康有为又更加清楚地论述道:"大同无邦国,故无有军法之重律;无君主,则无有犯上作乱之悖事;无夫妇,则无色欲之争,奸淫之防,禁制责望,怨怼离异,刑杀之祸;无宗亲兄弟,则无有望养、责善、争分之狱;无爵位,则无有恃威、怙力、强霸、力夺、钻营、佞谄之事;无私产,则无有田宅、工商、产业之讼;无尸葬,则无有墓地之讼;无税役、关津,则无有逃匿侵吞之罪;无名分,则无欺凌、压制、干犯、反攻之事。除此以外,然则尚有何罪,尚有何刑哉"[2]这样,就达到了孔子期望的"无讼"境界。即所谓:"太平之世无讼,大同之世刑措。"[3]在大同社会中,人们友好相待,精力充沛地进行各种活动,在人们的相互交往中,可能会出现过失,但不会有罪恶。"故大同之世,百司俱有,而无兵刑两官"[4]

2. 梁启超之法律起源说与他的法律与道德的"相须为用"说。梁启超借鉴西方启蒙思想家卢梭、孟德斯鸠的理论,提出了他的法律起源说。他根据民约论和人性论的观点对中国固有的法律制度加以批判,论证了西方法律制度的合理性和优越性,并进而提出了自己的论点。他认为,人类在进化过程中,在与自然的竞争中,为了生存,不得不结成"群","群"中的个人有其自我的天赋权利,他们都在设法保护或扩大自己的权利,由此必然形成相互争斗的局面。这种状况如果任其发展,必然会对危害到"群"的利益,甚或是个人的生存。所以,人们必然要运用自我的"良知",寻找解决问题的方法。从而,就产生了法律。所以,依梁启超的理论,法律是起源于"良知"的。随着社会的发展,人际关系不再是单纯意义上的生存,法律的生成也趋向复杂。它们的产生途径也开始变得多样化,有的法律"起于命令",有的法律"生于契约"。梁启超认为,生于契约的法律是最可取的,它们有可能是完美无缺、公正无私的。

梁启超提出,在人治与法治的关系上,必须采取两者并重的态度。首先,他清算了中国传统法律制度中的"人治"观。他称:"荀卿有治人无治法一言,误尽天下,遂使我中华数千年,国为无法之国,民为无法之民"[5] 在他看来,人治存在着许多弊端,从时间上、范围上、中国的实际情况上,实现人治都有其难以弥补的缝隙。其次,他也反对实现单纯的法治,他认为,法须人立,亦须人执。只有德智具备的人才能制定出"善法",善法的切实执行关键也在于人,所谓:"虽有良法,不得人而用之,亦属无

---

〔1〕 康有为:《大同书·刑措》。
〔2〕 康有为:《大同书·刑措》。
〔3〕 康有为:《大同书·刑措》。
〔4〕 康有为:《大同书·刑措》。
〔5〕 《饮冰室文集·论立法权》。

效"。最后,他得出的结论是,必须要人治与法治并重。他写道:"法治主义,既为今世所莫能易,虽有治人,故不可以忽于治法。即治人未具,而得良法以相维系,则污暴有所闻而不能自恣,贤良有所藉而徐展其长技"[1]。

梁启超认为,欲使法律的效率得以最大发挥,治理好国家,必须借重道德的力量,使法律在道德、教育等诸多因素的配合下发挥作用。他写道:"政治习惯不养成,政治道德不确立,虽有冠冕世界之良宪法,犹废纸也"。法律和道德应该结合使用。他称:礼与法"两者异用而同体,异统而同源,且相须为用,莫可偏废"。

四、资产阶级改良派法律思想的主要特点及评价

从鸦片战争前后出现的早期改革派,到戊戌变法时期形成的资产阶级改良派,他们在半个多世纪的时间里走过了一条漫长而曲折的思想路程。这条思想的轨迹可以说是一条变法思想的轨迹,其目的都是在于使中国摆脱积贫积弱、被动挨打的不利处境,走上富国强兵之路。

资产阶级改良派的变法思想无疑是近代变法思想的最高峰。在此之后,中国的政治思想开始走上革命之路。与以往的变法思想相比较,资产阶级改良派的法律思想有什么特点呢? 如果我们总结一下近代变法思想的发展过程,就会自然地得出结论:

1. 近代变法思想的发展过程是一个西化的过程。从林则徐、魏源开始,中国的思想家们开始"睁开眼睛看世界",注意西方的政治制度和科学技术,但此时,他们还只是出于一种御敌的策略,对西方的事物防范多于接受,他们的思想基本上还是渊源于中国传统中固有的文化;到洋务派,开始主动地接触西方的事物,并开始出现一些具有资本主义意识的思想家,他们在从传统中找寻解决问题的方法的同时,也主动接受了许多西方的思想,但他们坚持的行动纲领是"中学为体西学为用";而到资产阶级改良派的思想家,他们已是积极地利用西方的政治法律思想来形成、完善和阐述自己的思想了。

2. 近代变法思想的发展过程是一个自我认识的过程。鸦片战争前后,中国的思想家们开始反思社会制度中存在的弊病,他们认识到,中国社会正处于变化之中,清王朝的统治秩序存在着极大的危机,但他们并没有认识到中国社会正处于根本性的转折过程中;洋务派在中国对抗西方的屡屡失败中,认识到,中国正经历千古未有的大变局,他们面对的对手是亘古未有的强敌,从而比较清醒地认识到必须学习西方先进的科学技术,并进行深刻的社会变革,但他们的认识还是一种表层的,比较肤浅的;发展到资产阶级改良派,他们已充分认识到中国固有的政治体制是一种愚昧而落后

---

[1]《饮冰室文集·宪法之三大精神》。

的体制,从而,开始寻求制度上的根本改变。

3. 从"变器"到"变道"的过程。早期的改革派,根本没有意识到在这场社会危机中,应该从根本上变更封建王朝的统治方式,从传统上进行深入的变革。他们认为,依照一般性的改革方式,就可以解决问题,他们倡导"仿古法而行之",或"药方只贩古时丹"。洋务派已察觉出,仅仅依靠对封建秩序的小修小补是不能解决问题的,但出于传统的惯性,他们拒绝对他们赖以存在的制度加以改造,他们坚持"变器不变道",决不允许触动他们的统治基础。到资产阶级改良派,此时,中国已陷于不可自拔的危机之中,亡国灭种的危险已现实地摆在他们面前。他们看到,仅仅"变器"已不足以摆脱危机。不变道,必然将会很快被列强瓜分,而无力自立于世界,由此,他们不得不向传统的王朝统治开刀,要求从制度的根本之处进行改革。"变道"已是势所必然的了。

4. 从"形而下"到"形而上"的过程。在早期改革派时代,变法思想没有形成独立的思想体系。几乎所有的思想家们,一般上都是从抨击社会弊端、倡言局部改革开始展开其思想的,他们基本上还是着眼于个案的、具体的事物;对所提倡的社会改造,也只局限于拾遗补漏,而大多没有从整个社会制度的角度去说明问题。洋务派更是趋向于一个官僚集团,而长久没有形成一个完整的思想脉络,直到张之洞转向洋务派,他们的思想才趋于成型。但此时,洋务派的思想已经远远落后于时代的发展了。况且,他们根本没有提出任何比较完整、可行的社会改造方案。真正形成比较完整、比较系统的思想体系的,是资产阶级改良派。他们通过大量的著述,多角度、多层面地论述了他们的思想,形成了较完整的思想体系,其中,尤以康有为的"托古改制"和"大同思想"最具有特色。更为重要的是,他们的理论已从"务虚"过渡到"务实",戊戌变法的发动,就是这种思想体系完全形成的根本标志。

第四节 法理派的法律思想与礼法之争

所谓"法理",不是指现代的法理学,而是指"法律之原理"[1]。清末的杨度说:"现世界法学,自十七世纪以后,法律皆有共同之原理、原则"[2]。根据这一说法,所谓"法律之原理"应该是指西方资本主义国家法律的原理。

1902年,清朝政府宣布由沈家本、伍廷芳"将一切现行律例,按照交涉情形,参酌各国法律,悉心考订,妥为拟议,务期中外通行,有裨治理"[3]。由此,中国开始了有史以来最大规模的法律改革。以沈家本为首的修律人希望以西方资本主义社会的法

[1] 《沈寄簃先生遗书》甲编(下册),文海出版社1956年版,第910页。
[2] 《杨度集》,湖南人民出版社1985年版,第527页。
[3] 《大清法规大全·法律部》卷首,第1页。

律精神与原理,改造两千多年来一脉相承而形成的清朝现行律例,并因此与坚持保留中国传统伦理法的守旧派发生了激烈的争论。前者通常被称为法理派,而后者则被称为礼教派。

属法理派者,有沈家本、杨度、江庸、董康等人。他们大都供职于修订法律馆或宪政编查馆。其中,沈家本与杨度为其代表人物。

一、法理派的代表人物——沈家本、杨度

沈家本,字子淳,别号寄簃,清浙江归安(今吴兴县)人,1840年出生于一个官僚家庭。其父曾在清朝刑部任职多年,熟悉律例。沈家本于1864年进入刑部任郎中,其间先后考中举人、进士。1893年至1897年先后任天津与保定知府。1900年庚子事变后,被任命为刑部左侍郎。作为在刑部多年任职的高级司法官吏,沈家本对清朝律例非常熟悉;作为法学家,他于历代法律也多有研究。他是第一个系统整理与研究中国法制通史的法学家。在他生活的年代,西方法学著作已传入中国。他阅读了被翻译过来的大量西方法学书籍,对西方资本主义国家的法律与法学有了一定的了解。1902年他与曾在国外学习过法律的伍廷芳一起受命主持修订法律馆,修改旧法,起草新律。1907年,他与俞廉三等人被任命为修律大臣。同时他还兼任法部右侍郎。1910年,任法部左侍郎并兼资政院副总裁。1911年,辞去修订法律大臣及资政院副总裁之职。1911年辛亥革命爆发后,清政府任命袁世凯组阁,沈家本出任法部大臣。民国成立时,他拒绝担任民国政府官职。1913年,沈家本逝于北京。

沈家本在当时并不是惟一了解西方资本主义国家法律与法学的学者,甚至不是最权威的学者。如伍廷芳曾在英国学习过法律,取得过英国律师资格,并在香港从事过律师与法官职务。杨度亦曾数度留学日本,对外国宪政体制有相当研究。但既了解西方法律与法学,又精通中国古今律例的法学家,清末惟沈家本一人而已。他以并不完整的西方法学理论知识对中国古今律例作了批评,并提出了按西方法律模式与法学原理改革中国法律的思想。作为一个从未到过国外,且年已老迈的清朝高级官员,能有这样进步的思想,清末也惟有沈家本一人。

沈家本著作在辛亥革命后被结集出版为《沈寄簃先生遗书》甲、乙两编。其法学著作集中于甲编,而法学著作中最能反映其法律改革思想的论著则集中于甲编中的《寄簃文存》八卷。此外未收入《沈寄簃先生遗书》中的法学论著还有《秋谳须知》、《律例偶笺》《律例杂说》、《读律校勘记》、《奏谳汇存》、《刺字集》、《文字狱》、《刑案汇览》等。

杨度,字皙子,1874年生于湖南湘潭一个没落官吏家庭。少时曾受教于湘潭著名经学家王闿运,很受其"帝王之学"的影响。1893年考中举人。1895年、1898年先后两次参加会试,均落第。1902年自费赴日本留学,就学于东京弘文书院速成师范班,并创办《游学译编》杂志。此间,杨度萌生了不甚明确的革命思想。1903年第二次赴日本,人东京法政大学学习。其间与梁启超、孙中山等均有交往,但他倾向于梁启超的君主立宪思想而不同意孙中山的革命思想。1906 年,杨度为出国考察宪政的五大臣代写关于君主立宪的论文。1907 年,在东京组织以推进君主立宪为宗旨的"政俗调查会"(该会后又被改为"宪政讲习会"、"宪政公会"),并参与了与《民报》的论战。1908 年,经张之洞、袁世凯保荐,杨度被授予四品京堂候补官衔,入宪政编查馆工作,并任颐和园皇族宪法讲师。1910 年 12 月 2 日,杨度以宪政编查馆特派员身份到资政院演说刑法改良之理由,及《大清新刑律》拟订宗旨,支持沈家本以西方刑法思想为指导起草的《大清新刑律》。袁世凯执政期间,杨度积极为袁谋划复辟帝制,成为"筹安会六君子"的首恶。袁死后,杨度被北洋政府通缉,思想转为消极,开始研究佛学。"从李大钊同志牺牲后,他思想上发生了很大变化",[1]倾向于共产主义。1929 年秋,杨度正式加入中国共产党,成为秘密党员。1932 年逝于上海。

　　杨度的所有论著均被收入 1985 年湖南人民出版社出版的《杨度集》。

二、法理派法律思想的主要内容

(一)关于法的一般理论

　　1.关于法与政治的关系。"窃维为政之道,首在立法典民",[2]"居今日而治斯民,刑其后者也,其惟以教为先"[3] 从沈家本以上的话中,可以看出他对法律与政治的关系的认识,并没有超出中国古代思想家们认为法律只是治国工具的传统观念。在他的思想中,人民仍是统治的对象,是政治的客体,而法与教一样,只是为政的工具。这种法为工具的论点与儒家的"德主刑辅"学说并没有大的区别。尽管他从西方资本主义国家"人人不得超越法律之范围"[4]的学说中,已经朦胧地认识到"近今泰西政事,纯以法治",[5]即法律至上的治国原则,但他没有想到将这一原则改造中国的政治。在他有关法律的论著中,几乎没有关于近代宪政与法治的内容。这至少可以说明他并没有建立起近代宪政及其与法治关系的观念,没有认识到西方资本主义的法律体系只能建立在近代宪政的基础上,没有认识到在专制政体以及清朝政府所行的虚假宪政体制下,法律只能是君主的治世工具。

　　而杨度则认为,政治必须隶于法律之下。他说,"法律者,与天下共守之物也";

---

〔1〕 《杨度集》,湖南人民出版社 1985 年版,第 800 页。
〔2〕 《沈寄簃先生遗书》甲编(下册),文海出版社 1956 年版,第 884 页。
〔3〕 《沈寄簃先生遗书》甲编(下册),文海出版社 1956 年版,第 1002 页。
〔4〕 《沈寄簃先生遗书》甲编(下册),文海出版社 1956 年版,第 984 页。
〔5〕 《沈寄簃先生遗书》甲编(下册),文海出版社 1956 年版,第 983 页。

"文明各国,事无巨细,时无常变,政无废举,皆一轨之于法";[1]君主只不过是国家的政治机关。"立宪之国,人民以法律限定其君主机关之权",[2]"君主有不可违反之义务"[3] 这一观念较之沈家本的上述认识要进步得多。

2.关于中西法律的基本精神。对中外法律之间的根本差别,沈家本缺乏抽象的认识。而在杨度则已有粗浅的概括。他认为西方法律的基本精神是国家主义,而中国法律的基本精神是家族主义。杨度接受了英国政治家、历史学家甄克思的社会发展史学说,认为人类社会按其发展阶段应分为蛮夷社会、宗法社会与国家社会(又叫军国社会)。蛮夷社会无主义;宗法社会采家族主义;国家社会采国家主义。所谓家族主义,即一切政治、经济行为皆以家族为本位。在以家族主义为基本精神的法律中,"家长之权利义务皆比家人为重",于是形成了"天子治官,官治家长,家长治家人"[4]的社会秩序。家长为对家族负责,必将减少对国家应负的责任。实行家族本位的另一恶果是养成了家长对家族成员的专制,家长在家族内拥有立法权与司法权,分割了国家权力,并使家人的个人权利得不到保障;而作为家族成员,因受家长养活与管束,而失去独立的人格。因而中国虽有四万万人,却只有少数对国家不甚负责任的家长与国家发生权利义务关系,其他家族成员均不与国家发生直接关系,当然也就完全没有国家观念。在中国旧法中,家族主义"实十分之八九",故中国"国事之愈益腐败,国势之愈益贫弱,可断言也"[5] 所谓国家主义,即一切以国家为本位。在以国家主义为基本精神的法律中,"必使国民直接于国家而不间接于国家",[6]个人为权利义务主体,由是形成了每一个国民直接对国家享有权利,也直接对国家承担义务的社会秩序。实行国家主义,"人人有生计则其国富,人人有能力则其国强"。国家主义与家族主义是对立不可调和的,"若以为应采国家主义者,则家族主义决无并行之道"[7]

上述论述表明杨度已经能够从中西复杂的法律现象中高度抽象出各自的基本思想特征。

3.关于法律改革。沈家本认为,法律必须随社会的变化而有所改革。他说:"窃思法律之为用,宜随世运为转移,未可胶柱而鼓瑟"[8] 对中国的传统法律,尤其是清朝现行刑法,沈家本认为它们与西方法理相差太大,致使中国在对外各项事务的交

〔1〕《杨度集》,湖南人民出版社1985年版,第490页。
〔2〕《杨度集》,湖南人民出版社1985年版,第328页。
〔3〕《杨度集》,湖南人民出版社1985年版,第311页。
〔4〕《杨度集》,湖南人民出版社1985年版,第531页。
〔5〕《杨度集》,湖南人民出版社1985年版,第533页。
〔6〕《杨度集》,湖南人民出版社1985年版,第531页。
〔7〕《杨度集》,湖南人民出版社1985年版,第533页。
〔8〕《沈寄簃先生遗书》甲编(下册),文海出版社1956年版,第881页。

涉中常处于不利的地位,因而成为西方列强在中国取得治外法权的主要借口。他不懂司法主权丧失的根本原因在于国力衰弱,轻信"英美日葡四国均允中国修订法律,首先收回治外法权"[1]的许诺。这一幻想成为他改革法律的主要思想动因。

对法律改革的宗旨,他主张"参考古今,博稽中外",[2]即选择古今中外法律中的积极内容综合制成最能适应于中国当代的法律。他说,"当此法治时代,若但证之今,而不考之古,但推崇西法而不探讨中法,则法学不全又安能会而通之,以推行于世"[3]似乎他对古今中外的法律是一体同视,择其善者而用之。但相形之下,他更多地倾向于采用西法来改造中国旧法。这一倾向固然与收回治外法权的修律动机有关,同时他对西法的认同也是很重要的原因。就中西法律,尤其是中西刑法上比较,沈家本明确认为西方刑法优于中国刑法。他说:"今刑之重者独中国耳。以一中国与环球之国对抗,其优绌之数,不待智者而知之矣"[4]为使这一思想倾向不致招致保守派指责为崇洋媚外,他每每以西法附会中国古法。如对西方文明监狱,他以"泰西之制,证之于古",[5]证明中国古已有之;对西法中司法独立于行政的体制,他则认为周时"行政官与司法官各有攸司";[6]等等。这些附会与历代大多数变法袭用的托古改制的方法多少有些相同。基于上述修律思想,沈家本主持的修订法律馆大量翻译外国法律与法学著作,聘请日本法学家来华讲学并帮助起草法律,并在修订的法律草案中全面地引入了西方资本主义法律的形式与内容。

作为一个从小接受中国传统礼教思想教育,并长期担任封建王朝高级官吏的沈家本决不可能反对礼教,相反他多次引用孔子所说的"齐之以礼"的名言,强调所谓"明刑弼教"。但他谈到礼教时更多地是将其视为道德的准则,而不是作为法律的规范。他倾向于将礼教与法律相分离,这一倾向在其主持修订的新刑法草案及其说明中表现得非常明显。如他在解释新刑法草案中删除"无夫奸"与"子孙违犯教令"这两项旧律中违背礼教罪名的理由时说,无夫奸"有关风化,当于教育上别筹办法,不必编入刑律之中","子孙违犯教令出乎家庭,此全是教育上事……此无关于刑事,不必规定于刑律中也"[7]当然他不可能将礼教与法律完全分离,在他主持修订的刑律草案中仍保留了相当数量的礼教的内容,但他所以做这样的保留,并不是他主观上的意愿,而是为减少新法在实施中的阻力被迫采取的妥协。他曾说,中国"礼教风俗不

---

〔1〕《沈寄簃先生遗书》甲编(下册),文海出版社1956年版,第880页。
〔2〕《沈寄簃先生遗书》甲编(下册),文海出版社1956年版,第969页。
〔3〕《沈寄簃先生遗书》甲编(下册),文海出版社1956年版,第975页。
〔4〕《沈寄簃先生遗书》甲编(下册),文海出版社1956年版,第969页。
〔5〕《沈寄簃先生遗书》甲编(下册),文海出版社1956年版,第983页。
〔6〕《沈寄簃先生遗书》甲编(下册),文海出版社1956年版,第981页。
〔7〕《沈寄簃先生遗书》甲编(下册),文海出版社1956年版,第1004页。

与欧美同……若遽令法之悉同于彼,其有阻力也"。〔1〕 正因为他不敢也不愿从根本上否定封建的礼教,因而在修订刑律的过程中,迫于保守派的压力,将已被删除的部分礼教条款又重新订入草案。在对新刑律草案所作的说明中,沈家本也一再表白新刑律草案"尚无悖于礼教","不至大乖乎礼教"或"按之旧法,亦无大出入",〔2〕其意图明显在于缓和保守派的情绪,同时也是为着获得清朝最高当局的通过。他希望"以模范列强为宗旨",〔3〕实行礼教与法律相分离的思想倾向显然超出了清朝最高当局的修律宗旨,因此在1908年初沈家本将"以模范列强为宗旨"的新刑律草案进呈清朝政府一年后,清政府即发布了第二次修律上谕,将第一次修律上谕确定的"参酌各国,悉心考订,妥为拟议,务期中外通行"的原则,改为"只可采彼所长,益我所短。凡我旧律义关伦常诸务,不可率行变革"〔4〕的原则。这一修正说明清朝政府已经认为沈家本的法律改革思想走得太远而有必要加以约束了。

对中国法律制度的改革,杨度明确主张在中国建立西方资本主义君主立宪政体及"于国家制定法律时采个人为单位,以为权利义务主体",〔5〕即引进国家主义。中国旧律中的家族主义原则,"实十分之八九",如"留此不改,则无论如何布宪法、改官制,皆为虚文"。〔6〕 由此可见,杨度的以西方法律原则改革中国法律的思想较之沈家本更为明确与大胆。

4.关于平等。沈家本无疑是主张平等的。他将西方的人道主义与人权平等观念综合表述为尊重人格主义。以尊重人格主义为思想武器,他谴责中国野蛮的人口买卖制度和奴婢制度,并主张予以废除。他说:"现在欧美各国均无买卖人口之事,系用尊重人格之主义。其法实可采取"。〔7〕 他建议对"买卖人口,无论为妻妾、为子孙、为奴婢,概行永远禁止,违者治罪。旧时契买之例,一律作废"。〔8〕

清朝刑法中仍保留有奴婢制度,官员打死奴婢,仅予罚俸;旗人故杀奴婢,仅予枷号,较之宰杀牛马处刑更轻。"贫家子女一经卖入人手,虐使等于犬马,苛待甚于罪囚。呼吁无门,束手待毙,惨酷有不忍言者"。〔9〕 他认为这一制度殊不人道,是"等人

〔1〕《沈寄簃先生遗书》甲编(下册),文海出版社1956年版,第982页。
〔2〕《沈寄簃先生遗书》甲编(下册),文海出版社1956年版,第1003~1004页。
〔3〕故宫博物院明清档案部编:《清末筹备立宪档案史料》(下册),中华书局1979年版,第852页。
〔4〕故宫博物院明清档案部编:《清末筹备立宪档案史料》(下册),中华书局1979年版,第858页。
〔5〕《杨度集》,湖南人民出版社1985年版,第258页。
〔6〕《杨度集》,湖南人民出版社1985年版,第533页。
〔7〕《沈寄簃先生遗书》甲编(下册),文海出版社1956年版,第888页。
〔8〕《沈寄簃先生遗书》甲编(下册),文海出版社1956年版,第888页。
〔9〕《沈寄簃先生遗书》甲编(下册),文海出版社1956年版,第887页。

类于畜产";[1] "奴亦人也,岂容任意残害,生命固应重,人格尤其宜尊";[2] 而且买卖人口为奴的制度"久为西国所非笑",又"与颁行宪法之宗旨显相违背"。[3] 因而,应废除奴婢制度,并使奴婢与主人在适用法律上趋于平等。

但沈家本的平等主张是有限的。他认为中国蓄奴历史久远,奴婢来源与种类复杂,且现行法律中事涉奴婢的条目繁多,因此废奴应以渐进的方法,不能骤然使主奴完全平等。他建议将原有奴婢改为雇工人,至本人年满 25 岁时即解除雇佣关系。按照新修订的《大清现行刑律》,雇工人的地位虽高于奴婢,但主雇相犯其处刑仍不能平等。而且由主奴关系改成的主雇关系并不是完全的自由契约关系,而是带有很大程度的人身强制性,非到雇工年满 25 岁不能解除。

沈家本还主张实行民族平等。《大清律例》规定满人犯应判处充军、流刑等罪,可免发遣,而改处枷号。沈家本认为应废除此特权,将满人与其他民族罪犯实行一体同科。但他的这一平等处刑的建议并不是以人权平等的思想为论据的。他先是曲折地为这一特权的形成作曲意的辩解,说是当初满人入关人口较少,犯罪免发遣可以保证满人"供差务,实军伍",然后再以满人人口日益增多作为取消这一特权的理由。此外,他还以"一体同科"有利于法令的统一,有利于化解民族的对立以挽救艰难的时运等理由来说服清朝政府取消旗人的该项特权。

在《大清律例》中,夫殴妻与妻殴夫,其处刑大有差别。沈家本认为很不合理,但他同样也不敢以人权平等思想为论据。他主张夫妻相犯在处刑的差别上应有所缩小,其理由为"夫妻者,齐也,有敌体之义,乃罪名之轻重悬绝如此,实非妻齐之本"。[4] "妻者,齐也",这一解释来自于作为文字学著作的《说文》,沈家本仅以这一文字上的诠释作为依据来证明夫妻应当大体平等的立论在理论上是缺乏论说力的。正由于缺乏有力的理论依据,他不敢主张对夫妻相殴平等处刑,而是认为应"照伤害人身体条,夫从轻比,妻从重比,与凡人稍示区别,不至大乖乎礼教"。[5]

杨度的平等思想较之沈家本则明确与彻底得多。他公开宣扬西方资产阶级的"天赋人权"的理论,"夫各国文明国之法律,其必以个人为单位,盖天生人而皆平等,人人可为权利之主体。否则,人权不足,不能以个人资格自由竞争于世界"。[6] 但对中国法律中应如何规定平等,杨度则殊少论述。对国内各民族,杨度主张实行"满汉平等","蒙、回、藏同化"。杨度的这一同化思想,在主观上,是以"增进国民之幸福,

---

[1] 《沈寄簃先生遗书》甲编(下册),文海出版社 1956 年版,第 891 页。
[2] 《沈寄簃先生遗书》甲编(下册),文海出版社 1956 年版,第 891 页。
[3] 《沈寄簃先生遗书》甲编(下册),文海出版社 1956 年版,第 891 页。
[4] 《沈寄簃先生遗书》甲编(下册),文海出版社 1956 年版,第 1004 页。
[5] 《沈寄簃先生遗书》甲编(下册),文海出版社 1956 年版,第 1004 页。
[6] 《杨度集》,湖南人民出版社 1985 年版,第 256 页。

乃以蒙、回、藏与满、汉平等为目的,而非以蒙、回、藏与满、汉不平等为目的也"。但按其同化思想实行,在客观上却是"满、汉混为一家,大殖民于蒙、回、藏地",[1]难免会引起民族的纷争。

5.关于立法。沈家本主张统一立法权,并由少数专人掌管立法。他认为,周时太宰为立法之官,小宰为立法辅助,作为司法的大司寇亦可参与其中,但"至小司寇以下,则皆奉行之,人不得干与立法之权矣"。对这一制度,他评论说:"自来立法之权,必统于一方,无分歧之弊。太宰为执政之人,大司寇为刑官之长,故任立法之事者,仅此数人,未闻筑室道谋而能有成者也"[2] 他在批评南梁立法时又谈到:"可见此事(指立法——编者)自属专门,非尽人所习。若聚无数素所不习之人,参预其间,非尸位即制肘矣,况欲征天下之人之意见乎? 筑室道谋何能成"[3] 他甚至敢于反对君主通过亲自审理刑事案件,订立特别刑事条例。他认为:"治狱乃专门之学,非人人之所能为。后世人主每有自圣之意,又喜怒无常,每定一狱,即成一例,畸轻畸重,遗害无穷,可不慎哉?"[4]

但我们不能以此就认为他就具有立法权独立的思想。他所说的立法权,不是由独立于行政与司法机关的民意机关行使,而是应由与法律有关系的各机关中有专门知识的人,也就是立法的技术权威来行使。对君主,他仅仅是反对由君主亲自审理刑事案件制定随意变更已有的刑事立法,而并非反对君主享有立法权。

沈家本认为还应重视立法的技术。其一,律条应当简要概括。他说:"古人立法多疏节阔目,是以施行之间,窒碍尚少。今人修法,多求其密,密则必至有抵牾之处"[5] 针对反对者"谓人情万变,断非科条数百所能赅载"的批评,他回答说:"法律之用,简可驭繁。例如,谋杀应处刑,不必问其因奸因盗。如一事一例,恐非立法家逆臆能尽之也"[6] 其二,概念术语必须明确、准确。他批评古代立法中因不设定概念,文字多通假,以致律义模糊,"古人文简,未尝概立例义,故或一名而兼数义,或一义而得数名,或析言之而名有专称,或浑言之而可以通称。论转注假借之用广,由于文字少也。迨后来文字日繁,立法者不能不详定义例,一义必有一名,一名不兼他义,泛言之或可通称,切言之必有专称。条理分明,斯遵行划一。此古今文词所以不能尽同也"[7]

对立法权,杨度完全接受西方三权分立的学说,主张成立专门立法机关——国

〔1〕《杨度集》,湖南人民出版社1985年版,第369页。
〔2〕《沈寄簃先生遗书》甲编(上册),文海出版社1956年版,第364页。
〔3〕《沈寄簃先生遗书》甲编(下册),文海出版社1956年版,第396页。
〔4〕《沈寄簃先生遗书》甲编(下册),文海出版社1956年版,第353页。
〔5〕《沈寄簃先生遗书》甲编(下册),文海出版社1956年版,第960页。
〔6〕故宫博物院明清档案部编:《清末筹备立宪档案史料》(下册),中华书局1979年版,第848页。
〔7〕《沈寄簃先生遗书》甲编(下册),文海出版社1956年版,第964页。

会,独立行使立法权。

6.关于司法。沈家本对外国人在中国享有治外法权,以至中国司法权不能完全自主深为不安。他说:"夫西国首重法权,随一国之疆域为界限。甲国之人侨寓乙国即受乙国之裁制,乃独于中国不受裁制,转予我以不仁之名,此亟当幡然变计者也"[1]"此次修订法律,原为收回治外法权起见",[2]这一思想动因对于他较多地接受西方资本主义法律思想,打破中国传统法律思想的束缚起了很大作用。

沈家本赞同西方资本主义国家司法权独立的思想,反对中国的行政官兼司法官、行政官干预司法的制度,主张司法独立于行政。"西国司法独立,无论何人皆不能干涉裁判之事,虽以君主之命,总统之权,但有赦免而无改正。中国则由州县而道府而司而督抚而部,层层辖制,不能自由"[3]他认为西周时,"行政官与司法官各有攸司,不若今日州县官行政司法混合为一。尤西法与古法相同之大者"[4]他以专业分工的必要性,而不是从权力制衡的角度分析了行政官兼理司法的弊端。"政刑丛于一人之身,虽兼人之资,常有不及之势,况乎人各有能,有不能。长于政教者,未必能深通法律;长于治狱者,未必为政事之才。一心兼营,转致两无成就"[5]在清政府宣布仿行宪政以后,沈家本明确提出了在中国应实行司法独立的思想并将之提到了宪政的高度。他说:"东西各国宪政之萌芽,俱本于司法之独立",[6]"司法独立,为异日宪政之始基"。由于清朝最高当局不可能允许司法完全独立,因而沈家本也未敢明确要求司法不受君主干涉。在《大理院审判编制法》中尚明确规定司法不受行政机关干预,到后来制定《法院编制法》时,却取消了这一原则。

(二)关于法学的研究与教育思想

沈家本认为中国古代法学的停滞是造成中国法律落后的原因之一。他认为中国上古即有法学研究与法学教育。自魏时政府设立专以传授法学为职的律博士,这一官职一直沿袭至宋朝。元朝废除了这一职务,中国法学由是而衰。他通过对中国法学盛衰史的考察,自认为发现了一个规律,即法学的盛衰与政治的治乱密切相关。"当(法)学之盛也,不能必政之皆盛,而当(法)学之衰也,可决其政之必衰"[7]由此而得出的结论是,为救政治于衰乱,必须振兴法学。

沈家本大力提倡研究古今中外之法律及法学。他首次对中国的刑法通史进行了

〔1〕《沈寄簃先生遗书》甲编(下册),文海出版社1956年版,第880页。
〔2〕《东方杂志》第8期,第125页。
〔3〕《沈寄簃先生遗书》甲编(下册),文海出版社1956年版,第981页。
〔4〕《沈寄簃先生遗书》甲编(下册),文海出版社1956年版,第982页。
〔5〕《沈寄簃先生遗书》甲编(下册),文海出版社1956年版,第849页。
〔6〕故宫博物院明清档案部编:《清末筹备立宪档案史料》(下册),中华书局1979年版,第843页。
〔7〕《沈寄簃先生遗书》甲编(下册),文海出版社1956年版,第939页。

系统的整理与研究,同时主持编译了大量的外国法律及法学著作,以推动中国对外国法学的学习与研究。他推崇西方国家以及日本法学研究之盛况,而对中国的法学研究状况则非常不满。他说:"近世欧洲学者孟德斯鸠发明法理,立说著书,风行于世,一时学者递衍,流派各持其是,遂相与设立协会,讨论推寻,新理日出,得以改革其政治,保安其人民,流风所被,渐及东海,法学会称极盛焉。独吾中国寂然无闻,举凡法家言,非名隶秋曹者,无人问津。名公巨卿,方且以为无足轻重之书,屏弃勿录,甚至有目为不祥之物,远而避之者,大可怪也。"[1]他对清末成立的第一个法学会创办的《法学杂志》寄以很大的希望,认为"自后吾中国法学昌明,政治之改革,人民之治安,胥赖于是"[2]。

沈家本认为"法之修也,不可不审,不可不明,而欲法之审、法之明,不可不穷其理,而欲穷其理,舍讲学又奚由哉"[3]。为培养讲求法律的人才,他采纳了伍廷芳关于专设法律学堂的建议,奏请清政府开办了法律学堂,聘请日本法学家冈田朝太郎、松冈义正等人来华讲学,成为中国近代法学教育的创始人。

(三)关于宪政

除主张司法独立外,沈家本对宪政几乎没有论述,而杨度在第二次留学日本时已是较为著名的宪政理论家。他明确地主张中国必须实行立宪,而且"但能为君主立宪,而不能为民主立宪"[4]。他认为清政府"对内惟知窃财,对外惟知赠礼",对国家与人民完全不负责任,因而必须颁布宪法,建立国会,由国会产生责任内阁,责任内阁对国会进而对国家与人民负其责任。他在考察了世界各国的宪政制度后,认为君主立宪与民主立宪并无优劣之分,"所问者在宪而不在主矣"[5]。因为虽然民主立宪的选举制选出来的国家元首,在品德与才能上必然高于世袭的君主,但民主元首与世袭君主个人品德与能力的优劣对国家与人民并没有特别重要的意义。君主立宪,权力主要操于国会之手,内阁对国会负责,君主即便不贤,因权力限于法律的规定,对国家也不可能有大害;民主立宪,权力亦主要操于国会之手,元首即便是品德与才能超人,也因权力有限对国家不可能有大利。中国之所以只能实行君主立宪而不能实行民主立宪,他认为这是由中国的民族问题决定的。蒙、回、藏等民族因文明程度较低,尚无国家组织观念,他们之所以服从中央政府,只是对清朝的武力征服保持着一种服从的惯性。如果更换满族君主,这些少数民族势必脱离中国而分裂,并被列强所吞并。而

---

〔1〕《沈寄簃先生遗书》甲编(下册),文海出版社1956年版,第985页。
〔2〕《沈寄簃先生遗书》甲编(下册),文海出版社1956年版,第986页。
〔3〕《沈寄簃先生遗书》甲编(下册),文海出版社1956年版,第980~981页。
〔4〕《杨度集》,湖南人民出版社1985年版,第210页。
〔5〕《杨度集》,湖南人民出版社1985年版,第210页。

且实行暴力革命,取消君主,必造成国家与人民生命财产的重大损失。正由于他坚持这一"在宪不在主"的理论,所以清政府存在时他支持清政府的君主立宪,袁世凯复辟时他又支持袁世凯的君主立宪。

杨度的君主立宪思想多少是受到其个人利益因素的影响的。1907 年他尚未为官时,主张中国"立宪之事,亦如西洋各国去君主专制之权,以扩张民权而定君民权限之关系耳。使国民善自为之,则实无可以致日本宪法之理由"。所谓日本宪法即日本1889 年宪法,为天皇自定,且皇权极大。但次年他被清政府任命为四品官员、皇族宪法讲师以后,即为由君主自定,且为规定君主享有无限权力的《钦定宪法大纲》辩护。他说,"若自鄙人论之,则以为以君主大权制钦定宪法者,实于今日中国国势办理最宜"。"以中国情形与各立宪国相比,各国仅以宪法为民权之保障者,中国则兼以宪法为君权之保障,而除钦定宪法以外,别无可以保障君主大权之物。此亦我国势之独奇,谋国者不能不于此三致其意者也"。"至于君民权限偏轻偏重,非此时国事之所急,人民不宜于此过争也"。[1]

(四)关于刑法改革

沈家本的刑法改革思想可以概括为轻刑主义。这一轻刑主义的思想来源于中国古代"治以宽平"的"仁政"理想与西方刑法理论。

1. 罪刑法定,反对比附类推。沈家本认为《大清律例》规定的"若断罪无正条者,援引他律比附"的类推制度弊端甚多:其一,司法官得以以自己的个人意志比照相似条文处罚律无正条之行为,从而使司法官又兼为立法官,有违三权分立的宪政体制;其二,会使人民不知道哪些行为可以做,哪些行为不能做而无所适从,因而比附制度与杀人陷阱无异;其三,同一类案件,各法官依不同律文或例文类推,必然使刑事审判难以统一。[2] 此外,他还认为比附类推制度会导致罪刑擅断。他极赞同班固在《后汉书·刑法志》中所说的"所欲活者,则出生议;所欲陷者,则与死比"的话,他说:"比附他律之弊,两语赅之矣!"[3]他认为中国自周代刑法已有"律无正条不处罚之明证",[4]只是到汉时才有比附制度;而国外,除英国外,"欧美及日本各国无不以比附援引为例禁者"。[5]因而他将"凡律例无正条者,不论何种行为,不得为罪"的规定写入了新刑法草案。

2. 实行罪责自负,反对株连。沈家本反对株连,主张罪责自负。他认为中国自古

---

〔1〕 《杨度集》,湖南人民出版社 1985 年版,第 512～513 页。
〔2〕 《沈寄簃先生遗书》甲编(下册),文海出版社 1956 年版,第 790～791 页。
〔3〕 《沈寄簃先生遗书》甲编(下册),文海出版社 1956 年版,第 787 页。
〔4〕 《沈寄簃先生遗书》甲编(下册),文海出版社 1956 年版,第 790 页。
〔5〕 《沈寄簃先生遗书》甲编(下册),文海出版社 1956 年版,第 791 页。

就有"罚弗及嗣"、"罪人不孥"的传统,"今世各国咸主持刑罚止及于一身之义,与罪人不孥之古训实相符合,洵仁政之所当先也"[1] 因而他在向清政府提出《删除律例内重法折》中,建议将缘坐之刑也作为重刑废除。在清政府同意后,他在删定《大清现行刑律》及起草新刑法草案时即废除了缘坐这一刑法原则。

3.实行人道主义的刑罚。沈家本基于传统儒学中的"仁政"观,西方人对中国传统酷刑所提出的"不仁"的批评以及收回治外法权的需要等诸项理由,认为刑罚应实行人道主义。他说:"臣等窃惟治国之道,以仁政为先,自来议刑法者,亦莫不谓裁之以义而推之以仁。然则刑法之当改重为轻,固今日仁政之要务,而即修订之宗旨也"[2] 此外,他还说到"中国之重法,西人每訾为不仁"[3] 这里所说的"仁",则显然是指人道主义。正因为《大清律例》规定的刑罚不人道,故使"其旅居中国者皆藉口于此不受中国之约束"[4]

沈家本认为对中国刑罚制度实行人道主义改革,首先,必须删除《大清律例》中规定的种种野蛮刑罚。这些野蛮刑罚包括凌迟、枭首、戮尸、缘坐、刺字等。其次,死刑应秘密执行。沈家本反对在人口密集的菜市口行刑的传统,主张于监狱内秘密执行死刑,这样可以避免人民目睹犯人"临刑惨苦情状",有利于"养其仁爱之心,于教育之端实大有裨益也"[5]

4.对未成年人实行惩治教育。沈家本所说的"惩治教育"大抵相当于对未达到刑事责任年龄的未成年人实行强制隔离教育的保安处分措施。他在1907年8月3日呈给清政府的《修订法律大臣沈家本等奏进呈刑律草案折》[6]中,谈到新刑法草案的立法理由时说,未达到刑事责任年龄的未成年人只能作为教育的主体,而不能作为刑罚的主体。如将此有危害社会的未成年人关押于监狱,则容易使他们受到其他犯人的感染,使矫正更加困难;如将其交付家庭管束,但对此生性桀骜之少年,又恐怕家庭教育无力管束。因而可学习德、英等国的"惩治教育",在各省设立惩治场,将此不良少年集中于特别学校,以管理监狱的方法对之施以强迫感化教育。其教育年限以其危害轻重而定。

（五）关于司法改革

1.诉讼与审判制度的改革。沈家本关于改革中国诉讼与审判制度的思想几乎是

---

〔1〕《沈寄簃先生遗书》甲编(下册),文海出版社1956年版,第881页。
〔2〕《沈寄簃先生遗书》甲编(下册),文海出版社1956年版,第880页。
〔3〕《沈寄簃先生遗书》甲编(下册),文海出版社1956年版,第880页。
〔4〕《沈寄簃先生遗书》甲编(下册),文海出版社1956年版,第880页。
〔5〕《沈寄簃先生遗书》甲编(下册),文海出版社1956年版,第899页。
〔6〕故宫博物院明清档案部编:《清末筹备立宪档案史料》(下册),中华书局1979年版,第845~849页。

完全搬用了西方资本主义国家的诉讼与审判原则。其主要主张有：(1)将实体法与程序法相分离；(2)将民事诉讼与刑事诉讼相分离；(3)实行公开审判；(4)设立陪审制度；(5)实行辩护制度；(6)设立律师制度；(7)废止刑讯，不以口供为必要证据；(8)不得羁押证人；等等。

2.改良监狱。沈家本主张改良监狱的主要思想动因有三个方面。其一，是他认为设立监狱的宗旨不是折磨与侮辱犯人，而是感化教育犯人，即所谓"非以苦人辱人，将以感化人也。"[1]他很推崇中国夏商周三代"令(犯)人幽闭思愆，改恶为善"[2]的狱政思想，并认为这一狱政思想与近代西方以感化教育为主的狱政理论不谋而合。[3]其二，是人道主义精神。他严厉批评了中国落后野蛮的狱政制度，说自周以来各朝，不明设立监狱的原意，致"吏之武健严酷者，其惨毒之方，残刻之状，难以偻指"[4]与西方国家监狱比较，"仁暴悬如霄壤"。[5]其三，是以改良监狱作为收回治外法权的条件。他很是赞成西方学者所持的"觇其监狱之实况，可测其国程度之文野"[6]的观念，他希望中国能参酌各国狱政改良监狱，使中国列于文明之国，以期收回治外法权。

在《修订法律大臣沈家本奏实行改良监狱宜注意四事折》[7]中，沈家本对中国的狱政现状提出了四项改良措施：仿外国监狱的建筑模式，建筑宽敞、卫生的新式中国监狱；培养监狱管理专业人员；颁布统一的监狱法规；编辑监狱统计。此外他还要求对犯人应"优加口食及冬夏调理各费"，给予良好的待遇；对狱官严加约束，"凡禁卒人等，倘有凌虐情节，即行从严惩治"；[8]加强对监狱与羁所的监察；等等。

三、"法理派"法律思想的特点

"法理派"的法律思想最大的特点是具有很强的实践性。

"法理派"的法律思想是在清末修律的实践活动中形成并直接指导修律活动的，而且其代表人物沈家本又是长期从事清朝司法实务工作的高级司法官，因此，它较之近代其他各阶段的政治与法律思想有着更强的实践性。

这一特点决定了"法理派"的法律思想不可能过于激进。因为，如果沈家本的思想比改良派的思想更为激进，显然清朝政府就不可能会指派他担当修订法律的责任。

---

〔1〕《沈寄簃先生遗书》甲编(下册)，文海出版社 1956 年版，第 982 页。

〔2〕《沈寄簃先生遗书》甲编(下册)，文海出版社 1956 年版，第 982 页。

〔3〕《沈寄簃先生遗书》甲编(下册)，文海出版社 1956 年版，第 982~983 页。

〔4〕《沈寄簃先生遗书》甲编(下册)，文海出版社 1956 年版，第 982 页。

〔5〕故宫博物院明清档案部编：《清末筹备立宪档案史料》(下册)，中华书局 1979 年版，第 832 页。

〔6〕故宫博物院明清档案部编：《清末筹备立宪档案史料》(下册)，中华书局 1979 年版，第 832 页。

〔7〕故宫博物院明清档案部编：《清末筹备立宪档案史料》(下册)，中华书局 1979 年版，第 831~833 页。

〔8〕《东方杂志》第 6 期，第 96 页。

即使有了清朝政府的任命,他所制定的任何激进的法律都会受到守旧派强烈的反对。作为熟悉中国历史,熟悉清朝政府与中国官僚社会保守性的沈家本对这一后果是能够预见到的。"礼教风俗不与欧美同……若遽令法之悉同于彼,其有阻力也"[1] 只有以渐进的法律思想实行现实的法律改革,才能具备实现的可能性。对这一渐进的法律思想,我们是不能加以指责的。

尽管"法理派"的法律思想仍属于改良的范围,但它的实践性特点使它成为对中国近代法律近代化影响最为直接的法律思想。康有为、梁启超和严复的法律改革思想对近代政治法律思想与制度的影响是不可否认的,但其影响主要是理论上的,他们的法律改革思想从来没有真正付诸实施过。此外,他们的法律改革思想多限于宪政与经济制度的内容,而对于民法、刑法、诉讼法等具体的部门法律改革却殊少论述,也不可能有具体的论述,因为他们并不是法律专家。而"法理派"除杨度外,其他如沈家本、伍廷芳、江庸、董康等人均是法律专家。他们熟悉西方国家各种部门法律思想、原理、原则乃至于概念、术语,尤其是沈家本同时还精通清朝的现行律例和中国历代法制,因此他们能够系统而具体地将西方国家各部门法律思想、原理、原则乃至于概念、术语移植到中国来,形成系统而具体的中国法律改革思想。同时,时代赋予他们的历史机遇又使他们能够将这些系统而具体的法律思想付诸于修订法律的实践,从而使他们的法律思想对中国近代法律的近代化产生了直接的影响。事实上,他们修订的部分法律在清末已开始实施,而另一些没有生效的法律草案也很快为北洋政府乃至国民党政府所继承,从而大大推动了中国法律近代化的进程。

四、礼法之争

礼法之争是指在清末修律过程中,顽固坚持保留传统礼教的"礼教派"与主张依西方资本主义法律原理改造中国法律的"法理派"之间进行的争论。"礼教派"中较著名的有湖广总督张之洞(后任军机大臣并兼学部大臣),江宁提学使劳乃宣(后任宪政编查馆参议、政务处提调、资政院议员、京师大学堂总监督等职),法部尚书廷杰,京师大学堂监督刘廷琛,湖广总督陈夔龙,以及江苏、浙江、江西、河南、山西等省巡抚等人。张之洞、劳乃宣为其领袖。

礼法之争开始于1907年。1906年,沈家本、伍廷芳主持起草了《大清刑事民事诉讼法》,采用了西方资本主义国家诉讼法中的审判公开制、陪审制与律师制度,结果遭到了以湖广总督张之洞为首的各省督抚的驳议。张之洞于1907年向朝廷呈递《复议新编刑事民事诉讼法析》,认为到堂陪审者,非干预词讼之劣绅,即横行乡曲之讼棍;律师制度则会鼓励讼师以奸谋胜诉;民事诉讼规则使"父子必异其财,兄弟必析其产,

---

[1] 《沈寄簃先生遗书》甲编(下册),文海出版社1956年版,第982页。

夫妇必分资,甚至妇人女子责令到堂作证,袭西俗财产之制,坏中国名教之防,启男女平等之风,悖圣贤修齐之教,纲伦法教,隐患实深"。结果,致使清朝政府没有公布该法。

1907年9月、1908年2月,沈家本先后将《大清新刑律》总则与分则草案奏呈清朝政府。很快以军机大臣兼学部大臣张之洞为首的守旧官僚对新刑法草案提出了批评。他们抱怨新刑律草案对杀伤尊亲属没有规定专章,且对伤害尊亲属致残的,仅处二至三年有期徒刑;"弑逆大恶与杀伤平人,略无区别";奸通无夫妇女不予治罪;等等。因而指责新刑律草案"蔑弃礼教","流弊滋大",[1]"不合礼教民情"。[2] 张之洞甚至谋划以"勾结革党"的罪名弹劾沈家本,欲将其置之死地。

1909年初,清政府将刑律草案交中央各机关及各省督抚签注(即征求意见),并于次日发布《修改刑律不可变革义关伦常各条谕》,规定了"我旧律义关伦常诸条,不可率行变革"的刑法修订宗旨。该上谕还要求修律大臣会同法部对新刑律草案按这一宗旨重新修订。这一上谕的发布明示了清政府不赞成以西方刑法原理为精神起草的刑法草案。因而沈家本不得不对有关礼教伦常各条的处刑,作了妥协式的修改,然后送交法部会商。属于"礼教派"的法部尚书廷杰在已作修改的草案正文后又附加了《附则》5条。该《附则》规定:旧律中的十恶、亲属容隐、干名犯义、存留养亲、亲属相奸相盗相殴、发冢、犯奸各条,对中国人仍旧适用;对危害乘舆、内乱、外患罪及对尊亲属有犯应处死刑者,仍用斩刑;卑幼对尊亲属不得使用正当防卫;等。修订后的刑律草案由沈家本与廷杰联名上奏。

1910年,清朝政府将修订后的新刑律草案交宪政编查馆审核。时张之洞业已去世,该馆参议劳乃宣认为该草案仍有数条背弃礼教,而且《附则》所定礼教数条仅列为单行法而未列入正文是本末倒置,因而写了《修正刑律草案说帖》与《管见声明说帖》向中央各机关及地方各省广为发行,要求将《附则》各条订入刑律正文,并将"干名犯义"、"犯罪存留养亲"、"亲属相奸"、"亲属相盗"、"亲属相殴"、"故杀子孙"、"杀有服卑幼"、"妻殴夫、夫殴妻"等涉及礼教的内容在新刑律草案中单列条文,对"无夫妇女犯奸"及"子孙违反教令"的行为予以治罪。在他的倡导下,中央及各省守旧官员纷纷对新刑律草案进行攻击,甚至青岛特别高等学校外籍教员亦参与其间。"而守旧者谓语出西人,大足张其旗鼓,新刑律几有根本推翻之势"。[3] 针对礼教派的攻击,沈家本写了《书劳提学新刑律说帖》,对劳乃宣等人的要求一一作了回驳。"冈田朝太郎、松冈义正、董康及宪政编查馆、法律馆诸人亦助沈氏辞而辞之"。礼法之争进一步扩大。由于法理派的反驳,礼教派不得不暂时放弃对将上述诸多礼教内容另列单条的

〔1〕 故宫博物院明清档案部编:《清末筹备立宪档案史料》(下册),中华书局1979年版,第854~855页。
〔2〕 故宫博物院明清档案部编:《清末筹备立宪档案史料》(下册),中华书局1979年版,第856页。
〔3〕 《申报》馆五十周年纪念:《最近五十年》,上海书店影印,第8页。

要求,而坚持要求对"无夫奸"与"子孙违反教令"治罪,因而争论的焦点即集中于这两种行为是否构成犯罪的问题上。但宪政编查馆在审核《修正刑律草案》时,基本没有采纳礼教派的意见,仅将《附则》改名为《暂行章程》,即移送资政院议决。

1910年10月,资政院首次开会,对包括《大清新刑律》草案在内的各项法律议决,于是宪政编查馆派杨度赴资政院作关于新刑律草案的说明。在演讲中,杨度认为旧刑律与预备立宪的宗旨及世界法学原理不合,其基本精神属落后的家族主义,因而必须修改;而新刑律的规定则"与国家主义精神日近而与家族主义日远",〔1〕与世界发展趋势相合。12月5日,杨度又发表《论国家主义与家族主义的区别》一文,对国家主义与家族主义作了详细的论述,说明以国家主义精神制定的法律优于以家族主义制定的法律,为新刑律辩护。在杨度的演讲与论文发表后,劳乃宣又撰写了《新刑律修正案汇录序》,与杨度展开辩论。接着,劳乃宣邀集资政院中的贵族议员多人向资政院提交《新刑律修正案》,增补了大量的礼教条款。但该修正案在资政院法典股审查时,被否定。资政院在通过了《大清新刑律》总则以后,开始对《大清新刑律》的分则部分及《暂行章程》进行讨论。讨论中,"法理派"与"礼教派"针对"无夫奸"是否有罪及子孙对尊长的是否可以适用正当防卫两大问题展开了激烈的辩论,互不相让。在辩论无分胜负的情况下,只好以投票方法表决《大清新刑律》分则与《暂行章程》。由于礼教派的蛊惑,多数议员投了反对票,致使分则部分与《暂行章程》直到1911年1月11日资政院闭会时仍不能通过。因为清政府已向外公布了新刑律的颁布日期,故不得不于25日将尚未完全通过的《大清新刑律》勉强颁布。

《大清新刑律》颁布后,礼法之争并未完全结束。1911年3月,京师大学堂总监督刘廷琛向朝廷呈奏,攻击《大清新刑律》及尚未交付议决的《大清民律草案》。他说:"查法律馆所修新刑律,其不合吾国礼俗者,不胜枚举,而最悖谬者,莫如子孙违反教令及无夫奸不加罪数条……今年为议民律之期,臣见该馆(指修订法律馆——编者)传抄稿本,其亲属法中有云,子成年能自立者,则亲权丧失,父母或滥用亲权及管理失当,危及子之财产,审判厅得宣告其亲权之丧失。又有云,定婚须经父母之允许,但男逾三十,女逾二十五岁者,不在此限各等语,皆显违父子之名分,溃男女之大防……此等法律果得请施行,窃恐行之未久,天理民彝渐灭浸尽,乱臣贼子接踵而起"。同时还对沈家本等人进行了弹劾:"皇上孝治天下,而新律导人不孝,皇上旌表节烈,而新律导人败节。该法律大臣受恩深重,曾习诗书,亦何至畔离道若此……断未有朝廷明崇礼教,该馆阴破纲常,擅违谕旨,自行其是,天命未改,岂容抗命之臣,该大臣恐不能当此重咎"。他指责沈家本"陷皇上于废礼教之名",主张对沈家本等人"重治以违旨之罪"。〔2〕在礼教派的攻击下,沈家本辞去了资政院副总裁、修律大臣等职,清末的礼法之争也就结束了。

　　清末的礼法之争是中国近代继洋务派与顽固派、维新派与洋务派的论战之后,中国究竟应该怎样处理传统文化与外来文化之间关系的第三次大论战。第一次争论是要弄清中国是否需要先进的科学技术与物质文明;第二次争论是要解决更多更深层次的问题,即中国是需要保持传统的君主专制政体还是采用相对进步的君主立宪政体,是否应该采用西方的行政、经济、教育等项制度,等等;第三次争论表面上看是要解决与政体相类似的法律问题——中国究竟应该采用西方法律的形式而保留中国传统法律的内容,还是应该从形式与内容两方面都学习西方法律,但事实上是要解决作为整个社会心理精神支柱的意识形态问题——是坚守两千多年来作为立国精神的纲常礼教,还是以平等、自由等西方资产阶级人权观念重新塑造中国的社会思想体系。

　　如果以现代法理学的视角对法理派与礼教派的观点进行理性的分析,就不会简单地单方面肯定一方而否定另一方。法律史的发展与进步,必然是个人权利的平等代替家族血缘身份的不平等。从历史发展的必然性上以及法律应有的超前导向性上,法理派的主张较之于礼教派是积极的、进步的。这场争论虽然以双方的妥协而告终,但法理派的进步观念以及他们在修律活动中的积极努力,开创了中国法律近代化的先河。此后中国近半个世纪以来的法律近代化都是在清末这一进步观念下,并在修律的基础上进行的。

　　任何一个国家的法律都不能仅仅将其视为单纯的规则体系,它还是本国文明史在规则上的凝结,是现实社会关系的固化与规范化。清末修律前的中国法律承载了两千多年的历史重负,其所具有的历史惯性不可能在短期内消除。清末中国现实的社会存在虽然在外来的影响下发生了一定的变化,但这种变化远没有达到对西式法律产生普遍、迫切内在需求的程度。如果盲目照搬西式法律,并急于将其强行嵌入仍由传统意识与规则主导的中国社会,必然会发生严重的社会排异现象。礼教派对新法的激烈反对就是这一社会排异的表现。法理派单纯的法律规则主义主张显然与当时的中国社会形成了严重的脱节。此外,法理派将收回治外法权的政治目的作为修律的主要动机,夸大了法律的政治作用。正如张之洞所批评的,治外法权之收回,应"视国家兵力之强弱","不能仅恃本法为挽救"。

第五节　资产阶级革命派的法律思想

一、资产阶级民主革命派思想的形成与发展

　　1895年中国在中日甲午战争中的失败,促使中国思想界发生了两个变化。其一是以康有为、梁启超为代表的资产阶级维新改良运动的形成;其二是以孙中山为代表

的资产阶级民主革命思想的兴起。

中国的失败使孙中山认识到,欲使中国摆脱被帝国主义瓜分的危机,仿行西方资本主义制度,依"和平方法,无可复施",必须以暴力推翻清朝专制政府,建立民主共和国。1895 年 2 月,孙中山在香港成立兴中会时,将会员入会誓词定为:"驱除鞑虏,恢复中华,创立合众政府,倘有二心,神明鉴察"[1]近代中国由此产生了最早的资产阶级民主革命思想。但此时的资产阶级民主革命思想只局限在国外少数爱国华侨工商业资本家中传播,其影响甚小,且不为国内舆论所理解与支持。据孙中山说,在 1895 年的广州起义失败后,"举国舆论莫不目予辈为乱臣贼子、大逆不道,咒诅谩骂之声,不绝于耳。吾人足迹所到,凡认识者几视为毒蛇猛兽,而莫敢与吾人交游也"[2]

资产阶级民主革命思想被广泛传播是在 1900 年以后。1900 年八国联军入侵北京及 1901 年《辛丑条约》的签订使更多的中国人,尤其是留学海外接受资本主义教育的青年学生产生了推翻腐败的清朝政府,建立资本主义民主共和国的革命要求。由于十九、二十世纪之交,日本成为后进国家维新图强的典型,加以留学日本的费用较低,因而中国留学生出国多集中于日本,回国后则多集中于上海,因而日本与上海就成为中国近代资产阶级革命思想的主要发源地。以陈天华、邹容、宋教仁、胡汉民、章太炎等人为主的留日青年革命家在日本及上海兴办刊物,发表文章,出版书籍,宣传革命。在日本出版的主要革命刊物计有:《二十世纪之支那》(后改为《民报》)、《湖南游学译编》、《新湖南》、《湖北学生界》、《醒狮》、《复报》等。出版的革命书籍有:陈天华著的《猛回头》与《警世钟》,杨守仁著的《新湖南》。在上海出版的革命报刊有:《民立报》、《克复学报》等,出版的革命书籍主要有邹容著的《革命军》。在进行革命宣传的同时,资产阶级革命派还组织了一些革命的小团体。除孙中山组织的兴中会外,其主要者还有黄兴、宋教仁、刘揆一等人在长沙成立的华兴会,蔡元培、章太炎、陶成章等人在上海成立的光复会。

1905 年 8 月 20 日,孙中山在日本联合兴中会、华兴会、光复会等革命组织成立中国同盟会。同时发布的《同盟会宣言》宣布,同盟会的纲领为"驱除鞑虏,恢复中华,创立民国,平均地权";实现这一纲领应分为三期,即军法之治、约法之治和宪法之治。同年 11 月,同盟会在日本创立其机关刊物《民报》。在《民报》的发刊词中,孙中山第一次提出了民族主义、民权主义和民生主义等三大主义,但未对此三大主义作具体解释。1906 年 12 月 2 日,孙中山在《民报》创刊周年庆祝大会上的演说中,对民族主义、民权主义和民生主义作了详细的解释,并第一次提出了民权主义中"五权分立"的宪政理论。至此,孙中山的三民主义理论体系已基本形成,但并未完全为其他革命党人所接受。宋教仁对五权分立与平均地权不以为然;章太炎则主张四权分立,且反对代

---

[1]　邹鲁:《中国国民党史稿》,中华书局 1960 年版,第 14 页。
[2]　《孙中山选集》(上卷),人民出版社 1956 年版,第 199 页。

议制。尽管此时的资产阶级民主革命家们的政治法律思想尚不能统一,但在推翻清朝专制政府,建立民主共和国,反对君主立宪这一基本立场上,他们则是完全一致。年轻的资产阶级革命派以《民报》为阵地,与以康有为、梁启超为首的君主立宪派(即保皇派)展开了激烈的论战,并最终取得了胜利。资产阶级民主革命思想得到了广泛而有力的传播。梁启超说:"数年以来,革命论盛行于国中,今则得法理论、政治论以为之羽翼,其旗帜益鲜明,其壁垒益森严,其势力益磅礴而郁积,下至贩夫走卒,莫不口谈革命,而身行破坏","遂至革命党者,公然为事实上之进行。立宪党者,不过为名义上之鼓吹。气为所摄,而口为所箝"[1]。

资产阶级民主革命思想广泛而有力的传播促使了辛亥革命的爆发和中华民国临时政府的建立,而中华民国临时政府的建立则使资产阶级民主革命派的政治与法律思想变成了现实的法律。南京临时政府在其存在的短短的三个月内,颁布了大量的法规法令,力图迅速建立起资产阶级的法制秩序。由于同盟会在组织上的涣散和思想上的不统一,南京临时政府没有接受孙中山的平均地权和五权宪法等思想,只是按照西方资产阶级传统的三权分立、天赋人权及私有财产神圣不可侵犯学说,于仓促间初步搭建起非常简陋而且脆弱的近代资本主义法制雏形。但这一幼稚的近代中国资本主义法制很快就为北洋军阀摧毁殆尽。此后直到"五四"运动前,资产阶级民主派在政治法律思想上完全停滞了。宋教仁被害,章太炎与孙中山分道扬镳且日渐右倾,孙中山虽对革命始终不渝,但却仅以维护《中华民国临时约法》为目的,无法将资产阶级民主革命的思想提高到更高的水平。

资产阶级民主革命派的思想在"五四"运动以后得到了更进一步的发展,其主要表现为孙中山的旧三民主义向新三民主义的转变。在新文化运动和苏联十月社会主义革命的推动,以及共产国际和中国共产党的帮助下,孙中山改组了国民党,并在1924年1月召开了中国国民党第一次全国代表大会。此次大会发表了由孙中山起草的《中国国民党第一次代表大会宣言》(以下简称《宣言》)。在《宣言》中,孙中山对其三民主义理论重新进行解释。他将民族主义由原来单纯反满解释为对外反对帝国主义,对内实行国内各民族平等;将民权主义由原来的实行间接民权改行直接民权,即将原由少数资产阶级所专有的民权,变"为一般平民所共有,非少数人所得而私"的民权;将民生主义由原来的平均地权发展为平均地权与节制资本。从此中国的资产阶级民主革命思想达到了其所能达到的最高境界,成为现代中国新民主主义革命思想的一部分。

---

[1] 张枬、王忍之编:《辛亥革命前十年时论选集》第2卷(下册),生活·读书·新知三联书店1963年版,第607~608页。

二、资产阶级民主革命思想的代表人物

在所有具有资产阶级民主革命思想的近代中国革命者中,孙中山与章太炎分别以其独立思考形成的民主革命思想最具有代表性。

1. 孙中山,名文,字德明,号逸仙,因曾化名中山樵,故又号中山。1866 年生于广东省香山县(今中山市)翠亨村一个农民家庭。父亲曾租种地主土地,并兼充更夫。哥哥孙眉曾在地主家中做长工,并于 1871 年赴檀香山做农业工人,后成为农业资本家。孙中山幼时在农村的境遇是形成其"平均地权"思想的原因之一。

从 1878 年起,孙中山先后在檀香山、香港、广州等地的西式学校接受中学与大学教育。1892 年从香港雅丽医学院毕业,先后在澳门与广州行医。这些经历使他对资本主义的社会状况,以及资产阶级的政治思想有较充分地了解。虽然很早孙中山就有反清救国的思想倾向,但在甲午战争以前,他仍没有放弃依靠当权官僚实行改良的希望。1894 年 2 月,他向李鸿章上书要求其赞助改良,但没有得到任何反应,其思想即迅速转向革命。1894 年 11 月,孙中山在檀香山成立了由少数华侨组成的兴中会。根据《兴中会章程》,这一组织的宗旨是救国,还未明确提出革命。次年他在香港成立兴中会时,正式提出"驱除鞑虏,恢复中华,创立合众政府"的革命口号,并立即组织了广州起义。起义失败后,孙中山就一直流亡国外,在华侨中进行革命的宣传组织工作,并继续领导国内的武装起义。

1905 年,孙中山在日本联合了华兴会、光复会等革命组织,组织了资产阶级民主革命政党——中国同盟会。稍后,孙中山基本上形成了其系统革命理论——三民主义。1911 年 10 月 10 日武昌起义发动时,尚在国外的孙中山迅即奔走于英美等国,积极争取国际社会对中国革命的支持。同年 12 月底,他回到上海,被选为中央临时政府临时大总统。1912 年 1 月 1 日,孙中山在南京宣誓就职,宣告中华民国成立。在南京临时政府存在的 3 个月期间,孙中山发布了大量革命的法令法规。由于同盟会的涣散,南京临时政府内部立宪派的干扰,孙中山颁布的这些法令法规并没有完全体现他的三民主义精神。为了避免南北战争,尽快建成统一的中华民国,孙中山无私地放弃了临时大总统的职位。在主持制定了旨在防止袁世凯独裁复辟的《中华民国临时约法》后,孙中山以为民国的安全有了法律的保障,于是以巨大的热情开始筹划中国的铁路建设。1913 年,宋教仁的被刺使孙中山认识到革命并没有完成,于是他又发动了"二次革命"。"二次革命"失败后,孙中山流亡日本,组织中华革命党,继续从事反对北洋军阀的革命活动。尽管《中华民国临时约法》确立的民主共和体制与孙中山的三民主义思想并不十分相合,但孙中山认为它是民主共和制度的象征,是民国的大法,因而在 1917 年,孙中山在中国南方发动"护法运动",以反对北洋军阀对《中华民国临时约法》的践踏,维护民主共和制度。但由于此时的《中华民国临时约法》已失去了号召力,孙中山的护法策略也仅以联络南方军阀而不是发动工人农民,因而"护法

运动"最终归于失败。

　　苏联十月社会主义革命的成功经验使孙中山的思想发生了很大的变化。在共产国际和中国共产党的帮助下,孙中山提出了"联俄、联共、扶助农工"三大政策,并在1924年1月23日发布的《宣言》中重新解释了三民主义。从此,孙中山的新三民主义思想成为中国现代新民主主义思想的组成部分。他对内实行国共合作,吸收中国共产党人加入国民党并以此重新改组了国民党,对外则联合苏联,开始了新的反对封建军阀和外国帝国主义的资产阶级民主革命。

　　孙中山的三民主义学说是最为系统、最为进步的资产阶级民主革命思想。他的政治和法律思想对近代中国,尤其是以后的广州、武汉国民政府;南京国民政府以及现今的"台湾政府"的政治与法律制度产生了巨大影响。

　　孙中山的思想均载于其著作与演说辞中。这些著作与演说辞在1949年以前及以后都曾集结出版。1956年,人民出版社出版有《孙中山选集》;20世纪80年代,中华书局多次出版有《孙中山全集》。

　　2.章太炎,名炳麟,字枚叔,别号太炎。1869年1月出生于浙江余杭县一个渐趋没落的官僚地主家庭。他从小受到严格的汉学教育,汉学又称朴学,指汉儒考据训诂之学。明清之际学者顾炎武等人推崇汉儒朴实的学风,反对宋儒空谈义理。其对整理古籍,辨别真伪,有较大贡献。22岁时师从著名经学大师俞樾,学习经学。甲午战争爆发时,章太炎已经是一位较有成就的青年汉学家。中国在甲午战争中失败的刺激使他走出学舍,撰写文章,创办报纸,宣传维新改良思想。戊戌变法失败后,章太炎先后逃亡台湾与日本,并蒙发反清革命思想。1900年初,章太炎在上海出版了其学术与政治法律论文集——《訄书》。其关于政治与法律改革的论述基本上是革命的,具有明显的民主主义色彩,但"又处处表现出思想上的不成熟,暴露出因袭的重担在他身上留下了很深的印痕"[1]章太炎的革命言论及活动使他多次面临被捕的危险。1902年2月,为躲避清政府的追捕,他又一次逃亡日本。在留日革命学生及旅居日本的孙中山的推动下,章太炎的革命思想日益明确与激进。同年又潜行回国,着手对《訄书》按其新的革命思想进行全面修订。修订后的《訄书》引述了大量西方近代社会科学论著,因而其对旧思想、旧文化、旧制度的批判就更加深刻,其革命性也就更鲜明。该书于1904年在日本东京出版。

　　1903年5月,章太炎受聘为上海租界内《苏报》的撰稿人。6月间,他在《苏报》上发表《序〈革命军〉》及一系列宣传革命的政论,遭到清政府的嫉恨。应清朝政府的要求,租界当局逮捕并审判了章太炎,并判处他有期徒刑3年。在租界内的外国监狱中,章太炎受到野蛮的虐待,但这并没有妨碍他成为狱外光复会的创建人和思想上的

---

〔1〕 姜义华:《章太炎思想研究》,上海人民出版社1985年版,第129～130页。

领导人。1906年6月,章太炎刑满出狱,第三次东赴日本。

　　章太炎到日本后即加入了同盟会,并担任《民报》总编辑与发行人。他担任这一职务一直到1908年12月《民报》被日本政府封禁。在这期间,他编辑并亲自撰写了大量的政治论文,与保皇派论战,宣传革命,成为资产阶级民主革命著名的政论家。也就在此期间,章太炎与孙中山因为宗派之见发生了激烈的冲突。1910年,他与陶成章一起重新组织光复会,与同盟会正式分裂。

　　《民报》被封禁后,章太炎一直留在日本从事学术研究与讲学。1911年11月,章太炎回到刚刚光复的上海。在辛亥革命后各派政治势力的矛盾冲突中,章太炎错误地认为取消党派,则可消弭纷争,于是提出"革命军起,革命党消"的倡议,而其本人却又在1911年底与江浙一带的资产阶级代表人物组织中华民国联合会。1912年3月,章太炎又将中华民国联合会改组为统一党,参与了民国初年的政争。在民初复杂的政治斗争中,章太炎拙于政治实务以及个人性格过于迂执的缺点使他在此后革命中的作用大大减退了,以至于常为袁世凯及其他军阀所利用。他既反对袁世凯与北洋军阀,也反对孙中山,反对"五四"新文化运动,反对共产党。在1922年后,他的思想逐渐退化,主张尊孔读经,并曾主持孙传芳在上海举行的"修订礼制会"的成立典礼。但他始终没有放弃反对专制,赞成共和的信念。"九·一八"事变后,主张抗日,反对国民党政府的投降政策。1936年6月,章太炎病逝。

　　章太炎是中国近代反抗专制强权较为激烈与顽强,对中国学术最有贡献的资产阶级革命家与思想家。他对近代资产阶级革命思想的形成与传播起了重要的作用。同时他也是中国近现代资产阶级革命家中思想最复杂,变化也较大的思想家。西方资产阶级启蒙思想,达尔文的进化论,无政府主义理论,佛教精神,以及传统的儒学在他的思想中都或多或少地存在。这使他的革命思想始终没有也不可能构成完整的体系。此外,他的个人性格以及作为学问家的特点也使得他的政治法律思想多少有些不合实务。

　　章太炎一生著述甚多。其著作在解放前被编为《章氏丛书》、《章氏丛书续编》和《章氏丛书三编》。但此三编多为学术著作,而其早期所著的许多革命政论却没有收入。1977年中华书局出版有《章太炎政论选集》,其政治与法律思想多见于其中。

三、资产阶级民主革命派的法律思想

(一)推翻满清王朝专制统治,反对帝国主义,实行民族革命

　　在辛亥革命前,推翻满清王朝专制统治,实行民族革命,反对君主立宪,建立民主共和国,是所有资产阶级民主革命思想家最一致,也是最迫切的要求。

　　辛亥革命以前的中国资产阶级民主革命思想家们的民族观念,尚没有完全跳出中国古代华夷之辩的认识范围,因而对包括满族在内的少数民族采取歧视的大汉族

主义态度。他们尚不能认识到满族人是中华民族的组成部分,他们仍将满族视为"东北一游牧之野番贱种"[1]"非种",而汉族才是"良种"[2]。他们历数了满清政府对汉民族实行的野蛮残暴的屠杀、奴役与歧视,对外投降卖国的罪恶与丑行,坚决主张推翻清朝专制政府,代之以汉人的政府,并将满族人驱逐回东北。孙中山在谈到民族革命的动机时也说:"民族革命的原故,是不甘心满洲人灭我们的国,主我们的政,定要扑灭他的政府,光复我们民族的国家"[3]。他为同盟会拟定的纲领也有"驱除鞑虏,恢复中华"的口号。

但孙中山的民族革命动机绝不仅仅在于光复汉族政府。他还认为,中国的民族革命是政治革命的前提,为救亡所必须。满清政府已是腐败之极,"由满洲人来将国家加以改革,那是绝对不可能的"[4],要变专制政体为共和政体,只有推翻满清政府才能实现。此外,"彼外国者,欲取我土地,有予求予携之便矣。故欲免瓜分,非先倒满洲政府,则无挽救之法"[5]。同时,他又强调民族革命"并不是仇恨满洲人","我们实行革命的时候,那满洲人不来阻害我们,决无寻仇之理"[6]。但相当一部分资产阶级民主革命思想家的民族革命思想多少都带有狭隘的民族复仇色彩。如邹容主张"驱逐住居中国之满洲人,或杀以报仇"[7];章太炎虽有时主张民族革命"非排一切满人,所欲排者,为满人在汉之政府"[8],"非仇视之谓也"[9],但有时他又主张"种族革命之志为复仇"[10]。

辛亥革命以后,资产阶级民主革命派的民族主义思想有所进步。孙中山在《临时大总统就职宣言》中说:"合汉、满、蒙、回、藏诸地为一国,合汉、满、蒙、回、藏诸族为一人,是曰民族之统一"。《中华民国临时约法》则在此民族统一思想的基础上表现出更

---

〔1〕 《孙中山选集》(上卷),人民出版社 1956 年版,第 52 页。

〔2〕 张枏、王忍之编:《辛亥革命前十年时论选集》第 1 卷(上册),生活·读书·新知三联书店 1963 年版,第 97 页。

〔3〕 中共中央党校文史教研室中国近代史组编:《中国近代政治思想论著选辑》(下),中华书局 1986 年版,第 541 页。

〔4〕 《孙中山选集》(上卷),人民出版社 1956 年版,第 59 页。

〔5〕 《总理全集》第 1 集,第 1019 页。

〔6〕 《孙中山选集》(上卷),人民出版社 1956 年版,第 74 页。

〔7〕 中共中央党校文史教研室中国近代史组编:《中国近代政治思想论著选辑》(下),中华书局 1986 年版,第 684 页。

〔8〕 张枏、王忍之编:《辛亥革命前十年时论选集》第 3 卷,生活·读书·新知三联书店 1963 年版,第 51 页。

〔9〕 张枏、王忍之编:《辛亥革命前十年时论选集》第 1 卷(下册),生活·读书·新知三联书店 1963 年版,第 94 页。

〔10〕 张枏、王忍之编:《辛亥革命前十年时论选集》第 2 卷(下册),生活·读书·新知三联书店 1963 年版,第 767 页。

大的进步,其第 5 条规定:"中华民国人民,一律平等,无种族、阶级、宗教之区别"。

"五四"运动以后,孙中山的民族革命思想上升到最高境界。他将民族主义重新解释为:对外反对帝国主义,"一切不平等条约……皆当取消,重订双方平等互尊主权之条约",应"使中国民族得自由独立于世界";[1]对内实行国内各民族平等之结合,"对国内之弱小民族,政府当扶持之,使之能自决自治"。[2]

(二)法律的基本理论

1. 对封建礼教的批判。资产阶级民主革命派思想家不仅批判封建的政治法律制度,而且还将批判的锋芒深及于以"三纲"为核心的中国传统礼教体系。这一体系正是封建政治法律制度赖以产生与维持的思想基础。

孙中山对儒家礼教几乎没有批判性的论述。章太炎对儒家礼教本身也没有明确的批判,但他对被奉为神圣的儒学创始人孔子作了相对的否定评价。他认为孔子对中国历史文化的贡献只在于他作为历史学家整理了古代《诗》、《书》、《易》、《礼》、《春秋》六经,保存了古代史资料,而并非创制了这些经典;孔子的儒学只是其游说君主、待价而沽的工具,其学术中的道德精神并非高尚,学术理想也多所模糊。揭剥孔子及其学说的道德神圣性,有可能从根本上动摇儒家礼教的神圣地位。

在对儒家礼教的直接批判方面,一些并不太知名的资产阶级知识分子所起的作用则大得多。他们对"三纲"学说的批判,通常是以西方资产阶级启蒙思想、小资产阶级的无政府主义思想甚至是中国古代的老庄思想为武器。他们认为中国君权发达的原因就在于"圣人教忠(君)之学说"和"君主之利用圣人学说","圣人与君主,互相为因,互相为果",[3]并引用庄子"圣人不死,大盗不止"之语以反对孔孟圣人。无政府主义者则认为国家与政府为暴力压迫工具,家庭为私有之产物,君权、夫权与父权均属强权应该被取消,实行"无君无父无法无天"。[4] 1903 年发表于《直说》杂志的《权利篇》一文明确宣称,可以"打破礼法之教者,无他,吾只恃权利思想"。"夫人生活于天地之间,自有天然之权利,父母不得夺,鬼神不得窃而攘之。并立于大地之上,谁贵而谁贱;同为天之所生,谁尊而谁卑。我愿四万万人,去礼法,复权利",[5]以实现人人平等。1911 年发表于《克复学报》的《论道德》一文,指斥人民对于君主之服从,卑

〔1〕《孙中山选集》(下卷),人民出版社 1956 年版,第 525~526 页。

〔2〕《孙中山选集》(下卷),人民出版社 1956 年版,第 569 页。

〔3〕 张枬、王忍之编:《辛亥革命前十年时论选集》第 2 卷(上册),生活·读书·新知三联书店 1963 年版,第 544~545 页。

〔4〕 张枬、王忍之编:《辛亥革命前十年时论选集》第 3 卷,生活·读书·新知三联书店 1963 年版,第 203页。

〔5〕 张枬、王忍之编:《辛亥革命前十年时论选集》,第 1 卷(上册),生活·读书·新知三联书店 1963 年版,第 480 页。

者对于尊者之服从及女子对于男子之服从皆为伪道德,而人之生而有之的自由、平等、博爱之道德为真道德。应当取消伪道德以及作为伪道德保障的旧法律,实行真道德。

对儒家礼教的深入批判,有助于打破封建政治法律制度产生与存在的思想基础。

2. 关于法的概念,国家与法律的起源、实质及其发展趋势。章太炎是资产阶级民主革命派中对法的概念,国家与法的起源、实质及其发展趋势论述较多的思想家。他认为凡属制度者,包括礼、官制、刑法,皆为法律。这一概念虽然仅只是对法律外在形式的概括而没有表述其内在的实质,但却纠正了中国古代思想家们将法理解为制定法,甚至仅理解为刑法的错误。

章太炎的哲学思想是复杂而混乱的。他既认同达尔文的进化论、荀子的性恶论,又信奉佛教理论中关于世界一切皆空的唯心论。他认为国家的设立,"本非以法律卫民而成,乃以争地劫人而成",[1]因此,国家所制定的法律实质上只是用以维护强者利益的工具。国家与法律既是为恶之具,因而应该取消。但取消了国家与法律仍不能免除纷争,因为人性好争为恶,人类仍然会组成国家,制定压迫弱者的法律,因而应取消人类。取消了人类,世界仍有生物,生物之性也好争斗,而且还会进化为人类,因而须进一步取消生物。生物取消了,便实现了佛教中所说的"无"。这一观点使章太炎的政治法律思想具有强烈的无政府主义的倾向。与时兴的无政府主义不同的是,他认为国家、政府与法律的消灭至少要等到百年以后,不能即刻取消。

3. 法律至上。作为汉学家的章太炎,其法律至上的思想是从通过肯定战国及秦朝诸法家的历史功绩来表述的。他说,商鞅执政时期,"政令出内,虽乘舆亦不得违法而任喜怒"。即法律一旦制定,即使是国王也不得违反。他认为在中国古代,法律至上、法律高于君权的思想出自于商鞅、韩非等法家人物,这一结论多少有些是出于他自己的主观愿望,但他认为秦朝并不是亡于法律的严酷,相反是亡于秦二世没有遵守既定法律的观点则是非常新颖的。

法律至上,宪法至上的观念无疑是正确的,但孙中山、章太炎没有认识到法律背后的经济、政治乃至军事的力量,法律的施行必须是在据以制定法律的政权稳定之后。孙中山认为"共和之根本在法律",当宋教仁被袁世凯暗杀后,他才认识到法律的效力必须以武力维持。对宋教仁被刺,孙中山反对以法律解决,主张以武力解决。但在此后的反对北洋军阀的革命中,他仍认为"国内纷争,皆由大法不立",[2]因而将维护《中华民国临时约法》,恢复国会作为革命的口号与旗帜。这表明他仍没有将法律至上的原则建立在稳定的政权之上。

〔1〕 张枬、王忍之编:《辛亥革命前十年时论选集》第1卷(上册),生活·读书·新知三联书店1963年版,第726页。
〔2〕《孙中山选集》(上卷),人民出版社1956年版,第420页。

（三）宪政学说

1. 人民权利。对人民的各项基本权利，孙中山首先注重的是民权。什么是民权？孙中山认为民权即是人民所享有的参政权。"以人民管理政事，便叫做民权"[1] 孙中山认为在人类历史上，政治权利曾先后属于神、君主和人民，形成了神权时代、君权时代和民权时代。在民权时代，政治权利应完全由人民享有。人民应当有哪几种政治权利呢？辛亥革命后，孙中山认为欧美代议制的缺陷在于人民选举了代议机构及政府机构之后，政治就完全由代议机构与其他政治机构支配了，人民往往失去了直接参与的权利。鉴于代议制这种间接民主的缺陷，孙中山将创始于瑞士的创制权、复决权、罢免权作为代议制的补充，提出了"直接民权"的思想。孙中山认为，人民选举代议机构及政府官吏之后，如议员与官吏未能很好的履行自己的职责，人民有权罢免之。"什么是叫做创制权呢？人民要做一种事业，有公意可以创订一种法律，或者是立法院立了一种法律，人民觉得不方便，也要有公意可以废除，这个创法废法的权便是创制权。什么是叫做复决权呢？立法院若是立了好法律，在立法院中的大多数议员通不过，人民可以用公意赞成来通过，这个通过权，不叫做创制权，是叫做复决权。因为这个法律，是立法院立的，不过是要人民加以复决，这个法律才是能够通过罢了"[2] 而在《三民主义》的讲演中他则又说："大多数人民对于一种法律，以为很方便的，便可以创制，这便是创制权；以为很不方便的，便可以修改，修改便是复决权"[3] 根据上述表述，创制权应当是创制、废止法律的权利；复决权则是议决通过法律，以及修改法律的最后立法权。

"政权"由人民选举的国民代表组成的国民代表大会行使。这个机构的设计与马克思、列宁主张的议行合一的最高权力机构有些类似。

人民都有参政权，但不可能全体人民都去亲自参与政府的管理。为提高政府工作效率，孙中山创立了"权能分治"理论。所谓"权能分治"，即由享有"政权"的人民通过行使"政权"中的选举权，选出少数有知识有能力的优秀人才，由他们组成政府，接受人民委托，行使管理国家的权力。这一由政府行使的管理权即为"治权"。人民有"权"，政府有"能"。如果政府不称职，人民可以对之行使罢免权。人民保留选举、罢免、创制和复决等四项"政权"，以保证人民对政府人员的挑选、监督，以及对国家重要法律制度的决定权。"权"、"能"的关系有些类似于民法上民事主体的权利能力和民事能力的关系。人民的"权"相当于民事权利能力（即资格），政府的"能"则相当于行为能力（即能力）。孙中山还将"权"、"能"之间的关系比做三国时期蜀国皇帝阿斗

---

[1]《孙中山选集》（下卷），人民出版社 1956 年版，第 662 页。
[2]《孙中山选集》（下卷），人民出版社 1956 年版，第 587 页。
[3]《孙中山选集》（下卷），人民出版社 1956 年版，第 721 页。

与诸葛亮之间的关系。人民有"权"但无"能",将国家托付给有"能"的诸葛亮。

孙中山认为人民的其他权利都是附着于民权的。他在论及民权与自由权、平等权之间的关系时说:"自由、平等、博爱是根据于民权,民权又是由于这三个名词然后才发达",[1]也就是说民权与自由权、平等权的关系是相辅相成的。但同时他又说:"但是真平等自由是在什么地方立足呢? 要附属到什么东西之上呢? 简而言之,是在民权上立足的,要附属于民权之上,民权发达了,平等自由才可以长存,如果没有民权,什么平等自由都保守不住"。[2] 基于这一观点,孙中山对人民的其他各项具体权利的论述或是有所忽略,或是主张加以限制。如关于人民的人身权、控告申诉权则基本上没有论及;而关于人民的自由权,孙中山主张予以限制。

对于自由权,孙中山虽然在其起草的《宣言》中宣布"人民有集会、言论、出版、居住、信仰之完全自由权",但在其《三民主义》的讲演中却又主张对人民的自由应予以限制。他说,由于欧洲封建社会的人民所受到国王及各级贵族的专制压迫太甚,因而欧洲革命首先要求的就是自由。中国自秦朝以后"历朝政治,大都对于人民取宽大态度。人民除了纳粮之外,几乎与官吏没有关系"。[3] 与欧洲封建社会的人民所受的极端专制相比,"中国人的自由,老早就很充分了",[4]故中国人民"不必再去多求了"[5]"中国人用不着自由,但是学生还要宣传自由,真可谓不识时务了"[6] 此外,由于欧洲革命争到自由以后,"各人都扩充自己的自由。于是由于自由太过,便发生许多流弊",[7]因此,欧洲人定了一个范围来限制自由。中国目前主要的任务是抵抗外国的压迫,争取国家的自由,因此应当牺牲个人自由。由此可知,孙中山对人民的自由,尤其是对学生的民主自由运动,是采限制态度的。孙中山对中外历史的错误认识,以及将争取国家自由与争取个人自由的绝对对立导致了这一错误思想的形成。

关于平等权,孙中山反对资产阶级启蒙思想中人人生而平等的学说。因为这一学说会导致人为地压制有能力的人,而使之与低能的人之间形成消极的平等,也就是绝对平均主义。他认为人的个体差异是不可否认的,平等权指的是"初始起点的地位平等",[8]也就是政治上的地位平等,为每一个人的发展提供平等的机会。这样既可以做到平等,又有利于社会的进步。怎样做到每一个人在政治地位上平等呢? 其一是要铲平封建阶级等级;其二是要实行男女平等。

---

〔1〕《孙中山选集》(下卷)人民出版社1956年版,第678页。
〔2〕《孙中山选集》(下卷),人民出版社1956年版,第702页。
〔3〕《孙中山选集》(下卷),人民出版社1956年版,第682页。
〔4〕《孙中山选集》(下卷),人民出版社1956年版,第686页。
〔5〕《孙中山选集》(下卷),人民出版社1956年版,第688页。
〔6〕《孙中山选集》(下卷),人民出版社1956年版,第687页。
〔7〕《孙中山选集》(下卷),人民出版社1956年版,第685页。
〔8〕《孙中山选集》(下卷),人民出版社1956年版,第694页。

　　关于人民权利，章太炎的论述则要简单一些。他主张"民有集会、言论、出版诸事，除劝告外叛宣说淫秽者，一切无得解散禁止。有，则得诉于法吏而治之"；"民无罪者，无得逮捕。有，则得诉于法吏而治之"；[1]对包括总统在内的官吏或国家机关违反法律的行为，人民均有检举控告之权；等等。

　　2. 反对君主政体，建立民主共和政体。革命的目的之一固然在于推翻满清暴政，但决不能仅止于此。根据孙中山创立的"民权主义"学说，革命还须永远消灭君主政体，包括君主专制政体与君主立宪政体，建立由人民行使权力的政体。孙中山将革命的这一性质称之为"政治革命"。政治革命与民族革命"并不是分两次去做"，[2]政治革命"却是同民族革命并行"，[3]民族革命就是政治革命，即所谓"排清主即排王权"。[4]

　　反对君主专制政体，变君主专制政体为君主立宪政体的思想变革在戊戌变法前就已经完成。资产阶级革命派认为在中国不能实行君主立宪政体，而只能实行民主共和政体，并为此与资产阶级改良派发生了激烈的论战。他们主张实行民主共和，反对君主立宪的主要论据主要有：(1)实行君主立宪势必要保留满族皇帝，保留满族皇帝与民族革命是相违背的；(2)清朝政府决不可能实行真正的立宪，其所进行的预备立宪只是对人民的欺骗；(3)民主共和为世界各国政治发展的大趋势，欧洲的部分君主立宪国家也逐渐转向民主共和，中国应顺应世界潮流，越过君主立宪直接由革命而为民主共和政体。

　　孙中山为民主共和政体的最后建立设计了三个程序：军法之治、约法之治与宪法之治。后又将此三个程序改为三个时期，即军政时期、训政时期和宪政时期。军政时期，"一切制度，悉隶于军政之下"，"军队与人民同受治于军法之下"；"凡一省完全安定之日，则为训政开始之时，而军政停止之日"；训政时期解除军法，公布约法，规定人民之权利义务，及人民对政府之权利义务，并由政府"派曾经训练考试合格之员，到各县协助人民，筹备自治"；"凡一省全数之县，皆达完全自治者，则为宪政时期"。"全国有过半数省份达至宪政时期……则开国民大会，决定宪法而颁布之"。[5]其中关于训政时期，孙中山说："是故民国之主人者，实等于初生之婴儿耳，革命党者，即产此

----

[1]　中共中央党校文史教研室中国近代史组编：《中国近代政治思想论著选辑》(下)，中华书局1986年版，第649页。

[2]　中共中央党校文史教研室中国近代史组编：《中国近代政治思想论著选辑》(下)，中华书局1986年版，第542页。

[3]　中共中央党校文史教研室中国近代史组编：《中国近代政治思想论著选辑》(下)，中华书局1986年版，第542页。

[4]　张枬、王忍之编：《辛亥革命前十年时论选集》第2卷(下册)，生活·读书·新知三联书店1963年版，第771页。

[5]　《孙中山选集》(下卷)，人民出版社1956年版，第569~571页。

婴儿之母也。既产之矣,则当保育之,教育之,方尽革命之责也。此革命方略之所以有训政时期者,为保育教育此主人成年"[1] 这一由政党代替人民行使权利的训政理论,在1928年后成为国民党实行一党独裁的理论依据。

3.分权学说。民主共和政体的基本原则之一就是分权,但国家权力究竟应该以怎样的形式配置,资产阶级民主革命思想家们的思想并不统一。

根据分权原则,政府的"治权"必须要有分工和制约。孙中山认为西方国家的三权分立制度尚不完善。议会兼掌监察容易造成议会专权,侵夺行政权。选任官吏分为选举与考试两种方法。通过选举选拔官吏因没有固定的选举标准,容易使那些虽无才德而但徒逞口舌之利的人当选,而"那些学术思想高尚的人,反都因讷于口才,没有人去物色他",[2]故对被选举人应以考试定被选举资格;通过考试选拔官吏虽则有固定标准,但对官吏的考试与任命权限隶属于行政机关,使行政权过大,易滋流弊。而中国古代政治体制中,监察权与考试权相对独立,且制度完备,行之有效,可资借鉴,因而中国政府的"治权"应于立法、行政、司法三权之外,另设监察与考试两权,即所谓五权分立。根据五权分立原则制定的宪法即被称为五权宪法。

章太炎也赞成分权,但其分权学说则显得有些怪异与荒诞。在《代议然否论》一文中,他提出应将立法权、行政权、司法权与教育权等四权分立。国家的立法权,不能由代议机关行使,而应"令明习法律者与通达历史、周知民间利病之士"[3]行使。章太炎历数西方资本主义国家的议会选举制度的弊端,极力反对议会制度。他认为无论以何种方法选举,选出来的议员无外乎少数有力的土豪、有钱的富人。由这些人组成议会,制定法律,只会有利于政府和富人,而有损于人民利益,造成更大的贫富差别。但他并没有从改良选举制度方面思考补救的方法,而是偏激地认为"代议制政体不如专制为善",应该取消议会制。至于那些行使立法权的明习法律之人与通达历史、周知民间利病之士该怎样推举,怎样组织,章太炎则没有也不可能正确论述。行政权应由人民直接选举的总统行使,总统的决定必须要由内阁官员副署。司法权由司法机关行使,不受总统干预,惟受教育官员的牵制。司法官员不由总统任命,应由明习法令者自相推举。教育权独立,由除小学与军事学校外的各级学校的学官行使,学校不能隶属于政府,如司法官违法判案,人民可诉于学校官员,由学校官员召集法学家惩治司法官。这种教育权独立的思想是章太炎对乡学在中国古代社会中政治功能及儒家思想中政教合一理想的追念,体现了他作为国学大师的复古主义倾向。辛

---

[1] 《孙中山全集》第6卷,中华书局1985年版,第211页。

[2] 中共中央党校文史教研室中国近代史组编:《中国近代政治思想论著选辑》(下),中华书局1986年版,第546页。

[3] 中共中央党校文史教研室中国近代史组编:《中国近代政治思想论著选辑》(下),中华书局1986年版,第648页。

亥革命后,章太炎又主张在此四权之外增设独立的监察权,从而形成了他独特的五权分立学说。1912 年 1 月 3 日,章太炎在中华民国联合会第一次大会上发表的演说中说:"吾国于三权而外,并应将教育、纠察二权独立"。其理由"盖教育与他之行政,关系甚少,且教育宗旨定后,不宜常变,而任教授者,又须专门学识,故不应随内阁为进退。纠察院自大总统、议院以至齐民,皆能弹劾,故不宜任大总统随意更换"[1]

4. 政党学说。在"二次革命"前,孙中山是主张实行西方政党制中的多党制的。他认为多党制最大的优越性就在于互相监督。他说:"凡一党秉政,不能事事皆臻完善,必有在野党从旁观察,以监督其举动,可以随时指明"[2] 但是民国初年纷乱的党争表明中国政治暂行不能实行多党制,孙中山于是产生了一党治国的设想。1914 年,孙中山在日本组织了中华革命党,对该党与将来政府之关系,孙中山说,"一切军国庶政,悉归本党负完全责任"[3] "非本党不得干涉政权,不得有选举权"[4] 此一党治国的理论后为国民党一党独裁提供了理论根据。

5. 中央与地方的关系。孙中山对中央与地方的权力划分主张实行"均权主义",即"凡事务有全国一致之性质者,划归中央,有因地制宜之性质者,划归地方,不偏于中央集权制或地方分权制"[5] 这里所说的"地方"是指省。省长受中央指挥,负责执行国家在该省内的行政,并监督省内各县自治。他坚决反对地方军阀提出的"联省自治"。他说,联省自治,"推其结果,不过分裂中国,使小军阀各占一省,自谋利益,以与挟持中央政府之大军阀相安于无事而已,何自治之足云!"[6]

章太炎一向主张加强地方权力,削弱中央权力。他认为惟其如此,则列强无法挟中央政府而号令全国。到北洋政府时期,他又受地方军阀的蛊惑,反对北洋政府与孙中山的统一政策,主张实行中央虚权制,实权部分归各省行使。他认为,北洋政府时期之所以纷乱不止,都是因为中央政府权力太大,人们竞相争夺位高权重的总统与总理之职,而有能力争夺者,又往往是有军权的军阀,由此导致战争。为避免战乱,应实行中央虚权制,使中央政府只有颁发勋章等荣誉之权,"其余一切,毋得自擅。军政则分于各省督军,中央不得有一兵一骑。外交条约,则由各该省督军、省长副署,然后有效。币制银行,由各省委托中央,而监督造币、成色审核、银行发券之权,犹在各省"[7] 这一思想与地方军阀的"联省自治"的口号完全一致。

6. 地方自治。孙中山的地方自治思想主要载于 1920 年所著的《地方自治开始实

〔1〕 汤志钧:《章太炎政论选集》,中华书局 1977 年版,第 533 页。
〔2〕 《孙中山全集》第 3 卷,中华书局 1985 年版,第 35 页。
〔3〕 《孙中山全集》第 3 卷,中华书局 1985 年版,第 97 页。
〔4〕 《孙中山全集》第 3 卷,中华书局 1985 年版,第 104 页。
〔5〕 《孙中山选集》(下卷),人民出版社 1956 年版,第 529 页。
〔6〕 《孙中山全集》(下卷),中华书局 1956 年版,第 523 页。
〔7〕 蔡尚思主编:《中国近代思想史资料简编》第 1 卷,浙江人民出版社 1982 年版,第 226 页。

行法》,1924 年他为中国国民党第一次代表大会起草的《宣言》以及同年所著的《建国大纲》等文章中。他认为地方自治应达到实行民权、民生两种目的。因此地方自治团体应是兼具政治、经济、文化教育等多项功能的组织。地方自治应以县为基本区域,在国家进入训政时期后,由政府派出训练考试合格人员,到各县协助人民筹备自治。筹备自治的程序为:调查全县人口;使全县人民接受行使选举、罢免、创制与复决权的训练,并选举出自治机关;测量全县土地,核定地价;修筑全县道路;开垦荒地;设立学校。至此,县自治基本完成。省长为本省各自治县的监督机关。关于地方自治的权限范围,孙中山没有作明确的论述。

章太炎的自治思想与其关于中央与地方权力划分的思想相一致,赞成北洋政府时期部分地方军阀的联省自治主张。他建议,以省为自治单位,"各省人民,宜自制宪法。文武大吏,以及地方军队,并以本省人充之。自县知事以至省长,悉由人民直选",[1] 各省军事长官"则由营长以上各级军官会推"。军民分治,互不干涉。在军阀专一省之权的情况下,决不可能实行真正的人民自治。

(四)经济立法思想

孙中山已经看到了西方资本主义制度的弊病:资本主义的自由竞争造成社会的贫富分化,而在贫富分化的基础上产生的垄断组织又使贫富更加悬殊;极端贫困的工人阶级已组成了自己的政党,与资产阶级展开了暴力斗争。他们认为西方世界的社会主义革命不可避免,而中国的资本主义不发达,尚没有形成由资本主义制度导致的贫富悬殊,因而暂还不会发生社会主义革命。为避免垄断资本主义的出现而造成流血的社会主义革命,中国应当在民族革命与政治革命完成后立即实行限制资本主义自由竞争,增进社会各阶级共同富裕、共同幸福的经济政策,即所谓民生主义的经济政策。他们把这种限制资本主义自由发展的民生主义经济政策的实行称之为"社会革命",并希望能借政治革命的惯性迅速实行社会革命,即所谓"毕其功于一役"。

孙中山把民生主义归结为对土地问题与资本问题的解决。在西方资本主义国家,由于土地集中于少数大地主,大地主将土地出租给资本家经营农业或工业,不付出任何劳动即可享受高额地租,显失社会公平;且又造成农民失去土地而不得不去工厂做工,沦于贫困。在中国,这种不公平固然由于资本主义不发达尚不十分严重,但在农村地主掌握土地,剥削农民,坐享其成的现象则大量存在。为了预防将要出现的地主对资本家的剥削,取消已经存在的地主对农民的剥削,必须改革土地私有权神圣不可侵犯的法律制度,平均土地所有权,即"平均地权"。另一方面,垄断资本主义的形成主要是国家对私人资本发展的自由放任所致,因此在中国要避免垄断资本主义

---

〔1〕 蔡尚思主编:《中国近代思想史资料简编》第 1 卷,浙江人民出版社 1982 年版,第 225 页。

的发生,必须由国家对私人资本予以限制,即所谓"节制资本"。

1.平均地权。"孙中山平均地权思想的来源主要有两个方面:一是中国古代的井田制和太平天国的土地制度等土地公有制;二是欧美资产阶级经济学家的学说。其中以亨利·乔治的土地公有论和单税法对他的影响最大"[1] 所谓土地公有与单税制,是指土地全部实行国有,由国家将土地出租给资本家和农民使用,以土地租金(即土地租用人向国家缴纳的土地税)代替所有其他税收,国家不再另外征税。孙中山平均地权思想的最后目标也是实行土地国有和单一税制。土地国有后,凡需用土地的人,按其需要向国家租用土地,并向国家缴纳土地税,这样就不会发生私人土地所有者自己不亲自使用土地,而只是利用对土地的占有权不劳而获的不公平现象。对租地的资本家而言,可以降低生产成本;对农民来说,不再有向地主交纳高额地租的负担。社会财富的分配由此得到了一定程度的平均。

怎样实现土地的国有?孙中山认为不能采取以暴力没收地主的土地,因为这样会使地主害怕而引起社会的不安;但也不能由国家立即出钱购买,因为国家尚没有如此财力。最好的办法是由地主自行申报地价,国家照价征税并保留按地主报价收买土地的权利,如以后土地涨价,其涨价部分为国家所有。由于国家照地主报价征收土地税,因此地主不敢将地价报得太高;如果地主报价过低,国家则有可能按此低价收买该土地。这样则可使土地报价适中。孙中山预计由于社会的发展,土地尤其是城市土地价格必然上涨很快,原来地主申报的地价与涨价后收归国家的地价相比只是一个很小的数字,再减去向国家缴纳的土地税后就更是微不足道了。地主拥有土地变得无利可图,因此只有将土地卖掉。由于涨价归国家,因而只有国家成为土地的最后购买人。

旧民主主义时期的孙中山尚未认识到废除封建土地所有制对中国民主革命的重要性,因此其平均地权的思想多局限于城市土地所有权的平均,而对农村土地则很少论及。到了新民主主义时期,孙中山在共产国际和中国共产党的帮助下,认识到"现在的农民,都不是耕自己的田,都是替地主来耕田,所生产的农品,大半是被地主夺去了。这是一个很重大的问题……如果不能够解决这个问题,民生问题便无从解决"[2] 因此他对平均地权作出了新的解释,即实行"耕者有其田"。所谓"耕者有其田"是将国家控制的土地分配给农民耕种。这一口号的提出说明孙中山已经认识到资产阶级民主革命主要任务之一是要摧毁农村地主土地所有制,使农民获得土地,从而摆脱地主的压迫与剥削。"耕者有其田"与中国共产党的新民主主义革命土地纲领相一致,从而成为国共两党合作的基础之一。至于国家是将土地分给农民所有,还是长期租给农民使用,孙中山没有作更明确的表述。但可以肯定的是他仍不赞成没收

---

〔1〕《孙中山研究论文集》(1949～1984年)(下),四川人民出版社1986年版,第853页。
〔2〕《孙中山选集》(下卷),人民出版社1956年版,第811页。

地主土地归农民所有,而且也不是马上实现"耕者有其田"。因为国家暂没有足够的土地,因此分配土地给农民只能等到土地国有化以后。而土地国有化则要"由国家规定土地法、土地使用法、土地征收法及地价税法",仍"由地主报价呈报政府,国家就价征税,并于必要时照价收买",〔1〕以及涨价归公的法律程序来进行。这就使他的平均地权思想由于其实现遥遥无期而陷于空想。

　　章太炎第二次流亡日本时曾与孙中山讨论过革命后的土地制度。他虽未明确同意实行土地国有,但他同意平均地权,不耕者不能享有土地所有权。他在其《定版籍》一文中筹划了"均田法"的具体内容:凡不自耕的土地由国家强制出卖,否则由国家收购;不允许出租耕地;不允许抛荒耕地,限荒地所有人三年内开垦。这一方案虽然很是粗疏,不成系统,但至少表明他是赞成消灭封建地主土地所有制,实行农民土地所有制的。辛亥革命后,章太炎的土地改革思想大大退化了,他说:"夺富者之田以与贫民,则大悖乎理。照田价而悉由国家买收,则又无此款,故绝对难行",〔2〕目前中国的土地改革只能实行限田。

　　2. 节制资本。在辛亥革命以前,孙中山就产生了节制私人资本的思想,但并不系统。辛亥革命以后,孙中山在德国首相俾斯麦实行的国家资本主义经济政策的启发下,初步形成了较系统较明确的节制资本的思想。〔3〕 节制资本是指限制私人资本,但并不是限制所有的私人资本,而只是限制与国民生计有重大关系,有可能形成垄断的私人大资本。对中小私人资本则不仅不予限制,相反还应该鼓励其发展。节制资本的主要方法有:禁止私人经营某些具有独占性质或在国民经济中占支配地位的项目,如铁路、航运、电气等,将这些项目交由国家经营;向资本家征收直接税(如及遗产税);实行累进税率;尽可能地发展国家资本与私人资本相抗衡等。到新民主主义时期,孙中山受共产国际与中国共产党的影响,认识到了中国工人阶级在资产阶级民主革命中的重要性,提出了"扶助农工"的政策,要求"制定劳工法,改良劳动者之生活状况,保障劳工团体,并扶助其发展"。〔4〕劳工法的制定,劳工团体的保障显然也是限制私人资本,不使其利用其资本任意奴役剥削工人而致贫富极端分化的重要方法。

　　孙中山认为节制资本的意义在于,防止私人垄断,使社会不受资产阶级压迫之痛苦;工人在国家资本企业中能得到较高较稳定的报酬,以改善其生活状况,减少因工人罢工而造成的社会损失;国家资本的发展能较私人资本更能发挥大资本的优势,集中而迅速地发展国民经济,抵抗外国帝国主义的经济侵略,而又可避免私人垄断之害。由于孙中山对社会主义缺乏深入的了解,因而他将节制私人资本,发展国家资本

---

〔1〕《孙中山选集》(下卷),人民出版社 1956 年版,第 530～531 页。

〔2〕章太炎:《中华民国联合会之演说录》,载《大共和日报》1912 年 1 月 6 日。

〔3〕《孙中山选集》(下卷),人民出版社 1956 年版,第 718、719、782、783 页。

〔4〕《孙中山选集》(下卷),人民出版社 1956 年版,第 530 页。

的国家资本主义经济政策称为"国家社会主义"。

对私人资本,章太炎主张以制定累进税率,征收遗产税,官设工厂等方法予以限制。但他在经济立法上只能提出结论式的观点,而不能以政治与经济学的原理展开论述。

（五）刑法思想

1.肉刑的存废。基于资产阶级人道主义与刑罚的教育目的理论,资产阶级民主革命思想家们大都反对使用肉刑。孙中山任临时大总统期间,曾发布《大总统令内务司法两部通饬所属禁止刑讯文》和《大总统令内务部司法部通饬所属禁止体罚文》。孙中山认为,刑罚的目的主要只在于维护国家权力,保护公共安全,而不是对罪犯的报复,也不是对社会实行儆戒,因而没有必要使用残酷的肉刑。且肉刑制度已为各国刑法所摒弃,为中外评论家所批评。前清政府于其末年虽已禁止使用肉刑,但其督率无方,奉行不力,因而还须厉行禁止如笞、杖、枷号等肉刑。

但章太炎却认为用刑之道,有如治病,有时须用猛药,有时则须用针刺火炙,只要适用公平,罚当其罪,肉刑的使用则未尝不可。商鞅执政虽是严刑峻法,但其适用刑罚人人平等,结果使秦国社会安定,人民富裕。这一观点与古代"刑用重典"思想并无区别。他强调了资产阶级刑法原则中的"罪刑相适应"原则与刑罚的惩罚功能,但却完全没有考虑到刑罚的人道主义原则与刑罚的教育目的。

2.复仇论。资产阶级民主革命思想家中惟有章太炎主张应允许私人复仇。他认为刑罚只不过是国家代私人复仇而已,但如果由于各种原因,国家法律或司法官吏不能为受害者复仇,也就应该允许私人复仇。也就是说复仇应该是刑罚的补充。但私人复仇应以法律加以限制,如复仇人只能是被害人的直系卑亲属,且对父祖因斗殴致死者,不允许复仇。章太炎的复仇论是建立在刑罚的惩罚与报复目的论上的,而且其主张复仇的目的主要是为汉族向满族复仇寻找理论根据,因而与古代儒家主要基于孝的观念而复仇稍有区别。但这一观点在理论上仍是错误的,它误解国家、法律的功能和作用。在实践中,它将导致国家机关职能的削弱与社会秩序的混乱。

（六）司法改革思想

资产阶级民主革命思想家都主张应按西方资产阶级的司法原则改革中国的司法制度,而曾经做过香港法官与律师,又担任过清朝修订法律大臣、刑部官员以及民国司法总长的伍廷芳对此更是关注,他甚至认为改革司法是中国政府诸项事务之首要。

1.司法独立。依资产阶级分权理论,资产阶级民主革命思想家们批判了中国司法与行政不分的国家体制,要求实行司法权独立。怎样实现司法独立?除了司法机关必须独立于立法、行政机关之外,章太炎认为司法官不能由总统任命,也不能由议会选举产生,而应由明习法令者自相推举,以免受其牵制而影响其司法的独立性。对司法机关的职权范围,章太炎划得很大,凡"官府之处分、吏民之狱讼皆主之","法律既定……百官有司毋得违越,有不守者,人人得诉于法吏,法吏逮而治之",[1]即除普通民刑事案件外,对行政机关的违法处分,行政官员的违法行为,司法机关均有权审判。《中华民国临时约法》也反映了司法独立的思想,并将司法独立的思想由司法权独立扩大而为法官的独立审判。"法官独立审判,不受上级官厅之干涉";"法官在任中不得减俸或转职,非依法律受刑罚宣告或应免职之惩戒处分,不得解职"。

2.改革证据制度,彻底废止刑讯。基于资产阶级的人道主义,资产阶级民主革命思想家们对传统诉讼法律中将口供作为必要证据的证据制度和野蛮的刑讯制度进行了激烈的批判,要求改革证据制度,废止刑讯。孙中山说:"在审讯被指控为犯罪之人时,他们(指清朝政府——编者)使用最野蛮的酷刑拷打,逼取口供","对于亡清虐政,……于刑讯一端,尤深恶痛绝";因而在他担任中华民国大总统后不久即发布《大总统令内务司法两部通饬所属禁止刑讯文》,要求"不论行政司法官署,及何种案件,一概不准刑讯。鞫狱当视证据之充实与否,不当偏重口供。其从前不法刑具,概行焚毁"。[2]

四、资产阶级民主革命派法律思想的特点

中国资产阶级民主革命派的法律思想较之西方资产阶级的法律思想,其最大的特点是:中国资产阶级民主革命的法律思想是以移植的西方资产阶级学说为主体,在一定程度上以中国固有思想中的部分内容为补充综合而形成的。

西方资产阶级的法律思想从启蒙时代算起到中国资产阶级民主革命思想萌芽时已经历了二百多年的发展,其思想体系已日臻成熟,而中国的资本主义经济又极不发达,不可能自发地产生资本主义思想,因此这一思想体系只能从西方引进。上述资产阶级民主革命思想的代表人物也正是在国外接受了资产阶级思想的教育与熏陶才萌发了资产阶级民主革命思想。在中国资产阶级民主革命派的法律思想中,其据以批判封建专制法律的基本理论,如天赋人权思想、分权学说是直接搬用资产阶级启蒙思想,其平均地权与节制资本的民生主义思想也分别来自于英国的亨利·乔治的土地国有理论与德国俾斯麦的国家社会主义的经济政策。但中国资产阶级民主革命思想家们对西方资产阶级的法律思想并没有简单地复制,而是批判性地移植,并结合中国的国情,在一定程度上吸收了中国传统法律思想。

中国的资产阶级革命思想家们已经认识到了西方的资本主义思想给西方资本主义社会造成的种种弊端,他们希望在将来的资本主义中国能避免这些弊端。为此,他

---

[1] 中共中央党校文史教研室中国近代史组编:《中国近代政治思想论著选辑》(下),中华书局1986年版,第648~649页。

[2] 《辛亥革命资料》,中华书局1961年版,第215~216页。

们除了接受西方新发展的旨在消除这些弊端的资本主义改良思想(如土地国有理论与国家社会主义)外,还对西方资本主义思想提出了具有独立见解的批评,并试图吸收中国固有思想与制度中他们认为有益的内容,来预防在将来的中国出现同样的弊端。孙中山吸收了中国古代的监察与考试制度设计了五权分立,吸收了中国历代以来有关井田、王田、均田以及太平天国的天朝田亩制度等土地公有制度与思想形成了平均地权思想。章太炎从对古代法家思想功绩的重新评价论述了他的法律至上的思想。这些都可以说是将中国固有思想作有益利用的表现。

但并不是他们所保留的所有中国固有思想都是有益的,有些甚至是非常有害的。这一点在作为国学大师的章太炎的思想中显得尤为典型。他认为中国的家族制度为美俗良法,应予保留;他的刑法思想更多以五朝(魏、晋、宋、齐、梁)封建刑律为经典;他根据老庄及佛教哲学思想,认为应当取消政府与法律,进而取消人类,取消生命乃至取消世界。辛亥革命以后,他的思想越来越倾向于复古,逐渐失去革命的色彩。

资产阶级民主革命派法律思想的传播激发了近代中国民众的民主革命意识,导致了清朝专制政府的灭亡,由它而形成的社会普遍的民主观念有力地遏止了袁世凯等人的复辟活动或复辟企图,中国法律的近代化进程也由此而被大大推进。辛亥革命后,章太炎的思想是落后了,衰退了,但孙中山的三民主义思想则在不断地随时代的进步而进步,第一次国共合作期间,中国的新民主主义革命基本上是按照孙中山的新三民主义思想进行的。

第六节　急进民主派的法律思想

急进民主派是指"五四"前后,在中国思想界、文化界出现的一种思潮,主要代表人物有陈独秀、李大钊、鲁迅、胡适等。他们以资产阶级民主主义、自由主义、个人主义等为武器,以《青年杂志》(后改名《新青年》)等刊物为阵地,对封建专制主义发起了最为猛烈地冲击,要求建立真正的资产阶级民主共和国,在思想领域进行了一场空前激烈、深刻的革命。

辛亥革命之后,资产阶级革命派所追求和向往的民国,在苦难深重的中国大地上终于有了雏形。然而,民国的建立,既没有给中国人民带来渴望已久的自由和民主,也没有给国家带来独立和富强。贫穷、落后、专制仍然像恶魔一样伴随着中国,并挥之不去。此种现状,激起了人们的普遍不满。在叹恨、咒骂的同时,人们也开始思考和求索,于是,一批年轻急进的民主主义者们在怀疑和思索中开始觉醒、开始成长,他们发自内心地认识到,造成中国此种现状的根本原因是封建专制势力没有得到彻底肃清,特别是封建伦理道德还深深地束缚着人们的思想和观念。于是,他们勇敢地肩负起了反对封建专制主义的重担,发起新文化运动,引发了一场伟大思想解放运动。毛泽东同志对此曾给予过高度的评价,他说:"如果'五四'时期不反对老八股和老教条主义,中国人民的思想就不能从老八股和老教条主义的束缚下面获得解放,中国就不会有自由独立的希望"。[1]

随着思想解放运动的深入,急进民主派本身也开始发生分裂,他们中的一些人,如陈独秀、李大钊等在反封建的同时,对于资本主义制度本身的一些弊端有了一定认识,进而开始寻找比资产阶级民主更高级的新型民主制度。1917 年俄国十月革命的胜利,使他们终于看清了比资产阶级民主更高级的民主制度是苏维埃式的无产阶级民主,他们义无反顾地抛弃了头脑中的旧观念、旧理想,开始热情地宣传、热烈地追求这种新的民主制度,完成了由民主主义向共产主义的转变,由资产阶级民主思想向无产阶级民主思想的转变。因此,在此意义上可以说,由急进民主派发起的新文化运动,为中国共产党的诞生,为共产主义思想在中国的形成奠定了思想基础。

在反对封建专制主义的斗争中,急进民主派对于法律问题,特别是宪政问题亦进行了必要的思考和阐述,形成了急进民主派的法律观,不但丰富了中国近现代法律思想的宝库,还为中国法律思想从近代向现代的转型,特别是由资产阶级法律思想占主流向无产阶级法律思想占主流的转变起了巨大的推动作用。

一、代表人物

1. 陈独秀(1879～1942 年),字仲甫,号实庵,1879 年 10 月 9 日出生于安徽省安庆市一个世代书香之家。幼年丧父,6 岁起随祖父习四书五经。1897 年赴南京参加江南乡试,落弟。同年,入杭州"求是书院",开始接受近代西学教育。1901 年因发表反清演说遭清政府通缉,同年赴日本东京学习,至辛亥革命前夕先后三次东渡日本,广泛接触西方资产阶级政治学说、法律学说,逐步形成了资产阶级法律思想。1901 年至 1904 年,他在安徽芜湖创办《安徽俗话报》,宣传反帝爱国、批判封建的法律思想和法律制度,启迪民智。辛亥革命后,两度出任安徽省都督府秘书长,投身于资产阶级民主共和国和法律制度的建设之中。1915 年 9 月在上海创办《青年杂志》(第 2 卷改名为《新青年》),发起新文化运动。他首倡民主与科学,介绍西方社会的法律价值观念,向以孔子为代表的封建正统法律思想发起了猛烈的抨击。1917 年任北京大学文科学长。1920 年起与李大钊等人开始酝酿筹建中国共产党,并被推选为中国共产党第一届、第二届、第三届中央执行委员会委员长,第四届、第五届中央委员会总书记。后因推行右倾投降主义被撤销中央总书记职务,并被开除党籍。1942 年 5 月病逝于四川。

陈独秀的一生,跌宕起伏,漫长曲折,经历了由封建知识分子而资产阶级改良派,由资产阶级改良派而资产阶级革命派、急进民主主义者并进而接受马克思主义成为

---

[1] 毛泽东:《反对党八股》,载《毛泽东选集》合订本,第 789 页。

中国共产党的主要创始人,到后来又背叛马克思主义,数次转变,是中国近现代史上承上启下的一个重要人物。纵观其一生,就法律思想而言,大致呈现为二个阶段:早期急进民主主义的法律观和马克思主义法律观。本教材所记述的是其早期急进民主主义的法律观。

2. 李大钊(1889～1927 年),字守常,1889 年 10 月 29 日出生于河北省乐亭县。幼时父母双亡,由其祖父抚养成人。1907 年考入天津北洋法政专门学校。1913 年东渡日本,就读于日本早稻田大学政治本科,系统地学习了西方资产阶级的政治学、法律学和经济学诸种著作,初步形成了资产阶级的民主主义法律思想和法制观念。1916 年回国,任北京《晨钟报》总编辑。1918 年受聘于北京大学,任图书馆主任兼经济学教授,同年参加《新青年》编辑部。辛亥革命前后及"五四"新文化运动中,李大钊以急进的民主派立场,极力宣传资产阶级的民主、平等、博爱等思想观念和法制,对以儒家学派为代表的中国封建正统法律思想进行了最有深度的批判,并主张通过立宪,建立法治社会。然而,在半殖民地半封建的中国,李大钊的治国方案是根本无法实现的。现实迫使他开始寻找新的救国之路,1920 年 3 月在北京发起组织"马克思主义学说研究会"和"北京共产主义小组",筹建中国共产党。中国共产党成立后,长期担任党的北方区负责人,并在党的二大、三大、四大上当选为中央委员。1922 年受党的委派到上海与孙中山先生谈判国共合作,建立国民革命统一战线。1927 年在北京遭军阀张作霖逮捕,4 月 28 日遇害。

李大钊一生著述甚丰,涉及的领域极广,汇编有《李大钊文集》。

二、法律思想的主要内容

(一)封建正统法律思想是专制制度存在的思想根源

清末民初,是中国从古老的封建社会向近代社会转型的过渡时期。在这一时期,各种思想学说杂陈,相互冲撞,旧的未破,新的将立,就法律思想而言,以孔子所创立的儒学为代表的封建正统法律思想并不甘心退出历史舞台,仍旧统治着人们的头脑。袁世凯、段祺瑞等北洋军阀为了恢复帝制,不时在社会上掀起尊孔的闹剧,并强行把孔子之道写进宪法,作为国民修身之大本。为了唤醒民众,推动法制建设,陈独秀、李大钊等急进民主派对此进行了猛烈地批判。

1. 孔子是专制制度的护符。针对社会上不断上演的尊孔闹剧,急进民主派十分警惕,李大钊曾一针见血地指出:"余谓孔子为历代帝王专制之护符,闻者骇然,虽然无骇也。孔子生于专制之社会,专制之时代,自不能不就当时之政治制度而立说,故其说确是足以代表专制社会之道德,亦确足为专制君主所利用资以为护符也。历代君主莫不尊之祀之,奉为先师,崇为至圣。而孔子云者,遂非复个人之名称,而为保护君主政治之偶像矣。"〔1〕这就明确地告诉人们在北洋军阀统治的特殊时期,批判孔子并不只是批判其本人,而是批判他所代表的封建正统法律思想,袁世凯等人所以"尊孔",是企图通过正统法律思想的力量,取消"民主之宪法",来达到恢复帝制的目的,从而揭示了封建时代精神偶像孔子与政治偶像皇帝之间的内在联系。

2. 三纲五常是封建法律思想的核心。急进民主主义者在批判孔子之道时,特别注意批判以三纲五常为中心的封建伦理道德。李大钊说:"看那二千余年来支配中国人精神的孔门伦理,所谓纲常,所谓名教,所谓礼义,哪一样不是损卑下以奉尊长? 哪一样不是牺牲被治者的个性以事治者? 哪一样不是本着大家族制子弟对于亲长的精神? 牺牲个性的第一步就是尽'孝'。君臣关系的'忠',完全是父子关系的'孝'的放大体。至于夫妇关系,更把女性完全侵却;女子要守贞操,而男子可以多妻蓄妾;女子要从一而终,而男子可以致故休妻;女子要为已死的丈夫守节,而男子可以再娶。就是亲子关系的'孝',母的一方还不能完全享受,因为伊是隶属于父权之下的;所以女德重'三从','在家从父,出嫁从夫,夫死从子'。总观孔门的伦理道德,于君臣关系,只用一个'忠'字,使臣的一方完全牺牲于君;于父子关系,只用一个'孝'字,使子的一方完全牺牲于父;于夫妇关系,只用几个'顺'、'从'、'贞节'的名利,使妻的一方完全牺牲于夫,女子的一方完全牺牲于男子。孔门的伦理,是以治者以绝对的权力责被治者以片面的义务的道德"〔2〕 显然,三纲五常完全违反了自由、平等、独立的原则,与时代的潮流格格不入,与民主共和更是"绝对不相容"。陈独秀指出:"君为臣纲,则民于君为附属品,而无独立自主之人格矣;父为子纲,则子于父为附属品,而无独立自主之人格矣;夫为妻纲,则妻于夫为附属品,而无独立自主之人格矣。率天下之男女,为臣、为子、为妻,而不见有一独立自主之人者,三纲之说为之也"〔3〕 "三纲之根本义,阶级制度者也"〔4〕 "吾人果欲于政治上采用共和立宪制,复欲于伦理上保守纲常阶级制,以收新旧调和之效,自家冲撞,此绝对不可能之事",〔5〕"否则不但共和政治不能进行,就是共和招牌,也是挂不住的"。

3. 封建正统法律思想是大家族制度的产物。急进民主主义者对封建正统法律思想的批判并没有仅仅停留在这种理性的层次上,还进而深刻地揭示了其产生的社会根源,找到了彻底废除它们的途径。李大钊说:"孔子的学说所以能支配中国人心有二千余年的原故,不是他的学说本身具有绝大的权威,永久不变的真理,配作中国人的'万世师表',因为他是适应二千余年来未曾变动的农业组织反映出来的产物,因他

〔1〕《李大钊文集》(上),人民出版社1984年版,第264页。
〔2〕《李大钊文集》(下),人民出版社1984年版,第178~179页。
〔3〕《陈独秀文章选编》(上),生活·读书·新知三联书店1984年版,第103页。
〔4〕《陈独秀文章选编》(上),生活·读书·新知三联书店1984年版,第108页。
〔5〕《陈独秀文章选编》(上),生活·读书·新知三联书店1984年版,第108页。

是中国大家族制度上的表层构造,因为经济上有他的基础"〔1〕 吴虞亦认为:"家族制度之与专制政治,遂胶固而不以分析"〔2〕 所以,反对封建专制制度,必然要反对封建家族制度,粉碎族权、父权和夫权的绳索。"政治上民主主义的运动乃是推翻父权的君主专制政治之运动","社会上种种解放的运动是打破大家族制度的运动,是打破男子专制社会的运动,也就是推翻孔子的孝父主义、顺夫主义、贱女主义的运动"〔3〕 这种反对封建专制进而反对封建家族制度,并把法律现象同经济制度结合起来考察的科学方法,使急进民主主义者对封建正统法律思想及专制主义法律制度的批判,达到了前所未有的深度。

(二)唤醒民众是实现民主政治、建设法治国家的前提

在急进民主主义者看来,以孔子学说为代表的封建正统法律思想是专制制度得以存在的思想基础,而自由、平等、人权等观念的普及以及实现则是法治社会赖以实现的前提。因而,要想实现民主政治、建设法治国家,必须首先要唤醒民众。缺乏民主、自由、平等、人权、法治等观念,是民主共和国无法在中国真正实现的重要原因之一。陈独秀认为:"是以立宪政治而不出于多数国民之自觉,多数国民之自动,惟日仰望善良政府、贤人政治,其卑屈陋劣,与奴隶之希冀主恩,小民之希冀圣君贤相施行仁政,无以异也。古之人希冀圣君贤相施行仁政,今之人希冀伟人大老建设共和宪政,其卑屈陋劣,亦无以异也。夫伟人大老,亦国民一分子,其欲建设共和宪政,岂吾之所否拒?第以共和宪政,非政府所赐予,非一党一派人所能主持,更非一二伟人大老所能负之而趋。共和立宪而不出于多数国民之自觉与自动,皆伪共和也,伪立宪也,政治之装饰品也,与欧美各国之共和立宪绝非一物"〔4〕 "盖多数人之觉悟,少数人可为先导,而不可为代庖。共和立宪之大业,少数人可主张,而未可实现"〔5〕 所以,要真正实现民主政治,必须依赖于国民的觉醒,即"吾民最后之觉悟"。

李大钊则从另一角度对民众觉醒与民主政治、法治国家的实现和建设作了论述。他指出,在长期的专制统治之下,广大劳动人民受压迫、受剥削,丧失了受教育的权利,愚昧落后,沾染了许多陋习。"国人第一弱点,在凡事皆以感情为主,不以理性为主,上至军国大计,下至私人交际,但见感情作用"〔6〕 容易以一个极端走向另一个极端,这同民主政治、法治社会是水火不相容的。由于缺乏理性,昨天在专制制度下

〔1〕 《李大钊文集》(上),人民出版社1984年版,第179页。
〔2〕 《吴虞文录》卷上。转引自林中:《中国近代法律思想史新论》,中国政法大学出版社,第374页。
〔3〕 《李大钊选集》,第300页。
〔4〕 《陈独秀文章选编》(上),生活·读书·新知三联书店1984年版,第108页。
〔5〕 《陈独秀文章选编》(上),生活·读书·新知三联书店1984年版,第107页。
〔6〕 《李大钊文集》(上),人民出版社1984年版,第333页。

的顺民愚民今天在共和制度下就可能一下子变成暴民群匪。"愚民不识共和为何物,教育不克立收成效,责以国民义务,群惊为苛法虐政,起而抗变"[1]"国民第二弱点,在凡事好依腕力而争,不依法律而争",[2]心中毫无法制观念、解决此问题的惟一办法,就是唤醒民众,对其进行必要的法律意识教育,即"以自由、平等、博爱为持身接物之信条。此等信条入人既深,则其气质之慈祥恺恺,中正和平,必能相为感召,以成循礼守法之风习"[3]

急进民主主义者们不仅揭示了唤醒民众与实现民主政治、建设法治国家之间的关系,还进而提出了对民众进行法制教育的具体内容和主张。

1. 主权在民。辛亥革命前,陈独秀认为国家是土地、人民、主权三要素构成的,主权归"全国国民所共有"[4]他说:"国家是人民建立的",这国家原来是一国人所公有的国,并不是皇帝一人所私有的国",一国之中,只有"全国国民所共有的主权居于至高极尊的地位,再没有别的什么能加乎其上,上自君主,下至走卒,有一个侵犯这一主权,都是大逆不道的"[5]辛亥革命后,陈独秀主权在民的思想进一步深化,认为"国家之目的"比其形式更为重要。土地、人民、主权,不过是国家存在的形式,人民何以建立国家,制定法律,在于保障权利,共谋幸福,在于创造一种在自然状态下无法企及的人人生而平等的法治社会。他反复强调:"国家者,保障人民之权利,谋益人民之幸福者也";"国家者,乃人民集合之团体,辑内御外,以拥护全体人民之福利"[6]也就是说,国家、法律存在的惟一理由是为了保护人民的幸福。

在国家权力的归属问题上,急进民主主义者坚持主权在民,强调人民的权力高于一切,这就从法理上为人民群众反抗北洋政府的反动统治,提供了理论依据。

2. 人格平等。陈独秀认为"西洋所谓法治国者,其最大精神,乃为法律之前人人平等,绝无尊卑贵贱之殊"[7]而人格平等又是法律面前人人平等的前提。这是因为,只有整个社会和国家"以个人为本位",人自为战,互不相依赖,人人以独立平等的人格从事于生计,尽力于政治,才会焕发出蓬勃向上的朝气,才能自觉自动地产生民主、自由等要求,社会和国家也才会充满生机。

3. 自由是人类生存的价值。李大钊认为"自由为人类生存必需之要求,无自由则无生存之价值"[8]自由的种类很多,"如身体自由、财产自由、家宅自由、书信秘密

〔1〕《李大钊文集》(上),人民出版社1984年版,第3页。
〔2〕《李大钊文集》(上),人民出版社1984年版,第322页。
〔3〕《李大钊文集》(上),人民出版社1984年版,第322页。
〔4〕《陈独秀文章选编》(上),生活·读书·新知三联书店,1984年版,第40页。
〔5〕《陈独秀文章选编》(上),生活·读书·新知三联书店,1984年版,第40页。
〔6〕《陈独秀文章选编》(上),生活·读书·新知三联书店,1984年版,第87页。
〔7〕《陈独秀文章选编》(上),生活·读书·新知三联书店,1984年版,第98页。
〔8〕《李大钊文集》(上),人民出版社1984年版,第244页。

自由、出版自由、教授自由、集会结社自由、信仰自由诸大端",而李大钊最为看重的是思想自由。在《宪法与思想自由》一文中,李大钊对思想自由的条件、意义及限制思想自由的后果作了全面论述。他说:"而思想自由之主要条目,则有三种:一出版自由,一信仰自由,一教授自由是也"[1] "世界出版最不自由之国,首推中国……中国文字之劫,烈于秦火。近古以还,李卓吾、金圣叹之徒,亦皆以文字罹杀身之祸。前清乾、嘉文字之狱。冤抑罔申,惨无人道"。"次于信仰自由,亦决不许稍加限制。盖信仰一种宗教,乃在求一安心立命之所,出于人类精神上之自然的要求,非可以人为地加以干涉也。古来以政治之权力,强迫人民信一宗,或对于异派加以压制者,其政策罔有不失败者"[2] 思想自由如此重要,因而,李大钊一再强调应将其写入宪法。总之,在急进民主主义者看来,自由与法律并不矛盾。自由只有受到法律的保护,才能免受侵犯。不仅如此,自由还应成为现代法治的价值之一。如陈独秀认为:欧美近代社会和国家根基于天赋人权的法律思想和自由平等独立的伦理观念之上。"以自由、平等、独立之说为大原","举一切伦理、道德、政治、法律、社会之所向往,国家之所祈求,拥护个人自由权利与幸福而已"[3]

(三)通过法律手段建立民主共和国

1911 年爆发的辛亥革命,虽然从政治上推翻了统治中国达二千年之久的封建制度,但却未能从经济上、文化上动摇封建主义的根基,致使刚刚建立起来的具有资产阶级民主共和国雏形的"中华民国""国基不牢",袁世凯上台后,中华民国更是徒有虚名,急进民主主义者对此感到"隐忧"。他们关注法制建设,提出了一系列法制主张,希望通过法律手段建立一个真正的民主共和国。

1. 以国民大会为真正的民意机关。李大钊从"民众的势力,是现代社会上一切构造的惟一的基础"这一观点出发,并总结了"五四"运动期间全国各地纷纷召开国民大会的经验,提出"我们应该赶快随时随处自由集合国民大会,这种国民大会,不拘一定形式,不待政府召集,全国公民要自动地奋起,竖起民众万能的大旗……我想只有这种自由集合的国民大会,才是真实的国民大会……五四以来罢免曹陆,乃至此次打破一派军阀,摧除安福,哪一件不是这种国民大会的效力"[4] 这种国民大会侧重于直接民权,广泛地"容纳各阶级的代表","上至于学生、教员、校长、报馆、商人,下至于叫卖要物的,拖黄包车的,挑水的,帮运货物的"[5] 只有将这些人都组织起来,才能产

[1] 《李大钊文集》(上),人民出版社 1984 年版,第 247 页。
[2] 《李大钊文集》(上),人民出版社 1984 年版,第 248 页。
[3] 《陈独秀文章选编》(上),生活·读书·新知三联书店,1984 年版,第 98 页。
[4] 李大钊:《要自由集合的国民大会》,载《晨报》1920 年 8 月 17 日。
[5] 李大钊:《现在我们怎样的进行研究》,载《觉悟》1919 年 11 月 30 日。

生"真正的民意机关"。"我们盼望全国各种职业、各种团体都有小组织,都有大联合,立下真正民治的基础"[1]。

2.尽快制定一部真正反映民意的宪法。急进民主主义者认为,要想建立真正的民主共和国,必须尽快制定一部真正反映民意的宪法。宪法者,立国之根本。但"宪法为物之势力,不在宪法之自身,而在人民之心里"。所以,宪法只有充分反映国民公意,才能得到民众的拥护,才能得以实施,法治社会才能实现。1913年10月,中华民国第一届国会下设的宪法起草委员会通过了一部被人们习惯称之为"天坛宪草"的宪法文件,该宪草第19条规定:"国民教育以孔子之道为修身之本。"针对这条草案,李大钊撰写了《孔子与宪法》一文进行批判。他说:"孔子者,国民中一部分所谓孔子之徒者之圣人也。宪法者,中华民国国民全体无问其信仰之为佛为耶,无问其种族之为蒙为回,所资以生存乐利之信条也。以一部分人尊崇之圣人,入于全国所托命之宪法,则其宪法将为一部分人之宪法,非国民全体之宪法也;所谓孔教徒之宪法也,非汉、满、蒙、藏、回、释、道、耶诸族诸教共同遵守之宪法也;乃一小社会之宪法,非一国之宪法也"[2]。

3.任何政治势力都必须在宪法法律规定的范围内活动。辛亥革命后,各种政治势力加紧对权力的争夺,一时新党迭出,党争日烈。为了争夺权力,这些官僚政客们彼此倾轧,视宪法为玩物,超然法外,严重威胁着共和政体。对此,李大钊等人专门著文予以抨击。指出,"宪法在国家政治生活中居至高地位",理应"葆其至高之尊严",绝不能允许任何政治势力"赫然临于宪法之上"。并奉劝各种政治势力能以国家利益为重,自觉遵守宪法。"各种势力,亦均知尊奉政理,而能自纳于轨物之中,则法外之势力,悉包涵于宪法,而无所不平。宪法之力,乃克广被无既,以垂于永久"[3]。众所周知,政党制度是现代社会政治制度的重要组成部分,如何处理政党与法律的关系是法治国家能否建成的核心所在。因而,急进民主主义者们极力伸张宪法的尊严和作用,并强调各种政治势力必须在宪法所规定的范围之内活动的思想,在宪法学上表现出卓越的超前意识。

4.明确划分中央与地方的权限。北洋政府统治时期,国家虽然名义上维系着统一局面,但实质上那些手中掌握着军政财大权和司法大权的各省都督们却在为了各自独立的小王国而混战不休。如何结束这种混战割据的局面,维护国家的统一,李大钊认为应首先裁撤那些集军政司法大权于一身的各省都督,消除割据隐患;其次应依法明确划分中央与地方的职权范围及权利义务关系,防止集权和分裂。他指出:"中

〔1〕《李大钊选集》,第286页。
〔2〕《李大钊文集》(上),人民出版社1984年版,第259页。
〔3〕《李大钊文集》(上),人民出版社1984年版,第229页。

国大势,合则存,分则亡"。[1] 因而,必须在国家结构上坚持单一制形式。"综观历代内(中央政权)外(地方政权)轻重之关系,外重内轻之倾向多,内重外轻之倾向少",[2] 结果导致中国历史上经常出现诸侯侯据,军阀混战,民不聊生的局面。解决此问题的惟一办法,就是通过宪法明确划分中央与地方的权限,充分发挥中央与地方两个方面的积极性,做到"内外相维以持其平",[3] 防止"权无限则专,权不清则争"[4] 的专制集权或割据局面的出现。"惟有如此,中国社会才能长治久安"。

5. 综合整顿吏治。面对着北洋政府时期普遍存在的"吏治腐败"现象,急进民主主义者除挺身而出予以揭发之外,还积极探求解决这一积弊的良策,主张利用法律手段,综合治理"群治腐败"。李大钊认为废除吏治腐败的办法首先是建立健全对官吏的行政管理制度和法规,尤其是建立官吏铨选、考课、监察等制度,形成一种选贤任能,裁汰冗员的行政管理机制;[5] 其次是完善监督机制,即主张发动群众对官吏进行监督。加强"议会之监督,报章之揭发",如此方能唤起"社会中之各个个人,对此罪恶之事实,皆当反躬自谋,引以为戒",[6] 也只有如此才能"使人人不得不弃旧恶,就新善,涤秽暗,复光明"。[7]

6. 主张妇女参政,赋予农民真实的选举权。辛亥革命后颁布的参议院选举法中,妇女没有选举权和被选举权,剥夺了广大妇女的参政权,对此,李大钊著文进行抨击,主张妇女参政,他指出:妇女参政是"女权运动的另一形态"。[8] "在妇女没有解放的国家绝对没有真正的'平民主义'",[9] 即民主主义,妇女参政与否是衡量真假民主的具体尺度。此外,针对民国以来所颁布的选举法中对于贫苦农民选举权的种种限制条件,李大钊等人亦发出了"扩张选举"权的呼声,认为改革选举制度是实现民主政治的重要步骤。李大钊不仅一般地强调要赋予农民选举权,而且还主张要使一般农民"有自由判别的智能",使他们选出真正代表、同情劳工阶级的人,这种人"来到议院,才能替老百姓说话……这样的民主主义,才算有了根底,有了泉源。这样的农村才算是培养民主主义的沃土"。[10]

〔1〕　《李大钊文集》(上),人民出版社 1984 年版,第 32 页。
〔2〕　《李大钊文集》(上),人民出版社 1984 年版,第 229 页。
〔3〕　《李大钊文集》(上),人民出版社 1984 年版,第 236 页。
〔4〕　《李大钊文集》(上),人民出版社 1984 年版,第 190 页。
〔5〕　李大钊:《论官僚主义》一文,《李大钊文集》(上)。
〔6〕　《李大钊文集》(上),人民出版社 1984 年版,第 461 页。
〔7〕　《李大钊文集》(上),人民出版社 1984 年版,第 461 页。
〔8〕　《李大钊文集》(上),人民出版社 1984 年版,第 368 页。
〔9〕　《李大钊文集》(上),人民出版社 1984 年版,第 422 页。
〔10〕　李大钊:《青年与农村》,载《晨报》1919 年 2 月 20 日至 23 日。

三、基本评价

综上所述,急进民主主义者的法律思想主要集中在这样几个方面:

1.对以孔子学说为代表的封建正统法律思想的批判。辛亥革命前,资产阶级革命派坚决主张彻底推翻封建专制统治,但忽视了对广大人民群众的民主思想启蒙;资产阶级改良派则十分强调"开民智"、"新民德"的民主思想启蒙工作,但又不敢提出彻底推翻封建专制的口号。辛亥革命后,特别是经过袁世凯帝制复辟和张勋复辟,急进民主主义者开始认识到,在中国这块土地上进行民主革命,建设法治国家,不但要进行推翻封建专制制度和封建法律制度的政治革命,而且要进行民主主义启蒙的思想革命。为此,急进民主主义者们不约而同地把封建专制主义和封建正统法律思想当做了自己批判的目标,展开了一次全面、系统的清算。急进民主主义者把封建纲常名教与君主专制紧密地联系起来,把尊孔复古与帝制复辟联系起来,明确地将批判纲常名教、封建大家族制度作为批判封建专制的思想革命和建设民主共和国的思想准备来认识,抓住了问题的要害。

但需指出的是,急进民主主义者对封建专制主义、特别是封建正统法律思想的批判,亦有相当的片面性。如,他们对孔子学说采取一概否定的简单办法,较少进行具体的、历史的分析。"这样,虽然一时能给孔学和封建文化以巨大的冲击,但没有分析的批判是没有生命力的,不能彻底打倒他们,反让一些封建复古派钻了空子,找到了反击的口实,并且为封建专制主义思想在适当时机的泛滥留下祸根"〔1〕

2.以"天赋人权"、"自由"、"平等"等学说为武器,揭露北洋政府法律制度的虚伪。急进民主主义者们所企盼的是"建设西洋式之新国家,组织西洋式之新社会"〔2〕,即资产阶级民主共和国。这些思想、制度,尽管并不新鲜,但在当时的中国,在军阀专制,人民没有任何民主自由的情况下仍有极大的进步意义。特别是他们对于北洋政府法律制度的批判,对于唤醒民众认清北洋政府、乃至资产阶级法律制度和思想的虚伪起了不可估量的作用。急进民主主义者们对北洋政府法律制度的批判,运用的理论武器仍然是西方近代资产阶级所鼓吹的"天赋人权"、"自由"、"平等"的民主学说,客观地讲,这一学说在反封建方面不失为有利武器,但他们在对这些学说的宣传运用上却又犯了一个错误,即没有采取具体分析的办法,而是一概肯定,要好都好,特别是没有将这一学说在反封建方面的进步性和西方列强玩弄这些口号对中国人民进行欺骗,推行殖民统治的反动性加以具体分析,而这一点对于当时中国的具体国情,对于在国家主权上极为敏感的中国知识分子来说是十分必要的。这样做"虽然一时有助于民主思想的传播,但最终并不能使人们心悦诚服地接受这些思想,也就

〔1〕 熊月之:《中国近代民主思想史》,上海人民出版社1987年版,第508页。
〔2〕 陈独秀:《宪法与孔教》,载《新青年》第2卷第3号。

在实际上影响了这种宣传的积极作用。因为当时现实中残暴的专制军阀扛的是民国的招牌,凶恶的帝国主义打的是自由的旗号,真假共和,扑朔迷离,自由、民主、人权……难道就是这样的吗? 现实与理论的巨大距离,不能不减少人们对这种理论的热情,甚至对之产生怀疑"[1] 中国共产党早期领导人之一的瞿秋白曾对当时一些爱国知识分子的心情做过如下描述:辛亥革命以后,"资产阶级'自由平等'的革命,只赚着一舆台奴婢、匪徒寇盗的独裁制。'自由'、'平等'、'民权'的口头禅,在大多数社会思想里,即使不生复古的反动思潮,也就为人所厌闻"[2] 对封建专制主义法律制度的深恶痛绝,对资产阶级民主和法制的怀疑"厌闻",促使了一部分急进民主主义者开始了对新的、较资产阶级民主更为高级的民主的追求,从而为他们思想的转变,即由民主主义者向共产主义者的转变埋下了伏笔。如早在 1916 年,李大钊便发表了《民彝与政治》一文,从历史进化论的观点推测说,资产阶级代议政治存在着很多弊端,但它取代封建专制却是一个不可逆转的历史进步,将来取代资产阶级代议政治的必定是较代议政治"益能通民彝于国法之制"[3]

3. 提出了一些具体的宪政主张。设立议会,制定宪法,实行宪政是辛亥革命前后中国思想界的一致呼声,也是急进民主主义者们的基本要求,与资产阶级立宪派、革命派不同的是,陈独秀、李大钊等人的思想、言论更具民主色彩。他们不仅提出了通过立宪,建立民主共和国的明确主张,还进而提出了扩大参政权,如主张妇女参政、赋予农民真实的选举权、以国民大会为真正的民意机关等急进观点,甚至表现出对劳动人民专政的赞赏。李大钊、陈独秀等人早年均曾对法学、政治学作过专门研习,作为成熟的法学家和政治家,他们对某些法律问题的看法,尤其在宪政问题上的一些真知灼见,如在国家结构上,主张在单一制前提下,以法律明确划分中央与地方的权限,以便从根本上防止集权或分裂问题的再度发生;强调任何政治势力都必须在宪法规定的范围内活动等观点,不仅在当时属于超前意识,即使是对今日中国的宪政建设仍有启发作用,表现出永恒的价值。由于特定的历史条件,急进民主主义者对法律问题的思考主要集中在宪政领域。

思考题

1. 简析早期改革派的变法思想。
2. 简述洋务派的法律思想。
3. 试析洪仁玕法律思想的主要内容和意义。

〔1〕 熊月之:《中国近代民主思想史》,上海人民出版社 1987 年版,第 508 页。
〔2〕 《瞿秋白文集》第 1 卷,人民出版社 1953 年版,第 21 页。
〔3〕 《李大钊选集》,第 50 页。

4.简述资产阶级改良派法律思想的基本内容。

5.简述急进民主派法律思想的主要内容。

6.试析沈家本的法律思想对中国近代法律改革的意义。

7.评述孙中山的训政思想。

8.评述孙中山的经济法律思想。

参考书目

1.华有根、倪正茂:《中国近代法律思想史》,上海社会科学出版社 1993 年版。

2.张枬、王忍之编:《辛亥革命前十年时论选集》第 2 卷(下册),生活·读书·新知三联书店 1963 年版。

3.李贵连:《沈家本评传》,南京大学出版社 2005 年版。

4.《孙中山选集》,人民出版社 1956 年版。

5.唐自斌:《孙中山法律思想研究》,湖南师范大学出版社 1997 年版。

6.李泽厚:《中国近代思想史论》,天津社会科学出版社 2003 年版。

图书在版编目（CIP）数据

中国法律思想史 / 候欣一主编. 一北京：中国政法大学出版社，1999.5
ISBN 978-7-5620-1640-3

Ⅰ.中… Ⅱ.候… Ⅲ.法律-思想史-中国　Ⅳ.D909.2

中国版本图书馆CIP数据核字(1999)第16283号

出版发行	中国政法大学出版社
经　　销	全国各地新华书店
承　　印	北京华正印刷有限公司

720mm × 960mm　　16开本　　19.75印张　　390千字

2007年8月第3版　　2014年1月第5次印刷

ISBN 978-7-5620-1640-3/D・1600

定　价：24.00元

社　　址	北京市海淀区西土城路25号
电　　话	(010)58908435(编辑部)　58908325(发行部)　58908334(邮购部)
通信地址	北京100088信箱8034分箱　　邮政编码 100088
电子信箱	fada.jc@sohu.com(编辑部)
网　　址	http://www.cuplpress.com (网络实名：中国政法大学出版社)